Código de Defesa do Consumidor
O PRINCÍPIO DA VULNERABILIDADE

M827c   Moraes, Paulo Valério Dal Pai

Código de defesa do consumidor: o princípio da vulnerabilidade no contrato, na publicidade, nas demais práticas comerciais: interpretação sistemática do direito / Paulo Valério Dal Pai Moraes. – 3. ed., rev., atual. e ampl. de acordo com o Código Civil de 2002, e com acréscimos relativos a internet, neuromarketing, conceitos psicanalíticos e questões tributárias. – Porto Alegre: Livraria do Advogado Editora, 2009.

336 p.; 23 cm.

ISBN 978-85-7348-597-4

1. Proteção e defesa do consumidor. 2. Contrato comercial. 3. Publicidade: Direito. I. Título.

CDU – 347.451.031

Índices para catálogo sistemático:

Proteção e defesa do consumidor
Contrato comercial
Contrato comercial: Publicidade
Publicidade : Direito

(Bibliotecária responsável: Marto Roberto, CRB 10/652)

Paulo Valério Dal Pai Moraes

Código de Defesa do Consumidor
O PRINCÍPIO DA VULNERABILIDADE

no contrato, na publicidade, nas demais práticas comerciais

INTERPRETAÇÃO SISTEMÁTICA DO DIREITO

3ª EDIÇÃO
REVISTA, ATUALIZADA E AMPLIADA
de acordo com o Código Civil de 2002, e com acréscimos relativos
a Internet, Neuromarketing, Conceitos Psicanalíticos e Questões Tributárias

livraria
DO ADVOGADO
editora

Porto Alegre, 2009

© Paulo Valério Dal Pai Moraes, 2009

Capa, projeto gráfico e diagramação
Livraria do Advogado Editora

Revisão
Rosane Marques Borba

Direitos desta edição reservados por
Livraria do Advogado Editora Ltda.
Rua Riachuelo, 1338
90010-273 Porto Alegre RS
Fone/fax: 0800-51-7522
editora@livrariadoadvogado.com.br
www.doadvogado.com.br

Impresso no Brasil / Printed in Brazil

Agradeço

à minha família,

aos professores e funcionários do Mestrado em Direito da Pontifícia Universidade Católica do Rio Grande do Sul,

aos amigos Cláudio Bonatto, Alexandre Correa da Camara Pasqualini, Cláudia Lima Marques e René Bergmann Ávila.

*Dedico esta obra ao amigo e Orientador
Dr. Juarez Freitas, a minha esposa Márcia,
e aos meus filhos, Manuela e Cristiano.*

*Também dedico ao meu querido pai
Mondercil Paulo de Moraes e à minha
mãe Carmen Ruth Dal Pai Moraes,
os quais, infelizmente, já não estão mais
neste plano, mas estão no meu coração.*

Prefácio

Objetivo central e inarredável do doutrinador jurídico consiste em mostrar nitidamente que a sua abordagem transcende o estudo estrito das regras, sendo capaz de vislumbrá-las sob a luz mais forte, superior e orientadora dos princípios. Sem favor algum, estamos perante uma obra que se propõe a respeitar tal exigência metodológica aceita e preconizada pelos melhores juristas contemporâneos. O autor, *Paulo Valério Dal Pai Moraes*, realiza brilhante exercício de interpretação sistemática e oferece trabalho de fôlego sobre um dos temas capitais do Código de Defesa do Consumidor: o princípio da vulnerabilidade. Esse assunto estava mesmo a merecer um livro detido, ousado e criativo, desde que o princípio restou entronizado, expressamente, no art. 4°, I, da Lei 8.078/90. Ei-lo, entre nós, suscitando reflexões num aporte minucioso e inovador.

Com efeito, em se tratando das relações de consumo, o repto maior reside justamente em imprimir gradativa ampliação de vigor eficacial ao princípio da vulnerabilidade e seus consectários (v.g., arts. 6°, VIII, e 47 do CDC). Tal ampliação dependerá essencialmente do modo pelo qual haverão de ser interpretados, na sua inteireza, os dispositivos do CDC, não se admitindo retrocesso e assimilando, em profundidade, o desiderato constitucional de resguardo do consumidor.

Palestrante festejado, mercê de seu brilho e de sua reconhecida competência, membro dedicado e combativo do Ministério Público, professor sério e generoso na partilha do saber, mestre aprovado com grau máximo na Pontifícia Universidade Católica do Rio Grande do Sul (banca que tive a honra de presidir), *Paulo Valério Dal Pai Moraes* apresenta, nestas páginas, trabalho penetrante, que haverá de se tornar obra de referência sobre o tema e, tomara, uma real contribuição para o incremento da efetividade do princípio em tela.

Para além de uma parte geral e introdutória, no desenvolvimento da qual o autor demonstra erudição bem assimilada, cuida de estabelecer original classificação das vulnerabilidades e ilumina, de modo solar, a distinção entre vulnerabilidade e hipossuficiência. Na parte derradeira, estabelece cotejo estimulante entre o princípio da vulnerabilidade e as regras do CDC, nos três planos escolhidos (o contrato, a publicidade e as práticas abusivas). Tudo faz, tratando a matéria de modo consciente, arrojado e fecundo, inclusive ao elencar as abusividades. Obra aberta, endereçada a profissionais dispostos a exercer, com desassombro, a coragem de pensar e de repensar as relações de consumo.

Conclama, com acerto, o operador do Direito a apreciar as questões jurídicas em exame, adotando uma perspectiva multidisciplinar. Convém, todavia, por imperativo de justiça, consignar que o livro em apreço efetuou tal pesquisa interdisciplinar sem incorrer no equívoco de subestimar a indispensável ênfase no enfoque propriamente jurídico.

Por tudo, cuida-se de uma daquelas obras que se deve ler com vagar, se possível com o mesmo cuidado que o autor destinou à pesquisa e à construção laboriosa do texto. Assim procedendo, o leitor terá, com certeza, uma experiência produtiva, somente possível quando se interage com um livro que veio, positivamente, para acrescentar.

Prof. Dr. Juarez Freitas
Professor do Mestrado em Direito da PUCRS,
da UFRGS, da Escola Superior da Magistratura-Ajuris
e Conselheiro Científico da Sociedade
Brasileira de Direito Público

Sumário

Apresentação 13

1. Introdução 15

2. Origem dos princípios 17

3. Conceito de princípios jurídicos, postulados, regras e valores 22

4. A noção de sistema 36

5. O direito como sistema 39

6. Breve perspectiva filosófica do tema (A face filosófica) 47
    6.1. O homem e o poder 47
    6.2. As ideologias e as utopias 49
    6.3. O valor liberdade 53

7. Funções sociais do direito (a face sociológica) 56

8. A interpretação sistemática do direito no Código de Defesa do Consumidor 67

9. O relacionamento dialógico entre o Código de Defesa do Consumidor e o Código Civil 87
    9.1. Introdução 87
    9.2. A teoria da experiência, a cultura e o direito 88
    9.3. O culturalismo e a teoria tridimensional do direito 93
    9.4. Princípios de compatibilidade entre o Código Civil e o Código de Defesa do Consumidor . 100

10. A vulnerabilidade 124
    10.1. Introdução e origem 124
    10.2. Vulnerabilidade e hipossuficiência 128
    10.3. Normas de ordem pública e de interesse social 137
    10.4. Espécies de vulnerabilidade 141
        10.4.1. Vulnerabilidade técnica 141
        10.4.2. Vulnerabilidade jurídica 145
        10.4.3. Vulnerabilidade política ou legislativa 154
        10.4.4. Vulnerabilidade neuropsicológica 166
        10.4.5. Vulnerabilidade econômica e social 175
        10.4.6. Vulnerabilidade ambiental 180
        10.4.7. Vulnerabilidade tributária 191
            10.4.7.1. Da contribuição de iluminação pública 193

10.4.7.2. O ICMS "por dentro" 197
10.4.7.3. A relação de consumo como ferramenta para
a imposição abusiva de tributos 201

11. O princípio da vulnerabilidade e as regras do Código de Defesa do Consumidor 204

11.1. O contrato 204

11.1.1. Origem e evolução histórica 204

11.1.2. O Liberalismo 207

11.1.3. A autonomia da vontade 210

11.1.4. O *Welfare State* 216

11.1.5. A intervenção estatal nos contratos 221

11.1.6. A repersonalização do direito privado 235

11.1.7 As regras de conduta e de organização aplicáveis aos contratos 235

11.1.7.1. O artigo 6º do CDC (dos direitos básicos do consumidor) 236

11.1.7.2. Formas de tornar o consumidor vulnerável 245

11.1.7.3. Formas de vulnerar ação por intermédio da Internet 259

11.2. A publicidade 271

11.2.1. Conceitos básicos 271

11.2.2. Objetivos e natureza dos fenômenos publicitários 276

11.2.3. Princípios psicológicos da publicidade 279

11.2.4. A psicologia da compra e venda 282

11.2.5. Estudo da mitologia e das marcas 284

11.2.6. Da publicidade ilícita 289

11.2.7. *Neuromarketing* – a publicidade dirigida às crianças e idosos
(os hipervulneráveis) e o mecanismo dos sonhos em nível neuronal 295

11.2.8. Conclusões sobre a publicidade 305

11.3. As práticas abusivas 306

11.3.1. Conceito 306

11.3.2. As práticas comerciais abusivas contra a saúde e
a segurança dos consumidores 311

11.3.3. Práticas abusivas na fase pré-contratual 312

11.3.4. As práticas abusivas infratoras da ordem econômica 315

11.3.5. As práticas abusivas na fase pós-contratual 321

12. Considerações finais 324

13. Referências bibliográficas 330

Apresentação

Passada quase uma década de sua promulgação, o Código de Defesa do Consumidor ingressa na idade adulta. Mesmo na ausência de cerimônia de passagem, três tipos de fenômenos são observados e registrados.

Primeiro, com a maturidade vem a consolidação. Hoje, o Código, de norte a sul do Brasil, é uma realidade bem incorporada e firmada no cenário jurídico nacional, influenciando, de forma profunda, a produção jurisprudencial e a qualidade da prestação jurisdicional.

Além disso, fruto da utilização massificada e da própria evolução do contexto socioeconômico em que se insere, o CDC começa a sofrer um necessário processo de (re)avaliação, principalmente no que se refere a seu conteúdo. No momento de sua elaboração e aprovação (por unanimidade, diga-se) pelo Congresso Nacional, o CDC representava o patamar máximo possível de proteção do consumidor. Máximo e ambicioso, sim, mas não ideal ou completo. Matérias importantíssimas para o bom funcionamento do mercado de consumo deixaram de ser tratadas, seja por ausência de suporte político, seja por inspirarem, naquela época, escassa ou nenhuma preocupação. Para citar uns poucos exemplos, lembremos o crédito ao consumidor, o volume gigantesco das dívidas de consumo e o comércio eletrônico.

Finalmente, além de transitar por afirmações inequívocas e diárias de juízes sensíveis às exigências dos novos tempos e de demonstrações de empresas preocupadas em melhorar a qualidade de seus produtos e serviços, a consolidação do CDC vem respaldada por notável evolução doutrinária. Aos primeiros estudos, principalmente na forma de comentários, agora se somam trabalhos de grande profundidade, verticalizados, de caráter monográfico.

Chega em boa hora, portanto, o livro *O Princípio da Vulnerabilidade no Contrato, na Publicidade e nas Demais Práticas Comerciais*, de autoria de Paulo Valério Dal Pai Moraes. De um lado, pela relevância e oportunidade do tema escolhido. De outro, pela seriedade do trabalho, fruto de longa e dedicada pesquisa.

De fato, o princípio da vulnerabilidade representa a peça fundamental no mosaico jurídico que denominamos Direito do Consumidor. É lícito até dizer que a vulnerabilidade é o ponto de partida de toda a Teoria Geral dessa nova disciplina jurídica, para não falar da própria representação, em maior escala, do modelo legal do *Welfare State*. A compreensão do princípio, assim, é pressuposto para o correto conhecimento do Direito do Consumidor e para a aplicação da lei, qualquer lei, que se proponha a salvaguardar o consumidor.

Não obstante esse papel central no Direito do Consumidor, o princípio da vulnerabilidade até hoje recebera atenção apenas indireta, em obras que cuidam ora da responsabilidade civil do fornecedor, ora do novo paradigma contratual inaugurado pelo CDC.

O livro de Paulo Valério Dal Pai Moraes, nesse sentido, preenche uma inexplicável (e prejudicial) lacuna da doutrina nacional, ágil ao cuidar dos efeitos da vulnerabilidade, mas lenta ao apreciar a complexa estrutura político-jurídica do princípio em si mesmo.

Diante das credenciais do seu autor, o tratamento do tema não poderia estar em melhores mãos. Destacado membro do Ministério Público do Rio Grande do Sul, onde atua, há muitos anos, na área da proteção do consumidor, PAULO VALÉRIO usa sua experiência prática como ponto de partida para um estudo de vocação essencialmente teórica, mantendo-o sob a permanente e criativa influência do mundo que o cerca – a casuística e os dilemas corriqueiros da relação de consumo, que tão bem conhece. Não espanta, pois, que todo o livro tenha essa graça da boa doutrina, qual seja a escrita com os olhos postos na realidade.

Mas não é só. Dotado de invejável criatividade estrutural e precisão dogmática – o Direito atual não mais precisa de repetidores –, o autor preocupou-se em assentar a análise do tema em bases científicas sólidas e respeitadas. O princípio da vulnerabilidade, a bem da verdade, não aparece isolado das grandes tendências e correntes da doutrina jurídica mundial. Conhecê-las, (re)visitá-las e (re)apreciá-las é pré-condição a qualquer estudo sério da matéria. Exatamente o que faz o autor. Tudo isso sem perder de vista, em nenhum momento, o arcabouço constitucional renovador que enriquece (e limita) o estudo doutrinário do princípio da vulnerabilidade e o próprio Código de Defesa do Consumidor, que lhe deu vida paupável.

Com o presente livro, Paulo Valério Dal Pai Moraes eleva o patamar do Direito do Consumidor no Brasil. No âmbito dessa extraordinária contribuição à maturidade da disciplina jurídica, o autor legitima-se, entre os melhores doutrinadores nacionais, como jurista igualmente adulto.

Antônio Herman V. Benjamin
Procurador de Justiça em São Paulo, um dos redatores do Código de Defesa do Consumidor, fundador e primeiro presidente do BRASILCON – Instituto Brasileiro de Política e Direito do Consumidor, Professor nas Faculdades de Direito das Universidades do Texas e Illinois

1. Introdução

O relacionamento inter-humano evidenciou uma problemática bastante complexa, que é a busca de um relativo equilíbrio entre o forte e o fraco.

Seja no campo jurídico, sociológico e, principalmente, filosófico, as desarmonias sociais emergem exatamente da disparidade de forças dos agentes que atuam no organismo comunitário, o que gera bloqueios de desenvolvimento, interrupções desnecessárias do progresso do homem ou, até mesmo, a extinção de civilizações, conforme nos demonstrou a história relativa às colonizações ocorridas no globo.

Muito tem sido escrito e debatido sobre o tema, o qual possui como base a questão da potência, ou seja, aquela realidade evidenciadora da maior ou menor liberdade dos entes frente aos seus antagonistas. Entretanto, até o momento, não se conhecem trabalhos que tenham objetivado sistematizar o problema apontado, o qual encontra sua pedra fundamental no estudo do princípio da vulnerabilidade, hoje já positivado, de acordo com o que posteriormente será apontado.

Centramos o presente estudo, assim, no intuito de delimitar alguns parâmetros seguros para o desenvolvimento da milenar discussão a respeito do "poder", procurando aclarar conceitos e, por vezes, inclusive formulá-los, com vistas à elaboração de alicerces teóricos sólidos que sustentarão as abordagens concretas que serão comentadas na parte final desta obra, quando especificamente trataremos do contrato, da publicidade e das demais práticas abusivas.

Para tanto, a partir da teoria tridimensional do direito, fixamos os três pilares da estrutura da monografia, com o objetivo de comentar sobre os aspectos dogmático-jurídicos, sociológicos e filosóficos que envolvem o assunto, única maneira séria de chegar a resultados úteis, que tenham real aplicação na resolução do caso concreto, sem perder a perspectiva do sistema em que se constitui o Direito.

Desejamos esclarecer, igualmente, sobre as variadas espécies de vulnerabilidades que nos circundam, buscando com isso ressaltar a importância prática do tema, especialmente para a própria sobrevivência do gênero humano, o qual se encontra demasiadamente perplexo diante de tantas novas realidades criadas pela tecnologia.

Com o auxílio da classificação das vulnerabilidades que será apontada, poderão ser conhecidos com mais facilidade os fenômenos influentes na vida em sociedade, assim como poderá ser viabilizado o seu estímulo ou repressão, com vistas a uma regulação estatal eficaz, que tenha como norte a ordem, o equilíbrio e a harmonia, os quais correspondem à representação concreta da justiça.

Evoluindo no desenvolvimento do tema, os tipos de vulnerabilidades propostos – rol que não possui a pretensão de esgotar o assunto – serão úteis para explicar as várias situações de agressão à liberdade dos mais fracos nas relações de consumo, quando simplesmente remeteremos o leitor a algumas das espécies existentes, atividade esta que, imediatamente, servirá para embasar determinado posicionamento ou, até mesmo, para justificar eventual tratamento legal (princípios, regras e postulados) relativamente a alguma específica situação fática ou jurídica.

É importante considerar que a análise dos fenômenos que decorrem da vulnerabilidade nos conduz a variadas áreas do conhecimento, que não podem deixar de ser abordadas. Assim, discorreremos sobre estudos de neuropsicologia, neurofisiologia, de psicologia, de *marketing* e até de conceitos psicanalíticos, procurando com isso não fugir à obrigação que o assunto impõe, como também abrir reflexões no tocante a ramos da atividade humana que não estão afastados do Direito, na forma do que alguns doutrinadores querem fazer crer.

O Direito, como mecanismo de adaptação social do ser humano, possui imbricação com todas as realidades que nos envolvem, não sendo possível a aceitação de que possam ser rejeitadas as informações que advêm dos demais sistemas de conhecimento, quando sejam úteis para o arejamento do sistema do Direito. Salientamos, entretanto, que alguns arrojos no abordar temas científicos alheios a ele não significam que desejemos definir irresponsavelmente questões que ainda estão sob estudo, correspondendo, isso sim, a necessárias propostas de reflexão, sem o que o trabalho perderia a sua perspectiva de originalidade e de esforço no sentido de auxiliar na compreensão da grande aporia a que nos propusemos enfrentar.

Intentando aproveitar a imprescindível construção teórica, na parte final deste estudo, portanto, procuraremos demonstrar a presença do princípio da vulnerabilidade atuando sobre os demais princípio e regras do Código de Defesa do Consumidor, tarefa esta que ressaltará a fundamental relevância do tema, para que se possa trabalhar com correção no "direito privado" atual.

2. Origem dos princípios

Com o objetivo de demonstrar a relevância do princípio da vulnerabilidade para o Direito em geral e, principalmente, para a consecução de condições de vida melhores para o homem moderno, iniciamos a abordagem do tema visando a apresentar uma noção precisa da importância dos princípios na constituição de sistemas duradouros e que tenham o intuito de servir com utilidade aos seus propósitos.

Não é de hoje que se evidencia como uma necessidade o planejamento de qualquer forma de organização baseada em princípios, pois o simples viver do homem primitivo já apresentava estruturas de convívio nas quais algumas determinações de conduta fundamentais deveriam ser observadas, a fim de que a luta pela vida pudesse ser exitosa. Neste retorno extremo ao passado, lançamos nossa atenção sobre o cotidiano remoto, auxiliados pela projeção racional da nossa própria existência, para observar que é característica do gênero humano a tendência a raciocinar a partir de pautas básicas, com vistas à melhor satisfação das necessidades vitais.

A origem da tendência a erigir princípios, portanto, parece acompanhar o próprio homem, como ser racional que é, fato este que foi agudamente demonstrado por Immanuel Kant ao longo de toda a sua obra, mas, principalmente, na "Fundamentação da Metafísica dos Costumes",[1] quando apontou a existência de "leis *a priori*" na racionalidade humana.

De fato, sob o abordagem metafísica, os costumes seriam orientações decorrentes da razão pura, ou seja, independentes de qualquer influência empírica, o que lhes outorga uma posição de justiça e correção nas suas manifestações concretas, haja vista que são o produto mais perfeito da liberdade como valor fundamental.

Existiriam, assim, leis inatas que não necessitariam ser ensinadas, tendo em vista que representam a própria essência da atividade existencial, sendo exemplo o dever de não matar, o desejo de auxílio ao semelhante e muitas outras que, nos dias atuais, infelizmente, vêm perdendo espaço para os avanços das influências

---

[1] *Fundamentação da Metafísica dos Costumes*. Traduzida por Paulo Quintela. Lisboa: Edições 70, 1995.

sensíveis, que impõem o desprezo daquilo que nos é natural, mas que jamais será aniquilado.

Resultado disso é o mundo axiologicamente confuso que se formou, na medida em que o poder de repressão psicológica interna das regras *a priori* é implacável, fazendo com que o amor próprio e a satisfação como pessoa humana digna sejam abalados, daí surgindo grande número dos problemas existenciais, já comuns na vida moderna.

Todavia, sem querer aprofundar o tema, eis que retornaremos a ele quando examinarmos a realidade do princípio da autonomia da vontade, importa fixar que só aos seres racionais foi dada a faculdade de se guiar por princípios, dizendo Kant[2] que

> "(...) tudo na natureza age segundo lei. Só um ser racional tem a capacidade de agir *segundo a representação* das leis, isto é, segundo princípios, ou: só ele tem uma vontade. Como para derivar as acções das leis é necessária a *razão,* a vontade não é outra coisa senão razão prática. Se a razão determina infalivelmente a vontade, as acções de um tal ser, que são conhecidas como objectivamente necessárias, são também subjectivamente necessárias, isto é, a vontade é a faculdade de escolher *só aquilo* que a razão, independentemente da inclinação, reconhece como praticamente necessário, quer dizer como bom".

Mais adiante, esclarece o grande filósofo alemão que

> "(...) a *vontade* é uma espécie de causalidade dos seres vivos, enquanto racionais, e a *liberdade* seria a propriedade desta causalidade, pela qual ela pode ser eficiente, independentemente de causas estranhas que a *determinem;* assim como *necessidade natural* é a propriedade da causalidade de todos os seres irracionais de serem determinados à atividade pela influência de causas estranhas".

Isto não invalida o fato de que o homem, como animal biológico que é, também tenha seus instintos, os quais igualmente afloram, muitas vezes em proporções inacreditáveis, a demonstrar com clareza a eterna dualidade da existência humana.

A guinada que Kant gerou no estudo da essência do homem, então, seja no âmbito da gnosiologia como no da ética, representou, conforme se manifesta a doutrina, uma verdadeira revolução de Copérnico na área do conhecimento, pois evidenciou o homem como agente criador de leis independentemente da experiência, demonstrando que o conhecimento possui mão dupla, que se origina no mundo sensível, mas, também, na razão pura.

Estabelecida tal origem principiológica, também podemos observar, ao longo da história, que a influência dos assuntos metafísicos tendentes a solucionar

---

[2] Ob. cit., p. 47 e 93.

os problemas relacionados com a existência de Deus, da imortalidade da alma, da liberdade do homem no mundo e outros, em realidade muitas vezes evidenciaram tendências a mascarar e, eventualmente, até mesmo a neutralizar as manifestações puras da razão prática, por intermédio da imposição de princípios outros, decorrentes da simples força.

Conforme ensinou Max Weber,[3] seja por intermédio da dominação legítima carismática (religiosa), dominação legítima tradicional (santidade das tradições vigentes) ou pela dominação de caráter legal, originada na burocratização da sociedade, burocratização esta, em grande escala, imposta pelas forças políticas predominantes, muitos princípios não racionalmente puros foram impostos aos povos, daí surgindo focos de tradição, costume e condutas, que culminaram por se tornar deveres básicos de convívio.

Com isto, arriscamos dizer que os princípios podem se originar da razão pura, da produção metafísica, que também não deixa de ser racional, sob o ponto de vista da teologia racional,[4] como também podem surgir da experiência sensível (inclinação) que, somada aos princípios *a priori*, pode resultar em elaborações híbridas, mas, nem por isso, de menor valor.

Sob o ponto de vista da experiência em si, do mundo sensível, da natureza, da mesma forma emergem princípios, sendo que eles estão em constante descoberta pela razão humana. Sobre o tema, Miguel Reale comenta que "(...) muitas vezes inclinamo-nos a pensar que recebemos dos físicos e dos químicos o conceito de lei, quando, na realidade, foi o contrário que se deu".

Estes princípios naturais, recebidos pela sensibilidade humana, também contribuíram para o estímulo da imaginação e da própria razão humana, na forma já abordada, acrescentando Miguel Reale[5] que "(...) nas primeiras cogitações sobre a natureza física, os homens também foram levados a conceber um legislador governando o fato natural, como quem baixa um comando". A teologia racional é uma prova disso, ratificando, assim, as várias origem dos princípios e, portanto, a grande relevância que possuem para a existência universal.

---

[3] Renato Treves. *La Sociologia Del Derecho, Orígenes, Investigaciones, Problemas.* Barcelona: Ariel, 1988, p. 115.

[4] Sob o tópico "O Deus dos filósofos não é o Deus dos cristãos", Alessandro Ghisalberti, *in* Guilherme de Ockham, Tradução de Luíz A. de Boni, EDIPUCRS, Coleção Filosofia – 56, Porto Alegre, 1997, p. 155. aponta que aquele que comenta sobre a teologia racional, "...deve estar atento a fim de não confundir aquilo que é o Deus da revelação com aquilo que é o Deus que se atinge pela via da demonstração". De fato, segundo Ockham "...a via da 'produção' de uma série ordenada de efeitos não leva a uma causa eficiente primeira; a esta chega-se percorrendo a via da 'conservação', isto é, do perdurar no ser de uma série ordenada de efeitos. Eis a demonstração ockhamista: toda coisa que existe devido ao ser recebido de outros, permanece na existência até quanto aquele que lhe deu o ser também o conserve". Por outras palavras, "...somente quem dá o ser pode conservá-lo, isto é, continuar a dá-lo". Seguindo, "...É necessário, pois, afirmar a existência de uma causa que conserva as coisas no ser e que não depende por sua vez de nenhuma outra coisa". Esta elaboração racional da existência de um "primum conservans" é a fórmula, então, que demonstra a existência de Deus, alterando a exclusividade da produção doutrinária escolástica para introduzir os critérios da teologia racional no estudo dos assuntos metafísicos. Aceita a existência de Deus, impõe-se o reconhecimentos de que os princípios que exsurgem desta constatação se constituem em uma realidade, seja a partir da revelação como da razão.

[5] Ob. cit., volume 2, p. 438.

Por último, temos a quarta origem dos princípios e que será a base de todo o trabalho, quais sejam os princípios jurídicos, pois, muitas vezes, os comandos morais não são suficientes para coibir determinada conduta prejudicial ao convívio, sendo necessária uma força coercitiva mais eficaz.

Roscoe Pound[6] comenta que

"(...) para a justiça, conforme procuramos ministrá-la nos tribunais, devemos levar em conta alguma coisa mais do que nos dá a moral ou a lei natural. Diz Maritain: 'O único conhecimento prático que todos os homens tem, natural e infalivelmente, em comum, é que devemos fazer o bem e evitar o mal (...). A lei natural é o conjunto de tudo quanto se deve ou não fazer que resulta necessariamente do simples fato de que o homem é homem, sem que se leve nada mais em conta'. Mas todos os homens, insistindo em suas reivindicações e expectativas em concorrência com os seus semelhantes, não se têm mostrado capazes de ficar de acôrdo quanto a detalhes importantes do que é bom e do que é mau. Cada lado de muitas controvérsias azêdas afirma, com segurança, que a própria maneira de ver repousa nos eternos princípios do direito e da justiça. Cada um identifica as respectivas reivindicações com ditames indiscutíveis de moral. Bastam as discussões diárias entre empregadores e empregados para nos convencer que pouco é capaz de fazer essa espécie de lei natural pelo jurista. Devido à falta de guia 'natural' para a solução de tantos dêstes conflitos e imbricações de reivindicações e expectativas concorrentes, somos obrigados a ter a lei positiva para evitar a volta à guerra privada"".

Fundamental, portanto, a existência dos princípios jurídicos, dos subprincípios, dos postulados e regras, os quais surgiram para que o instinto de liberdade natural e a razão humana pudessem ser contidos, pois, na forma salientada por Pound:[7]

"(...) os homens têm muitos desejos, insistem em certas expectativas fortes, que não é possível realizar num regime de máxima liberdade de realização. Os homens desejam ser livres, mas precisam de muito mais. Chegamos, assim, à idéia de satisfação máxima das necessidades ou expectativas humanas. O que é preciso fazer no contrôle social e também na lei, é conciliar e ajustar, tanto quanto possível, desejos, necessidades e expectativas, de sorte a conseguir porção tão grande da totalidade dêles quanto possível. Até ao presente é essa a ordem mais compreensiva".

Concluindo este compartimento do trabalho com as palavras de Euzébio de Queiroz Lima:[8] "A moral é o complexo de regras necessárias à evolução, ao pro-

---

[6] *Justiça Conforme a Lei*. São Paulo: IBRASA, 1976, 2ª edição, p. 15.

[7] Roscoe Pound, ob. cit., p. 33.

[8] *Princípios de Sociologia Jurídica*. Rio de Janeiro: Record, 1958, 6ª edição, p. 123.

gresso da sociedade; o direito é o conjunto de princípios necessários à ordem, à paz, à harmonia na sociedade", o que não invalida o fato de que o direito também contém preceitos morais, a recíproca não sendo verdadeira, na forma evidenciada pelo autor norte-americano citado.

Tais rápidos comentários servem, portanto, para salientar as origens dos princípios nos processos de convívio, sendo útil a abordagem para os temas que serão analisados, a fim de chegar a uma proximidade relativa dos conceitos de interesse público, relevância social, ética, boa-fé e muitos outros que merecerão comentários ao longo deste trabalho.

Com isso, concluímos que os princípios podem surgir de quatro fontes: a) diretamente da racionalidade humana (doutrina de Kant); b) da produção metafísica que busca a comprovação de determinados fenômenos alheios à possibilidade de estabelecimento de uma experiência humana por intermédio dos sentidos (ex: a existência de Deus, da alma etc.); c) da experiência sensível a partir da observação da natureza (ex: leis da física etc.); d) do mundo jurídico.

3. Conceito de princípios jurídicos, postulados, regras e valores

A história tem demonstrado a existência de muitos sistemas jurídicos interessantes que, como não poderia deixar de ser, tiveram enaltecidos seus méritos basicamente por causa dos princípios que os informaram.

Na forma do que também será abordado posteriormente, quando examinarmos as características dos sistemas, os princípios são os alicerces do edifício construído, fundações estas que, se não forem firmes, adequadas e relativamente flexíveis, ocasionarão a destruição de toda a estrutura.

Exemplo clássico dissò é o sistema jurídico romano, que, mesmo tendo sofrido grande número de alterações no decorrer de aproximadamente 1300 anos, passando pelos períodos da realeza, da república, do principado, até chegar a Justiniano, primou por observar pautas bastante evidentes, as quais foram as responsáveis pela manutenção do sistema por tanto tempo.

Confirmando o ora dito, Eduardo Garcia de Enterría[9] assim comenta:

"La superioridad del Derecho Romano sobre otros sistemas jurídicos históricos anteriores o posteriores estuvo justamente, no ya en la mayor perfección de sus leyes (acaso las de LICURGO, o las de cualquier otro de los grandes legisladores mitificados, fuesen superiores), sino en que sus juristas fueron los primeros que se adentraron en una jurisprudencia según principios, la cual ha acreditado su fecundidad, e incluso, paradójicamente, su perennidad, y hasta su superior certeza, frente a cualquier código perfecto y cerrado de todos los que la história nos presenta".

Com efeito, em livro que ressalta minuciosamente a fantástica contribuição que este paradigma realizou para a experiência jurídica humana, Fritz Schultz[10] ensina que o ilhamento, que é a separação e independência do direito de Roma

---

[9] *Reflexiones Sobre La Ley Y Los Princípios Generales del Derecho.* Madrid: Cuaderno Civitas – Editorial Civitas S.A., 1986, p. 34 e 35.

[10] *Principios Del Derecho Romano.* Traducción de Manuel Abellán Velasco. Madrid: Servicio de Publicaciones de La Faculdad de Derecho Universidad Complutense, Civitas, 1990.

dos demais direitos, o princípio da abstração, da facilidade ou simplicidade, da tradição, do sentimento nacional, da liberdade, da autoridade, da humanidade, da fidelidade e da segurança, foram os grandes sustentáculos de todo o sistema por longos anos, oferecendo, desta forma, um exemplo claro da magnitude da questão principiológica para o estabelecimento de normas de convívio úteis e profícuas.

Os princípios são, assim, garantia de estabilidade, funcionalidade, unidade e adequação valorativa, sendo fundamentais para que qualquer sistema possa existir, pois a tentativa de organização estrutural sem princípios não é e jamais será um sistema.

A doutrina possui diferenças terminológicas no reconhecimento destas pautas de conduta, alguns, como Eros Roberto Grau, dizendo que as normas se dividem em regras e princípios, enquanto outros, como Juarez Freitas, entendendo que a divisão seria em valores, princípios e normas. Para Humberto Ávila, por sua vez, existiriam as regras, os princípios e os postulados.[11]

Segundo Juarez Freitas,[12] o conceito de normas corresponderia ao de preceitos jurídicos, os quais seriam menos amplos e "axiologicamente inferiores" aos princípios. Estes, por sua vez, diferiam dos valores *stricto sensu*, por terem a "forma mais elevada de diretrizes", que faltaria aos valores, ao menos em grau e intensidade.

Eros Grau,[13] por sua vez, prefaciando a obra de Juarez Freitas, esclarece o porquê da divergência, dizendo que "os *valores* (...) estão contidos nos *princípios* (...)"*, motivo pelo qual não seriam diferentes.

Seguindo nos seus ensinamentos, especificamente no tocante ao acolhimento da expressão *normas* em substituição à denominação de *regras*, afirma que visualiza a interpretação do direito "(...) como atividade voltada ao discernimento de enunciados semânticos veiculados por *preceitos (disposições, textos)* – o intérprete desvencilha a norma do seu invólucro (o *texto*); neste sentido, o intérprete 'produz a norma'". Assim a execução do ato de interpretar significa desvendar as *normas* contidas nas *disposições*.

Finalizando, esclarece o Professor Eros Grau que é importante aceitar a distinção, que "*texto e norma* não se identificam: o texto da norma é o *sinal lingüístico; a norma é o que se revela, designa*". Concordamos plenamente com esta posição.

Ampliando a discussão, Humberto Ávila apresenta discordância quanto a uma possível prevalência dos princípios em relação às regras, o que é ostensivamente manifestado em seu magnífico trabalho *Teoria dos Princípios*, quando conclui que[14] "(...) descumprir uma regra é mais grave do que descumprir um princípio". A explicação para tal assertiva, segundo o eminente Professor[15] estaria no fato de que as regras, são

---

[11] *Teoria dos Princípios – da definição à aplicação dos princípios jurídicos*. 8ª ed. São Paulo: Malheiros, 2008.

[12] *A Interpretação Sistemática do Direito*. São Paulo: Malheiros, 1995, p. 42.

[13] Juarez Freitas. *A Interpretação Sistemática do Direito*. Ob. cit., p. 11 e 12.

[14] Ob. cit., p. 104.

[15] Ob. cit., p. 78.

"(...) normas imediatamente descritivas, primariamente retrospectivas e com pretensão de decidibilidade e abrangência, para cuja aplicação se exige a avaliação da correspondência, sempre centrada na finalidade que lhes dá suporte ou nos princípios que lhes são axiologicamente sobrejacentes, entre a construção conceitual da descrição normativa e a construção conceitual dos fatos".

Portanto, para que sejam superadas, não aplicadas, é necessário um esforço argumentativo muito maior do intérprete, a fim de demonstrar a incompatibilidade entre a hipótese da regra e a sua finalidade, devendo ser relevado, ainda, se o afastamento da regra não causaria expressiva insegurança jurídica, além de ficar resguardado que a decisão do caso concreto não criará precedente que prejudicará a justiça coletiva que deve ser protegida pela finalidade que alicerça a regra. Como exemplo, Humberto Ávila cita o caso de regra que condicionava o ingresso num programa de pagamento simplificado de tributos federais à ausência de importação de produtos estrangeiros. No caso concreto, pequena empresa que fabricava sofás teria importado quatro pés para apenas um sofá e fora excluída do programa. Houve impugnação a tal postura Estatal, na qual a empresa foi vencedora, pois ficou reconhecido que não era razoável sua exclusão, haja vista que a excepcionalidade da conduta não maculava a finalidade da regra, que é a proteção e estímulo à produção nacional das pequenas empresas. A superação da regra, nesta hipótese, foi benéfica, pois resolveu de forma justa o "caso" e não prejudicou a justiça coletiva, permanecendo hígida a previsão para as demais situações concretas.

Também apresenta discordância, porque agrega Humberto Ávila[16] o conceito de "postulados", definindo tal categoria como sendo

"(...) normas imediatamente metódicas que instituem os critérios de aplicação de outras normas situadas no plano do objeto de aplicação. Assim, qualificam-se como normas sobre a aplicação de outras normas, isto é, como metanormas (...). Nesse sentido, sempre que se está diante de um postulado normativo, há uma diretriz metódica que se dirige ao intérprete relativamente à interpretação de outras normas. Por trás dos postulados, há sempre outras normas que também influenciam outras (...)".

Exemplificando, o autor em questão cita os postulados inespecíficos da ponderação,[17] da concordância prática[18] e da proibição de excesso,[19] sendo os específicos o da igualdade, da razoabilidade e o da proporcionalidade.

---

[16] Ob. cit., p. 122.

[17] Ob. cit., p. 143: "...consiste em num método destinado a atribuir pesos a elementos que se entrelaçam, sem referência a pontos de vista materiais que orientem esse sopesamento".

[18] Ob. cit., p. 145: "...o dever de realização máxima de valores que se imbricam. Esse postulado surge da coexistência de valores que apontam total ou parcialmente para sentidos contrários. Daí se falar em dever de harmonizar os valores de modo que eles sejam protegidos ao máximo..."

[19] Ob. cit., p. 145: "...o postulado da proibição de excesso proíbe a restrição excessiva de qualquer direito fundamental".

Ainda aponta Humberto Ávila[20] a distinção entre postulados e sobreprincípios, ao afirmar que o fato de os postulados serem qualificados como *normas de segundo grau*

> "(...) não deve levar à conclusão de que os postulados normativos funcionam como qualquer norma que fundamenta a aplicação de outras normas, a exemplo do que ocorre no caso de sobreprincípios como o princípio do Estado de Direito ou do devido processo legal. Isso porque esses sobreprincípios situam-se no próprio nível das normas que são objeto de aplicação, e não no nível das normas que estruturam a aplicação de outras. Além disso, os sobreprincípios funcionam como fundamento, formal e material, para a instituição e atribuição de sentidos às normas hierarquicamente inferiores, ao passo que os postulados normativos funcionam como estrutura para aplicação de outras normas".

A qualificação de "sobreprincípio" também é acolhida pelo eminente Professor Paulo de Barros Carvalho,[21] quando ressalta que "(...) abaixo da justiça, o ideal maior do direito é a segurança jurídica, sobreprincípio que se irradia por todo o ordenamento e tem sua concretização viabilizada por meio de outros princípios, tal como o da irretroatividade das leis".

Os sobreprincípios do Estado de Direito[22] (art. 1º, CF) e da segurança jurídica,[23] então, seriam princípios de maior grau de abrangência, englobando outros princípios jurídicos, todos, porém, contendo o elemento finalístico que os caracteriza, qual seja o atingimento de um "estado ideal de coisas" que resulte na proteção de um determinado "bem da vida".

São úteis as posições acima comentadas, na medida em que colocam o jurista em contato com vários enfoques sobre o tema. Até mesmo é de se ressaltar a existência de valores que, por serem naturalmente essenciais para a consideração da existência humana, ultrapassariam a própria denominação de princípio, como pilar sustentador de um sistema, assumindo, legitimamente, uma posição superior a qualquer concepção normativa. Tal fato não quer dizer que nos princípios, nos postulados e nas regras não existam valores. Por óbvio que lá estão. Apenas desejamos com isso observar que podem ser identificados valores que transcendem a questão principiológica, sendo realidades universais, tais como o valor liberdade, igualdade, dignidade da pessoa humana, vulnerabilidade, os quais também não

---

[20] Ob. cit. p. 135.

[21] "Segurança Jurídica e Modulação dos Efeitos". In: *Revista Direito Tributário Em Questão*. Volume 1, Porto Alegre: Fundação Escola Superior de Direito Tributário – FESDT, 2008, p. 207.

[22] Humberto Ávila, ob. cit., p. 72, assim se manifesta sobre este princípio: "...o princípio do Estado de Direito estabelece estados de coisas, como a existência de responsabilidade (do Estado), de previsibilidade (da legislação), de equilíbrio (entre interesses públicos e privados) e de proteção (dos direitos individuais)..."

[23] Paulo de Barros Carvalho, ob. cit., p. 206 discorre sobre o princípio: "...Não temos notícia de que algum ordenamento a contenha como regra explícita. Efetiva-se pela atuação de outros princípios, como o da legalidade, da anterioridade, da igualdade, da irretroatividade, da universalidade da jurisdição etc".

deixam, eventualmente, de ser princípios, quando válidos para o efeito de serem úteis para a concretização dos ideais teleológicos dos sistemas.

Importa ressaltar neste momento, da mesma forma, o que seriam os valores.

Valorar é escolher, e o resultado desta escolha se constitui em uma preferência por determinados núcleos de significação.

Para melhor definir os valores, utilizaremos uma abordagem que se vale da semiótica – doutrina filosófica geral dos sinais e símbolos, especialmente das funções destes –, a qual compreende três ramos: a sintaxe, a semântica e a pragmática.

Em memorável conferência proferida no VII Congresso de Direito Tributário em Questão, organizado pela Fundação Escola Superior de Direito Tributário do Rio Grande do Sul, na data de 28.06.2008, em Gramado, o Professor-Doutor Paulo de Barros Carvalho discorreu com maestria a respeito do tema. Sob o ponto de vista sintático, que é o compartimento da semiótica que estuda as relações entre os signos, apresentou várias característica dos valores:

a) insuscetibilidade de definição – alguns valores não são suscetíveis de definição. Peguemos o valor República ou Justiça. É claro que podemos realizar atividade intelectiva que irá nos aproximar de algo que possa ser considerado uma definição, mas não atingiremos um resultado pleno, exatamente porque são valores, principalmente os apontados, com alto grau de complexidade e abstração;

b) bipolaridade – esta característica ocorre em um eixo entre dois pólos, sem que exista um ponto "0". Assim, onde está o bem estará o mal no lado oposto. Onde está o forte, estará o fraco. Onde está o rico, estará o pobre, sendo mantida entre eles uma relação de implicação recíproca que permite, justamente a realização da próxima característica;

c) preferibilidade – decorrência da característica anterior, também é identificada a preferibilidade. Ou seja, existindo duas ou mais grandezas, é possível a escolha, sendo concedida preferência àquela que seja mais valiosa na resolução do caso concreto;

d) objetividade – o valor ganha objetividade, tendo em vista um determinado objeto, podendo ser concretizado e, assim, constituindo-se a sua escolha em uma decisão útil para a resolução de eventual controvérsia;

e) historicidade – os valores vão sendo depositados gradativamente, o que demonstra que as "escolhas" feitas pela sociedade, durante o seu desenvolvimento histórico-social, irão se acumulando, se amoldando, se modificando, como resultado das vivências culturais experienciadas;

f) incomensurabilidade – não temos como medir o valor dando graus, pontos etc.;

g) inesgotabilidade – por eu achar lindo um quadro, dando valor a ele, não significa que também não possa achar linda uma paisagem, dando valor a ela;

h) disposição hierárquica – a possibilidade de ser dada primazia a um valor em detrimento de outro;

i) atributibilidade – o valor não vem com o objeto. Nós, os aplicadores da Lei é que atribuímos valor a ele.

Ensina o eminente Professor de São Paulo, que, seguindo estes itens, por exemplo, podemos fazer variadas proposições sobre o valor Justiça, melhor compreendendo a sua natureza e, como conseqüência, mais fácil ficará a adotação de condutas que efetivamente possam concretizá-lo.

Sob o enfoque semântico – ramo da semiótica que estuda o signo em relação ao objeto a que ele se refere –, explica Paulo de Barros Carvalho que podemos fazer inúmeras associações com palavras, com institutos, com valores. Como exemplo, oferece o princípio da segurança jurídica. Podemos associá-lo à estabilidade das relações jurídicas, à previsibilidade das decisões, tendo em vista o sistema jurídico, com a justiça eficaz, com a modulação dos efeitos das decisões,[24] ou seja, a análise semântica dos valores nos permite uma ampla mobilidade com vistas à obtenção de sentidos, escolhendo associações que melhor contribuam para a resolução de eventual controvérsia.

Por último, o enfoque pragmático, por intermédio do qual verificamos as relações dos signos com os utentes desses mesmos signos. Analisamos, por exemplo, de que forma utilizamos o signo para passar alguma mensagem. Vejamos uma situação específica em que alguém entra em uma sala de aula e dá "boa tarde". Terá o significado para ele e para os que estão no recinto de uma atitude educada. Diferente, todavia, é a hipótese de alguém ingressar na sala e, diretamente no ouvido de outro, com agressividade, diz o mesmo "boa tarde". Será entendido como uma ofensa. Outro exemplo seria o de que o Judiciário pode estar usando determinado signo, como interesse social, diferentemente de como o faz o Poder Executivo. No enfrentamento prático, portanto, os valores podem ter diferentes implicações e resultados.

Toda esta abordagem é extremamente útil para que não fiquemos em um plano exclusivamente abstrato no tratar o conceito de "valores", servindo a ampla

---

[24] Sobre o tema ver Paulo de Barros Carvalho, ob. cit., p. 203 a 216: "Neste contexto, foram promulgadas em 1.999 duas leis ordinárias – a Lei nº 9.868/99 e a Lei nº 9.882/99, anunciando, entre seus preceitos, dois dispositivos da maior relevância, que inovaram o tema da modulação dos efeitos no ordenamento jurídico brasileiro. Vejamos: Art. 27, da Lei nº 9.868/99. Ao declarar a inconstitucionalidade de lei ou ato normativo, e tendo em vista razões de segurança jurídica ou de excepcional interesse social, poderá, o Supremo Tribunal Federal, por maioria de dois terços de seus membros, restringir os efeitos daquela declaração ou decidir que ela só tenha eficácia a partir do seu trânsito em julgado ou de outro momento que venha a ser fixado. Art. 11, da Lei nº 9.882/99. Ao declarar a inconstitucionalidade de lei ou ato normativo, no processo de argüição de descumprimento de preceito fundamental, e tendo em vista razões de segurança jurídica ou de excepcional interesse social, poderá o Supremo Tribunal Federal, por maioria de dois terços de seus membros, restringir os efeitos daquela declaração ou decidir que ela só tenha eficácia a partir de seu trânsito em julgado ou de outro momento que venha a ser fixado...A modulação dos efeitos em benefício da Segurança Jurídica é tema conhecido pela Suprema Corte que se manifestara, já em 1977, pela possibilidade de concessão de efeitos *ex nunc* diante de hipótese de mudança substancial da jurisprudência assentada sobre o assunto. Ora, de ver está, não seria justo surpreender aqueles jurisdicionados que seguiram as diretrizes vigentes ao tempo da lei, agravado pelas sanções de ilicitude, precisamente quando da mudança de entendimento jurisprudencial, pela nova orientação deste Egrégio Tribunal".

análise feita para demonstrar que os valores são escolhas realizadas ao longo do desenvolvimento humano, que integram os postulados, princípios e regras.

Quanto à qualificação das normas, entendemos que é melhor falar que as normas se dividem, de fato, em postulados, princípios e regras, tendo em vista que esta concepção possui maior adequação quando da atividade hermenêutica, facilitando a escolha das normas mais apropriadas para a resolução das situações concretas.

Acreditamos que está correta tal posição, pois, efetivamente, as regras são imediatamente descritivas, contendo elementos lingüísticos mais objetivos, no sentido de oferecer decisão e abrangência ao caso concreto a ser solucionado. Os princípios, por sua vez, são dotados de um conteúdo eminentemente finalístico, não sendo descritivos como as regras e estabelecendo um "dever-ser ideal" um "estado de coisas", nas palavras de Humberto Ávila. Já os postulados "(...) estabelecem diretrizes metódicas, com aplicação estruturante (...)",[25] ou seja, são categorias que "(...) impõem condições a serem observadas na aplicação das regras e dos princípios, com eles não se confundindo (...)".[26]

Entretanto, algumas considerações devem ser feitas.

Com efeito, não concordamos que possam sempre ser chamadas de postulados a "proibição de excesso", a "igualdade", a "razoabilidade" e a "proporcionalidade", na forma apontada por Humberto Ávila.

Em realidade, tal qualificação será atribuída quando determinada estrutura normativa estiver agindo em nível de organização, de instrumento normativo metódico, visando à aplicação de outras regras e princípios.

Isto é confirmado pelas próprias palavras do eminente Professor, cujo trabalho merece o mais expressivo reconhecimento, quando afirma em sua obra[27] que "(...) os dispositivos podem gerar, simultaneamente, mais de uma espécie normativa". Continuando suas lições, esclarece que "um ou vários dispositivos, ou mesmo a implicação lógica deles decorrente, pode experimentar uma *dimensão* imediatamente comportamental (regra), finalística (princípio) e/ou metódica (postulado)". Valendo-se do dispositivo da constituição que somente autoriza o aumento ou a instituição de tributo por intermédio de Lei formal, afirma que é

> "(...) plausível examiná-lo como regra, como princípio e como postulado. Como *regra,* porque condiciona a validade da criação ou aumento de tributos à observância de um procedimento determinado que culmine com a aprovação de uma fonte normativa específica – a lei. Como *princípio*, porque estabelece como devida a realização dos valores de liberdade e de segurança jurídica. E como *postulado*, porque vincula a interpretação e a aplicação à lei e ao Direito, preexcluindo a utilização de parâmetros alheios ao ordenamento jurídico".

---

[25] Humberto Ávila, ob. cit., p. 123.

[26] Idem, p. 71.

[27] Idem, p. 69.

O que determinará, portanto, o reconhecimento de um postulado é a forma como estará sendo utilizada a norma ou a metanorma, bem como a função que exerce na interpretação e aplicação das demais normas do sistema. A ponderação – método consistente no sopesamento dos valores em "jogo", por intermédio do qual são realizadas escolhas sucessivas e entre valores à disposição, com vistas à definição daquele(s) que terá primazia sobre o(s) outro(s) –, por conseqüência, de fato pode ser reconhecida como um postulado, pois é justamente com base em tal ferramenta que poderemos fazer o sopesamento dos valores disponíveis para a resolução do caso concreto.

Juarez Freitas, na sua igualmente famosa obra *Interpretação Sistemática do Direito*,[28] já ressaltava a existência do, por ele chamado, "Princípio da Hierarquização Axiológica", definindo-o como o

"(...) metacritério que ordena, diante inclusive de antinomias no plano dos critérios, a prevalência do princípio axiologicamente superior; ou da norma axiologicamente superior em relação às demais, visando-se uma exegese que impeça a autocontradição do sistema conforme a Constituição e que resguarde a unidade sintética dos seus múltiplos comandos".

Esclarece o grande Professor gaúcho que tal princípio

"(...) é uma meta-regra, um operador deôntico que ocupa o topo do sistema jurídico. Em face de sua natureza de metaprincípio, aspira à universalização sem se contradizer, e se formula, expressa ou implicitamente, do modo mais formal possível, distinguindo aspectos e escalonando os demais princípios, assim como as normas e os valores".

Assim, os chamados postulados da razoabilidade, da igualdade, da proporcionalidade[29] em várias decisões são utilizados no plano da aplicação das normas, servindo como razões imediatas de decidir, conforme inclusive aconteceu no exemplo antes transcrito, relativamente à importação de quatro pés de sofá, quando foi preterida a regra específica e descritiva sobre o tema e aplicada a razoabilidade para a resolução do "caso".

Desta forma, também a razoabilidade, a igualdade e a proporcionalidade, por óbvio, são princípios. No caso da razoabilidade, naquela situação que analisava a questão da importação dos pés de sofá, foi alcançado um "estado ideal de coisas" um "dever-ser ideal", qual seja a obtenção de uma conclusão que seja reconhecida como normal, aceitável dentro dos padrões comuns de realidade que vigem na sociedade, representado pela autorização no sentido de que a pequena empresa que importou os "pés" não seja excluída do programa simplificado de pagamento de impostos. Além disso, com tal resultado, mesmo tendo sido afastada a regra

---

[28] *A Interpretação Sistemática do Direito*, 2ª edição, São Paulo: Malheiros Editores, 1998, p. 88 e 89.

[29] Também sobre a proporcionalidade, ver Paulo Bonavides, *Curso de Direito Constitucional*, 4ª edição, Malheiros Editores, São Paulo, 1993, p. 314 a 355.

que determinava a exclusão, foi conseguido o "estado de coisas ideal" almejado pela própria regra não aplicada, qual seja a proteção da pequena empresa nacional, ou seja, por vezes, com base na aplicação dos princípios, são protegidos os bens jurídicos que justificam a própria regra superada.

Outra reflexão importante diz respeito à afirmação de que violar uma regra seria mais grave do que descumprir um princípio.

Com isso não podemos concordar, até porque as regras estão necessariamente fundamentadas nos princípios constitucionais, em decorrência do princípio da derivação, por meio do qual a legislação infraconstitucional e mesmo as regras constitucionais estão sempre alicerçadas em valores superiores, seja pela hierarquia, seja pelo maior peso axiológico. Ou seja, nas "fundações" das regras sempre estará presente algum princípio superior que lhe dá "alma" e que sustenta a "finalidade" almejada no preceito.

Paulo Bonavides[30] esclarece sobre a "supremacia incontrastável da lei constitucional sobre as demais regras de direito vigente num determinado ordenamento". Continuando sua lição, comenta que "compõe-se assim uma hierarquia jurídica, que se estende da norma constitucional às normas inferiores (leis, decretos-leis, regulamentos etc.), e a que corresponde por igual uma hierarquia de órgãos. A conseqüência dessa hierarquia é o reconhecimento da 'superlegalidade constitucional', que faz da Constituição a lei das leis, a *lex legum*, ou seja, a mais alta expressão jurídica da soberania".

Como resultado, entendemos que é de somenos importância estabelecer quem é mais importante, o princípio ou a regra, haja vista que dificilmente se estabelecerá uma antinomia "pura" entre ambos, na dimensão de que esta regra não estaria alicerçada por algum outro princípio. Entretanto, no confronto direto entre princípio e regra, e diante da ausência de identificação clara de qual princípio fundamenta esta regra objeto do confronto, não há a menor dúvida de que a opção interpretativa deva, de um modo geral, pender para a aplicação do princípio.

Relativamente à distinção entre regras e princípios, todavia, reformulamos nossa posição anteriormente assumida na 1ª e na 2ª edição desta obra, quando afirmamos que "(...) os princípios diferem frontalmente das regras ou normas (segundo Juarez Freitas), pois, caso as regras sejam antagônicas, uma delas deverá ser excluída do sistema em questão. Já os princípios não, podem e devem conviver no mesmo sistema, mesmo que entre eles, eventualmente, possa se configurar uma antinomia".

Não há a necessidade de exclusão da regra do sistema jurídico, quando de eventual antinomia. Mais uma vez citamos Humberto Ávila,[31] quando nos oferece o exemplo em que o Código de Ética Médica determina que o "(...) médico deve dizer para seu paciente toda a verdade sobre sua doença". Outra regra do mesmo

---

[30] Ob. cit. p. 228.

[31] Ob. cit., p. 53.

Código indica que o "(...) médico deve utilizar todos os meios disponíveis para curar seu paciente". No caso de o paciente possuir um câncer gravíssimo. Qual a regra a ser aplicada? A opção por uma ou outra não excluirá a que eventualmente foi preterida no caso concreto. Ainda cita o eminente Professor, também gaúcho, o caso da regra do art. 1º da Lei 9.494/1997, que veda a concessão de liminares contra a Fazenda Pública. E na situação em que alguém pleiteia do Estado o fornecimento urgente de medicamentos imprescindíveis para a saúde, com base na regra do artigo 1º da Lei Estadual gaúcha nº 9.908/1993. Uma ou outra será excluída do sistema jurídico? Por óbvio que não, o que evidencia a precariedade do critério da exclusão.

Este raciocínio abre importante reflexão, no sentido de que as regras, assim como os princípios, sofrem o mesmo processo de ponderação, de hierarquização axiológica, diante do caso concreto. O que, em realidade, os diferencia é a maior ou menor intervenção interpretativa do aplicador da Lei. Neste sentido, com total razão Humberto Ávila, quando assim dispõe sobre o tema:

> "O relacionamento entre regras gerais e excepcionais e entre princípios que se imbricam não difere quanto à existência de ponderações de razões, mas – isto, sim – quanto à intensidade da contribuição institucional do aplicador na determinação concreta dessa relação e quanto ao modo de ponderação: no caso da relação entre regras gerais e regras excepcionais o aplicador – porque as hipóteses normativas estão entremostradas pelo significado preliminar do dispositivo, em razão do elemento descritivo das regras – possui menor e diferente âmbito de apreciação, já que deve delimitar o conteúdo normativo da hipótese se e enquanto esse for compatível com a finalidade que a sustenta; no caso do imbricamento entre princípios o aplicador – porque, em vez de descrição, há o estabelecimento de um estado de coisas a ser buscado – possui maior espaço de apreciação, na medida em que deve delimitar o comportamento necessário à realização ou preservação do estado de coisas".

Mais tarde abordaremos várias situações atinentes ao Código de Proteção e Defesa do Consumidor em que será mais claramente visualizada esta distinção.

Conforme definição de Robert Alexy,[32] os princípios são mandatos de otimização, ao passo que as regras são normas que somente podem ser cumpridas ou não. Já vimos que não é bem assim, pois não é uma questão de "tudo ou nada", sempre sendo necessária uma ponderação construtiva que leve à melhor solução para o caso concreto.

Claus Wilhelm Canaris,[33] sucessor de Karl Larenz na sua cátedra, apresenta quatro características fundamentais dos princípios, observando, ainda, que a primeira delas é a possibilidade de oposição e de contradição entre eles.

---

[32] *Teoría de Los Derechos Fundamentales.* Madrid: Centro de Estudios Constitucionales, 1990, p. 86 e 87.

[33] *Pensamento Sistemático e Conceito de Sistema na Ciência do Direito.* Traduzido por A. Menezes Cordeiro. Lisboa: fundação Gulbenkian, 1989, p. 88 e ss.

Na vida jurídica, principalmente no trato do caso concreto, observamos que, constantemente, princípios entram em choque frontal, surgindo as antinomias ideológicas de mais alto grau, as quais precisam ser dirimidas.

No direito do consumidor principalmente, já que é um ramo jurídico marcado pelos princípios constitucionais, tais antinomias acontecem sempre, tendo em vista que, nos termos do artigo 170, inciso V, da Constituição Federal, a defesa do consumidor é um dos pilares da ordem econômica, mas a propriedade privada (inciso II do mesmo artigo), a livre concorrência (inciso IV do mesmo artigo) e a busca do pleno emprego (inciso VIII do mesmo artigo) também se encontram em igual hierarquia formal.

Formulemos o exemplo de uma empresa com 500 empregados que atua no mercado de consumo produzindo fogões que possuem um defeito de concepção capaz de ocasionar acidentes de consumo (art. 12 do CDC). De posse de um laudo confirmando o defeito, é intentada uma ação coletiva tendente a impedir que o produto seja oferecido aos consumidores. O magistrado terá de valorar e decidir o caso *sub judice*, tendo, em um dos pólos, a defesa do consumidor e, em outro, a defesa do pleno emprego, relevando que, caso defira uma liminar impedindo a comercialização dos fogões, fatalmente muitos empregados necessitarão ser demitidos, até que todas as correções de projeto e de linha de produção sejam concluídas. A hipótese não é caricata, sendo até mesmo de fácil ocorrência; e, no caso concreto, o juiz terá de optar por um dos princípios, sem que o outro saia do sistema jurídico brasileiro.

A situação acima descrita ilustra com clareza a peculiaridade dos princípios, os quais preponderarão ou não, conforme as circunstâncias do caso concreto.

Entretanto, na forma antes apontada quando declinado o exemplo citado por Humberto Ávila relativamente ao Código de Ética Médica, também as regras podem entrar em oposição e contradição, sem que uma ou outra seja retirada do mundo jurídico, motivo pelo qual este não se constitui em elemento diferenciador idôneo.

Outra característica importante diria respeito ao fato de que os princípios não possuiriam pretensão de exclusividade. Assim, figurando uma situação em que um produto farmacêutico possua determinado efeito colateral não indicado na bula, seria necessária uma postulação judicial tendente a fazer com que a empresa apresentasse o produto com tal ressalva, em respeito ao direito de informação. Mas não somente este. Também o princípio da boa-fé e, principalmente, o da vulnerabilidade do consumidor seriam fundamento da decisão judicial, ficando comprovada, assim, a não-exclusividade de todos os princípios.

O mesmo, todavia, pode acontecer com as regras, sendo agregadas outras regras para a solução do caso, motivo pelo qual também este elemento nada aponta em termos de distinção entre princípio e regras.

A terceira característica básica é a de que os princípios adquiririam sentido em uma combinação de complementação e de restrições recíprocas. Veja-se que, nas situações concretas que envolvam agentes econômicos e consumidores, jamais poderá ser feita uma análise simplista, com base em apenas um princípio. Na forma suprademonstrada, vários tenderão a corroborar uma tese e vários auxiliarão outra, somente deste conflito negativo e dinâmico podendo resultar uma síntese valorativa que procurará espelhar a melhor solução possível.

Conforme antes apontado, o mesmo se opera com as regras, devendo ser realizada uma ponderação e uma hieraquização axiológica das mesmas, com o objetivo de, com base em uma igual atividade de complementação e de restrições recíprocas entre regras, e, até mesmo, entre regras e princípios, podermos chegar à solução mais justa.

Ainda precisariam os princípios de concretização através de subprincípios, bem como das regras, ou seja, de preceitos que possuam conteúdo material.

Canaris[34] cita o seguinte exemplo:

"Feita (...) uma escolha a favor do princípio da culpa, surge, em seguida, a questão das formas de culpa; determinadas estas, mais pormenorizadamente, como dolo e negligência, cabe ainda esclarecer o que se deve entender com isso; de novo são necessários valores autônomos, por exemplo, a propósito do tratamento dos erros sobre proibição, a propósito da questão de saber se o conceito de negligência se deve entender objectiva ou subjectivamente e a propósito da determinação interna do que seja, em determinada situação, o 'cuidado necessário no tráfego'; também surgem novos valores na determinação da bitola de responsabilidade, portanto a respeito do problema de por que grau de culpa se deve responder: se só por dolo, se só até o limite da negligência grosseira ou se só pela diligência exigível etc.".

Comentando este último elemento, esclarece o Mestre Canaris[35]

"(...) que as conseqüências jurídicas quase nunca se deixam retirar, de forma imediata, da mera combinação dos diferentes princípios constitutivos do sistema, mas antes que, nos diversos graus da concretização, surgem sempre novos pontos de vista valorativos autônomos".

Possuiriam, assim, objetivo de orientar, contendo função pedagógica, já que ensinam como adequadamente se orientar no emaranhado de preceitos, o qual se constituiria em flagrante labirinto sem saída, caso não fosse seguido o fio condutor fornecido pelas pautas principiológicas. Teriam a função, igualmente, de introduzir, no universo normativo, os fins perseguidos pelo sistema, sendo, dessa forma, normas sobre fins. Com isso, fazem ingressar no mundo jurídico determinadas prioridades econômicas, sociais etc., jurisdicizando-as.

Aqui idenficamos uma distinção importante, pois, de fato, os princípio tem uma natureza eminentemente finalística, enquando as regras são predominante-

---

[34] Ob. cit., p. 97.

[35] Ob. cit., p. 99.

mente e imediatamente descritivas. De qualquer forma, também neste ponto reformulo minha anterior posição, para dizer que não necessariamente os princípios precisem de outros subprincípios ou de regras para a sua concretização, sendo farta a jurisprudência dos Tribunais Superiores aplicando de maneira direta os princípios da razoabilidade, da proporcionalidade, da boa-fé e tantos outros. Neste enfoque, então, também não existiria distinção em relação às regras.

Serviriam os princípios, também, para dar segurança aos sistemas, outorgando-lhes credibilidade, pois, quando adequadamente utilizados, fazem surgir soluções congruentes, que indicarão a existência de unidade, de convergência, ocorrências essas que demonstram que se configura o requisito da organização, base de qualquer sistema que pretenda perdurar.

Este é um elemento valiosíssimo e que expressa uma distinção, pois, de fato, cumprem os princípios esta função de integração, de promoção de unidade, na medida em que, por não serem descritivos como as regras, têm a capacidade de aglutinar uma gama maior de valores (escolhas, preferências). Basta que se relembre que alguns princípios podem englobar vários outros e um número imenso de regras, como é exemplo o princípio da segurança jurídica (integrado pelos princípios da legalidade, anterioridade, igualdade, irretroatividade, universabilidade da jurisdição).

As regras, por sua vez, também orientam a aplicação dos princípios, porque conferem um maior grau de certeza quanto à escolha que devamos fazer diante do conflito de princípios. Humberto Ávila[36] cita Gottlieb, que assim se expressa: "Regras são destinadas a conferir o poder de decidir, bem como a controlar a discricionariedade. Com regras, ao invés de uma caixa opaca indefinida, os juízes têm uma série de instruções que podem ser razoavelmente bem descritas e que podem ser aplicadas de uma forma suficientemente clara (...)". Seguindo, explica Humberto Ávila que "(...) as regras, ponderando previamente todos aspectos relevantes sobre o conflito entre princípios, pretendem estabelecer uma decisão para esse conflito". Desta forma, diante do caso concreto, a descrição inclusa na regra é decisiva para que, com maior segurança, possa ser feita a correta exegese e, assim, adotada a melhor solução principiológica, quando de eventual conflito dessa espécie.

O mesmo acontece ao inverso. Os princípios também têm a função de fundamentar e de dar sentido às regras. Sobre o tema assim se manifesta Humberto Ávila:[37]

> "(...) os princípios são normas importantes para a compreensão do sentido das regras. Por exemplo, as regras de imunidade tributária são adequadamente compreendidas se interpretadas de acordo com os princípios que lhes são sobrejacentes, como é o caso da interpretação da regra da imunidade re-

---

[36] Ob. cit., p. 109.
[37] Ob. cit., p. 97.

cíproca com base no princípio federativo. Essa aptidão para produzir efeitos em diferentes níveis e funções pode ser qualificada de função eficacial".

Ainda é possível perceber que os princípios não descrevem um objeto. Pela excelência das lições, mais uma vez transcrevemos as palavras de Humberto Ávila:[38]

"Ora, o caráter descritivo do objeto – e a conduta a que ele faz referência – e a exigência de correspondência não estão presentes no caso dos princípios. Isso porque os princípios não descrevem um objeto em sentido amplo (sujeitos, condutas, matérias, fontes, efeitos jurídicos, conteúdos), mas, em vez disso, estabelecem um estado ideal de coisas que deve ser *promovido*; e, por isso, não exigem do aplicador um exame de correspondência, mas, em vez disso, um exame de *correlação* entre o estado de coisas a ser promovido e os efeitos decorrentes da conduta havida como necessária à sua promoção".

Desta transcrição já emerge outra distinção, pois as regras exigem um exame de correspondência entre a descrição normativa e os fatos sob análise (subsunção), ao passo que os princípios exigem uma análise da correlação entre os efeitos da conduta adotada como sendo idônea para a promoção do "estado ideal de coisas" que deve ser alcançado.

As palavras de Luís Roberto Barroso[39] definem com perfeição o papel dos princípios:

"Os princípios constitucionais, portanto, explícitos ou não, passam a ser a síntese dos valores abrigados no ordenamento jurídico. Eles espelham a ideologia da sociedade, seus postulados básicos, seus fins. Os princípios dão unidade e harmonia ao sistema, integrando suas diferentes partes e atenuando tensões normativas. De parte isto, servem de guia para o intérprete, cuja atuação deve pautar-se pela identificação do princípio maior que rege o tema apreciado, descendo do mais genérico ao mais específico, até chegar à formulação da regra concreta que vai reger a espécie. Estes os papéis desempenhados pelos princípios: a) condensar valores; b) dar unidade ao sistema; c) condicionar a atividade do intérprete".

Tais considerações são indispensáveis, então, para a abordagem do princípio da vulnerabilidade, haja vista a importância de bem enquadrá-lo como elemento jurídico-formal, objetivando mais claramente apresentar suas manifestações e implicações concretas.

Concluindo, podemos conceituar os princípios como sendo as diretrizes teleológicas dos sistemas, às quais o intérprete sempre deve recorrer se quiser realizar uma interpretação fundada nas bases que sustentam a estrutura erigida.

---

[38] Ob. cit.

[39] "Fundamentos Teóricos e Filosóficos do Novo Direito Constitucional Brasileiro – (pós-modernidade, teoria crítica e pós-positivismo)". In: *Revista do Ministério Público do Estado do Rio Grande do Sul*, v. 46, Porto Alegre, 2002, p. 52.

4. A noção de sistema

A noção de sistema sempre acompanhou a história da humanidade porque é uma realidade inarredável.

Há sistemas galácticos, o sistema solar, o sistema planetário da terra, os sistemas biológicos, culturais, ou seja, tantos quanto a razão possa conhecer e a sensibilidade possa apreender, pois são eles ditados por regras bem definidas que os tornam visualizáveis, inteligíveis.

A teoria geral dos sistemas parte da constatação da complexidade e complexificação constante, observando que o mundo é um todo formado de coisas complexas, as quais estão, de maneira progressiva e geométrica, em franco estado de complexificação. Para tanto, é essencial que possam ser compreendidas em torno da idéia de sistema.

Em magnífico estudo intitulado *Teoria dos Sistemas*, Ludwig Von Bertalanffi[40] apresenta a definição da disciplina dizendo que "é a ciência geral da 'totalidade'", cujo objeto "(...) é a formulação de princípios válidos para os 'sistemas' em geral, qualquer que seja a natureza dos elementos que os compõem e as relações ou 'forças' existentes entre eles".

Seguindo nas suas lições,[41] esclarece que

"(...) na concepção do mundo chamado mecanicista, nascida da física clássica do século XIX, o jogo cego dos átomos, governado pelas leis inexoráveis da causalidade, produzia todos os fenômenos do mundo, inanimado, vivo e mental. Não havia lugar para a direção, a ordem ou a finalidade. O mundo dos organismos era visto como um produto do acaso, acumulado pelo jogo sem sentido de mutações ocasionais e da seleção, sendo o mundo mental um curioso e bem dizer inconseqüente epifenômeno dos acontecimentos materiais (...) este esquema de unidades isoláveis atuando segundo a causalidade em um único sentido mostrou-se insuficiente. Daí o aparecimento em todos

---

[40] *Teoria dos Sistemas*. Petrópolis: Vozes, 1973, p. 61 e 62.

[41] Ob. cit., p. 71.

os campos da ciência de noções tais como totalidade, holístico, organísmico, gestalt etc., significando todos que, em última instância, temos de pensar em termos de sistemas de elementos em interação mútua".

O objetivo maior, então, da Teoria dos Sistemas é o estabelecimento de organização, a qual tem como características as noções de crescimento, diferenciação, ordem hierárquica, dominância, controle, competição, concorrência e outras, todas convergindo para a idéia de unidade e coerência.

Quanto ao conceito de sistema, ensina Ludwib Von Bertalanffy[42] que "(...) se define como um complexo de elementos em interação, interação essa de natureza ordenada (não fortuita)".

Relativamente à palavra "sistema", sua origem etimológica estaria na língua grega, resultado da união das palavras *syn + istem* = estar + junto. Sistema, portanto, seriam coisas, idéias, fatos, elementos que estão juntos porque algo os une e converge, resultando em uma existência independente, organizada e útil.

Os sistemas podem ser divididos quanto ao modo de união dos seus elementos em somativos, quando a retirada de um dos seus componentes não afeta diretamente e necessariamente o todo, como é o caso da subtração de um parafuso de uma cadeira, ou constitutivos, quando ocorre o inverso, como no caso do organismo humano.

Sob outro enfoque, os sistemas podem ser extrínsecos ou teóricos, surgindo nas ocasiões em que ele é construído pelo observador ao analisar uma determinada realidade, como acontece na elaboração de um novo ramo de direito – o direito consumerista por exemplo-, podendo ser, também, intrínseco ou empírico, oportunidade em que ele existe no próprio objeto, na natureza, sendo empírico e, portanto, constatável.

Assim, sistemático será o adjetivo que se refere à visão extrínseca, enquanto que sistêmico é o adjetivo do sistema intrínseco.

Os sistemas também podem ser abertos ou fechados, existindo os primeiros quando são admitidas trocas com outros sistemas, mais especificamente quando aceita o ingresso de informações "estranhas", bem como quando é possível a emissão de informações para outros sistemas, configurando os chamados *outputs*, os *inputs* e o fenômeno do *feed back* ("el efecto de retorno"),[43] quando as informações emitidas fazem com que sejam produzidos determinados efeitos que retornam para o sistema sob a forma de novas informações que passarão a integrar o sistema. Relativamente aos sistemas fechados, ocorrem quando inexiste vinculação com qualquer outro sistema.

---

[42] *Teoria dos Sistemas, Série Ciências Sociais.* Rio de Janeiro: Fundação Getúlio Vargas, 1976, p. 1.

[43] Apud Renato Treves, ob. cit., p. 212. Expressões atribuídas a Lawrence M. Friedman, professor da Universidad de Stanford.

Como conseqüência destas apreciações, os sistemas fechados tendem à "entropia", que é o isolamento cada vez maior que culmina no desaparecimento do sistema, pela falta de arejamento, de alimentação dos seus componentes.

Já os sistemas abertos tendem ao fenômeno chamado de "homeostase", que consiste na tendência de se conservarem mais ou menos estáveis, fazendo com que a introdução de uma modificação no sistema gere uma reação do próprio organismo, no intuito de reequilibrar o todo. Exemplo disso seriam os leucócitos do corpo humano e muitos outros.

Assim, quanto mais o sistema se adapta à realidade do seu entorno, menos entrópico fica.

Estes conceitos são muitos úteis para o presente estudo, pois podemos e devemos enquadrar o direito nesta última concepção para mais facilmente entender de que forma o princípio da vulnerabilidade atuará dentro do sistema que o abarca.

5. O direito como sistema

Colhidas as definições apontadas, sem dúvida que o direito é um sistema, tendo os juristas procurado dar ordem e organização às normas existentes, desde os tempos mais remotos, em que pese somente ter surgido a Teoria dos Sistemas como disciplina nos séculos XIX e XX.

Mais uma vez trazemos à baila a história romana que, até Justiniano, informa que os Pretores julgavam e, ao final do ano, emitiam um edital com os princípios que foram utilizados naquele período, fundamentos estes que seriam utilizados no ano posterior. Com o tempo, começaram a se repetir os princípios e regras, ocasião em que Justiniano resolveu codificar, surgindo o *Corpus Juris Civile*. O Digesto, por sua vez era uma síntese destes livros, demonstrando este fato histórico que a tendência a racionalizar e dirigir o complexo impõe-se como uma necessidade para o melhor convívio

O ora comentado, evidentemente, não invalida a idéia de que outros sistemas de direito Romano preexistiram ao Direito Justinianeu, pois, na forma já referida, o que caracteriza estas estruturas é a convergência de valores e idéias no sentido de constituir um todo harmônico e relativamente independente. Prova disso pode ser obtida por intermédio das lições de Fritz Schulz,[44] quando esclarece que "(...) El derecho privado clásico es un sistema homogêneo, original y único em verdad, básicamente diferente de los demás sistemas de la antigüedad o de épocas posteriores". Continuando seus ensinamentos, informa que, com a descoberta das Institutas de Gaio, em 1816, aliada aos subsídios de informação trazidos pelos chamados "Fragmenta Vaticana" e o manuscrito perdido de "Epitome Ulpiani", pôde ser feito com maior correção, a partir de Teodoro Mommsen, um estudo mais sério do direito romano clássico como sistema de ações, posto que o sistema que influenciou todo o direito medieval e moderno fora o de Justiniano, o qual continha substanciais contradições advindas do confronto entre textos originais e textos compilados que buscaram adaptar estruturas do período clássico à época posterior.

---

[44] *Derecho Romano Clásico*. Traducción Directa de La Edición Inglesa por José Santa Cruz Teigeiro, BOSCH, Casa Editorial – Urgel, 51 bis, Barcelona, 1960, p. 04.

Com isso demonstramos que as tentativas de organização sempre foram levadas a efeito, no intuito de criar sistemas úteis e adequados ao convívio humano, reforçando a idéia de que o direito deve ser uma estrutura organizada, para que possa perdurar.

Originariamente, esta estrutura seguia uma origem mística,[45] ou seja, a "(...) *ordem humana* – na qual se englobava o Direito –", era sentida como algo que *"deve ser"*. Assim, a primeira intuição do direito foi, em termos de Justiça, como ideal axiológico vinculado diretamente aos comandos divinos. Seria justo o que servisse a Deus, e o homem que segue à lei respeita a relação que possui com Deus, relação esta naturalmente divina.

Aliás, na própria etimologia da palavra *justiça* é possível identificar a noção de sistema, apontando Miguel Reale[46] que ela tem "(...) em sua raiz também o sentido de *jus, de jungere – unir"*. Em acréscimo, esclarece que "É muito controvertida, por certo, a etimologia das palavras *jus, justum e justitia*. Segundo alguns, derivariam do radical sânscrito *ju (yu)*, que quer dizer *ligar,* como ainda se conserva nos têrmos 'jungir'ou 'jugo'; outros invocam a matriz védica *yóh,* que corresponde à idéia religiosa de salvação ou propiciação (...). É possível que tais explicações sejam antes harmonizáveis, revelando-se que a primeira noção do *jus* expressou uma ligação propiciatória sob a proteção divina". Com isto, a origem da palavra parece sugerir a existência de ligações harmônicas entre Deus e os homens, como se uma estrutura metafísico-empírica se configurasse de forma organizada, ou seja, sistemática.

Talvez um segundo passo possa ser identificado na experiência romana que, em vez de ver o direito como fenômeno ideal e meramente filosófico, pretendeu visualizar a experiência concreta do justo, a qual somente poderia ser medida a partir das constatações dos acontecimentos sociais, surgindo a chamada *Jurisprudência,* como "ciência" que visa a estudar a experiência humana do justo. O que mais interessava para o romano era *regula juris,* ou seja, a medida entre a justiça e o direito a partir dos dados empíricos.

Por último, influência que surgiu, segundo Miguel Reale,[47] com Machiavelli, Bodin, Hobbes, Montesquieu, além de outros, e com o crescente reconhecimento do homem como capaz de autodeterminar-se a partir da razão pura, o direito passa a assumir uma feição mais metódica, resultando em estruturas como a criada por Kelsen, o qual entendia o direito como sistema fechado e pronto, trazendo uma visão sistêmica e intrínseca, na qual o direito é formado de normas postas, existentes, concretas e válidas. Com isto pretendeu afastar as ingerências sociológicas, filosóficas e jusnaturalistas, dizendo que o direito é puro e independente, pensamento este que ainda perdura em alguns juristas atuais, por incrível que possa parecer.

---

[45] Miguel Reale, ob. cit., volume 2, p. 435.

[46] Ob. cit., p. 437.

[47] Ob. cit., volume 2, p. 439.

Nesta concepção, segundo suas próprias palavras,[48] na

"(...) afirmação evidente de que o objeto da ciência jurídica é o Direito, está contida a afirmação – menos evidente – de que são as normas jurídicas o objeto da ciência jurídica, e a conduta humana só o é na medida em que é determinada nas normas jurídicas como pressuposto ou conseqüência, ou – por outras palavras – na medida em que constitui conteúdo de normas jurídicas. Pelo que respeita à questão de saber se as relações inter-humanas são objeto da ciência jurídica, importa dizer que elas também só são objeto do conhecimento jurídico enquanto relações jurídicas, isto é, como relações que são constituídas através de normas jurídicas. A ciência jurídica procura apreender o seu objeto 'juridicamente', isto é, do ponto de vista do Direito. Apreender algo juridicamente não pode, porém, significar senão apreender algo como Direito, o que quer dizer: como norma jurídica ou conteúdo de uma norma jurídica, como determinado através de uma norma jurídica".

Esta visão fechada do sistema jurídico teve sua validade e importância imensa para uma época em que se buscava uma neutralidade valorativa capaz de evitar que os detentores do poder pudessem dar vazão às suas ideologias, o que, todavia, se revelou inútil, haja vista que a invasão do direito pelos demais sistemas que o circundam, seja o social, o político, o econômico e outros é inevitável.

Na atualidade, então, passada a "jurisprudência dos conceitos", a "jurisprudência dos interesses", cujo precursor foi Von Jhering, vivemos a "jurisprudência dos valores", esclarecendo Fernando Noronha[49] que

"(...) sua formulação mais acabada se deve essencialmente a outro Mestre alemão, Josef Esser, e que, no fundo, representa mero desenvolvimento da idéia básica da jurisprudência dos interesses: se o legislador fez prevalecer na norma concreta um certo interesse, é porque ele procedeu a uma determinada valoração de tais interesses, que lhe permitiu selecionar aquele que, a seu juízo, se afigurava mais merecedor de tutela. Atrás dos interesses estão, portanto, *valores,* que os precedem e que, por isso, devem orientar todo o pensamento jurídico".

Karl Larenz[50] muito bem aborda o tema, dizendo que

"O Direito ocupa-se hoje de uma série de disciplinas diferentes: a filosofia do Direito, a teoria do Direito, a sociologia do Direito, a história do Direito e a Jurisprudência (dogmática jurídica), para referir somente as mais impor-

---

[48] Hans Kelsen. *Teoria Pura do Direito.* Tradução de João Batista Machado. São Paulo: Martins Fontes, 1995, p. 79.

[49] *O Direito dos Contratos e seus Princípios Fundamentais, Autonomia privada, boa-fé, justiça contratual.* Saraiva, 1994, p. 37.

[50] *Metodologia da Ciência do Direito.* Tradução de José Lamengo. Lisboa: Fundação Calouste Gulbenkian, 5ª edição, 1983, p. 211, 222, 223 e 224.

tantes. Todas elas completam o Direito sob um diferente aspecto, e, assim, de modo distinto. Tal não seria possível se o Direito não fosse na realidade um fenómeno complexo, que se manifesta em distintos planos do ser, em diferentes contextos".

Continuando,

"(...) o direito surge-nos como um fenómeno social, quando nos questionamos sobre o seu papel no contexto dos processos sociais, sobre as condições do seu surgimento e vigência na sociedade, da sua eficácia, sobre o seu 'poder' ou 'impotência'. Sob esta perspectiva, é objecto da sociologia do Direito".

Sobre a necessidade de que informações ingressem no sistema do direito, explica o Mestre alemão[51] que "(...) quem quiser compreender o Direito do presente no seu estádio actual tem também que ter em vista o seu devir histórico, bem como a sua abertura face ao futuro. A persistência do passado no Direito historicamente resultante é o tema da história do Direito".

Quanto à filosofia do Direito e da insuficiência da jurisprudência (dogmática jurídica), diz Larenz[52] que esta não pode dar as respostas necessárias porque

"(...) tem o seu lugar sempre no contexto de uma ordem jurídica existente e da sua Constituição. É uma questão da filosofia, mais precisamente da ética. Ligada a esta está a questão relativa ao 'sentido' do Direito em si, ao 'sentido' dos actos jurídicos, a questão do 'modo de ser ' do Direito (a sua 'validade'), e finalmente a questão acerca de um princípio dador de sentido, chame-se-lhe 'justiça' ou simplesmente 'idéia de Direito'.(...) A filosofia do Direito ocupa-se delas há mais de dois milénios e meio – às vezes sob o nome de 'Direito Natural' –; o seu modo de discorrer e argumentar só pode ser o filosófico. O que não exclui um estreito contacto com problemas jurídicos reais".

Estas lições levam a algumas definições sobre o caráter eminentemente sistemático do direito. De fato, colocando a história do Direito como compartimento relativo ao *mundo dos fatos,* percebemos de maneira adequada a existência dos três sistemas fundamentais a comporem o Direito, os quais foram evidenciados pela Teoria Tridimensional do Direito.

Miguel Reale[53] assim se manifesta sobre o tema:

"Esta concepção caracteriza-se primeiramente pelo fato de admitir que, efetivamente, há três estudos distintos da realidade jurídica, segundo se leve em consideração ou o fato, ou o valor, ou a norma. A cada um dêsses elementos componentes da realidade jurídica fazem êles corresponder Ciências particulares, que seriam, respectivamente, a Sociologia Jurídica, a História do

---

[51] Karl Larenz, ob. cit., p. 223.

[52] Idem, p. 224.

[53] Ob. cit., p. 443.

Direito e a Etnologia, concernentes ao fato; a Filosofia do Direito e a Política do Direito, concernentes ao valor; e a Ciência do Direito ou Jurisprudência, relativa às normas".

Robert Alexy[54] igualmente aborda o assunto, escrevendo que a ciência do Direito tem que ser uma ciência integrativa pluridimensional.

Assim, o Direito como sistema seria integrado pelo Sistema de Valores (*Simmen* – pensar ser), o Sistema de Normas[55] (*Sollen* – dever-ser) e o Sistema de Fatos (*Sein* – ser).

Considerado que o radical "idade" pode significar o "conjunto de pessoas" ou "qualidade, adjetivo", temos que o mundo dos valores, das idéias, será o mundo da "idealidade", o das normas, o da "normatividade", e o dos fatos, o da "normalidade", pois normal é aquilo que acontece no povo, e normativo aquilo que é posto a este povo.

No tocante à normatividade, então, as normas passam a viger, de um modo geral, quando são publicados os atos no diário oficial, possuindo coercitibilidade. São decretos, medidas provisórias, regulamentos, resoluções administrativas, legislativas, judiciárias, sentenças normativas (justiça do trabalho, em sede de registros públicos), atos jurídicos privados (contratos, desde que imponham direitos e obrigações), os estatutos privados etc, sendo que a este conjunto de normas é que chamamos Direito Positivo.

Relativamente à normalidade, este mundo corresponde, segundo foi dito, ao sistema de condutas vigentes. Vigente é o estado de vigente, é o que está vivo, que tem vigor. São as condutas normais dentro de uma determinada sociedade, as mais usuais, repetidas.

O Sistema da Idealidade é constituído pelos ideais, os quais são dotados de força especial, são as crenças da sociedade. É o sistema dos valores imperantes em uma determinada sociedade, o "espírito do povo". Tais ideais podem ser colhidos no comportamento da sociedade, nas normas (princípios gerais do direito), nos valores que estão atrás das normas, eqüidade, preâmbulo das leis (exposição de motivos), doutrina predominante etc.

Desta constatação surgem três fenômenos básicos que acontecem no sistema jurídico, quais sejam, a "legalidade", a "legitimidade" e a "eficácia".

Legalidade seria o somatório de *lex* + *alis* = de acordo com a lei. Então, aquilo que não está em conformidade com a lei é ilegal, podendo resultar na aplicação de sanções pelo desrespeito ou na expulsão da norma, nos casos de nulidade ou de inconstitucionalidade. Por isso, não existe semelhança entre o sistema jurídico e a normatividade, pois esta é, apenas, uma parte daquele, ou seja, a parte formal e objetiva.

---

[54] Ob. cit., *Teoria de los Derechos Fundamentales*, p. 30 até 33.

[55] Roberto Piragibe da Fonseca. *Breviário de Principiologia Jurídica, Introdução ao Estudo do Direito*. Rio de Janeiro, 1958, p. 223.

Assim, a legalidade, juridicamente considerada, tanto serve para ordenar o interior da normatividade, estabelecendo a imprescindível coerência, como para o exterior, direcionando-se para a legitimidade e para a normalidade.

Pode ser a legalidade formal ou material, existindo a primeira quando alguma coisa está de acordo com a forma da lei, tendo sido seguidos os passos necessários para que a lei se originasse. A outra legalidade diz respeito àquilo que está de acordo com o conteúdo da lei, o fundo da lei, daí surgindo as nulidades ou anulabilidades.

Esta distinção é muito importante, pois um ato legalmente formal detém a presunção de legalidade, o que comumente acontece com os atos administrativos, para os quais, indo mais a fundo, deverá ser examinado o aspecto da legalidade material, a fim de, efetivamente, definir quanto à real legalidade.

A ilegalidade de mais alto grau é a inconstitucionalidade, também seguindo ela a mesma distinção entre formal e material.

Legítimo, por sua vez, seria o somatório de *lex* + *imus* = de acordo com mais do que a lei. Veja-se que o radical *imus* sempre dá a idéia de superlativo, tal como facílimo, abertíssimo etc.

Na forma já colocada, é legítimo o que está de acordo com as crenças do povo, não no sentido da ideologia, pois esta é direcionada a um interesse específico, mas no aspecto daquilo que está no âmago de uma sociedade. Estas "regras" possuem uma arquitetura e atuam em hierarquia, constituindo as escalas individuais de valores.

Saliente-se que, aparte o que acreditam os indivíduos especificamente considerados, sempre há um estado coletivo de crenças, sendo que esta fé social pode ou não coincidir com o indivíduo. Tal estado é coletivamente estabilizado e com vigência social, sendo independente dos indivíduos e com o qual os indivíduos têm de contar.

No tocante à normalidade, é fácil a constatação do seu objeto, bastando, para tanto, observar os diferentes modos de viver dos povos. Seria, portanto, o comportamento médio geral, cabendo à sociologia estudar estas peculiaridades.

Resultado de todo este sistema é que:

– se as normas não estiverem de acordo com os valores, elas não têm legitimidade, o que pode ser facilmente visto em algumas normas penais;

– se a sociedade admite determinados valores, mas o comportamento de algum indivíduo não está de acordo com eles, será um comportamento ilegítimo;

– se a escala de valores não corresponde à realidade fática, dizemos que os valores não têm eficácia. Ex: todas as mulheres deveriam casar virgem;

– se o povo não se comporta de acordo com a lei, temos uma ilegalidade;

– se determinados valores não estão de acordo com a lei, podem ser valores ilegais, o que já é de mais difícil ocorrência;

– se as normas não estiverem de acordo com os fatos, teremos normas ineficazes.

Esta é, basicamente, a estrutura do direito que aceitamos como correta, pois a partir dela podem mais facilmente ser identificados os fenômenos jurídicos com os quais os operadores do direito mantêm contato cotidianamente.

Por fim, devemos fazer referência à doutrina do direito como sistema auto-poiético, de Gunther Teubner,[56] o qual explica que o "Direito constitui um sistema autopoiético de segundo grau, autonomizando-se em face da sociedade, enquanto sistema autopoiético de primeiro grau, graças à constituição auto-referencial dos seus próprios componentes sistêmicos e à articulação deste num hiperciclo".

Ou seja, o direito é autônomo por causa da "(...) definição auto-referencial dos seus componentes (auto-observação)", estabelecendo o que é legal e o que é ilegal, pela "(...) incorporação e utilização operativa no sistema desta auto-observação (auto-constituição), o que permite a agregação dos novos elementos e pela "(...) articulação hipercíclica dos componentes sistêmicos auto-gerados, enquanto elementos que se produzem entre si numa circularidade recíproca (*autopoiesis*)".

Neste sentido, o sistema autopoiético seria, ao mesmo tempo, fechado e aberto, no primeiro aspecto, porque os critérios de valoração, critérios de definição jurídica e utilização circular de elementos ocorre internamente, sem qualquer influência do meio externo (independente), sendo que, no segundo aspecto, são aceitos os ingressos de informações dos outros sistemas, como social, econômico etc., as quais, após reformuladas pela leis autopoiéticas, podem ser acolhidas como jurídicas.

Assim, ensina Gunther Teubner[57] que existe uma

"(...) interacção entre abertura e clausura do sistema jurídico enquanto sistema autopoiético: ao passo que, em abertura cognitiva, o direito se relaciona com significados sociais, valores sociais e construções da realidade através de uma variedade de formas, no contexto de um sistema auto-referencialmente fechado as incursões nesse domínio são sempre levadas a cabo sob reserva de uma integração normativa. O conteúdo normativo dos elementos integrados é produzido dentro do próprio sistema jurídico por intermédio de normas constitutivas de referência, ficando assim essas 'incursões sociais' sempre sujeitas à respectiva reformulação jurídica".

Em que pese a excelência da tese e, obviamente, sem o aprofundamento de maiores estudos específicos sobre o tema, entendemos que o direito necessariamente deve ser um sistema aberto, aceitando que muitos conceitos não-jurídicos tornam-se jurídicos pelo simples ingresso no sistema, não havendo neles qualquer

---

[56] *O Direito Como Sistema Autopoiético*. Lisboa: Fundação Calouste Gulbenkian, 1989, p. 53, 68.

[57] Ob. cit., p. 75

alteração em relação às suas formas originais. Exemplo típico disso é a Lei nº 8.884/94, a chamada Lei Antitruste, que trata do abuso do poder econômico, a qual contém grande número de conceitos econômicos e mercadológicos que foram jurisdicizados.

6. Breve perspectiva filosófica do tema (a face filosófica)

6.1. O HOMEM E O PODER

O Direito surgiu na vida do homem a partir da necessidade de regular situações antagônicas que levavam à desarmonia e ao conflito.

Desde as épocas mais remotas, a idéia de estabelecer regras de convívio social imperou como uma questão fundamental, haja vista que o ser humano possui tendências primitivas para o domínio das coisas e pessoas, deste paradoxo emergindo as mais variadas ocorrências de dissenso.

Observamos na essência humana uma propensão para a auto-outorga de direitos, o primeiro deles o direito de propriedade sobre bens e até sobre pessoas, evidência esta que pode ser comprovada pela simples análise da história e dos inúmeros fatos que por ela são contados.

Sem pretender assumir posição de aceitação integral à doutrina de Thomas Hobbes, fica difícil rebater o argumento deste filósofo, citado por Jean Jacques Chevalier,[58] quando escreve que "o poder é a condição *sine qua non* da felicidade humana". Continuando, "(...) há no homem um desejo perpétuo, incessante de poder, que só termina com a morte".

Assim, neste "Estado de Natureza", o ser humano deseja ter poder, domínio (propriedade), sobre tudo e sobre todos, situação esta de flagrante incompatibilidade, na medida em que todos querendo isto tudo, somente pode resultar em guerra constante. Aliás, é isto que tem-se verificado ao longo da trajetória da nossa existência.

Então, o homem procurou, na visão de Hobbes, encontrar meios artificiais de organização, surgindo o Estado, com o objetivo de amenizar a natural "concorrência" que integra sua essência, sendo o direito, ou seja, os postulados, as regras e os princípios de convívio, o instrumental básico para tanto.

---

[58] *As Grandes Obras Políticas de Maquiavel a Nossos Dias*. 4ª edição. Rio de Janeiro: Agir, 1989, p. 68.

É sabido que existem doutrinas importantíssimas sobre o estágio inicial da existência, e a de Aristóteles[59] talvez seja uma das mais interessantes, quando explica que o agrupamento em família se formou como uma maneira de serem satisfeitas as necessidades diárias de proteção e sobrevivência. Tais formações celulares de convívio se proliferaram, atingindo a proporção de povoado. Os povoados, unidos, se tornaram cidades, e estas, unidas, se tornaram países, atualmente vivendo a humanidade a experiência de entidades políticas supra-estatais (blocos de países).

Mesmo sob esta ótica, o desejo de satisfazer necessidades encontra guarida na formação de convívio organizada, mecanismo pelo qual os integrantes do todo estariam fortalecidos e teriam poder.

De uma forma ou de outra, encarada a problemática sugerida sob o ângulo individual do "homem natural" de Hobbes, como do ser humano gregário de Aristóteles, em nosso entendimento, ambos apresentam como síntese das suas magníficas obras o "Poder", como motivo maior da existência do animal racional que é o homem.

O poder, e quase como um sinônimo, o prestígio, são, portanto, os grandes combustíveis da existência humana, pois é a sua busca permanente que oportuniza o desenvolvimento de novas técnicas nos mais variados ramos das ciências exatas e, até mesmo, das ciências chamadas culturais.

O poder, portanto, deve ser o foco fundamental de qualquer apreciação jurídica que pretenda alguma proximidade com a verdade, haja vista que estará presente em qualquer formulação legal. De fato, as leis contêm muitas vezes, não somente a vontade da população, mas, eventualmente, podem ser o reflexo dos anseios de algum grupo determinado que integre o poder, os quais não necessariamente são compatíveis com o interesse público e a relevância social.

Igualmente não tendo por objetivo realizar uma abordagem mais profunda do autor, mas apenas com o objetivo de trazer à colação um enfoque peculiar da questão do "poder", Luhmann[60] tece comentários nos seguintes termos:

"El poder, además, es 'cada vez menos identificable con la coerción, con la violencia, o con los instrumentos dirigidos a la represión física', y consiste cada vez más 'en la posibilidad de que dispone un sujeto o una pluralidad de sujetos de elegir mediante una decisións propia una alternativa para otros sujetos'. 'El recurso a la coerción directa muestra no ya el éxito del poder, sino su fracaso: el poder es en efecto tanto más fuerte y eficaz cuanto más obtiene de los sujetos subordinados una obediencia espontánea y una renuncia específica a alternativas altamente atractivas.'"

Ou seja, o poder real, eficaz e duradouro será aquele que obrigue os subordinados a determinadas atitudes convenientes aos dirigentes dominantes, sem que

---

[59] *Política*. Brasília: Editora Universidade de Brasília, 1985, p. 14 e 15.

[60] *Apud*, Renato Treves. *La Sociología Del Derecho*. Barcelona: Ariel, 1988, p. 216.

tal imposição se evidencie de forma violenta, ao menos fisicamente. Com esta técnica, efetiva-se a invasão velada dos que pretendem o domínio, à esfera de liberdade dos subordinados, sem que sejam impostas resistências.

Outro grande autor que discorreu sobre o assunto foi Ferdinand Lassalle,[61] quando comentou que os "(...) *fatores reais do poder* que atuam no seio de cada sociedade são essa força *ativa* e eficaz que informa todas as leis e instituições jurídicas vigentes, determinando que *não possam ser,* em substância, *a não ser tal como elas são".*

Finalizando, esclarece que "os problemas constitucionais não são problemas de *direito,* mas do poder; a *verdadeira* Constituição de um país somente tem por base os fatores reais e efetivos do poder que naquele país vigem e as constituições escritas não têm valor nem são duráveis a não ser que exprimam fielmente os fatores do poder que imperam na realidade social: eis aí os critérios fundamentais que devemos sempre lembrar".

Como conclusão, o Direito é uma estrutura de adaptação social que objetiva reduzir as influências perniciosas das exacerbadas manifestações de poder que ocorrem no seio da sociedade, sendo, paradoxalmente, também exercício de poder, tendente a orientar a complexidade do convívio a uma posição de equilíbrio.

6.2. AS IDEOLOGIAS E AS UTOPIAS

Prosseguindo nesta construção teórica, devem ser feitos comentários sobre o que são as ideologias e utopias que, ao longo da história, informaram a conduta humana.

As ideologias são idéias-matriz que acabam se constituindo em princípios aglutinadores de conceitos e de procedimentos dos seres humanos, os quais ficam vinculados e unidos com vistas à obtenção de resultados definidos.

Em uma apreciação mais profunda, Marilena Chaui[62] apresenta a seguinte definição:

"(...) a ideologia é um conjunto lógico, sistemático e coerente de representações (idéias e valores) e de normas ou regras (de conduta) que indicam e prescrevem aos membros da sociedade o que devem pensar e como devem pensar, o que devem valorizar e como devem valorizar, o que devem sentir e como devem sentir, o que devem fazer e como devem fazer. Ela é, portanto, um corpo explicativo (representações) e prático (normas, regras, preceitos) de caráter prescritivo, normativo, regulador, cuja função é dar aos membros de uma sociedade dividida em classes uma explicação racional para as di-

---

[61] *A Essência da Constituição.* 3ª edição. Liber Juris, p. 29 e 67.

[62] *O Que é Ideologia.* São Paulo: Brasiliense, 1997, p. 113.

ferenças sociais, políticas e culturais, sem jamais atribuir tais diferenças à divisão da sociedade em classes, a partir das divisões na esfera da produção. Pelo contrário, a função da ideologia é a de apagar as diferenças como de classes e de fornecer aos membros da sociedade o sentimento da identidade social, encontrando certos referenciais identificadores de todos e para todos, como, por exemplo, a Humanidade, a Liberdade, a Igualdade, a Nação, ou o Estado".

Tendo como norte a obtenção de fins bastante claros, muitos e variados instrumentos são utilizados para a consecução dos objetivos ideológicos, sendo o contrato, como instituto jurídico, um dos principais meios para tanto.

De fato, de acordo com o que será demonstrado no item específico apresentado no desenvolvimento deste trabalho, o contrato foi um dos instrumentos que aumentou a vulnerabilidade como realidade social, motivo que nos obriga a ressaltar a trajetória da sua evolução.

Em comentando o "papel" do contrato e das ideologias mascaradas, devemos falar tanto daqueles que preconizam a absoluta liberdade, como dos que pregam a incondicional prevalência do pólo mais fraco, em qualquer situação de conflito, independentemente de serem perquiridas as circunstâncias que envolveram o negócio jurídico, a natureza de eventual vínculo e, principalmente, os reflexos para o interesse público e para a sociedade como um todo. Aliás, deve ser dito que estes dois últimos aspectos necessariamente são os critérios maiores para a correta valoração diante de situações contratuais antagônicas, que reflitam evidente desigualdade de forças.

Renato Treves[63] transcreve lições de Karl Mannheim sobre o conceito de ideologia, como sendo "las convicciones y las ideas de los grupos dominantes, las cuales parecen ligarse tan estrechamente a los intereses de una determinada situación que excluyen cualquier comprensión de los hechos que pueden amenazar su poder".

Desta definição emerge a idéia de que as ideologias são convicções demasiadamente arraigadas, sinceras ou não, que induzem os grupos a uma atitude de fechamento às transformações e às novas informações que precisam arejar todos os sistemas, sob pena de se tornarem entrópicos.

O eminente Professor de Frankfurt, Karl Mannheim, também salienta que o conceito de ideologia está mais intimamente vinculado às convicções do grupo dominante. Para o grupo dominado, aceita que seja esta concepção dualista de conformação social, os padrões ideológicos seriam chamados de "utopias".

Com efeito, na mesma obra supracitada é apresentado o conceito de "utopia" como sendo "las convicciones y las ideas 'de los grupos subordinados, tan fuertemente comprometidos en la transformación y en la destrucción de una deter-

---

[63] Ob. cit., p. 232.

minada condición social que no llegan a percibir en la realidad más que aquellos elementos que tienden a negar'".

Nesta última postura extremada, os grupos dominados igualmente estariam tão fechados em suas idéias de transformação, que desprezam qualquer pensamento ou informação que possam, até mesmo, indicar um caminho para a obtenção de consenso.

Mandred Rehbinder[64] também comenta sobre as ideologias, expressando uma concepção que, modestamente, se compatibiliza com a nossa, no sentido de que as ideologias nem sempre devem ser enfocadas sob o ponto de vista negativo.

Defendemos, portanto, a idéia de que os homens são integrados por corpo e alma, estando, desta forma, bastante comprometidos com toda a cultura, tradição, experiências e idéias que constituem sua personalidade. Considerado este aspecto, as convicções sinceras devem ser respeitadas, senão pela honestidade da qual promanam, ao menos devido ao fato de que somente com os subsídios resultantes do contraditório é que se torna efetivo o progresso em determinado sentido.

Na lição de Rehbinder, então, ideologias são

"(...) los principios del pensamiento social que están tras los modelos de pensamiento. La diferencia entre las ideologias e las que se adhieren los hombres y las formas de pensar fácticas que tras aquéllas se extienden, determina el progreso y el retroceso de una sociedad. Al concepto positivo de ideologia (se habla, por ejemplo, del 'ideólogo-jefe' Suslow), se le contrapone en la Sociología un concepto negativo, del que hoy se hace mucha aplicación en referencia a las investigaciones de Karl Mannheim y Theodor Geiger".

Por isso é relevante o comentário, acrescentando a este trabalho argumentos variados sobre a problemática em questão.

Como um subsídio importante, fazemos referência que até mesmo nos ramos do direito aparentemente mais técnicos e objetivos, como é o do direito processual civil, são possíveis de serem identificadas as filosofias, ou melhor, as ideologias que o informam e que prevalecem, na forma do que ensinou Ovídio Baptista da Silva.[65]

---

[64] *Sociologia Del Derecho*. Madrid: Pirámide, 1881, p. 104.

[65] *Jurisdição e Execução na Tradição Romano-Canônica*. Revista dos Tribunais, p.114, 157 e 162: "Estas premissas ideológicas – o Estado artificialmente criado pelo Homem, para preservá-lo da insegurança do 'estado da natureza'; a lei como exclusiva medida da justiça; a demonstrabilidade dos problemas morais e jurídicos, análoga à demonstrabilidade das equações geométricas –, foram decisivas para a preservação do conceito e limites da função jurisdicional, no estado moderno. Com efeito, o abandono das concepções clássicas, de vertente aristotélica, o menosprezo pela dialética, como ciência do convencimento e da retórica, em favor dos juízos lógicos com pretensão a verdades científicas absolutas, formam os pilares que sustentam o chamado Processo de Conhecimento, cuja natural conseqüência são os juízos pretensamente definitivos de certeza e o conseqüente repúdio aos juízos de verossimilhança. Ora, como sabemos, o processo interdital romano, em oposição ao procedimento da 'actio', fundava-se essencialmente em juízos de verossimilhança (Biscardi, La protezione interditale processo romano, 1938, p. 33, *et. seq.*; Remo Martini, Il problema della causae cognitio pretoria, 1960, p. 7).

O eminente processualista gaúcho procede a um raio-X do processo ordinário atual, demonstrando que também no direito processual civil as ideologias atuam intensamente, por intermédio da formulação de leis que garantem o poder e atendem a interesses facilmente determináveis. É oportuno dizer que também os aspectos processuais serão incluídos nas apreciações sobre a vulnerabilidade, na segunda parte do trabalho.

Apenas fazemos a ressalva no sentido de esclarecer que o autor,[66] e nisto existe, igualmente, ampla concordância de nossa parte, não apregoa a afronta à lei, mas o cuidado que devemos ter ao interpretá-la, motivo pelo qual, nos casos de dúvidas, devemos sempre recorrer aos princípios informadores do sistema, jamais podendo ser utilizados critérios subjetivos e particulares ao julgador.

Colhidos estes conceitos importantes, frisa-se a conclusão de Renato Treves,[67] quando esclarece que

"(...) los sociólogos del Derecho deben limitar-se a seguir y, si es posible, a favorecer el desarrollo de la alternancia de ideologias y de utopías, bien entendido que esta alternancia puede realizar-se si se mantiene el juego democrático en el cual unicamente pueden encontrar su fundamento los ideales conjuntos del liberalismo y del socialismo".

Acreditamos ser possível e viável a proposta do grande sociólogo citado, pois estamos vendo inúmeros exemplos no mundo de alternância de poder, pelo que devemos apenas aceitar que o ser humano vive em um constante processo cíclico de conformação social, sendo útil qualquer idéia que venha a tornar esta realidade menos atritada, com vistas ao desenvolvimento integral e humanizado.

Deve ser ressaltado, igualmente, que os conceitos apontados são úteis para que possamos entender os "fins do direito", pois a "ciência" na qual operamos

---

Não é de se estranhar, portanto, que o 'direito' esteja hoje separado do 'fato', e as únicas ações que a doutrina reconheça sejam aquelas que operam exclusivamente no 'mundo normativo', as declaratórias, condenatórias e constitutivas, considerando meras conseqüências do ato jurisdicional as eventuais repercussões fáticas da sentença, como seus efeitos executivos e mandamentais que, sendo fáticos, para a doutrina, não seriam mais jurídicos. Quem conhece a história da formação dos títulos executivos, no direito medieval, no que a sumarização procedimental continha de reação contra a morosidade do procedimento ordinário, ligando-o às aspirações da emergente sociedade mercantil, nascida do comércio mediterrâneo, dará razão a Sergio Chiarloni quando ele vincula a ideologia da ordinariedade às exigências dos grupos sociais dominantes, enquanto as formas abreviadas e sumárias dos procedimentos atendem às aspirações dos estratos sociais em luta pela participação no poder...
Ao advertir para o compromisso da lei com determinados pressupostos de natureza política, tivemos a intenção de mostrar que o Processo de Conhecimento, ao suprimir os juízos de verossimilhança, conserva-se fiel ao iluminismo, pressupondo que a função jurisdicional seja exclusivamente declaratória; que o ordenamento jurídico, criado pela onipotência de um legislador sábio e todo poderoso, possa oferecer ao juiz a solução para os casos concretos que lhe caiba julgar, de modo que a função de julgar não seja nada além da mecânica declaração da 'vontade da lei'. Em última análise, o Processo de Conhecimento, com a exigência de 'juízos de certeza', pressupõe a univocidade da lei, capaz de permitir apenas uma solução correta....Esta lição de Chiovenda traduz bem a ideologia da ordinariedade".

[66] Ob. cit., *Jurisdição e Execução*, p. 206.

[67] Ob. cit., p. 233.

é um instrumento básico na execução das políticas públicas em geral, seja no âmbito do sistema econômico, social, financeiro, e, principalmente, no campo do direito contratual.

Como conclusão a este item, desejamos demonstrar com os estudos sobre as ideologias que elas "são reais" e estão em todos os lugares, surgindo nos mais variados ramos do convívio humano. Também releva salientar sua importância, porque somente conhecendo as realidades que, de fato, prevalecem em determinada questão, poderemos ter condições de melhor dirimi-las, identificando seus sinceros propósitos e, assim, oportunizando chegar a uma maior proximidade da melhor solução.

6.3. O VALOR LIBERDADE

Muito temos refletido sobre se o ser humano verdadeiramente deseja concretizar nas suas relações o valor supremo da liberdade, o qual encontra no valor igualdade, eventualmente, aliado e, por vezes, opositor.

Para quem deseja fazer uma abordagem rápida, mas esclarecedora sobre o tema da liberdade nos contratos, com vistas a mais facilmente demonstrar a problemática da vulnerabilidade, é fundamental explorar o conceito de liberdade, a fim de definir se ele é uma realidade a ser buscada ou é mera ficção ideológica.

Em primeiro lugar, devemos dizer que existem basicamente dois tipos de liberdade, quais sejam: a negativa e a positiva.

A primeira, também chamada de liberdade *em face de,* enfoca a liberdade do indivíduo em face deste ou daquele limite, explicando Norberto Bobbio[68] que corresponde à "(...) situação na qual um sujeito tem a possibilidade de agir sem ser impedido, ou de não agir sem ser obrigado, por outros sujeitos". Como exemplo, pode ser dada a liberdade de opinião, de contratar e muitas outras.

Já a liberdade positiva enfoca a liberdade da coletividade, país, grupo étnico etc., de se autodeterminar, ensinando Bobbio[69] que corresponde à "(...) situação na qual um sujeito tem a possibilidade de orientar seu próprio querer no sentido de uma finalidade, de tomar decisões, sem ser determinado pelo querer de outros. Essa forma de liberdade é também chamada de *autodeterminação* ou, ainda mais propriamente, de *autonomia*". Como exemplo de liberdade positiva existe a liberdade de votar e de ser votado, ou seja, a possibilidade de participar do poder político, concedida a toda a coletividade ou, também, a liberdade de organizar e instituir alterações constitucionais em novas Cartas Magnas.

---

[68] *Igualdade e Liberdade*. Rio de Janeiro: Ediouro, 1996, p. 49.

[69] Ob. cit., *Igualdade e Liberdade*, p. 51.

Prosseguindo o raciocínio de Bobbio,[70] apresenta o filósofo o conceito de "potência", como sendo "(...) o oposto da liberdade". Para ele, relação de potência é aquela relação "(...) na qual um sujeito condiciona (e, nesse sentido, torna não-livre) o comportamento do outro".

Ou seja, ensina Bobbio que

"(...) a conquista da liberdade é sempre uma condição necessária (se não suficiente) para a conquista da potência, e a potência de uns se afirma, e não pode deixar de se afirmar, em detrimento da liberdade dos outros".

Seguindo,

"(...) todos os poderosos, antes de serem poderosos, foram livres".

Concluindo o autor abordado e citando Nietzsche:[71]

"Deseja-se a liberdade enquanto ainda não se tem a potência. Quando se tem a potência, quer-se o predomínio; se não se consegue o predomínio (se ainda se é demasiado fraco para isso), então se quer a justiça, ou seja, uma potência igual".

Interessante é encontrar pensamento semelhante, realizado a quase 2.500 anos, quando Aristóteles[72] afirma que "(...) na realidade, os mais fracos buscam sempre a igualdade e a justiça, enquanto os mais fortes não se preocupam com isto de forma alguma".

Transpondo para nossa abordagem, considerado que é justo termos liberdade e que todos, em princípio, como seres humanos que somos, devemos ser iguais, todos deveríamos ter liberdade. Entretanto, isto é impossível, pois, na forma já dita, a liberdade do poderoso se converterá em aumento da sua potência e, conseqüentemente, na diminuição da potência dos seus fracos opositores, os quais terão, em decorrência disso, diminuída a sua liberdade.

Sem pretender, obviamente, estabelecer qualquer vínculo epistemológico entre os autores, Maquiavel[73] escreveu em "O Príncipe" que "o desejo natural de conquistar é sem dúvida algo de ordinário e natural", acrescentando que "tudo se resume em ter força suficiente, tanto para conquistar, como para conservar".

Assim, fica em xeque também a alegação histórica de que o gênero humano busca igualdade, ficando em xeque, da mesma forma, a máxima de que a humanidade buscou justiça. Os mais fracos, então, pretenderão igualdade, justiça e liberdade, mas principalmente esta última, como forma de aumentarem sua potência e, assim, tornarem-se poderosos.

---

[70] Ob. cit., *Igualdade e Liberdade*, p. 78.

[71] Idem, p. 77.

[72] Ob. cit., Política, p. 206.

[73] Ob. cit., *As Grandes Obras Políticas de Maquiavel a Nossos Dias*, p. 26.

A abordagem efetivada demonstra que variados autores, pertencentes a épocas e realidades distintas, apontam conclusão relativamente convergente. Tais resultados dos estudos filosóficos evidenciam clara dimensão universal, pelo que, certamente, podem estar muito próximos da verdade.

A análise histórica da conduta humana proporciona um quadro mais perfeito sobre os motivos e os resultados das atividades desenvolvidas em sociedade, evidenciando que existem determinadas ocorrência inatas ao ser humano. Sem adentrar em tema que penderia para uma imensa diversidade de questões, temos de ter presente nossa existência a partir da análise do sistema biológico e psicológico de que somos constituídos, claro que dotados de razão, mas inevitavelmente limitados pelas profundas amarras instintivas que compõem a nossa estrutura mental.

Em virtude disso, os anos passam e passarão. Os locais serão diversos, mas a essência humana parece convergir para o mesmo ponto, feliz ou infelizmente. Desta forma, em realidade, as grandes alterações ocorrem no campo de técnica, a qual, devido ao seu avanço assombroso, muitas vezes mascara flagrantes evidências ressaltadas pela filosofia.

O Direito é um destes meios, ou seja, uma técnica, esclarecendo James Marins,[74] que o princípio do Estado de Direito, segundo Canotilho, deve ser enfocado sob a dimensão da juridicidade, da constitucionalidade e dos direitos fundamentais. Quanto à jurisdicidade, corresponde à "característica material, procedimental e formal do Estado de Direito, reveladora de uma opção da sociedade em estruturar-se política e organizacionalmente 'segundo a medida do direito'". Continuando, afirma que a jurisdicidade "representa a organização do Estado de Direito sob o prisma da *técnica*".

O contrato, como muitos outros instrumentos do "Direito" criados pelo homem, é um dos meios gerados pela tecnologia jurídica para que determinados fins sejam alcançados, motivo pelo qual se tornou imprescindível comentar sobre o valor liberdade, como forma de definir se ele, de fato, corresponde a um *fim a ser obtido* ou se, em realidade, os paradigmas do direito contratual são outros, envoltos no manto da ideologia.

Por todos estes motivos, é fundamental que apontemos esta realidade filosófica, a fim de que possamos melhor realizar a explanação sobre a vulnerabilidade, na forma que seguirá.

Como conclusão, entendemos que nem sempre o valor liberdade é buscado de maneira sincera, eventualmente servindo de instrumento para a consecução de outros objetivos não tão nobres como o manto que os encobre.

---

[74] "Proteção Contratual do CDC a Contratos Interempresariais, Inclusive Bancários". In: *Revista Direito do Consumidor*. Volume 18, São Paulo: RT, p. 95 e 96.

7. Funções sociais do direito (a face sociológica)

O tema das funções sociais do direito está intimamente ligado aos aspectos principiológicos que animam a organização sistemática de um determinado aparato jurídico.

Com efeito, na base de todo ordenamento jurídico estão análises, mesmo que superficiais, sobre a maneira de viver do homem, tendo em vista a sua característica de ser vivo que se agrega em comunidades, com fins à obtenção de uma melhora das condições de sobrevivência.

Estas análises, todavia, partem de premissas bastante diversificadas, as quais, de um modo geral, têm amparo em ideologias.

Sem querer estabelecer polêmica em torno da questão e somente tendo o objetivo de simplificar a abordagem, de um modo geral, a questão do homem em sociedade é a luta constante para a obtenção do poder.

O poder, segundo comenta Renato Treves, citando Niklas Luhmann,[75] consiste "en la posibilidad de que dispone un sujeto o una pluralidad de sujetos de elegir mediante una decisión propia una alternativa para otros sujetos. El recurso a la coerción directa muestra no ya el éxito del poder, sino su fracaso (...)".

As ideologias, por sua vez, são o substrato teórico que dão amparo à mobilização popular ou até mesmo individual, no sentido de que seja obtido o poder.

Renato Treves, citando Charles Wright Mills,[76] assim expressa a questão:

"(...) para Wright Mills, 'no hay estudioso del hombre y de la sociedad que no acepte y parta en su trabajo de decisiones morales y políticas', decisiones que deben encontrar sus orientaciones ideológicas en 'el liberalismo, que mira a la liberdad y a la razón como a los hechos supremos del individuo', y en 'el marxismo, que mira a la liberdad y a la razón como a los hechos sumpremos del rol del hombre en la construcción política de la historia'. Se trata

---

[75] *La Sociologia Del Derecho*. Barcelona: Ariel, 1988, p. 216.
[76] Ob. cit., p. 217.

de orientaciones ideológicas que hoy, dice él, están en crisis. Una crisis por la cual el liberalismo puede verse reducido a nada más que 'a un modo banal e inconsistente de enmascarar la realidad social', y el marxismo ' a nada más que la máscara retórica de la defensa y del abuso burocrático'".

Essa abordagem é importante, portanto, para que possamos bem situar a relevância desta polarização para o mundo contemporâneo, da qual resultaram e continuam a resultar os mais variados reflexos em termos de controle social.

Manfred Rehbinder,[77] citando Llewellyn e Eugen Ehrlich, informa que "el derecho es un instrumento de poder social que por medio del equilibrio de intereses contradictorios debe conseguir y fomentar la solidaridade de la comunidad", acentuando, assim, uma função predominantemente de integração do grupo social e também de organização.

A doutrina tradicional, portanto, tendo em vista a necessidade de obtenção de organização da comunidade, dividiu a função maior em duas subfunções, quais sejam, a de orientação do comportamento, que corresponde à atividade reguladora, e a de resolução de conflitos, que diz respeito à função integradora.

Juntamente com esta subdivisão, informa Rehbinder que Ehrlich também comenta a existência de normas "del obrar", que são as destinadas ao grupo objetivando organizá-lo, e as normas de decisão, estas dirigidas ao *staff jurídico*, que as usa quando alguém infringe a lei.

Divisão em dois, semelhante à anterior, pode ser encontrada em Karl Olivecrona,[78] o qual diz existirem regras primárias, que estabelecem direitos e deveres aos indivíduos, e normas secundárias, as quais determinam as sanções que seguem à transgressão das regras primárias.

Sintetizando a apreciação conceitual e projetando suas implicações, passou a ficar evidenciado que a doutrina tradicional, que dividia a função do direito em sancionadora (normas de reação) e organizadora, não era satisfatória para representar as reais necessidades sociais do mundo moderno.

Com efeito, no início do século XX, o Estado passou a ter de atuar na realização de políticas públicas, implementando outros serviços, objetivando satisfazer às novas necessidades sociais que surgiram com o avanço da ciência e com o desenvolvimento cada vez maior da civilização.

A característica deste Estado Social do Direito é, principalmente, a de que o *staff jurídico* não pode ficar adstrito ao meramente sancionatório, devendo atuar eficazmente na promoção das chamadas políticas públicas, implementando, cada vez mais, condições vitais melhores para os jurisdicionados.

Alcides Tomassetti,[79] discorrendo sobre o tema, com enfoque na área consumerista, informa que:

---

[77] *Sociologia Del Derecho*, Madrid: Pirámide, 1981, p.155.

[78] *Apud* Mandred Rehbinder, p. 156.

[79] "A Configuração Constitucional e o Modelo Normativo do CDC". In: *Revista de Direito do Consumidor*, Vol. 14, São Paulo: RT, p. 28 e seguintes.

"(...) para efeitos de comunicação rápida, pode ser definido o Estado-Promotor ou Estado-Providência como a modalidade de organização Estatal que se constitui e se revela, no plano jurídico, mediante a atribuição de direitos (em sentido subjetivo) sociais e econômicos múltiplos (direitos positivos a prestações ou ações), que têm por sujeito passivo o próprio Estado (lembre-se o art. 5º da Constituição de 1988). 'Promover' – dentro da linguagem comum e também na terminologia tecno-jurídica – é mais do que 'defender' e mais do que 'proteger' o consumidor".

Como resultado desta nova estrutura social, surge aquilo que Rehbinder chamou de função de "configuración de las condiciones vitales", obrigando o Estado a especializar e a burocratizar o *staff jurídico*, igualmente passando a ser necessária uma maior produção de normas de competência e de procedimento do aparato jurídico.

Desta constatação emerge a função de legitimar e de organizar o *staff jurídico*, para o efeito de que ele seja útil e tenha credibilidade frente aos destinatários.

Por último, deve o direito estar em contínua sintonia com a realidade vivida, realizando troca recíproca com as informações advindas dos fatos da realidade societária, a fim de que possa evoluir e para que possa se manter como um sistema adequado à satisfação das necessidades modernas. Daí extrai-se a quinta função, que é a do cuidado e de melhora do direito, a qual somente pode acontecer se é feito o exame crítico da vida jurídica.

A partir destas definições, portanto, Karl N. Llewellyn pôde ressaltar as cinco funções do direito que, para ele, são as fundamentais, quais sejam: a resolução de conflitos, a direção das condutas, a legitimação e organização do poder social, a configuração das condições de vida e a administração da justiça.

Quanto à função do direito de *resolução de conflitos*, surge, em primeiro lugar, a idéia de que o conflito é o teste sobre se o direito realmente irá ou não se impor na vida social, pois a sua não-resolução reiterada será causa suficiente para a inconformidade irreversível dos jurisdicionados.

A partir da controvérsia surgida no caso concreto, serão chamadas à utilização aquelas normas específicas aplicáveis, as quais serão mais ou menos eficazes ou legítimas na exata proporção da sua adequação aos anseios da comunidade à qual elas se destinam.

Assim, o conflito, a controvérsia, são mecanismos salutares para a crítica da regra jurídica, funcionando, também, para o correto enquadramento axiológico das normas, tendo em vista as necessidades coletivas observadas em determinada época e local.

Atuando desta maneira, então, o direito resolve e unifica os interesses contrapostos, qualificando-se como útil e adequado, ou não resolve o conflito, o que contribuirá para o seu descrédito como sistema do Estado, pois tem de funcionar com presteza.

Estabelecendo alguns requisitos para que esta função se realize, Rehbinder[80] esclarece que o primeiro deles é a necessária existência de instituições jurídicas destinadas à resolução dos conflitos, sejam elas de natureza substancial ou instrumental. Para tanto, devem existir normas que promovam a persuasão dos envolvidos em eventual contenda, assim como outras capazes de promover a negociação.

Seguindo a análise dos requisitos, é dito pelo mesmo autor[81] que a adequada resolução dos conflitos deve estar em consonância com "el sentimiento social de justicia", bem como em sintonia com o bem geral, unindo estes pontos com rapidez e economia.

O sentimento social de justiça entendemos que possa ser equiparado àquela interessante conceituação de Lawrence M. Friedman, citado por Renato Treves,[82] sobre cultura jurídica externa, a qual corresponderia à "cultura jurídica propia de toda la población y común a toda la población", enquanto cultura jurídica interna "es la cultura jurídica propia de aquellos miembros de la sociedad que realizan actividades jurídicas especializadas". Ou seja, o sentimento social de justiça está intimamente ligado à concretização da ordem e da harmonia, situações fáticas estas facilmente aferíveis pelos integrantes da sociedade, tendo em vista um caso conflituoso. Assim, se a decisão contribuiu para a consagração destes dois elementos, será ela aceita como útil e terá eficácia.

Da mesma forma servirá ao bem comum, caso consiga o direito trazer harmonia, sendo que o requisito da rapidez e da economia são fundamentais para que, imediatamente, se instaure a paz social, a qual fica bastante abalada com injustificadas demoras, concretizadoras que são da tão conhecida impunidade.

É possível, então, o surgimento de norma nova a partir do conflito, deste fato resultando a evolução do direito como sistema aberto e progressivo, com caráter eminentemente finalístico.

Devemos salientar, contudo, que Rehbinder refuta a idéia de que os conflitos são enfermidades, dizendo que, em realidade, são necessidades, pois só a partir deles é que o ordenamento jurídico fica acreditado, sendo permitidas, assim, as trocas necessárias.

Para ele, portanto, fazendo uma caricatura, "el Derecho vive del conflicto", sendo que o ideal é que o Direito mantenha o conflito sob controle.

Sintetizando, diz Rehbinder que a violação a uma norma de obrar acarreta uma reação do *staff jurídico*, a fim de que não sejam frustradas as expectativas daqueles que estão submissos às normas do sistema como um todo e, conseqüentemente, se instaure o descrédito.

---

[80] Ob. cit., p. 158.

[81] Idem, ibidem.

[82] Idem, p. 213.

Com o objetivo de alcançar o equilíbrio, esta reação do *staff* acontecerá para ele de três maneira:

– atuação repressiva – que pode ser subdividida em preventiva especial, dirigida especificamente ao autor da lesão à lei, ou preventiva geral, que conterá um substrato pedagógico tendente a informar os demais integrantes do grupo sobre os prejuízos que a infração à lei produz;

– atuação de represália – nesta o direito obriga a indenizar e a ressarcir;

– atuação de mera declaração de que a norma foi infringida, a qual é a mais leve, mas, da mesma forma, necessária.

Todos estes três elementos redundam na configuração de equilíbrio e harmonia à sociedade.

A segunda função social do direito, de *orientação do comportamento,* acontece em fase anterior à em que é executada a função antes analisada.

Isto ocorre porque, caso os integrantes da comunidade estejam bem orientados sobre a melhor maneira de conviver, poderão ser impedidas as mais variadas perturbações da ordem e, conseqüentemente, os conflitos não se concretizarão na vida do grupo.

Consideremos que um dos principais pontos geradores de controvérsias é a apropriação de bens, sejam eles materiais ou imateriais. Ou seja, quando a dúvida não acontece por causa de algo material, concreto, incide sobre disputas de poder ou prestígio, exatamente deste antagonismo de interesses emergindo a grande complexidade do convívio social.

Como diz Rehbinder,[83] esta função trata de "(...) crear y de mantener un transcurrir de la vida regulado por un orden vivo (...)", fazendo com que a paz seja mantida.

Aliás, este é o ideal de justiça, o qual encontra amparo no princípio da igualdade, principalmente porque o sentimento comum de que todos são tratados de maneira semelhante conduz a uma harmonia dos relacionamentos.

Neste aspecto, atentamos para a circunstância psicológica própria dos seres humanos, quando é observado que, mesmo não sendo a resolução do caso concreto a melhor para a solução de determinada questão, considerado o enfoque meramente individual do problema, por eles saberem que aquela mesma solução será, de um modo geral, aplicada a casos semelhantes, assumem uma relativa mas suficiente conformidade com a conclusão, exatamente porque concordam em estar sendo tratados de maneira igual a todos os outros componentes da comunidade.

Sobre o tema é o comentário de Norberto Bobbio,[84] quando esclarece que:

---

[83] Ob. cit., p. 161.

[84] *Igualdade e liberdade*. Rio de Janeiro: Ediouro, 1996, p. 15 e 16.

"(...) uma relação de igualdade é uma meta desejável na medida em que é considerada justa, onde por *justa* se entende que tal relação tem a ver, de algum modo, com uma ordem a instituir ou a restituir (uma vez abalada), isto é, com um ideal de harmonia das partes de um todo, entre outras coisas porque se considera que somente um todo ordenado tem a possibilidade de durar".

Seguindo, informa o mesmo autor que:

"(...) se se quer conjugar os dois valores supremos da vida civil, a expressão mais correta é *liberdade e justiça* e não *liberdade e igualdade*, já que a igualdade não é por si mesma um valor, mas o é somente na medida em que seja uma condição necessária, ainda que não suficiente, daquela harmonia do todo, daquele ordenamento das partes, daquele equilíbrio interno de um sistema que mereça o nome de justo".

Aliás, Platão,[85] a 2.400 anos atrás, já sinalizava com a vinculação do conceito de justiça à idéia de equilíbrio e de harmonia, merecendo ser transcritas suas lições:

"Na verdade, a justiça era qualquer coisa neste género, ao que parece, excepto que não diz respeito à actividade externa do homem, mas à interna, aquilo que é verdadeiramente ele e o que lhe pertence, sem consentir que qualquer das partes da alma se dedique a tarefas alheias nem que interfiram umas nas outras, mas depois de ter posto a sua casa em ordem no verdadeiro sentido, de ter autodomínio, de se organizar, de se tornar amigo de si mesmo, de ter reunido harmoniosamente três elementos diferentes, exactamente como se fossem três termos numa proporção musical, o mais baixo, o mais alto e o intermédio, e outros quaisquer que acaso existam de permeio, e de os ligar a todos, tornando-os, de muitos que eram, numa perfeita unidade, temperante e harmoniosa, – só então se ocupe (se é que se ocupa) ou da aquisição de riquezas, ou dos cuidados com o corpo, ou de política ou de contratos particulares, entendendo em todos estes casos e chamando justa e bela à ação que mantenha e aperfeiçoe estes hábitos, e apelidando de sabedoria a ciência que preside a esta acção; ao passo que denominará de injusta a acção que os dissolve a cada passo, e ignorância a opinião que a ela preside".

Destes robustos ensinamentos depreende-se, portanto, que o valor justiça é concretizado, predominantemente, por intermédio da configuração de harmonia, ordem e equilíbrio, o que deve ser buscado pelo Direito.

Comenta Rehbinder, ainda, que o Direito deve emitir determinados modelos de conformidade, mas sempre permitindo um espaço livre para as iniciativas provenientes da sociedade, fazendo com que sejam respeitados os usos, costumes e outras normas não-escritas que cotidianamente são praticadas no convívio social.

---

[85] *A República*. 7ª edição. Lisboa: Fundação Calouste Gulbenkian, p. 204 e 205.

Avançando na análise dos efeitos da atividade de orientação, ressalta o mestre comentado que o Direito realiza uma atividade negativa, impedindo determinadas ações, mas também positiva, quando obriga a determinadas ações. Estas atividades, por sua vez, podem aparecer após o surgimento do conflito ou antes, evidenciando o autor, assim, um fenômeno social no qual o Direito induz seus destinatários a terem condições de satisfatoriamente se portar diante de uma situação concreta, mesmo antes de a experimentarem. Com isso, o Direito cria novas expectativas de conduta que ainda não haviam se concretizado, fazendo o que Llewellyn chama de "preventive rechannelling of conduct and expectations to adjust to change".[86]

Como resultado destas ingerências do Direito no meio social, surge a necessária segurança jurídica, que é a "arte final" do bom exercício da função ora analisada, segurança esta que se traduz pela possibilidade de um conhecimento prévio das normas por parte dos indivíduos, fazendo com que possam avaliar os riscos das suas condutas, bem como das realizadas pelos demais componentes da comunidade.

Em decorrência da função reguladora, portanto, é que será produzida a segurança jurídica.

Esta função reguladora, segundo o autor, possui quatro fundamentos, quais sejam: o princípio da reciprocidade, da duração, da definição dos papéis sociais e do equilíbrio de interesses.

Por reciprocidade entende que seja adequado devolver ao gerador de algum dano o mal causado. A segunda abordagem diz respeito ao aspecto da remuneração, pela qual o direito seria "pago", "remunerado" pelo seu destinatário, por intermédio da confiança que este deposita no sistema, o qual deve proteger para que tenha legitimidade e eficácia.

A duração é imprescindível, pois os destinatários precisam ter segurança de que o critério da reciprocidade perdurará, nisto residindo os grandes problemas das medidas provisórias, que são substratos jurídicos que podem ser transitórios, provisórios e, conseqüentemente, movediços.

A definição dos papéis sociais pelo Direito permite a cada um saber quais seus direitos e deveres no meio em que vive, sendo útil, também, para a realização dos controles recíprocos da comunidade, os quais poderão se valer das normas específicas sobre eventual caso concreto ou, até mesmo, da própria atuação particular protegida pelo Direito, quando as circunstâncias estiverem no âmbito daqueles espaços de iniciativa livre regulados pelo Direito.

Em função dessa idéia, os indivíduos têm condições de orientarem seus atos, sabedores que são das regras do sistema jurídico, atinentes aos mais variados papéis da vida de relação. Como conseqüência, o pai, o filho, o comprador etc, sabem como se orientar, o que é fundamental para o convívio humano organizado.

---

[86] *Apud* Manfred Rehbinder, ob. cit., p. 161.

A noção de equilíbrio resulta da existência de normas jurídicas que estabeleçam a imposição de igualdade à natural diferenciação social, fazendo com que a regra da justiça seja concretizada. Aliás, Norberto Bobbio[87] comenta que por "(...) regra de justiça, entende-se a regra segundo a qual se devem tratar os iguais de modo igual e os desiguais de modo desigual", o que dispensa maiores comentários.

A função de *legitimação e organização do poder*, na forma apontada no início deste trabalho, contém a idéia de que a vivência em sociedade é um constante exercício de disputa de poder, daí resultando os mais variados conflitos, caso não existam regras que estabeleçam quem exercerá, em que nível será exercido o poder e, principalmente, como ele é dividido nos vários ramos da atividade societária.

Esta função, que pode ser chamada de política, indica, portanto, que são necessárias regras que determinem a formação e a exteriorização da vontade emanada do aparato oficial, para evitar, com isso, que sejam exaradas decisões ilegais.

Veja-se que a legitimidade significa precisamente o reconhecimento de que existe compatibilidade entre os valores aceitos pelos destinatários das decisões oficiais e os valores consagrados nestes mesmos atos, jamais podendo ser olvidado que somente será legítima a atuação quando preconizar pelo respeito aos pressupostos de justiça já analisados.

Por isso o Direito exerce esta função de legitimar o poder, pois oportuniza aos integrantes da sociedade fiscalizar as decisões exaradas pelo *staff* estatal, concedendo-lhes legitimidade ou não, a partir da avaliação sobre a legalidade das mesmas.

Deve ser salientado que Rehbinder comenta neste compartimento não sobre o aspecto substancial das decisões adotadas, mas no tocante à obediência que o aparato de poder deve ter relativamente às regras de procedimento e de atribuição de poder.

Citando Niklas Luhmann, Rehbinder[88] diz que as regras de competência e de procedimento têm uma especial função legitimadora. Por intermédio delas o poder se converte em Direito, e aqueles que detêm o poder se convertem em autoridades.

A quarta importante função é a de *configuração das condições de vida*. Na forma já apontada, principalmente a partir do surgimento do Estado Social, passou o Direito a ter evidenciada esta função com maior clareza, pois as normas se orientaram não só à imposição de sanções, como também à promoção de novas condições de vida úteis para o melhor convívio social.

Procura salientar Rehbinder[89] que o Direito deve conceder um espaço de liberdade juridicamente protegido, o qual valerá para a implementação de idéias criativas tendentes à consecução de melhores condições de vida.

---

[87] Ob. cit., p. 20.

[88] *Sociologia del Derecho*. Madrid: Pirâmide, 1981, p. 166.

[89] Ob. cit., p. 167.

Assim, ele cita como exemplo regras que diminuem o tempo de trabalho, ressaltando que isto impediria a ocorrência de conflitos advindos do excesso de labor em determinadas atividades, bem como serviria para que outras atividades igualmente produtivas pudessem ser realizadas com mais valia naquele período antes não tão bem aproveitado.

Informa o autor, ainda, que por esta função é possível de ser transmitida a ideologia do Direito em vigor, a qual será gradativamente introjetada na psiquê dos destinatários da norma com o exercício continuado, até que seja aceita como normal e necessária, sempre atendendo aos imprescindíveis pressupostos de legitimidade e de eficácia.

Quanto à função do *cuidado do Direito,* outra vez citando Llewellyn, Manfred Rehbinder[90] faz a interessante distinção entre *juristic method* e *legal method.*

O primeiro termo significa o "cuidado do Direito", que é uma técnica de resolver casos particulares atendendo ao interesse da generalidade de indivíduos, aplicando e adaptando a máquina estatal do Direito às necessidades efetivamente existentes no organismo social. Ou seja, o *staff jurídico* deve manter constante atenção no trato da questão do Direito, objetivando adaptar a norma aos avanços da atividade cultural como um todo, entendida a cultura, neste enfoque, como toda a atividade que promana do espírito do homem.[91]

Como resultado, o Direito deve acompanhar todos os avanços da cultura, para que possa ser considerado útil, no sentido da consecução de ordem, equilíbrio e de harmonia, conforme já comentado.

O cuidado do Direito não seria, portanto, uma função que decorreria originariamente do Direito, mas sim corresponderia a uma preocupação que os trabalhadores da vida jurídica devem ter, com o intuito de que o Direito cumpra as suas funções, relevado o seu sentido finalístico e teleológico.

Distinto, então, seria o conceito de *legal method* ou técnica jurídica,[92] pois esta significa para Llewellyn a técnica objetiva aplicada pelo advogado, por exemplo, quando procura se valer do instrumental jurídico à sua disposição com o fim específico de servir seu cliente, motivo que salienta, com muita clareza, a diferença finalística existente entre os dois conceitos abordados.

Colhidos estes conceitos e fundamentos, importa, para finalizar, identificar, então, quais os fins do direito.

Tratando sobre o tema, neste sentido é a lição de Vicenzo Ferrari,[93] quando afirma que de forma

---

[90] Ob. cit. p. 168 e 169.

[91] Miguel Reale. *Filosofia do Direito*. Volume I. 3ª ed. São Paulo: Editora Saraiva, p. 195 e 196:define cultura como sendo tudo "...aquilo que o homem realiza na história, na objetivação de fins especificamente humanos...a cultura está para o espírito como as águas de um rio estão para as fontes de que promanam".

[92] Ob. cit., p. 238: Sobre o conceito de técnica, segundo Miguel Reale: "... envolve regras necessárias quanto aos meios (a Técnica equaciona meios idôneos ao resultado a ser atingido), mas deixa livre a escolha dos fins, embora implique em um processo de valoração".

[93] *Funciones Del Derecho*. Colección Universitaria Editorial Debate, Madrid, 1989, p. 131.

"(...) coherente con la idea que hemos aceptado sobre la naturaleza del Derecho, como regla persuasiva que puede orientarse en diversas direcciones en la perámide social, *hemos de entender como aceptable la idea de que el Derecho 'funcione' como instrumento de control social, en esta segunda acepción terminologica"*.

De fato, somente por intermédio do controle social é que pode ser relativamente neutralizada a primitiva tendência humana de se afastar das regras do justo, reconhecido que os freios morais do indivíduo são pouco eficazes (vide as origens dos princípios), em algumas circunstâncias, para evitar o surgimento de situações sociais de litígio.

A luta do homem em sociedade sempre se caracterizou pela tentativa de estabelecer distinções, seja por causa de raça, de sexo ou de classe social, segundo bem apontou Norberto Bobbio,[94] emergindo desta constatação a óbvia conclusão de que a raça humana, de um modo geral, não busca a configuração do importante valor igualdade.

Por todo o mundo existem guerras espalhadas, muitas delas perdurando a anos e outras até a milênios, sempre pelos mesmos motivos, ou seja, o estabelecimento de desigualdades.

Até mesmo no mais singelo gesto de consumo, ao adquirir o carro do ano, o vestido singular, em tudo o ser humano procura evidenciar-se como único e diferente dos demais, induzindo tais evidências à conclusão óbvia de que a desigualdade reside em nosso seio.

Isso também pode ser dito relativamente ao ideal supremo da liberdade. Todos querem alcançá-lo, mas, quando o obtém, passam a atuar em detrimento da liberdade dos antigos opressores. Embora tristes, essas são, paradoxalmente, conclusões de grande utilidade.

Com efeito, como tudo na vida, a melhora, o desenvolvimento, o aprimoramento sempre passam por uma revisão crítica de posturas. Partindo desse processo lógico e útil de mudança, somente no momento em que o ser humano puder reconhecer sua realidade biológica e psíquica é que poderá retomar seu caminho, agora em nível consciente, para a efetiva configuração de condições de vida baseadas na liberdade, igualdade e na justiça.

Somente, também, quando puder ser entendido que a obtenção de liberdade não é apenas um meio para sair do antigo jugo, mas sim o início de uma alteração de relacionamento social que terá alcançado o seu estágio de êxito quando os originários subjugados não passarem a subjugar, é que, igualmente, poderemos encontrar níveis satisfatórios de justiça.

Somente no dia em que o ser humano reconhecer que possui duas grandes pedras brutas no seu templo interior, a tendência à desigualdade e à iliberdade,

---

[94] Ob. citada, p. 43.

que precisam ser desbastadas para que se tornem elementos com forma e brilho, é que, talvez, comecemos a trilhar o real caminho do desenvolvimento integral e humanizado.

Concluindo o supramencionado, concordamos que o Direito possui cinco funções sociais, quais sejam: a orientação de condutas, resolução de conflitos, configuração de condições de vida, legitimação e organização do poder e o cuidado do direito, as quais sempre devem ser observadas, quando da apreciação do caso concreto.

8. A Interpretação Sistemática do Direito no Código de Defesa do Consumidor

A abordagem relativa às funções do direito serve, como os demais tópicos antes comentados, para esclarecer, com suficiente precisão, em que perspectiva se encontra a Lei Consumerista como subsistema integrante do Direito, bem como quais as suas tarefas no seio da sociedade brasileira.

São também úteis os comentários anteriores, da mesma forma, para demonstrar que a apreciação das normas consumeristas deverá ser efetivada considerando os aspectos valorativos (mundo das idéias), os aspectos fáticos (mundo dos fatos, normalidade), bem como os subsídios decorrentes da atividade jurídica, por intermédio da qual será promovida a interligação dos preceitos, a exclusão de outros, a colmatação de lacunas (trabalho hermenêutico).

Com efeito, a doutrina tradicional, que pregava servir o Direito somente para o estabelecimento de "ordem" e "segurança" – obrigações de meio – cedeu ante a necessidade de que o Estado passasse a alcançar a implementação de "políticas públicas" tendentes a configurar condições melhores de vida.

O Estado passou a ter, então, obrigações de resultado, atuando na busca do desenvolvimento de processos econômicos e sociais, executando um trabalho voltado para a realidade social e intentando alcançar objetivos concretos na melhoria das condições de saúde da população, da defesa do meio ambiente, do consumidor etc.

Para tanto, surgem as chamadas "normas-objetivo", que são princípios positivados que estabelecem fins, e, como princípios que são, contém todas as características apontadas no item "3", parte final, deste estudo.

Aliás, melhor enquadrando estes preceitos na dogmática jurídica, Eros Roberto Grau[95] rememora os conceitos de "normas de conduta" e de "normas de organização", dizendo que as primeiras servem para disciplinar o comportamento

---

[95] "Interpretando o Código de Defesa do Consumidor – Algumas Notas". In: *Revista Direito do Consumidor*, volume 5, Revista dos Tribunais, 1993, p. 185 e 186.

de indivíduos ou a atividade de grupos, enquanto que as últimas "(...) possuem um caráter instrumental, visam a estruturar o funcionamento de órgãos ou a instrumentar a disciplina de processos técnicos de identificação e aplicação de normas". Como exemplo deste tipo de normas, indica o Mestre gaúcho a Lei das S.A (Lei 6.404/76), o Decreto-Lei 200 e o Código de Processo Civil.

O Código do Consumidor está repleto de "normas de conduta" e de "normas de organização", possuindo, igualmente, as "normas-objetivo", com conteúdo diferente, já que imbuídas de substância axiológica programática, visando a alcançar determinados fins do sistema, não podendo ser esquecida, também, a distinção estabelecida no início desta monografia, quanto à divisão das normas em regras, princípios e postulados.

Definidos estes aspectos, podemos identificar no artigo 4° do CDC a existência da "norma-objetivo" por excelência da lei consumerista, na qual está contida a política das relações de consumo, destacando-se como alguns dos princípios maiores o da *vulnerabilidade, da harmonia das relações de consumo*[96] *e o da repressão eficiente de todos os abusos.*

Tal norma possui eficácia plena e direta, não sendo simples exortação, comentando Olga Maria do Val[97] que o

> "(...) art. 4° não contém, portanto, como afirmado por um comentarista do Código, meras declarações destituídas de qualquer eficácia. É uma norma que dirige e condiciona toda a ação a ser realizada nas relações de consumo. Pode-se tipificá-la como norma-objetivo, assim também como norma programática, na visão moderna que se tem dela, ou seja, a de que norma programática não se caracteriza como simples programa ou exortação moral, mas caracteriza-se por seu efeito invalidante de todos os atos que com ela forem incompatíveis. Cabe observar, finalmente, que a norma do art. 4° é, basicamente, uma norma-princípio. Ora, os princípios têm, como vimos, natureza 'normogenética', isto é, são fundamentos de regras, são normas que estão na base ou constituem a razão das regras jurídicas. Contêm exigências que devem ser realizadas, exigências essas que se traduzem em valores que

---

[96] Importante destacar que o PREÂMBULO da Constituição Federal pode e deve ser aplicado na resolução dos casos concreto, lá estando expressamente previsto o princípio da harmonia social. Exemplo de aplicação do Preâmbulo é o acórdão a seguir transcrito: RMS 26071 / DF – DISTRITO FEDERAL. RECURSO EM MANDADO DE SEGURANÇA. Relator(a): Min. CARLOS BRITTO. Julgamento: 13/11/2007. Órgão Julgador: Primeira Turma.EMENTA: DIREITO CONSTITUCIONAL E ADMINISTRATIVO. RECURSO ORDINÁRIO EM MANDADO DE SEGURANÇA. CONCURSO PÚBLICO. CANDIDATO PORTADOR DE DEFICIÊNCIA VISUAL. AMBLIOPIA. RESERVA DE VAGA. INCISO VIII DO ART. 37 DA CONSTITUIÇÃO FEDERAL. § 2° DO ART. 5° DA LEI N° 8.112/90. LEI N° 7.853/89. DECRETOS N°S 3.298/99 E 5.296/2004. 1. O candidato com visão monocular padece de deficiência que impede a comparação entre os dois olhos para saber-se qual deles é o "melhor". 2. A visão univalente -- comprometedora das noções de profundidade e distância -- implica limitação superior à deficiência parcial que afete os dois olhos. 3. A reparação ou compensação dos fatores de desigualdade factual com medidas de superioridade jurídica constitui política de ação afirmativa que se inscreve nos quadros da sociedade fraterna que se lê desde o preâmbulo da Constituição de 1988. 4. Recurso ordinário provido.

[97] "Política Nacional das Relações de Consumo". In: *Revista Direito do Consumidor*, volume 11, RT, p. 76.

esses princípios exprimem. Possuem, por isso mesmo, uma 'indeterminação' que não pode, contudo, ser confundida com ineficácia".

Além desses princípios, devemos agregar o princípio da dignidade da pessoa humana e o da solidariedade, os quais serão mais tarde especificamente tratados.

Estes, portanto, são os pilares fundamentais do Código de Defesa do Consumidor, pois orientarão constantemente o intérprete quando da necessidade de conjugar e aplicar as diversas normas de conduta e de organização que existem espalhadas pelo microssistema protetivo.[98]

Assim, os significados atribuídos aos preceitos, ou ao invólucro, na forma já vista, decorrerá do exercício da interpretação, a qual desvendará a norma, que é o conteúdo dos preceitos.

Manoel Aragon, citando Hesse,[99] define que

"Interpretar es 'concretizar, para lo que es preciso 'compreender', es decir, comprender la norma dentro de un sistema no sólo normativo sino también de categorías teóricas que le dan significado, que le prestan coherencia (...). El intérprete, necesariamente, ha de contar con el bagaje teórico que le facilite la tarea de extraer del precepto jurídico su significado 'constitucionalmente adecuado' o de convertir en princípios jurídicos los valores enunciados por la norma o de establecer las conexiones pertinentes entre unos y otros principios que concurram en el caso concreto de aplicación".

O problema, entretanto, é como realizar a boa interpretação.

Na forma já colocada, a evolução histórica da "jurisprudência" como ciência do direito, demonstrou que o modelo "dedutivo-normativo", baseado em "conceitos" (jurisprudência dos conceitos) rígidos, não se mostra adequado para orientar a complexidade crescente do mundo atual, pois o grau de indeterminação das normas aumenta na exata proporção do aumento da diversidade de situações que o Direito precisa abarcar.

Torna-se difícil de admitir, assim, que o intérprete do Direito assuma uma postura estrita no ato de interpretar, vinculando-se exclusivamente àquilo que o legislador desejou incluir no preceito.

Salientamos que a lei se torna independente após o início da sua vigência, no sentido de que não expressa a vontade de ninguém em específico, mas do sistema

---

[98] Nelson Nery Junior. "Aspectos do Processo Civil No Código de Defesa do Consumidor". In: *Revista Direito do Consumidor*. volume 1, São Paulo: RT, p. 211, assim comenta: "É importante salientar que as relações de consumo fazem parte do regulamento do Código de Defesa do Consumidor, que, por assim dizer, configura um *microssistema* próprio, que não se contamina dos princípios fundamentais que regem outras relações civis, comerciais etc. Assim, os princípios do Código Civil, Código Penal, Código de Processo Civil, Código Comercial, Código de Processo Penal etc., não se aplicam às relações de consumo que devem obediência apenas à principiologia do Código de Defesa do Consumidor".

[99] Manoel Aragon. *La Interpretacion de La Constitucion Y El Caracter Objetivado Del Control Jurisdiccional.* editado pela Academia Nacional de Derecho Y Ciencias Sociales de Cordoba, Cordoba, 1986, p. 199.

como um todo, sendo necessário, portanto, distinguir as expressões *voluntas legislatoris* (a vontade do legislador), *voluntas legis* (a vontade da lei[100] estritamente considerada foi apontada por Binding) e *voluntas iuris* (a vontade do direito, encarado como sistema racional, porém baseado em valores bem definidos).

Para melhor discorrer sobre o assunto, é imprescindível dizer que a interpretação adequada necessariamente deve estar ligada à constituição do país. Não se concebe a consecução de racionalidade, organização e utilidade do sistema jurídico no mundo moderno, afastado da idéia de Estado Constitucional Democrático, situação em que os princípios ordenadores estariam na Carta Magna.

Assumem as constituições modernas, assim, uma influência não apenas de forma, mas essencialmente substancial, pois contêm os fundamentos valorativos aceitos pelas sociedades às quais elas servem, valores estes que são conhecidos por todos, em especial pela concretização realizada pelos juízes e tribunais constitucionais (ver o Capítulo "7", Funções Sociais do Direito).

Manoel Aragon[101] esclarece que

"(...) El fin de 'ordenar al Estado como unidad' conduce, irremisiblemente, a una abstracción y generalidad intrínsecas de las normas constitucionales, y la concepción 'valorativa de la Constitución, pero, al mismo tiempo, la garantía del pluralismo (sin el cual, como ya he dicho en otro sitio, no cabe hablar a mi juicio, correctamente, de Constitución) exigen un grado de 'apertura' de las normas constitucionales enteramente distinto del que cualifica a las normas legales (o regulamentares) (...). Los preceptos materiales de la Constitución, a diferencia de los precepctos legales, no pretenden disciplinar conductas o habilitar para concretas actuaciones de ejecución, sino garantizar el respeto a determinados valores, o asegurar a los ciudadanos unos derechos que tanto si actúan simplemente como límites frente a la ley (...). La amplitud de la materia regulada por la Constitución y en consecuencia con ello el carácter sintético de muchos de sus preceptos, el significado valorativo de algunas de sus normas materiales, pero al mismo tiempo el correspondiente grado de apertura que permita la pluralid de sus realizaciones, diferencian netamente a la Constitución de las demás normas".

Continuando, explica o mestre Espanhol[102] que "(...) La posible 'apertura de la ley se encuentra simpre 'objetivada' por la Constitución", bem como que "(...) la Constitución se 'concreta' através de la interpretación (...)", sendo que "(...) la interpretación valorativa conduce, necesariamente, a trasladar los grandes problemas de la interpretación jurídica al campo de la interpretación constitucional".

Concluindo, ensina Manoel Aragon que para a efetiva objetivação da interpretação constitucional, de molde a que não seja exclusivamente política, deverá

---

[100] Ob. cit., p. 185 e 195.

[101] Idem, p. 180.

[102] Idem, p. 180 e 189.

ser feita uma "Interpretación 'constitucional' de la ley", no sentido de interpretação mais adequada à Lei Maior, "(...) argumentación y fundamentación jurídicas (...)", que é a fundamentação baseada em critérios que configurem os requisitos "(...) certeza y la previsibilidad (...)", "(...) resolução justa (...)", qual seja a "(...) jurídicamente correcta (...)" e, por último, "(...) no sustitución del legislador". Esses são os quatro critérios apontados com fundamentais para a boa interpretação da Lei.

A Constituição é, portanto, o plano diretor do sistema jurídico, ordenando não somente as leis, os princípios, como também os procedimentos necessários para que ambos possam ser aplicados com correção.

O sistema, desta forma, deve ser integrado por estes três elementos, a fim de que tenha credibilidade. A relevância desta afirmação é respaldada pelas palavras de Robert Alexy,[103] quando ensina que

"Lo que hasta ahora se ha descrito, el nivel de la regla y el de los principios, no proporciona un cuadro completo del sistema jurídico. Ni los principios ni las reglas regulan por si mismos su aplicación. Ellos representan sólo el costado pasivo del sistema jurídico. Si se quiere obtener un modelo completo, hay que agregar al costado pasivo uno activo, referido al procedimiento de la aplicación de las reglas y principios".

Sobre a racionalidade do sistema adiciona que

"(...) pueden identificarse cuatro postulados de racionalidad práctica procedimental. Se exige (1) un grado sumo de claridad linguístico-concepctual, (2) un grado sumo de información empírica, (3) un grado sumo de universalidad, (4) un grado sumo de desprejuiciamiento".

Corroborando o argumento ora desenvolvido, igualmente Alexy[104] afirma que "(...) En un Estado constitucional democrático, los principios tienen si no exclusivamente sí en una buena parte su ubicación jurídico-positiva en la Constitución".

A história apresenta um exemplo rumoroso e bastante pedagógico relativamente ao tema ora tratado, sendo o relativo ao problema da nomeação do *Justice* Robert Bork para a Suprema Corte norte-americana.

Naquele país é bastante forte a divisão entre o chamado *strict constructionism*, que é a interpretação levada à efeito de acordo com os *Fouding Fathers o Framers*, ou seja, exatamente nos termos literais ditados pela vontade do legislador, estabelecendo a "sacralización de los constituyentes", e os *broad constructionistas* ou "activistas", que pregam não poder o juiz ter uma conduta passiva. Outra denominação da polarização identificaria os "conservadores" e os "progressistas" ou "liberais", no sentido norte-americano da palavra.

---

[103] *El Concepto y La Validez Del Derecho.* Editorial Gedisa – Estudios Alemanes, Barcelona, 1994, p. 173.

[104] Ob. cit., p. 176.

Código de Defesa do Consumidor
O PRINCÍPIO DA VULNERABILIDADE

Tal polêmica foi muito bem exposta no livro de Miguel Beltrán de Felipe – *Originalismo e Interpretación* – , no qual foi descrito longo debate quanto à aceitação ou não de Bork como juiz da Suprema Corte, já que ele era um "conservador", e o Presidente Regan desejava imensamente seu ingresso no Tribunal, a fim de limpar o campo jurisdicional dos progressismos que entendia contrários ao país. A discussão se alastrou para os meios de comunicação de massa e culminou pela não-aceitação de Bork.

No livro citado Miguel Beltrán,[105] esclarece que

> "(...) el originalismo sostiene que lo único que ha de regir la interpretación de la Constitución es la voluntad o intención de los constituyentes (original intent). En la Constitución no hay más que aquello que los constituyentes quisieron incluir y de hecho incluyeron: 'la fórmula más exacerbada de originalismo es aquella que limita las posibilidades de ampliación judicial de la Constitución a aquello que los constituyentes podrían haber contemplado como posible' (...). En palabras de Berger, ' la Constitución representa elecciones fundamentales ya hechas por el pueblo, y la tarea de los tribunales consiste en hacerlas efectivas, no en construir nuevos derechos' (...)".

Como exemplo, se fosse colocada a questão do aborto a ser apreciada pelo Tribunal, seria dito que não poderia ser dada resposta alguma, pois os constituintes não previram tal situação.

Contra esta tese, os chamados "progressistas"[106] opunham que existem "(...) grandes dificultades para localizar y determinar inequívocamente la *original intent*", "(...) niega la realidad constitucional de que existen y deben existir cláusulas abiertas, e incluso niega el concepto mismo de Constitución", "la petrificación que implica el originalismo no es legítima ni desde el punto de vista social ni desde el puramente interpretativo", acrescidas a estas as formuladas por Ronald Dworkin, dizendo que a teoria de Bork "(...) no sólo no es 'neutra' ni está desprovista de valoración o contaminación moral, sino que encubre posiciones políticas mui concretas (no sería sino *right-wing dogma*)", bem como que "(...) carece de la necesaria coherencia para que pueda ser denominada teoría constitucional, incoherencia ya arbitrariedad que responden a una *result-oriented jurisprudence*)".

Com estas abordagens, percebe-se que o enfoque constitucional é sumamente importante, devendo ser o primeiro passo em qualquer tipo de interpretação, até mesmo da mais singela regra de conduta ou de organização, pois é na constituição que estão todos os padrões teleológicos, os princípios, positivados ou não,[107] os quais espraiam seus tentáculos por todo o sistema, seja diretamente ou por intermédio de subprincípios e regras.

---

[105] *Originalismo e Interpretación*. Dworkin vs. Bork: una polémica constitucional, Editorial Civitas S.A., Servicio de Publicaciones de La Facultad Complutense, p. 53.

[106] Ob. cit., Miguel Beltrán, p. 91.

[107] Sobre a desnecessidade de que os princípios estejam positivados, ver Luís Roberto Barroso, ob. cit., p. 61.

Como segundo aspecto sobre a interpretação sistemática, devemos ressaltar as palavras de Juarez Freitas,[108] quando explica que ela

"(...) tem que tomar em consideração a abertura do sistema, entendida esta, nos termos de Claus Wilhelm Canaris, como incompletude do conhecimento dito científico e, concomitantemente, modificabilidade da própria ordem jurídica".

Esta abertura acontece não somente pela possibilidade de que ingressem no sistema alterações legislativas, como também através das concretizações decorrentes da aplicação do Direito (função do cuidado do direito), reconhecido que os valores dados pelo sistema, nesta última via de ingresso, culminam por somar-se aos variados *inputs* advindos dos demais sistemas, por intermédio da atividade julgadora do Poder Judiciário, o qual deve estar atento aos anseios e às necessidades sociais da comunidade a que serve.

Canaris[109] comenta a abertura sob o ponto de vista do "sistema científico" e do "sistema objectivo", dizendo que

"(...) a abertura do sistema científico resulta, aliás, dos condicionamentos básicos do trabalho científico que sempre e apenas pode produzir projectos provisórios, enquanto, no âmbito questionado, ainda for possível um progresso, e, portanto, o trabalho científico fizer sentido; o sistema jurídico partilha, aliás, esta abertura com os sistemas de todas as outras disciplinas (...)",

Isto ocorre porque cada sistema científico é "(...) tão só um *projecto* de sistema, que apenas exprime o estado dos conhecimentos do seu tempo (...)". Quanto ao aspecto objetivo do sistema,

"(...) resulta da essência do objecto da jurisprudência, designadamente da essência do Direito positivo como um fenômeno colocado no processo da História e, como tal, mutável".

No mesmo sentido é o comentário de Alexandre Pasqualini,[110] quando escreve que:

"Da mesma forma que a história está desde dentro e para sempre aberta, também o Direito, dotado de regras pertencentes a diferentes épocas evolutivas, apresenta o mesmo atributo. História e Direito são uma obra aberta, cuja significação comporta em si mesma o poder de se ultrapassar. Num eterno vir-a-ser, a ordem jurídica renova-se a cada exegese, não significando isso, porém, conformar-se o Direito, na esteira da concepção indutivo-tópica, à idéia de sistema somente como conexão de problemas".

---

[108] *A Interpretação Sistemática do Direito*. São Paulo: Malheiros, 1995, p. 45.

[109] Ob. cit., p. 109 e 110.

[110] *Revista da Ajuris nº 65*, Porto Alegre, p. 288.

Esta idéia de incompletude e provisoriedade do conhecimento científico evidencia-se, com maior clareza, se analisarmos o conceito de lacunas, o qual foi abordado por Norberto Bobbio.[111] Iniciando suas lições, Bobbio esclarece que "completude" é "(...) a propriedade pela qual um ordenamento jurídico tem uma norma para regular qualquer caso. Uma vez que a falta de uma norma se chama geralmente 'lacuna'".

Nas palavras de Bobbio:[112] "(...) Falta a *unidade,* e então trata-se de remover uma *contradição (...)*" entre normas do sistema que eventualmente se contraponham, "(...) falta *completude,* e então trata-se de preencher uma *lacuna".* Unidade e *coerência*, portanto, são características fundamentais dos sistemas que tendem a perdurar.

Assim, a incompletude por exuberância aconteceria quando ocorressem as *antinomias* (normas incompatíveis entre si), sendo que a por deficiência acontece no caso de *lacunas*, também chamado o fenômeno de *anomia,*[113] nesta última hipótese sendo necessária a integração ou colmatação das mesmas.

Bobbio[114] também ensina que existem os métodos de heterointegração e de auto-integração, dizendo que o primeiro acontece quando se recorre a ordenamentos diversos, como, por exemplo, o direito natural,[115] o direito canônico, o direito romano ou, até mesmo, o direito de outros estados contemporâneos, bem como nas oportunidades em que se recorrer a "(...) fontes diversas daquela que é dominante (identificada, nos ordenamentos que temos sob os olhos, com a lei)". Nesta segunda forma de heterointegração, valemo-nos dos costumes, "(...) ao poder criativo do juiz, quer dizer, ao assim chamado *Direito judiciário (...)*", com a ressalva

---

[111] *Teoria do Ordenamento Jurídico.* 4ª edição. Brasília: Universidade de Brasília, p. 115.

[112] Ob. cit., p. 116.

[113] Paulo de Barros Carvalho, ob. cit., p. 209, comenta que a ausência de regras disciplinadoras é denominada *anomia.*

[114] Ob. cit., p. 146, 147 e 148.

[115] Juarez Freitas, "in" *Funcionalismo e Estruturalismo*: Diálogo com o Pensamento Jurídico de Norberto Bobbio, Ajuris 53, p. 42, apresenta as várias concepções de "Direito Natural": "...outra valiosa contribuição sua radica na classificação quanto às três formas típicas de jusnaturalismo, como sendo: a) o Direito Natural é o conjunto de primeiros princípios éticos, gerais, lei comum dada por princípios universais e imutáveis; b) o Direito Natural é o conjunto de *dictamina rectae rationis,* que proporcionam a matéria de regulamentação; c) o Direito Natural é o fundamento ou sustento de toda a ordem jurídica positiva, sendo sua função, apenas, conferir legitimidade ao poder do legislador humano, neste último tipo, a teoria de Hobbes". Aproveitando esta conceituação, merece que seja seguida a transcrição para a fixação de outros conceitos: "Cada uma destas formas suscita três principais momentos da crítica positivista: a) a crítica historicista; b) o formalismo; c) a fundamentação sobre o princípio da efetividade. Como ideologia, o positivismo jurídico...aparece como a afirmação de que as leis válidas devem ser obedecidas incondicionalmente, numa espécie de formalismo ético, que reduz a concepção de justiça à de sua validade...No que tange ao formalismo jurídico, percebe a polissemia da expressão, assumindo diversos significados, relativamente quatro problemas: a) quanto à justiça (daí surgindo a concepção legalista da justiça, o normativismo, a dogmática e o conceitualismo jurídico ou jurisprudência de conceitos que não se implicam reciprocamente de modo necessário; b) o do Direito (afirmando-se a função estabilizadora, ao considerar justo o que é conforme à lei; c) como tarefa conferida ao intérprete de reconstrução conceitual e sistemática, mais do que valoração; d) quanto à ciência jurídica como ciência formal (neste caso, o formalismo seguiria o Direito como a sombra ao corpo, pois, junto aos valores substanciais, encontram-se os valores formais, como a ordem e a coerência, pontos indispensáveis de apoio para a compreensão do fenômeno jurídico)".

de que este somente ocorre nos sistemas jurídicos continentais por intermédio dos *juízos de eqüidade*, sendo amplo apenas no direito anglo-saxão e, por último, o recurso à opinião dos juristas: a doutrina.

Relativamente à auto-integração, podem acontecer pela analogia e pelos princípios gerais do direito.

A analogia pode ser de duas espécies, nas palavras de Bobbio:[116]

"Por *analogia iuris* entende-se o procedimento através do qual se tira uma nova regra para um caso imprevisto não mais da regra que se refere a um caso singular, como acontece na *analogia legis,* mas de todo o sistema ou de uma parte dele; esse procedimento não é nada diferente daquele que se emprega no recurso aos princípios gerais do direito".

Com esta citação relembramos alguns conceitos antes declinados, evidenciando a importância de bem definir sistema, como estrutura organizada que possui "vontade" própria e tendência à homeostase.

Ressalta Bobbio,[117] ainda, quanto aos princípios gerais do Direito, que

"(...) ao lado dos princípios gerais expressos há os não-expressos, ou seja, aqueles que se podem tirar por abstração de normas específicas ou pelo menos não muito gerais: são princípios, ou normas generalíssimas, formuladas pelo intérprete, que busca colher, comparando normas aparentemente diversas entre si, aquilo a que comumente se chama o espírito do sistema".

A interpretação sistemática do direito, portanto, servirá para colmatar as lacunas existentes, incompleto que é o sistema, bem como para resolver as antinomias, o conflito entre normas, situações estas que serão vistas, na prática, quando da análise específica das disposições consumeristas e também do Código Civil, na segunda parte deste trabalho. No momento, apenas devem ser fixados os conceitos.

Fundamental a interpretação sistemática, também, porque a abertura do sistema jurídico impõe mutações constantes, que precisam ser ordenadas, com vista à obtenção de unidade e coerência.

Um outro elemento básico do sistema, que deve ser ressaltado, diz respeito à característica da mobilidade, a qual pode ser bem compreendida nos ensinamentos de Wilburg, citado por Canaris:[118]

"Wilburg recusa procurar um princípio unitário que solucione todas as questões da responsabilidade indenizatória e coloca, nesse lugar, uma multiplicidade de pontos de vista que ele caracteriza como 'elementos' ou como 'forças móveis'; são elas: '1. Uma falta causal para o acontecimento danoso,

---

[116] Ob. cit., p. 154.

[117] Idem, p. 159.

[118] Idem, p. 128.

Código de Defesa do Consumidor
O PRINCÍPIO DA VULNERABILIDADE

que se situe do lado do responsável. Esta falta tem peso diverso consoante seja provocada pelo responsável ou pelos auxiliares ou tenha até surgido sem culpa, como, por exemplo, por uma falha material irreconhecível de uma máquina. 2. Um perigo que o autor do dano tenha originado, através de uma actuação ou da posse de uma coisa e que tenha levado ao dano. 3. A proximidade do nexo de causalidade, que existe entre as causas provocadoras e o dano verificado. 4. A ponderação social da situação patrimonial do prejudicado e do autor do prejuízo'. A conseqüência jurídica só surge – e isto é decisivo – 'a partir da concatenação destes elementos, segundo o seu número e peso' e é determinada pelo juiz 'segundo a discricionariedade orientada'. As 'forças' não são, pois, 'absolutas, de dimensões rígidas, antes decidindo o efeito conjunto da sua articulação variável' pode mesmo também bastar a existência dum único dos elementos, desde que este apresente 'um peso especial'".

Sintetizando a noção de mobilidade do sistema, diz Canaris[119] que "As características essenciais do 'sistema móvel' são, pois, a *igualdade fundamental de categoria e a substituibilidade mútua* dos competentes princípios ou critérios de igualdade (...)", em suma, "(...) o sistema móvel deve, pois, tornar perceptível a *unidade na pluralidade*".

Como seria possível ordenar a abertura e mobilidade do sistema sem a utilização da interpretação sistemática do direito, ou seja, a exegese que, partindo dos elementos fáticos surgidos no caso concreto, realiza a análise e, posteriormente, a síntese do problema, para depois, com o auxílio de todos os métodos de interpretação disponíveis ao Direito, bem como dos princípios, regras, dos postulados, concluir pela melhor solução que deverá ser aplicada?

Com isso já esclarecemos que interpretar sistematicamente significa aplicar o Direito como um todo, sempre avaliando a utilização de um preceito específico ou de vários, sob a perspectiva da relação que possui com todas as demais regras, princípios e postulados ditados pelo sistema, e não pelo intérprete, a fim de que se evidencie esta operação como um processo orientado por critérios objetivos, e não arbitrariamente subjetivos do operador do direito.

É claro que a atividade de desvelar as normas contidas nos preceitos e mesmo as não escritas que integram o sistema sempre será uma ação realizada pelo sujeito que interpreta, seja ele o operador do direito ou a sociedade como um todo, motivo que induz à conclusão no sentido de que a interpretação do Direito naturalmente possui uma subjetividade inafastável. O que importa ressaltar, todavia, é que não será uma postura, conforme dito, arbitrariamente subjetiva, pois estará vinculada aos padrões principiológicos ditados pelo sistema, resultado do acúmulo cultural e valorativo integrado ao Direito positivo.

---

[119] Ob. cit., pp 129 e 131.

Para tanto, é necessária a conjugação de todos os métodos hermenêuticos, seja o literal, a interpretação conforme a constituição, o analógico, o teleológico etc, pois só assim poderá ser descortinado o "espírito do sistema".

Nas palavras de Juarez Freitas,[120]

"A faceta de instrumentalidade do Direito como um todo significa que o intérprete é concitado a dialogar com a vontade da lei, objetivamente considerada, fazendo-o de modo não subserviente, pois é preciso descobrir os seus fins, expressos ou ocultos e, mais do que isso, descobrir os fins essenciais do sistema jurídico a serem concretizados através desta ou daquela norma. Assim, ao se interpretar e aplicar uma norma individual, não há como deixar de julgá-la também, sem que tal julgamento redunde num sociologismo usurpador de competências constitucionais e sem adentrar no mérito histórico e legislativo específico, quanto à conveniência ou oportunidade do seu surgimento. É que ao intérprete incumbe – convém frisar enfaticamente – dar sistematicidade à norma, vale dizer, colocá-la, formal e substancialmente, em harmonia com o sistema jurídico, concepcionado e pressuposto como garantidor da coexistência das liberdades e igualdades no presente vivo em que se dá a operação hermenêutica".

Seguindo, Juarez Freitas[121] define que a interpretação sistemática é

"(...) uma operação que consiste em atribuir a melhor significação, dentre várias possíveis, aos princípios, às normas e aos valores jurídicos, hierarquizando-os num todo aberto, fixando-lhes o alcance e superando antinomias, a partir da conformação teleológica, tendo em vista solucionar os casos concretos".

Recordando a lição de Alexy, um sistema adequado deve ser constituído de princípios, regras e procedimentos, estes sendo os métodos funcionais capazes de orientar a aplicação correta dos primeiros. Assim, imprescindível a existência de um "metacritério" que instrumentalize a interpretação sistemática, sendo ele o "princípio da hierarquização axiológica", ou seja, o princípio de aplicação das normas que escalona valorativamente a(s) que deve(m) prevalecer no caso concreto, considerada a mobilidade já analisada e a diversidade tópica (empírica) que sempre se apresenta.

Por este princípio funcional do sistema, após a análise das normas e das peculiaridades do caso concreto, bem como depois da aplicação dos métodos hermenêuticos, será feita a valoração simultânea das regras e dos princípios que entraram em conjugação, excluindo do ato de concretizar as preteridas, de molde a obter um sucessivo afunilamento, que terá como resultado a consecução da melhor ou das melhores normas a serem aplicadas para que o problema possa

---

[120] Ob. cit., p. 50.

[121] Idem, p. 54.

Código de Defesa do Consumidor
O PRINCÍPIO DA VULNERABILIDADE

ser resolvido, sempre com vistas à unidade e coerência do sistema, ditados pelas disposições constitucionais.

Aqui atuam os postulados, com a sua natureza metódica, visando à organização das normas objeto da exegese a ser feita.

Também releva apontar que, para utilizar com proveito o princípio da hierarquização axiológica, é necessário reunir outros princípios hermenêutico-jurídicos, que também podem ser chamados de postulados, os quais são informados por Konrad Hesse:[122]

– princípio da unidade da Constituição – nenhuma norma constitucional deve ser interpretada contrariamente a outra norma da Constituição, bem como que "(...) a relação de interdependência existente entre os distintos elementos da Constituição forçam a não se contemplar apenas a norma, esta ou aquela, isoladamente, senão o conjunto no qual se encontra situada";

– princípio da concordância prática – por este

"(...) os bens jurídicos constitucionalmente protegidos devem ser coordenados de tal sorte que, na solução do problema (da antinomia, por exemplo), todos conservem sua entidade. Acrescenta que onde se produzirem as antinomias, devem estas ser superadas mediante uma ponderação de bens ou de valores, realizada a exegese de acordo com o princípio da proporcionalidade,[123] o qual significa uma coordenação proporcional de bens, que faz as vezes de um critério orientador contido no próprio sistema, similarmente ao que sucede com a concepção de justiça (...) proporcionalidade significa relação entre magnitudes variáveis (...)"

– princípio da eficácia integradora – por este devem ser preferidos os pontos de vista que mantenham a unidade do sistema;

– princípio da força normativa da Constituição – este serve para orientar no sentido de que as normas constitucionais devem ter a máxima eficácia, devendo ser aplicados efetivamente no caso concreto, preponderando principalmente em relação a eventual regra positivada;

– princípio do Estado de Direito ou do primado do interesse público – segundo Juarez Freitas,[124] "(...) tais princípios adquirem concretização através de subprincípios, que os densificam, como, por exemplo, o princípio da legalidade";

– princípio da máxima efetividade- as normas do sistema devem ser interpretadas de forma a que se consiga a sua máxima efetividade e eficácia, recordando-se os conceitos lançados quando da abordagem relativa ao direito como sistema.

---

[122] Apud Juarez Freitas. *Interpretação Sistemática do Direito*, p. 105 e seguintes.

[123] Sobre o princípio Paulo Bonavides. *Curso de Direito Constitucional*. 4ª ed. São Paulo: Malheiros, 1993, p. 314-355.

[124] Ob. cit., p. 111.

Por último, devemos ressaltar o papel da Tópica na execução da interpretação sistemática do direito.

Como é sabido e, aliás, foi expressamente comentado até mesmo por Kelsen,[125] ao tratar da impossibilidade da plena determinação da norma jurídica, as circunstâncias fáticas ou tópicas apresentam-se com uma variação tão grande que é impossível determiná-las integralmente no Direito positivo.

Com efeito, a tópica, segundo Theodor Viehweg,[126] é uma "(...) técnica del pensamiento problemático", ou seja,

"(...) todo problema objetivo y concreto provoca un juego de suscitaciones, que se denomina tópica o arte de la invención, es decir, utilizando las palabras de Zielinski, 'el arte de tener presentes en cada situación vital las razones que recomiendan y las que desaconsejan dar un determinado paso – bien entendido, en ambos sentidos, es decir, tanto las razones a favor como las razones en contra'".

Por "problema" esclarece o mesmo autor que

"(...) a toda cuestión que aparentemente permite más de una respuesta y que requiere necesariamente un entendimiento preliminar, conforme al cual toma el cariz de cuestión que hay que tomar en serio y a la que hay que buscar una única respuesta como solución".

A tópica, então, é a arte do pensamento problemático, ou seja, a partir do caso concreto e com o auxílio do bom-senso que deve ter o intérprete da situação sob análise, são estabelecidos certos *loci communes* jurídicos que servirão para a realização de futuras interpretações analógicas. O que importa neste tipo de método de pensamento são as variadas informações e peculiaridades empíricas, as quais serão unificadas pelo julgador com uma provável dose de subjetivismo.

Os editos anuais romanos são exemplos de cristalizações tópicas, resultado de muitas decisões no mesmo sentido.

---

[125] *Teoria Pura do Direito*. São Paulo: Martins Fontes, 1995, p. 388: "A relação entre um escalão superior e um escalão inferior da ordem jurídica, como a relação entre Constituição e lei, ou lei e sentença judicial, é uma relação de determinação ou vinculação: a norma do escalão superior regula – como já se mostrou – o ato através do qual é produzida a norma do escalão inferior, ou o ato de execução, quando já deste apenas se trata; ela determina não só o processo em que a norma inferior ou o ato de execução são postos, mas também, eventualmente, o conteúdo da norma a estabelecer ou do ato de execução a realizar. Esta determinação nunca é, porém, completa. A norma do escalão superior não pode vincular em todas as direções (sob todos os aspectos), o ato através do qual é aplicada. Tem sempre de ficar uma margem, ora maior ora menor, de livre apreciação, de tal forma que a norma do escalão superior tem sempre, em relação ao ato de produção normativa ou de execução que a aplica, o caráter de um quadro ou moldura a preencher por este ato. Mesmo uma ordem o mais pormenorizada possível tem de deixar àquele que a cumpre ou executa uma pluralidade de determinações a fazer. Se o órgão A emite um comando para que o órgão B prenda o súdito C, o órgão B tem de decidir, segundo o seu próprio critério, quando, onde e como realizará a ordem de prisão, decisões essas que dependem de circunstâncias externas que o órgão emissor do comando não previu e, em grande parte, nem sequer podia prever".

[126] *Tópica y Jurisprudencia*. Madrid: Taurus Ediciones, Reimpresión 1986, p. 54 e 55.

É histórica a disputa entre os tópicos, aplicadores do pensamento aporético, e os sistemáticos, tudo porque os primeiros entendem que a indeterminação fática é uma realidade incompatível com a noção de complexo organizado e fechado de normas (sistema), crítica esta que está correta e foi abordada até mesmo por Kelsen.

Todavia, a idéia de conjugar a técnica da tópica com a técnica de um sistema aberto apresenta resultados bastante diferentes e mais proveitosos, sendo isto exatamente o que propõe a interpretação sistemática do direito.

Assim, colhidas as informações específicas do caso concreto, avaliadas as circunstâncias peculiares que ele apresenta, o intérprete passa ao segundo momento hermenêutico, que é o da avaliação do enquadramento destes dados no sistema jurídico como um todo, única e exclusivamente valendo-se de critérios objetivos ditados pelo sistema. Com isso, são conjugadas as virtudes aporéticas, pela utilização dos dados empíricos imediatos e emergentes, sem que a interpretação se contamine com um subjetivismo exagerado e, na forma antes escrita, arbitrário, o que é garantido pelas normas principiológicas e cogentes impingidas pelo sistema aberto, móvel e eminentemente axiológico.

Em rápidas palavras, então, demonstramos os elementos fundamentais da interpretação sistemática do direito, do princípio da hierarquização axiológica e dos postulados, técnica esta que obrigará o intérprete do Código de Defesa do Consumidor e do Código Civil, a sempre ter de recorrer aos principais pilares do sistema consumerista, quais sejam o *princípio da repressão eficiente a todos os abusos*, da *harmonia das relações de consumo* e o *princípio da vulnerabilidade*, além dos princípios da *dignidade da pessoa humana* e da *solidariedade*, para que consiga aplicar quaisquer das regras de conduta ou de organização espalhadas pelo CDC, pelo CC ou qualquer outro diploma que integre o microssistema das relações de consumo.

Não realizada esta complexa, mas não tão difícil tarefa de interpretação, tendo em vista a racionalidade e objetividade que encerra, e o operador do Direito resolverá incorretamente o problema posto, haja vista que estará tomando decisão incompatível com o sistema, que é a tradução mais precisa da segurança jurídica e, porque não dizer, da própria justiça.

Para ilustrar os conceitos comentados, passamos a apontar alguns exemplos que esclareçam a absoluta vocação prática e funcional de tudo quanto foi até aqui exposto, com alguns exemplos extraídos do CDC.

Devemos considerar, também, o grande número de cláusulas gerais[127] existente no Código do Consumidor e no Código Civil, sendo algumas delas as constantes no artigo 51, incisos IV do primeiro diploma ("obrigações iníquas",

---

[127] Mário Júlio de Almeida Costa e Antônio Menezes Cordeiro, Cláusulas Contratuais Gerais, Anotações ao Decreto-Lei nº 446/85, de 25 de outubro, Livraria Almedina, Coimbra, 1991, reimpressão, p. 18, assim distinguem: "... a expressão cláusulas gerais de contratos era susceptível de certo equívoco com as chamadas cláusulas gerais, que constituem critérios valorativos necessitados de mediação concretizadora do julgador".

"abusivas", "boa-fé", "eqüidade" etc.), por intermédio das quais são possíveis as atuações tópicas em conjugação com o sistema.

O primeiro exemplo diz respeito à norma inclusa no artigo 49 do CDC, em que é prevista a possibilidade de o consumidor desistir do contrato, sem qualquer ônus, desde que o faça no prazo de 7 dias e que a contratação tenha se operado fora do estabelecimento comercial, por telefone ou a domicílio.

O preceito é lacunoso, pois não prevê situações tão ou mais abusivas que as expressas, quando igualmente o fornecedor atuou ilegalmente contra o consumidor e tal aconteceu dentro do estabelecimento de comércio. Como negar ao naturalmente vulnerável o amparo da norma protetiva do artigo 49?

Concretizou-se a situação integrativa em alguns empreendimentos de *time sharing* (contratos de uso ou de condomínio por tempo compartilhado) iniciados no Rio Grande do Sul, quando o cliente era atraído para estrutura de *marketing* realizada no interior de suntuosas instalações empresariais, com ampla distribuição de bebidas, em alguns casos até alcoólicas, com pessoal especialmente treinado com polígrafos prevendo todas a situações de fuga da compra que o consumidor poderia tentar se valer, vídeos, pessoas com boa aparência e, principalmente, com promessas ilusórias. As pessoas lesadas buscaram amparo do artigo 49, para que lhes fosse garantido o direito ao prazo de reflexão de 7 dias, o que foi negado inicialmente pelas empresas, sob o argumento de que a disposição era expressa quanto à necessidade de que a contrato tivesse se operado fora do estabelecimento comercial, o que não era o caso. O Ministério Público gaúcho, também por nosso intermédio e de outros Promotores de Justiça, atuou judicialmente e em nível de inquérito civil, tendo sido convencidos os empreendedores de que a lacuna deveria ser colmatada pela conjugação do artigo 49 com os princípios do sistema, única forma de fazer uma interpretação realmente adequada da norma.

Assim, foram protegidas as empresas, que passaram a não mais ter elevado número de atritos com consumidores, aos poucos progredindo na recuperação do "bom nome" do ramo de atividades no mercado, o que trouxe harmonia nas relações de consumo.

Protegidos foram os consumidores, concretizando-se o respeito ao princípio da vulnerabilidade, na medida em que as técnicas de vulneração resultaram inócuas diante da possibilidade de reflexão, restando concretizado, assim, também o princípio da repressão eficiente aos abusos, resultando em solução absolutamente legal, considerando a aplicação congruente dos princípios e regras integrantes do sistema.

Ilegal seria realizar uma interpretação exclusivamente literal, pois estaria sendo respeitada um regra de conduta, mas desrespeitados vários princípios, os quais eram axiologicamente superiores na situação tratada, o que culminaria em uma operação hermenêutica incorreta, dado que os "padrões teleológicos" (princípios) também e, principalmente, são lei.

A interpretação sistemática, então, consideradas as vultosas abusividades topicamente constatadas, com força nos critérios principiológicos do sistema e com o imprescindível auxílio dos postulados, principalmente o da hierarquização axiológica, evidenciou, com facilidade, que as normas valorativamente superiores, no caso concreto, deveriam prevalecer em relação à literalidade do preceituado no artigo 49 do CDC.

Outro exemplo está no artigo 51, inciso II, do CDC, o qual diz que são nulas as cláusulas contratuais que "autorizem o fornecedor a cancelar o contrato unilateralmente, sem que igual direito seja conferido ao consumidor". Neste existe antinomia evidente com os princípios do artigo 4º do CDC e com o próprio inciso IV do artigo 51, além de outros.

Em muitos contratos de planos de saúde existe a singela disposição dizendo que qualquer das partes poderá rescindir imotivadamente o contrato, desde que o faça por escrito e com antecedência mínima de 30 dias. Ora, o consumidor fica pagando por dez anos sem usar o seu plano de saúde, no 11º ano adoece e, após alguns dias, recebe aviso-prévio dizendo que o contrato será rescindido em 30 dias, nos termos da cláusula "X" do contrato.

O aviso é, sem dúvida, estritamente obediente à lei, se feita a interpretação literal e isolada do preceito do inciso XI do artigo 51.[128] Mas em senso *lato* é ilegal, pois afronta inúmeros outros dispositivos e princípios do sistema, tais como o da dignidade da pessoa humana, da boa-fé, da eqüidade, da desvantagem exagerada, sendo, assim, evidentemente abusiva a cláusula. Pelo método sistemático-tópico, deverá ser desconsiderada a disposição contratual, para que sejam obedecidos os princípios do sistema, obrigando a empresa a permanecer amparando o consumidor por prazo razoável. Existem defensores do limite de 1 ano além do prazo do contrato, considerado que este, geralmente, é anual, até por causa da possibilidade de que as pessoas, a qualquer tempo, possam adoecer. A questão, todavia, deve ser tratada diante do caso concreto, haja vista que, em determinadas situações, como é o caso dos tratamentos continuados em UTI, o estabelecimento de limite de tempo pode culminar em inaceitável ofensa à saúde e à vida das pessoas.[129]

---

[128] Art. 151, XI do CDC. "Autotizem o fornecedor a cancelar o contrato unilateralmente, sem que igual direito seja conferido ao consumidor;".

[129] RECURSO ESPECIAL Nº 469.911 – SP (2002/0123795-4) CIVIL E PROCESSUAL. AÇÃO DECLARATÓRIA DE NULIDADE DE CLÁUSULA CONTRATUAL CUMULADA COM PEDIDO DE RESSARCIMENTO DE DESPESAS HOSPITALARES. ASSOCIAÇÃO. RELAÇÃO DE CONSUMO RECONHECIDA. LIMITAÇÃO DE DIAS DE INTERNAÇÃO EM UTI. ABUSIVIDADE. NULIDADE.
I. A 2ª Seção do STJ já firmou o entendimento no sentido de que é abusiva a cláusula limitativa de tempo de internação em UTI (REsp 251.024/SP, Rel. Min. Sálvio de Figueiredo Teixeira, por maioria, DJU de 04.02.2002).
II. A relação de consumo caracteriza-se pelo objeto contratado, no caso a cobertura médico-hospitalar, sendo desinfluente a natureza jurídica da entidade que presta os serviços, ainda que se diga sem caráter lucrativo, mas que mantém plano de saúde remunerado.
III. Recurso especial conhecido e provido. Ação procedente. Relator Min.Adir Passarinho Junior, julgado em 12.02.2008.

Deve ser salientado que a aparente igualdade ditada pela norma do inciso XI referido é uma ilusão, pois desconsidera que o vulnerável já pagou valor substancial por longos anos, tendo, claro, recebido o benefício da sensação de segurança, o que não é igual ao recebimento em si de eventual ressarcimento que se fizesse necessário. A empresa, por sua vez, teria percebido numerário por longos anos, tendo estado, pois, constantemente remunerada, pelo que, se o consumidor desejasse desistir da contratação, nenhum prejuízo indevido lhe causaria. Considere-se, ainda, a situação da saúde no Brasil e o inafastável interesse público que deve orientar principalmente as empresas privadas que atuam no ramo sob análise, elementos empíricos estes úteis para a correta resolução do problema colocado.

Outras vezes, não é caso de antinomias ou de lacunas, mas de simples conjugação de normas, o que acontece entre o artigo 51, inciso II, e o artigo 53, § 2º, ambos do CDC.

No primeiro, é dito que são nulas as cláusulas que subtraiam do consumidor a opção do reembolso, sendo que o segundo artigo determina que será devolvido tudo ao consumidor, excluída a "(...) vantagem econômica auferida com a fruição, os prejuízos que o desistente ou inadimplente causar ao grupo". Ou seja, existiria uma subtração de parte da quantia a devolver, mas, como está em conformidade com o sistema, pode ser permitida.

Não pode ser esquecido, no caso supra, que o defensor dos direitos do consumidor não deve ter sua visão voltada exclusivamente para o consumidor individual, mas sim para o consumidor encarado coletivamente, ou como "pessoa", conceitos estes que serão apresentados na seqüência deste trabalho, especificamente na parte que tratará do contrato. Assim, permitir a retenção de valores é justo, pois evita a imposição de prejuízos indevidos aos demais consumidores que perduram no sistema de consórcio (tópica), os quais não devem ser lesados por uma ocorrência particularizada do desistente.[130]

---

[130] RECURSO ESPECIAL Nº 397.821 – SP (2001/0192383-0).
RECURSO ESPECIAL. IMÓVEL. PROMESSA DE COMPRA E VENDA. CESSÃO POSTERIOR DE DIREITOS E OBRIGAÇÕES A TERCEIRO. DESISTÊNCIA. AÇÃO PRETENDENDO A RESTITUIÇÃO DAS IMPORTÂNCIAS PAGAS. RETENÇÃO DE 25% EM FAVOR DA VENDEDORA, COMO RESSARCIMENTO DE DESPESAS. ARTS. 51, II, E 53 DO CDC. PRECEDENTES. RECURSO PARCIALMENTE CONHECIDO E, NO PONTO, PARCIALMENTE PROVIDO.
1. Falta condição de admissibilidade ao recurso, quanto à alegada divergência jurisprudencial, porquanto ausente o necessário cotejo analítico entre os acórdãos tidos como confrontantes, segundo exigência contida no parágrafo único do artigo 541 do CPC e no §2º do artigo 255 do RISTJ.
2. "I. A C. 2ª Seção do STJ, em posição adotada por maioria, admite a possibilidade de resilição do compromisso de compra e venda por iniciativa do devedor, se este não mais reúne condições econômicas para suportar o pagamento das prestações avençadas com a empresa vendedora do imóvel (EREsp n. 59.870/SP, Rel. Min. Barros Monteiro, DJU de 09.12.2002, p. 281). II. O desfazimento do contrato dá ao comprador o direito à restituição das parcelas pagas, porém não em sua integralidade. Percentual de retenção fixado para 25%. Precedentes do STJ". (REsp 332.947/MG, 4ª Turma, Rel. Min. Aldir Passarinho Junior, 11/12/2006).
2. Recurso parcialmente conhecido e, no ponto, parcialmente provido. Relator Min. Hélio Quaglia Barbosa, julgado em 18.09.2007 de setembro de 2007.
RECURSO ESPECIAL Nº 476.481 – MG (2002/0145610-7)
CIVIL E PROCESSUAL. ACÓRDÃO ESTADUAL. NULIDADE NÃO CONFIGURADA. CONTRATO DE CONSTRUÇÃO IMOBILIÁRIA. INADIMPLÊNCIA DA PROMITENTE VENDEDORA. ATRASO NA

Também é possível que a interpretação sistemática se dê, em princípio, com a utilização exclusiva do método hermenêutico literal, o que ocorre com muitas regras do sistema, sendo exemplo a do artigo 34 do CDC, a qual determina que "O fornecedor do produto ou serviço é solidariamente responsável pelos atos de seus prepostos ou representantes autônomos".

Desta forma, qualquer interpretação que vise a restringir a literalidade desta norma será imediatamente rechaçada pelo sistema, eis que incompatível com ele.

Caso também de necessária interpretação sistemática ocorre com a norma mitigadora da responsabilidade dos profissionais liberais (artigo 14, § 4º, do CDC), assunto este, reconhecemos, por demais polêmico.

Nas conhecidas cirurgias plásticas, alguns profissionais médicos valem-se de computadores para demonstrar e convencer o futuro paciente relativamente ao resultado que será obtido com a intervenção. A visualização da "arte final" torna-se, assim, o motivo de sedução ou de encantamento do consumidor. Não alcançado que seja o que fora prometido, pretenderá o profissional liberal se proteger com a literalidade do preceito do § 4º, do artigo 14º, alegando que o consumidor devé provar a culpa com que teria atuado o primeiro, na intervenção. Entendemos que tal entendimento é ilegal por vários motivos.

OBRA. RESCISÃO DECRETADA. RESTITUIÇÃO INTEGRAL DO VALOR DAS PARCELAS PAGAS. EMBARGOS DECLARATÓRIOS APENADOS COM MULTA. PROPÓSITO DE PREQUESTIONAMENTO. EXCLUSÃO. SÚMULA N. 98-STJ.
I. Não padece de nulidade o acórdão estadual que enfrenta, suficientemente, as questões essenciais ao deslinde da controvérsia, apenas que trazendo conclusões desfavoráveis à parte-ré.
II. Firmado pelo Tribunal a quo que houve inadimplência da construtora na entrega da obra, que sequer se iniciara quando do ajuizamento da ação, é devida ao adquirente a restituição integral dos valores pagos, sem qualquer retenção.
III. "A pretensão de simples reexame de prova não enseja recurso especial" (Súmula n. 7-STJ)
IV. "Embargos de declaração manifestados com notório propósito de prequestionamento não tem caráter protelatório" (Súmula n. 98-STJ).
V. Recurso especial conhecido em parte e provido, para afastar a multa aplicada aos embargos declaratórios. Rel. Adir Passarinho Junior, julgado em 26.02.2008.
RECURSO ESPECIAL Nº 686.865 – PE (2004/0138085-6)
CIVIL E PROCESSUAL. PROMESSA DE COMPRA E VENDA. DESISTÊNCIA. DISTRATO. AÇÃO PRETENDENDO A RESCISÃO E A RESTITUIÇÃO DAS IMPORTÂNCIAS PAGAS. RETENÇÃO DE 17% EM FAVOR DA VENDEDORA, COMO RESSARCIMENTO DE DESPESAS. CÓDIGO DE DEFESA DO CONSUMIDOR, ARTS. 51, II, 53 E 54. CÓDIGO CIVIL DE 1916, ART. 924. DIVERGÊNCIA NÃO DEMONSTRADA INTEIRAMENTE.
I. Não é possível a demonstração do dissídio jurisprudencial sem a juntada dos inteiros teores dos acórdãos divergentes ou a indicação do repositório autorizado.
II. A C. 2ª Seção do STJ, em posição adotada por maioria, admite a possibilidade de resilição do compromisso de compra e venda por iniciativa do devedor, se este não mais reúne condições econômicas para suportar o pagamento das prestações avençadas com a empresa vendedora do imóvel (EREsp n. 59.870/SP, Rel. Min. Barros Monteiro, DJU de 09.12.2002, p. 281).
III. O desfazimento do contrato dá ao comprador o direito à restituição das parcelas pagas, porém não em sua integralidade. Percentual de retenção fixado em 17%, atendendo ao próprio pedido da construtora-ré, abaixo do percentual usualmente fixado para casos que tais.
IV. Recurso especial conhecido em parte e, nessa extensão, provido. Rel. Adir Passarinho Junior, julgado em 28.08.2007.

Com os subsídios da interpretação tópico-sistemática se fará a necessária distinção entre obrigações cuja promessa é a de que serão empreendidos todos os esforços possíveis e aquelas em que a promessa é de um determinado resultado amplamente positivo (no sentido de exitoso). Melhor demonstrando com uma outra situação hipotética. Um profissional médico diz que fará uma cirurgia plástica de nariz para tentar fazê-lo mais formoso. O paciente, com a promessa de que seria uma "tentativa", mas não uma "certeza", poderá optar entre assumir o primeiro compromisso (de meio) ou recusá-lo. Recusando, encontra outro profissional que promete obrigação de resultado positivo, demonstrando, no computador, como ficará, o que faz com que o vulnerável aceite a segunda proposta, por causa da "garantia" oferecida nesta última situação. Pergunta-se: As situações são as mesmas? Os mesmos critérios de oferecimento do serviço foram apresentados? O segundo médico operador oferece ou não um diferencial em termos de concorrência em relação ao primeiro? Por último. Como tratar igualmente um médico que promete fazer o máximo e sempre cumpre o que promete, exceto quando ficar provado que agiu com culpa, e um outro que promete determinada coisa específica e não a alcança?

Faz-se, então, a interpretação sistemática, com base nos artigos 4º, inciso VI (repressão aos abusos, concorrência desleal), artigos 18 e 20 (o último – "O fornecedor de serviços responde pelos vícios de qualidade que os tornem impróprios ao consumo...") e 30 ("toda informação ou publicidade...obriga o fornecedor que a fizer veicular ou dela se utilizar e integra o contrato que vier a ser celebrado"), todos do CDC, para chegar à conclusão de que a promessa do segundo médico passou a ser cláusula rígida da contratação, respondendo, independentemente da existência de culpa, pela não-consecução dos objetivos prometidos, tendo em vista que a regra geral da Lei Consumerista é a da responsabilidade objetiva, somente sendo aquiliana quando expressa. Aliado a isto, as técnicas normativo-formais de interpretação indicam que as disposições restritivas devem ser interpretadas restritivamente, devendo, então, ser considerado que a regra do artigo 14, § 4º, está na Seção II, do Capítulo IV do CDC, que trata da "Responsabilidade pelo Fato do Produto e do Serviço", motivo pelo qual somente se aplica a este chamado "campo de responsabilização específica do código".

Como conclusão, o mundo da "Responsabilidade por Vício do Produto e do Serviço" (a partir do artigo 18 do CDC e até o artigo 25) não possui regra específica sobre os profissionais liberais, obrigando a que seja feita a interpretação sistemática apontada, como forma de tratar desigualmente os profissionais liberais, pois, nas situações apresentadas, são naturalmente desiguais, precisando ser igualados pela intervenção legal baseada em princípios, regras e postulados.

Finalizando este importantíssimo tópico da tese, que se constitui no coração do sistema desenvolvido neste trabalho, evidenciamos algumas conclusões:

– que os princípios e as regras devem ser conjugados aos vários modos de atividade hermenêutica, com o auxílio metódico dos postulados, a fim de que se possa encontrar a melhor solução para o problema sob análise;

– que o Código de Defesa do Consumidor está erigido sobre os princípios da dignidade da pessoa humana, da solidariedade, da vulnerabilidade, da repressão eficiente aos abusos e da harmonia das relações de consumo;

– que a norma é o conteúdo dos preceitos, sendo estes meros invólucros, cujo cerne precisa ser desvendado;

– que interpretar é concretizar, compreender a norma dentro de um sistema não só normativo, mas também de categorias teóricas que lhe dão significado, que lhe prestam coerência;

– que existem importantes diferenças entre a *voluntas legislatoris*, a *voluntas legis* e a *voluntas iuris*;

– que toda interpretação sistemática necessariamente deve ser realizada à luz da constituição;

– que o sistema jurídico mais adequado é o integrado por princípios, regras e postulados que os reúna em harmonia;

– que o sistema jurídico deve ser aberto e móvel, para que tenha possibilidade de se ajustar às realidades do desenvolvimento humano;

– que a interpretação sistemática do Direito tem como fundamental objetivo a colmatação das lacunas e a resolução da antinomias do sistema;

– que interpretar sistematicamente significa aplicar o Direito como um todo;

– que interpretar sistematicamente é a "(...) operação que consiste em atribuir a melhor significação (...) aos princípios, às nomas e aos valores jurídicos (...)" (Juarez Freitas – nota 115), com vistas à resolução do caso concreto;

– que o metacritério da hierarquização axiológica corresponde à parcela procedimental que deve integrar o sistema, objetivando a melhor aplicação das normas existentes;

– que a tópica executa tarefa importantíssima na boa atividade hermenêutica, quando possibilita um aporte de informações mais concreto relativamente ao caso eventualmente analisado, trazendo dados empíricos fundamentais para que o intérprete possa realizar a interpretação sistemática do Direito;

9. O relacionamento dialógico entre o Código do Consumidor e o Código Civil

9.1. INTRODUÇÃO

Com o advento do Código Civil de 2002, por óbvio que múltiplas questões de aplicação da Lei são suscitadas, tendo em vista que a Lei Civil regula a grande maioria dos relacionamentos do homem.

Como não poderia ser diferente, no âmbito da relação de consumo, grandes foram as iniciais perplexidades em torno da revogação ou, de outra forma, sintonia entre o Código de Defesa do Consumidor e o Código Civil.

Vencida a fase inicial dos assombros, quando as posturas mais sensatas passam a prevalecer, hoje parece ser dominante o entendimento de que a única solução adequada aos valores da sociedade atual é a que indica a necessidade de que os dois subsistemas devam conviver em harmonia, a fim de que, de fato, possam ser atendidos os anseios dos destinatários da norma.

Juristas de grande importância já escreveram sobre o assunto, sendo exemplo o fabuloso artigo da Professora Cláudia Lima Marques,[131] intitulado "Superação das Antinomias Pelo Diálogo das Fontes", no qual são apontados com minúcia e brilhantismo vários aspectos de compatibilidade entre o CDC e o Código Civil atual.

Pretendemos, nesta breve abordagem, tentar lançar reflexões teóricas e práticas a respeito da aplicação dos dois diplomas, realizando uma interpretação sistemática do direito que esteja pautada pela aplicação hierarquizada de princípios, regras e postulados, de molde que, no caso concreto, possa ser obtida a melhor solução, considerados os valores e realidades vigentes no seio da sociedade.

---

[131] "Superação das Antinomias Pelo Diálogo das Fontes: o modelo brasileiro de coexistência entre o Código de Defesa do Consumidor e o Código Civil de 2002". In: *Revista Direito do Consumidor* nº 51. São Paulo: Revista dos Tribunais, julho-setembro de 2004, p. 34.

Abordaremos o tema da compatibilidade entre os princípios do Código de Defesa do Consumidor – C.D.C. – e os do Código Civil – C.C., objetivando com isso eliminar resistências inúteis e demonstrar quão próximas estão as duas legislações em termos axiológicos.

Para tanto, iniciaremos o caminho traçado intentando aclarar alguns conceitos básicos necessários para a correta aplicação harmonizada das leis sob análise.

9.2. A TEORIA DA EXPERIÊNCIA, A CULTURA E O DIREITO

"O Direito é, antes de tudo, fruto da experiência".

Com estas palavras, Miguel Reale termina a segunda parte da Exposição de Motivos encaminhada ao Ministro Armando Falcão, datada de 16 de janeiro de 1975.[132]

A referência do Grande Mestre Reale abre uma reflexão fundamental para o estudo do Código Civil, que diz respeito aos fundamentos filosóficos que o embasam.

Com efeito, o Código Civil é uma legislação moderna, que busca uma diferenciada estruturação normativa que tenha o condão de abranger a complexidade, a dinâmica e a massificação dos relacionamentos, alicerçando-se em uma grande pedra matriz que é a "cultura", a partir da "experiência". Não a cultura que estamos acostumados a mencionar em uma linguagem coloquial, ou seja, a demonstração de grande saber ("uma pessoa culta") ou de erudição, mas a cultura como resultado da ação humana, do ser humano que "experiencia" ao longo da história, experienciando, vivendo e se relacionando com outros seres humanos, com outros seres não humanos com objetos e com diversas circunstâncias.

O Código Civil é, portanto, a melhor representação do "culturalismo" que, nas palavras de Flávio Alves Martins[133] "(...) representa a primeira corrente genuína do pensamento filosófico no Brasil", tendo como principal "expoente desse movimento no pensamento jurídico e filosófico brasileiro", segundo Gerson Luiz Carlos Branco,[134] o coordenador do Projeto da novel legislação, o Eminente Filósofo Miguel Reale.

Mas o que é "experiência"; o que é "experienciar"?

---

[132] *Revista da Escola da Magistratura do Rio de Janeiro*, edição Especial, Parte I, fevereiro a junho de 2002, Anais dos Seminários EMERJ Debate o Novo Código Civil, p. 15.

[133] A Idéia de Experiência no Pensamento Jusfilosófico de Miguel Reale, a Cultura Contemporânea e o Novo Modelo Jurídico, Editora Lumen Juris, Rio de Janeiro, 2004, p. 34.

[134] Diretrizes Teóricas do Novo Código Civil Brasileiro, Editora Saraiva, São Paulo, 2002, p. 2;

Gerson Luiz Carlos Branco[135] assim principia seus ensinamentos sobre os conceitos acima referidos:

"A experiência na obra de Miguel Reale é o conceito referencial a partir do qual articula a sua teoria do conhecimento fundada na cultura (...). Reale propõe que somente é possível a elaboração de uma teoria do conhecimento a partir de uma 'teoria da experiência' que consiga estabelecer as relações entre natureza e cultura".

A "experiência" para Reale, entretanto, não é a mera vivência simples e natural do homem no seu relacionamento com seus semelhantes, com os seres não humanos e com objetos, como se as coisas e os seres humanos se revelassem explícita e claramente com o seu apenas existir. De fato não. Reale não trata o conceito de "experiência", por exemplo, reconhecendo que o ser humano é um ser determinado e assim o será sempre igual e para sempre, pelo simples fato de assim ter sido criado naturalmente. Para ele e utilizando um outro exemplo, a "experiência" no tocante ao relacionamento do homem com o "contrato" não será sempre igual, pois o "contrato", da mesma forma, jamais poderá ser reconhecido como uma realidade inalterável, um objeto estático, igual, em quaisquer circunstâncias da vida em sociedade. Ele se modificará ao longo dos tempos, acompanhando a evolução do homem.

O conceito fundamental de "experiência" para o Grande Mestre da Filosofia do Direito esta alicerçado em uma dialética de complementaridade, na qual o objeto transmite e agrega informações ao sujeito cognoscente e este, reciprocamente, adiciona seus elementos *a priori*, reformulando um algo (um outro ser, um objeto, um outro ser humano) integrante da realidade natural para lhe dar sentido e conformação compatíveis com o contexto histórico-cultural da apreciação.

Gerson Luiz Carlos Branco[136] comenta que é uma relação de "(...) complementação e de mútua influência, pois ao mesmo tempo que o sujeito determina o objeto em razão de uma função atributiva do pensamento (...)" – Reale denomina esta função de função nomotética, ou seja, o sujeito que conhece, "experiencia", e nesta atividade atribui sentido ao objeto do conhecimento[137] – "o sujeito, após conhecer o objeto, acaba absorvendo-o em parte, modificando a sua própria consciência".

A chamada dialética da complementaridade indica que o objeto[138] muda por ocasião da atividade de conhecer do sujeito, ao passo que o sujeito igualmente

---

[135] Ob. cit., p. 16.

[136] Idem, p. 10.

[137] Gerson Branco, ob. cit., p. 21.

[138] Na conceituação de Reale, "in" Filosofia do Direito, 1º Volume, 3ª edição revisada e aumentada, Editora Saraiva, São Paulo, 1962, p. 158, "Juízo é o enunciado de algo a respeito de algo, com convicção de verdade da atribuição feita. Se afirmamos que uma parede é branca, é claro que estamos reconhecendo que a 'brancura' é qualidade pertencente àquele ente, e pretendemos que assim seja...O juízo, portanto, abrange um *sujeito*, de quem se afirma algo; um *predicado*, que significa ou menciona a qualidade atribuída, e um *verbo*, cuja função

muda, influenciado pelos fatos e bens culturais que se modificam na dinâmica histórica da vivência e da convivência humana. Conforme Gerson Branco,[139] "(...) o sujeito muda pela absorção dos fatos e bens culturais, que por sua vez são modificados pela apreensão pelo sujeito". Segundo esse autor, esta dialética inaugura a teoria do conhecimento de Miguel Reale, denominada de "ontognoseologia", a qual

> "(...) não busca alcançar proposições absolutas de verdade, mas o conhecimento conjetural, pois o resultado das proposições deve ser válido no contexto histórico-cultural do sujeito que determina parte do conteúdo do objeto, que nunca é apreendido em si mesmo. A apreensão em si mesma, como experiência puramente racional, determina o conteúdo do próprio objeto e significa que parte do objeto passa a conter alguns elementos do sujeito. A verdade está limitada, portanto, pelo conhecimento conjetural".[140]

A teoria do conhecimento de Reale, a "ontognoseologica", segundo Flávio Alves Martins[141]

> "(...) pressupõe dois elementos correlativos e interdependentes: o poder nomotético a *priori* do sujeito cognoscente (visto por Kant e as condições transcendentais[142] subjetivas do conhecimento) e a existência a *priori* no objeto de condições igualmente transcendentais, que o tornam suscetível de ser captado pela consciência intencional (visto por Husserl em seu a *priori* material)".

Poderíamos eleger como exemplo, novamente, o "contrato", um ícone da história da humanidade, para traduzir a profundidade da filosofia comentada. O contrato no século XIX possuía uma dimensão bastante objetiva: o que importava, predominantemente, era o objeto da troca, o dinheiro, o produto, o bem em si. Não se perquiriam as condições subjetivas dos contratantes, muito menos o conteúdo

---

é entrelaçar o sujeito ao predicado. A parede (sujeito) é (verbo copulativo) branca (predicado)...O sujeito de um juízo lógico refere-se sempre a um *objeto*, a respeito do qual se declara algo...Sujeito cognoscente é uma coisa, e sujeito de um juízo lógico é outra. Sujeito de um juízo lógico é sempre referido a um objeto... devemos entender por objeto tudo o que pode ser sujeito de um juízo e enquanto é sujeito de um juízo...objeto...é tudo aquilo que é sujeito de um juízo lógico, ou a que o sujeito de um juízo se refere".

[139] Ob. cit., p. 11.

[140] Ob. cit., p. 12.

[141] Ob. cit., p. 36.

[142] Miguel Reale, ob. cit., Filosofia do Direito, p. 110, 111: "Transcendental é aquilo que se põe antes da experiência, como condição da experiência mesma; é logicamente anterior ao fenômeno, como condição do fenômeno como tal". Fenômeno, por sua vez é "...aquilo que é objeto da experiência possível, ou seja, o que aparece e pode ser apreendido por nossa sensibilidade, cujas intuições o intelecto ordena segundo suas 'categorias'". A "transcendentalidade indica apenas as *qualidades a priori* do espírito, como condição do conhecer". *Intuição sensível* "...marca o contacto do sujeito cognoscente com algo graças às impressões dos sentidos e à percepção. Abro os olhos e vejo uma rosa". *Conhecimento intuitivo de natureza espiritual* é o não sensível. *Espírito* é a qualidade do ser humano caracterizada por três forças fundamentais: o pensamento, o sentimento e a vontade. Dessa qualidade surgem as três formas de intuição não-sensível: racional, emocional e volitiva, segundo Reale "todas suscetíveis de apreensão imediata de um objeto".

eventualmente abusivo de algumas disposições. O contrato no século XXI, no Código de Defesa do Consumidor e mesmo no Código Civil, já tem uma dimensão completamente diversa do contrato clássico.

A teoria do conhecimento de Reale quer demonstrar que a "experiência" "(...) não se limita à experiência sensível, mas a toda experiência do sujeito"[143] e que "(...) o resultado de toda a experiência do sujeito é a cultura, que influencia no experienciar e no conhecer o objeto".[144]

Retornando ao exemplo fornecido, o ato de "conhecer" o "contrato" em uma situação concreta a solucionar, sob a ótica Realeana e do Código Civil, tem como início o relacionamento sensível, concreto, material com a situação da contratação (o objeto da contratação – digamos um contrato bancário massificado); porém, dela não se origina, "(...) pois parte do que conhecemos se origina de nossa 'faculdade de conhecimento'". Ou seja, recepcionados os conceitos de Kant, aceita Reale que o operador do Direito possui categorias *a priori* (condições transcendentais do conhecimento pertinentes ao sujeito que conhece.)[145] capazes de avaliar transcedentalmente (no plano das idéias, com absoluta falta de qualquer experiência sensível) a experiência "relacionamento de assinatura de um formulário para o fim de adquirir serviços de conta-corrente ou outros". Tais categorias *a priori* considerarão a importância da concordância recíproca, da existência material de algo a trocar, da importância de um mínimo de vinculação formal para a implementação do desejado, da necessidade de trocas para a circulação de riquezas etc., e dessa mescla de informações cambiadas entre sujeito cognoscente e objeto surge uma unidade concreta e dialética.

A união da realidade material da contratação, os elementos *a priori* existentes no sujeito cognoscente (o operador do Direito), os elementos *a priori* que integram o próprio "contrato" (as condições segundo as quais algo se torna objeto do conhecimento, do ser enquanto cognoscível ou conhecido) constituirão uma consciência que abrangerá as sensações externas, os sentimentos, os impulsos para os quais a consciência se dirige intencionalmente. Conclui Flávio Alves Martins[146] que "(...) a meditação Realeana faz realçar a presença do homem (valor fonte), como consciência perquiridora dos sentidos da sua própria historicidade". Assim, o homem analisando o "contrato bancário massificado" movimentará seus conhecimentos *a priori*, seus sentimentos, suas vivências, para atribuir sentido e existência real, concreta à situação analisada, conhecendo, portanto, "experienciando", mas sempre pautado pelo paradigma histórico e cultural, ou seja, fazendo parte da atividade de conhecer a contextualização do sujeito e do objeto. "Homem valor", porque o homem valora, querendo significar que o homem hierarquiza

---

[143] Gerson Branco, ob. cit., p. 20.

[144] Idem, ibidem.

[145] Gerson Branco, ob. cit., p. 18. O conceito de *a priori* em Kant não é aquele que dispensa determinada experiência, mas que dispensa absolutamente toda e qualquer experiência.

[146] Ob. cit., p. 35.

bens, escolhe dentre variáveis, dimensiona conseqüências, atribui importância a elementos dele próprio e do "contrato", no exemplo dado. "Homem fonte", porque o sujeito que conhece também é fonte de conhecimento, na medida em que agrega elementos seus, agrega elementos culturais e históricos, em suma, conjectura, criando significados para objetos, relações, até mesmo criando objetos e relações relevantes jurídica e socialmente.

A "experiência", então, segundo Gerson Branco, citando Reale,[147] refere-se

"(...) direta ou indiretamente, a um complexo de formas e processos mediante os quais procuramos nos certificar da validade e intercomunicabilidade de nossas interpretações da realidade, bem como dos símbolos que em função delas constituímos (...) A experiência é o resultado de um processo histórico de experimentação que revela a dimensão dinâmica e temporal do direito. O 'experienciar' é ação, mas também é esperar 'no sentido de que aquilo que já foi objeto de experiências dispõe o homem a *esperar* que assim se reproduza. A esta atividade humana de esperar, de formular juízos e de incorporar valores aos fatos cria fatos valiosos e trama a teia da cultura, participando juntamente com os fatos da natureza na construção da própria história".

Assim, finaliza Gerson Branco, dizendo:

"O resultado da experiência humana é justamente o de formação da cultura, que por sua vez determina a formação do homem, num contínuo processo de retroalimentação e de agregamento de novos elementos determinantes dos rumos da história, o que determinou a denominação de historicismo axiológico ao pensamento realeano".

Para Flávio Martins,[148] "cultura" é a intencionalidade objetivada.

De uma outra forma, "cultura" é o resultado do ser humano que "experiencia", no sentido do conhecimento ontognoseológico. Cultura é, desta forma, o acúmulo de vivências do ser humano no sentido amplo e histórico, sendo intencional, haja vista que a "intencionalidade" é da própria essência da consciência humana, no sentido de fazer valer algo ou alguma coisa que possa ser reconhecida como uma síntese útil, com capacidade de ser objetivada, concretizada na existência vivida.

Aponta Miguel Reale[149] que "tudo aquilo que o homem realiza na história, na objetivação de fins especificamente humanos", é cultura. Seguindo suas lições:

"(...) cultura é um patrimônio de bens que o homem acumula através da história (...) não é cultura apenas o produto da atividade do homem, porque

---

[147] Ob. cit., p. 21.

[148] Ob. cit., p. 36.

[149] *Filosofia do Direito*. Volume 1º. 3ª edição revista e aumentada. São Paulo: Saraiva, 1962, p. 195 e 199.

também é *cultura a atividade mesma do homem enquanto especificamente humana*. A maneira de ser, de viver, de comportar-se, em uma palavra, a *conduta social* é um dos elementos componentes da cultura, como é cultura um utensílio culinário ou um avião de bombardeio".

O culturalismo de Miguel Reale, dessarte, perpassará todas as estruturas normativas do Código Civil, emergindo por intermédio dos três pilares que alicerçam esta legislação, quais sejam a *eticidade, a socialidade e a operabilidade*.

Neste papel paradigmático da "cultura" no Novo Texto, o Julgador assume uma função eminentemente criadora do Direito, devendo estar pautado por uma profunda atenção aos usos e costumes da sociedade, aos valores que estarão preponderando em um determinado momento e local da vida brasileira, para, somente após, escolher a melhor forma de aplicação da Lei, visando à consecução de um resultado que esteja em sintonia com as aspirações axiológicas da sociedade e que mantenha a unidade e coerência do sistema jurídico.

Reforçando. Neste papel paradigmático da "cultura", assumem os conceitos jurídicos indeterminados e as cláusulas gerais a função de abertura, de mobilidade, de atualização dinâmica e de utilidade do sistema, pois, por intermédio destas "janelas" de comunicação e arejamento valorativo, é mantido o respeito e a adequação das soluções legais às escolhas axiológicas da sociedade, bem como à sua forma de viver em sentido amplo.

Como conclusão parcial, não há como falar do Código Civil e do Código de Defesa do Consumidor sem antes apontar, mesmo que sucintamente, as bases teóricas que fundamentam estas revolucionárias legislações da chamada pós-modernidade.

9.3. O CULTURALISMO E A TEORIA TRIDIMENSIONAL DO DIREITO

Conforme muito bem aponta Gerson Branco,[150] a *"teoria tridimensional do direito* é conseqüência da concepção culturalista do direito, sendo expressão da idéia de integridade ou 'solução de caráter integrante'".

A famosa teoria em referência, além de ser uma lúcida demonstração do fenômeno do Direito, pode ser utilizada como um importante *método de solução de casos concretos*, conforme se verá a seguir, permitindo a resolução de antinomias (excesso de normas para a mesma situação fática, podendo existir, grosso modo, antinomias entre regras, entre regra e princípio ou entre princípios e princípios) e a colmatação de lacunas (carência de normas para regular literalmente o caso concreto), a fim de que, por um processo de hierarquização axiológica,[151] possa ser encontrada a *melhor solução*.

---

[150] Ob. cit., p. 14.

[151] Juarez Freitas. *Interpretação Sistemática do Direito*. São Paulo: Malheiros, 1995.

De uma forma especial, constitui-se em eficaz ferramenta para a resolução prática dos casos concretos mais complexos e multidisciplinares, principalmente quando estivermos tratando da aplicação da Lei Consumerista e do Código Civil.

Figuremos um exemplo no qual se poderá compreender a sua utilidade prática:

– um homem "A" viaja no avião de uma grande companhia. Duas poltronas atrás, um outro passageiro "B" já bebeu duas latas de cerveja e solicita à aeromoça que lhe forneça mais uma. A funcionária da companhia nega o fornecimento, pois o passageiro "B" se apresenta com o ânimo afetado pelo álcool da bebida, alegando que somente duas unidades podem ser entregues. O passageiro "B", de súbito e inesperadamente, assume uma atitude agressiva, pega mais uma lata de cerveja e arremessa contra a aeromoça, a qual se esquiva, vindo o objeto a atingir o olho do homem "A". Depois de socorrido e encaminhado a um hospital, o homem "A" acaba perdendo o olho perfurado.

Qual a melhor Lei para solucionar esta situação concreta? O Código Civil ou o Código de Defesa do Consumidor?

Os critérios cronológico (Lei posterior revoga a anterior), da especialidade e da hierarquia[152] não se mostram suficientes para resolver tais questões, pois correspondem a soluções rígidas, haja vista que, caso sejam aceitos como critérios definidores para o caso tratado, por razões de coerência deverão ser igualmente adotados em outras situações concretas, o que ocasionará descompassos e desproteção dos mais débeis, como se verá.

No exemplo dado, pelo critério da anterioridade a Lei "(...) posterior revoga a anterior (...)" (art. 2º, § 1º, do Decreto-Lei 4.657, de 4 de setembro de 1942 – Lei de Introdução ao Código Civil). Por este critério, então, deveria ser aplicado o Código Civil, que informa no seu artigo 735 que a "(...) responsabilidade contratual do transportador por acidente com o passageiro *não é elidida por culpa de terceiro*, contra o qual tem ação regressiva", e não o Código do Consumidor, que, no seu artigo 14, § 3º, inciso II, informa que "o *fornecedor de serviços só não será responsabilizado* quando provar: (...) a *culpa exclusiva do* consumidor ou de *terceiro*".

Por uma questão de coerência, se o critério será a aplicação da "anterioridade", em uma outra situação concreta em que tenha ocorrido um acidente de consumo em decorrência da utilização de um fogão que pegou fogo e queimou o braço de uma criança, o prazo prescricional terá de ser o de *3(três)* anos, incluso no artigo 206, § 3º, inciso V, do Código Civil, que trata da "(...) pretensão de reparação civil", e não o do artigo 27 do Código do Consumidor, que é de *5 (cinco) anos*.

---

[152] Vide Cláudia Lima Marques. "Superação das Antinomias Pelo Diálogo das Fontes: o modelo brasileiro de coexistência entre o Código de Defesa do Consumidor e o Código Civil de 2002". In: *Revista Direito do Consumidor nº 51*. São Paulo: Revista do Tribunais, p. 58.

Na primeira situação, a aplicação do C.C. protegeria o débil da relação de consumo. Já na segunda (do fogão), a necessidade de manter uma postura coerente com a utilização do critério cronológico (Lei posterior revoga a anterior) causaria uma grande desproteção ao mais fraco.

Se fosse aplicado o critério da especialidade. Como saber qual a Lei Especial? Levamos o questionamento a uma turma de alunos da Escola da Magistratura do Rio Grande do Sul e o resultado foi dividido e parelho, uns atribuindo ao C.C. a maior especialidade, porque o Capítulo XIV trata especificamente do contrato de transporte, ao passo que a Lei Consumerista aborda todo tipo de serviços. Outros alegaram ser o C.D.C. mais específico, tendo em vista que é o diploma adequado para a resolução dos relacionamentos de consumo, enquanto o C.C. regularia tanto o transporte com passageiros como o de cargas. De qualquer forma, se é o C.C. a Lei Especial, novamente deveremos, por uma razão de coerência, aplicar a prescrição de *3 (três) anos,* e não a de *5(cinco) anos* do artigo 27 do CDC, conforme antes comentado em relação ao exemplo do fogão.

Pela hierarquia, nada se resolve, uma vez que ambas as legislações estão no mesmo nível hierárquico na "face da dogmática-jurídica", e a antinomia apontada ocorre entre duas Leis Ordinárias.

Isso reforça o ensinamento de Cláudia Lima Marques,[153] no sentido de que novos métodos de aplicação da Lei são exigíveis na atualidade, sendo imperiosa uma prática que busque a "harmonia ou coordenação entre estas diversas normas do ordenamento jurídico (concebido como sistema)".

Em assim sendo, para que seja viável a harmonização e a coordenação sistemática entre o C.D.C. e o C.C., fundamental que se utilize a Teoria Tridimensional do Direito, visitando cada uma das três faces do fenômeno jurídico, a fim de encontrar a melhor solução para o caso concreto, qual seja aquela que traga unidade e coerência ao sistema jurídico como um todo, bem como aquela que se evidencie com a máxima adequação axiológica possível, tendo em vista os parâmetros valorativos vigentes na sociedade em questão.

Como fazer tal operação no exemplo do avião?

Se visitarmos em primeiro lugar a *face da dogmática-jurídica,* a face das normas escritas e mesmo não escritas, conforme apontamos, não teremos um critério científico e sério que solucione o problema, porque os dois artigos referidos (o artigo 735 do C.C., e o artigo 14, § 3º, II, do CDC) integram Leis Ordinárias, portanto, de igual hierarquia. Assim, nenhuma é "melhor" que a outra, a menos que se adote uma abordagem arbitrária, incoerente e não científica.

Visitando a *face da normalidade,* a face dos fatos, da realidade ocorrida, verificaremos que se trata de um relacionamento entre uma grande empresa aérea, que desenvolve uma *atividade, com profissionalidade, com duração, com habitualidade, para a obtenção de um ganho,* sendo que, no outro pólo, está o

---

[153] Ob. cit., "Superação das Antinomias Pelo Diálogo das Fontes...", p. 58.

passageiro "A", uma *pessoa física, que se utiliza de um serviço, remunerando-o, como destinatária final,* a qual foi *vulnerada* e teve *frustradas as suas expectativas legítimas de consumidora:* entrar no avião e ser transportada até o seu destino incólume.

Na *face da normalidade* é possível verificar, também, que existe uma superioridade e uma estruturação econômico-financeira muito mais potente da empresa aérea em relação ao consumidor passageiro "A", o que permitirá, caso seja imputada a condenação à fornecedora, que ela internalize o prejuízo de eventual indenização como custos e, posteriormente, repasse o mesmo para o preço das suas futuras vendas de bilhetes de transporte, socializando o prejuízo individualmente custeado.

No plano fático, da *face da normalidade* ainda, muitas vezes evidencia-se como inviável ingressar com uma ação contra o terceiro, o passageiro "B", não só pelas naturais dificuldades de provar o requisito da culpa, como também porque é muito comum que as demandas mal propostas, nas quais tenha sido incorretamente apontado o réu, o processo chegue até o final e não existam bens para garantir a condenação.

Como terceira operação, visitamos o mundo, a *face da idealidade, dos valores, dos princípios* que estarão *preponderando* em um determinado *momento,* em um determinado *local* da história da humanidade. Nesta terceira face do fenômeno do Direito, sem dúvida identificaremos o *princípio da igualdade* como o grande ícone orientador,[154] tendo adquirido tal ordem de preponderância como resultado de sucessivas escolhas de milênios de civilização.

Concluindo a operação, resolvemos com facilidade que a *melhor Lei,* para que sejam *igualados no plano processual* os *desiguais no plano material,* é o *Código Civil,* pois nele existe a previsão de que a culpa de terceiro não excluirá a responsabilidade do transportador, ao passo que, no Código de Defesa do Consumidor, o artigo 14, § 3º, II, excluiria o dever de indenizar da empresa aérea, obviamente sendo a pior solução para o consumidor vulnerável.

Jamais podemos esquecer que no tema da responsabilidade civil, grosso modo, é preciso definir "quem vai pagar a conta"?

No caso figurado, será o terceiro? Um não-profissional e igualmente passageiro, muitas vezes sem patrimônio?

Será o consumidor, o "passageiro A", que apenas desejava ser transportado incólume?

---

[154] Humberto Ávila. *Teoria dos Princípios, da definição à aplicação dos princípios jurídicos.* 2ª ed. São Paulo: Malheiros, 09-2003, p. 93: "A igualdade pode funcionar como regra...e como postulado, estruturando a aplicação do Direito em função de elementos (critério de diferenciação e finalidade da distinção) e da relação entre eles (congruência do critério em razão do fim)".

Ou será a empresa aérea, estruturada profissionalmente e responsável pela criação de todos os riscos que possam advir da sua atividade lucrativa (quem tem o "bônus" tem de absorver também os "ônus")?

Optar pelo CDC e responsabilizar o terceiro – por culpa, e não com base na responsabilidade objetiva, já que, entre o terceiro (passageiro "B") e o passageiro "A", não existe relação de consumo – corresponderia, no plano fático, à individualização do prejuízo na pessoa da vítima, a qual, fatalmente, além da perda do olho, perderia todo o numerário utilizado no atendimento do hospital.

Usando o *método tridimensional de resolução de conflitos* se oportuniza a aplicação de forma coordenada e harmônica do C.C. e do C.D.C., pois, na hipótese tratada, será plenamente viável a utilização dos demais dispositivos do Código de Defesa do Consumidor, tais como a inversão do ônus da prova (inversão obrigatória em se tratando de acidente de consumo – art. 14, § 3°, do CDC), a responsabilidade objetiva, a prescrição do artigo 27 etc. Sempre deve ser lembrado que o Direito é um só e quando o aplicamos aplicamos *todo o Direito* (*voluntas juris*).

A *Melhor Solução*, na forma ora preconizada, somente pode ser alcançada por intermédio da *interpretação sistemática do direito*, na qual é feita uma exegese integral, abarcando todos os métodos de interpretação, seja o literal, o conforme a constituição etc., de modo a que, iluminada pelos subsídios *tópicos* do caso concreto, possa ser solucionado o problema com a aplicação de *todo o Direito*, ou seja, *como uma estrutura unitária e tridimensional,* onde *valor, fato* e *norma* expressem um *conhecimento conjetural,*[155] que é o resultado da experiência do ser humano com as realidades que o circundam, tudo dentro de um contexto histórico e cultural.

Trabalhamos acima com uma antinomia entre regras do C.C. e do C.D.C.. Trabalharemos agora com uma antinomia de princípios.

Exemplo: certa feita chegou até a Promotoria de Defesa Comunitária de Porto Alegre reclamação de que fornecedora de frangos estaria causando intensa poluição do ar, das águas do entorno, causando um mal cheiro insuportável na região urbana em que se localizava a fábrica, o que também levou à completa aniquilação do mercado imobiliário dos bairros vizinhos.

Procedida a investigação em sede de inquérito civil presidido por outros colegas, restou definido que a produção da empresa, que era de aproximadamente 120 mil frangos por dia, teria de ser reduzida para 20 mil frangos, a fim de que fosse solucionado o problema. Chamada a empresa à Promotoria, foi proposta a assinatura de T.A.C. (termo de compromisso de ajustamento[156]), cujo compromisso principal seria a redução da produção diária. A empresa não aceitou a proposta e perguntou o que aconteceria em decorrência da sua negativa, ao que foi respondido que teria que ser proposta ação civil pública para a defesa do meio ambiente e

---

[155] Ob. cit., Gerson Branco, p. 12.

[156] Título executivo extrajudicial previsto no artigo 113 do Código do Consumidor.

dos consumidores difusamente considerados (vítimas de doenças geradas pela poluição decorrente da produção dos frangos – art. 17 do CDC *bystander*[157]). Como réplica, a fornecedora alegou que, se assim fosse feito, seria obrigada a demitir 800 empregados e que tal seria da responsabilidade do Ministério Público.

Eis o conflito de princípios. Se a ação fosse intentada, poderiam ser demitidos 800 trabalhadores, fato este que leva à consideração de que cada um deles possui sua família, trazendo como resultado um problema social gravíssimo e de grandes proporções.

Tal fato social temido era agravado pelo reconhecimento de que é um dos princípios da ordem econômica, incluso no artigo 170 da Constituição Federal, inciso VIII, a *busca do pleno emprego.*

Por outro lado, também são princípios da ordem econômica, inclusos no mesmo artigo 170 da Constituição Federal, nos incisos V e VI, respectivamente, o *princípio da defesa do consumidor* e o *princípio da defesa do meio ambiente.*

Como solucionar tal complexo assunto?

Mais uma vez, com o *método tridimensional* de aplicação do Direito e de resolução de conflitos de Leis, pautado, *sempre*, pelo princípio da hierarquização axiológica[158] ou do correto escalonamento de valores (união do pensamento sistemático ao pensamento tópico).

Vamos novamente à operação:

Na *face da dogmática-jurídica,* não encontramos solução para o problema relativo à proposição ou não da demanda.

Com efeito, tanto o princípio do pleno emprego como o princípio da defesa do consumidor e da defesa do meio ambiente encontram-se, em termos de hierarquia legal, no mesmo plano, haja vista que todos são normas constitucionais. Assim, não há como definir qual a norma prevalente no âmbito restrito desta face da normatividade.

Também sem efeito, por conseqüência, os comentados critérios cronológico, da hierarquia e da especialidade para resolver tal antinomia de princípios.

Na *face da idealidade* qual seria o valor preponderante no contexto histórico-cultural em que vivemos? Alguém poderia dizer que seria o do meio ambiente. Outro, que seria o da defesa do consumidor. Outro, ainda, que a busca do pleno emprego é mais valiosa. Todavia, seria uma eleição arbitrária, já que nada indica com segurança que um ou outro deve preponderar, isto é, não existe uma definição histórico-cultural neste sentido, no âmbito da face de idealidade. Como conseqüência, somente com este "lado" do Direito não solucionamos o problema.

---

[157] Conceituação inclusa em James Marins, *Responsabilidade da Empresa pelo Fato do Produto.* São Paulo: Revista dos Tribunais, 1993, p. 70.

[158] Juarez Freitas. *A Interpretação Sistemática do Direito.* São Paulo: Malheiros Editores, 1995, p. 81.

A resposta estava na terceira face, a *face da normalidade*, em cujo ambiente foi permitido realizar a seguinte operação de análise e escolha (logo, de valoração):

– caso a opção fosse pela propositura da ação civil pública, o que certamente iríamos proteger? Existia um dano real? A resposta foi positiva, pois na opção de defesa do meio ambiente e dos consumidores era possível a identificação de danos concretos, reais, já acontecidos ou que, obviamente, aconteceriam. Com a ação civil pública e o deferimento da liminar pleiteada haveria uma imediata proteção dos riachos do entorno, onde proliferavam mosquitos, ratos, a partir da existência de partes de animais em suspensão, de vísceras, de um mau cheiro evidente. Quer dizer, no plano da *normalidade,* seria fácil a identificação das lesões concretas, materiais, existentes e que não haveria como serem desprezadas;

– caso a opção fosse a não-propositura da ação para a proteção dos 800 postos de trabalho, estaria protegido o pleno emprego? Sim, provavelmente sim. Mas se a demanda fosse proposta, será que, efetivamente, os funcionário seriam demitidos, ou será que era um mero blefe?

Concluímos a interpretação sistemática, hierarquizando as conseqüências possíveis no plano da *normalidade* e, entre defender a sociedade de um dano real (mau cheiro, riachos com víscera, proliferação de insetos, ratos etc) e defender um dano "virtual" (os trabalhadores ainda não haviam sido demitidos e não se sabia se efetivamente o seriam) optamos pela defesa do meio ambiente e do consumidor, ingressando com a demanda, obtendo liminar, a qual, após agravo, foi mantida. A empresa acabou por não demitir ninguém e, desta forma, adotou-se uma correta atividade hermenêutica, trazendo paz social a partir da aplicação do *método tridimensional de aplicação do Direito.*

Estes são alguns exemplos práticos que auxiliam na elucidação dos temas que serão a seguir abordados, facilitando o entendimento quanto à compatibilidade entre o C.C. e o C.D.C., em especial no plano principiológico, bem como a relevância de saber bem aplicá-los na resolução dos casos concretos.

Em síntese parcial, é na *face da normalidade* e na *face da idealidade,* ou seja, nas estrutura *culturais* do *Direito* onde encontraremos a solução axiologicamente mais adequada para a resolução das complexas questões controvertidas da chamada pós-modernidade, pois Leis, na dimensão restrita, formal e exclusiva da *dogmática-jurídica* tem para todos os gostos e se não tem, da noite para o dia, ou o inverso, alguém faz uma, mesmo que completamente despida de qualquer substância valorativo-social, conforme temos visto no triste "espetáculo" brasileiro da criação de regras de duvidosa idoneidade.

Por tudo isso, assume vital importância o estudo do Culturalismo de Miguel Reale e a sua *Teoria da Experiência,* bases filosóficas para qualquer aplicação do Código de Defesa do Consumidor e do Código Civil.

9.4. PRINCÍPIOS DE COMPATIBILIDADE ENTRE O C.C. E O C.D.C.

Conforme já referimos neste trabalho, na concepção de Miguel Reale, o Código Civil está amparado nos três grandes pilares do sistema, que são a *eticidade*, a *operabilidade* e a *socialidade*.

Em rápidas palavras, a *eticidade* identifica a maneira com que se apresenta a Nova Lei, quando são utilizadas estruturas dogmático-jurídicas que contêm referenciais valorativos, tais como boa-fé, probidade (art. 422 do C.C.) e outros.

Segundo Miguel Reale,[159] este é o papel da eticidade:

"O que se tem em vista é, em suma, uma estrutura normativa concreta, isto é, destituída de qualquer apego a meros valores formais e abstratos. Esse objetivo de concretude impõe soluções que deixam margem ao juiz e à doutrina, com freqüente apelo a conceitos integradores de compreensão ética, tal como os de boa-fé, eqüidade, probidade, finalidade social do direito, equivalência de prestações etc., o que talvez não seja do agrado dos partidários de uma concepção mecânica ou naturalística do Direito, mas este é incompatível com leis rígidas de tipo físico-matemático. A 'exigência de concreção' surge exatamente da contingência insuperável de permanente adequação dos modelos jurídicos aos fatos sociais 'in fieri'".

Neste sentido, ingressa na decisão do caso concreto a análise dos aspectos culturais que identificarão os bons costumes que estarão vigendo, bem como os deveres do homem que são próprios de um determinado momento da história da humanidade, para que sirvam de parâmetro na definição da "melhor solução" para o caso concreto.

Avaliando este espectro de apreciação na Nova Legislação e no Código de Defesa do Consumidor, e após difícil reflexão tendente à busca de um princípio que pudesse sintetizar o grande fundamento da eticidade, concluímos que um dos maiores pilares capazes de sustentar o sistema é a aplicação como razão de decidir do princípio da *Dignidade da Pessoa Humana*.

Com efeito, em muitas passagens do Código Civil, encontraremos preceitos concretizadores desta "idéia matriz", na forma do que iremos demonstrar logo a seguir. Neste momento, então, impõe-se que descrevamos este grande valor da humanidade.

O princípio da dignidade da pessoa humana (P.D.P.H.) está previsto no artigo 1º, inciso III, da Constituição Federal, sendo identificado como um dos "Princípios Fundamentais". Esta referência, por si só, já induziria à conclusão de que todas as demais normas, bem como qualquer aplicação das mesmas, somente pode conduzir-se alicerçada em tal paradigma. Senão pelo princípio da derivação, que identifica a circunstância de que todas as normas necessariamente derivam da

---

[159] *Revista da Escola da Magistratura do Rio de Janeiro*, Parte I, Fevereiro a Junho de 2002, p. 17.

Carta Magna e, portanto, dos seus Princípios Fundamentais, então, em especial, porque a substância valorativa e cultural que o conceito "dignidade" engloba e representa obriga à sua concretização em todos os casos concretos.

Significativas são as palavras do grande Professor Paulo Bonavides,[160] quando diz que "(...) nenhum princípio é mais valioso para compendiar a unidade material da Constituição que o princípio da dignidade da pessoa humana". Por isso, não pode haver dúvida de que P.D.P.H. é um grande princípio de compatibilização entre o C.D.C. e o C.C., contribuindo para a decisão sobre qual a melhor norma a escolher quando da resolução do caso concreto, nos moldes propostos no tocante à utilização da "ferramenta tridimensional" antes apontada.

Nos pareceu bastante lúcida a citação feita pelo Eminente Professor Ingo Sarlet[161] a Kant, quando afirmou o

"(...) caráter intersubjetivo e relacional da dignidade da pessoa humana, sublinhando inclusive a existência de um dever de respeito no âmbito da comunidade dos seres humanos".

Continuando a desenvolver seu trabalho, o Professor Ingo Sarlet[162] cita Gonçalves Loureiro, oportunidade em que afirma que "(...) a dignidade da pessoa humana – no âmbito de sua perspectiva intersubjetiva – implica uma obrigação geral de respeito pela pessoa (pelo seu valor intrínseco como pessoa), traduzida num feixe de deveres e direitos correlativos, de natureza não meramente instrumental, mas sim, relativos a um conjunto de bens indispensáveis ao 'florescimento humano'".

O princípio da dignidade da pessoa humana (PDPH), portanto, está vinculado à palavra *respeito*.

Respeito em um nível intersubjetivo e relacional, no qual todos devem respeito para com todos, sendo esta uma base fundamental para a sobrevivência da estrutura social. O Direito, desta forma, possui a missão de promover a prática do respeito social, educando os operadores do direito e as comunidades como um todo na arte de "respeitar para ser respeitado". Zelar pela dignidade dos demais para que também possamos dela usufruir em sua plenitude.

Também deve ser praticado o respeito, a dignidade, de uma forma que se concretizem na entrega de bens materiais e imateriais indispensáveis à "justa vida" de todos, de modo a que todos sintam-se respeitados efetivamente.

Na visão dos séculos XVIII e XIX, o ser humano era visto como um mero "indivíduo", um ser isolado, atomizado, sem força. Na atualidade, passamos ao conceito de "pessoa", significando o ser humano integrado, contextualizado, como

---

[160] Prefácio do livro de Ingo Wolfgang Sarlet. *Dignidade da Pessoa Humana e Direitos Fundamentais na Constituição Federal de 1988*. Porto Alegre: Livraria do Advogado, 2002, p. 15.

[161] Ob. cit., p. 54.

[162] Idem, p. 55.

um fim em si mesmo, e não como "meio", como uma coisa, um instrumento para a consecução de outros objetivos, sejam políticos, econômicos ou de qualquer outra ordem.

Ingo Sarlet[163] novamente cita Kant, que, por sua vez, distingue a pessoa humana:

"(...) no reino dos fins tudo tem ou um preço ou uma dignidade. Quando uma coisa tem um preço, pode pôr-se em vez dela qualquer outra como equivalente; mas quando uma coisa está acima de todo o preço, e portanto não permite equivalente, então tem ela dignidade".

A dignidade é um valor próprio, identifica o homem como tal. A dignidade é Irrenunciável, Inalienável, Indestacável do ser humano. Ao ser humano é Inerente, não podendo ser criada, concedida ou retirada. Estas conclusões do Eminente Professor Ingo Sarlet são importantíssimas, pois desaguam no entendimento de que a *Dignidade é prévia ao próprio Direito*, por só este aspecto já podendo ser avaliada a sua importância como paradigma de definição jurídica das situações concretas.

A dignidade é o direito a ter direitos.[164]

Continuando seus ensinamentos, explica Ingo Sarlet que a dignidade possui quatro funções, quais sejam:

– defensiva: limita a atividade do Estado;

– prestacional: obriga o Estado a preservar a dignidade ofendida por outros ou por circunstâncias;

– instrumental:[165] obrigação geral de respeito pela pessoa no enfoque intersubjetivo e relacional dos particulares;

– integrativa:[166] ter a dignidade como parâmetro de aplicação do Direito.

O *Princípio da Dignidade da Pessoa Humana*, então, com perfeição, dá substância ao pilar da *eticidade.*

Tratando agora do grande fundamento da *operabilidade,* buscaram os autores do Código Civil se valer de uma linguagem de mais fácil compreensão para os reais "(...) protagonistas prováveis da conduta regulada",[167] utilizando conceitos e estruturas dogmático-jurídicas de modo a facilitar a aplicação e a interpretação do Direito.

---

[163] Ob. cit., p. 33 e 117. Neste última folha, o autor aponta exemplo importante: "...vale citar o exemplo extraído da jurisprudência francesa do Conselho de Estado da França, ao chancelar o uso do poder de polícia, com o objetivo de proteção da dignidade pessoal dos anões que, mesmo espontaneamente e mediante pagamento, sujeitavam-se a servir de objeto da diversão alheia (caso do jogo de anões)".

[164] Ingo Sarlet, ob. cit., p. 97.

[165] Judith Martins-Costa, ob. cit., p. 132. Ingo Sarlet, ob. cit., p. 54 e 115.

[166] Ingo Sarlet, ob. cit., p. 85.

[167] Miguel Reale, "in" *Revista da Escola da Magistratura do Rio de Janeiro.* Edição Especial, Parte I, de fevereiro a junho de 2002, p. 17.

Também foram eliminadas algumas dúvidas que perduravam na legislação civilista anterior, tais como a distinção entre decadência e prescrição, entre associação e sociedade e outras, a fim de tornar o Direito mais operacional.

Uma outra dimensão da operabilidade foi a larga previsão de cláusulas gerais e de conceitos jurídicos indeterminados, para tornar a aplicação e a interpretação do Direito mais concretas, pois, a partir de tais estruturas normativas ricas e flexíveis, na forma do que comenta Miguel Reale,[168] "(...) caberá ao juiz decidir, em cada caso ocorrente (...) sobre sua razoabilidade e o valor devido (...)".

A operabilidade busca a efetivação de um Direito Concreto, sobre o assunto assim discorrendo Miguel Reale:[169]

> "Somente assim se realiza o direito em sua concretude, sendo oportuno lembrar que a teoria do *Direito Concreto*, e não puramente abstrato, encontra apoio de jurisconsultos do porte de Engisch, Betti, Larenz. Esse e muitos outros, implicando maior participação decisória conferida aos magistrados. Como se vê, o que se objetiva alcançar é o Direito em sua concreção, ou seja, em razão dos elementos de fato e de valor que devem ser sempre levados em conta na enunciação e na aplicação da norma".

O "Direito Concreto", para atender às realidades concretas, para regular as divergências concretas, para ser concretamente útil.

Nada mais operacional, em nosso ponto de vista, nada mais concreto, então, do que o *Princípio da Vulnerabilidade*.

Já tratamos do tema da vulnerabilidade e sua aplicação aos relacionamentos tributários,[170] oportunidade em que mostramos que a *vulnerabilidade é uma realidade* que se *configura em qualquer área do Direito* e até mesmo *fora do Direito.*

A *vulnerabilidade,* assim como a *dignidade da pessoa humana,* é *inerente ao ser humano, indestacável do ser humano.*

Como a *dignidade da pessoa humana,* a *vulnerabilidade* é uma realidade *prévia ao próprio Direito;* isto, por si só, sendo suficiente para alertar o operador do Direito para que tenha respeito para com este importante princípio da existência do homem.

O princípio da vulnerabilidade foi pela primeira vez positivado no direito brasileiro no artigo 4º, inciso I, do Código de Defesa do Consumidor, constituindo-se em norma base de todo o sistema de defesa da relação de consumo.

A vulnerabilidade, entretanto, conforme já se disse, não é uma peculiaridade que atinge somente o consumidor, sendo fácil a constatação de que também em

---

[168] *Revista da EMERJ* supracitada, p. 42.

[169] Idem, ibidem

[170] *Revista de Estudos Tributários nº 11,* artigo " O MP e a Legitimidade para a Defesa dos Interesses Coletivos Decorrentes de Questões Tributárias de Massa", Porto Alegre: Editora Síntese, janeiro-fevereiro de 2000, p. 134, no qual se fez a demonstração da aplicação do princípio da vulnerabilidade nos relacionamentos tributários.

grande parte das relações jurídicas civis um dos envolvidos acaba sendo ofendido por ação das mesmas realidades que obrigaram à proteção dos mais frágeis da relação de consumo. É o caso, por exemplo, dos contratos entre os proprietários dos *Shopping Centers* e os lojistas. Estes têm que se submeter às clausulas de formulários de adesão, muitas vezes eivadas de abusividades, justamente porque existe uma evidente desigualdade entre eles, que mais ainda se ressalta pela vulneração do mais fraco pelo mais forte.[171]

O que se pretende nesta parte do trabalho, desta forma, é fazer um paralelo entre as normas consumeristas e os problemas estritamente vinculados ao Código Civil, a fim de demonstrar a íntima ligação que existe entre as matérias, não só em se tratando do aspecto material, mas, principalmente, quando é feita análise das disposições normativas da nova Lei.

A vulnerabilidade nos relacionamentos amparados pelo Código Civil em grande medida acompanha as mesmas ocorrências que envolveram as relações de consumo, ao longo da história. Por isso, é importante bem definir o princípio, objetivando a sua correta compreensão.

Vulnerabilidade é a qualidade de quem é vulnerável. Vulnerável, nos termos do que define Aurélio Buarque de Hollanda Ferreira,[172] é "(...) que se vulnera; diz-se do lado fraco de um assunto ou questão, e do ponto por onde alguém pode ser atacado ou ferido". Vulnerar é "(...) ferir; melindrar; ofender". Ou seja, vulnerabilidade é um conceito que expressa relação, somente podendo existir tal qualidade se ocorrer a atuação advinda de potência superior.

Também evidencia a qualidade daquele que foi ferido, ofendido, melindrado em virtude de alguma atuação de quem possui potência suficiente para tanto.

Realizaremos esta breve definição sobre o princípio, apenas para ilustrar o raciocínio ora traçado, haja vista que, nos tópicos seguintes, será feita uma ampla e pormenorizada análise da vulnerabilidade.

Os exemplos doutrinários e as normas do Código Civil que serão a seguir analisadas servem para reforçar que por uma série de motivos existe uma desigualdade insuportável entre o fornecedor de produtos e serviços e o consumidor, bem como em inúmeras situações relacionais do Código Civil, as quais são evidentes e, por este motivo, precisam ser debeladas, pois têm reflexos na estrutura social, econômica e política como um todo.

Assim como na relação de consumo, em que o fornecedor impõe alguns relacionamentos naturalmente desiguais, como os contratos de adesão, as publicidades que direcionam o consumo etc., igualmente em alguns relacionamentos do Código Civil o mesmo acontece, merecendo a intervenção da Lei para evitar abusos insuportáveis.

---

[171] Sobre o tema, ver Cristiane Paulsen Gonzalez, *Código de Defesa do Consumidor na Relação entre Logistas e Empreendedores de Shopping Centers*, Porto Alegre: Editora Livraria do Advogado, 2003.

[172] *Dicionário da Língua Portuguesa*. 11ª edição. Rio de Janeiro: Civilização Brasileira, 1987, p. 1256.

Desvenda-se, assim, a origem axiológica do princípio da vulnerabilidade. A *vulnerabilidade é a representação operacional, concreta, do princípio da igualdade.*

Feitas estas considerações a respeito dos princípios de compatibilidade entre o Código Civil e o Código de Defesa do Consumidor, quais sejam o *princípio da dignidade da pessoa humana e o princípio da vulnerabilidade*, passaremos agora a apontar subprincípios e regras que refletem estas duas diretrizes axiológicas maiores, deixando para o final a abordagem do pilar da socialidade.

O primeiro dos subprincípios[173] é o da boa-fé objetiva, que traduz a necessidade de que todos devam agir concretamente, objetivamente, seguindo os deveres anexos de conduta, ou seja, atuando com transparência, com plena informação sobre seus desígnios, protegendo o outro lado do contato relacional, com cooperação, em suma, cuidando do outro e do próprio relacionamento mantido.

No artigo 113 do C.C. é dito que "os negócios jurídicos devem ser interpretados conforme a boa-fé e os usos do lugar de sua celebração". Significa, em respeito à dignidade da pessoa humana e com vistas a não vulnerá-la, que é fundamental a prática dos deveres anexos de conduta em qualquer negócio jurídico, o que traz uma nova dimensão de apreciação das controvérsias negociais, haja vista que, no caso concreto, poderá inexistir um desejo manifesto de enganar, mas, mesmo assim, poderá ser revista a pactuação, caso, objetivamente, um dos envolvidos tenha sido lesado na sua dignidade ou mesmo vulnerado.

No artigo 128 do C.C., novamente aparece a boa-fé:

"Sobrevindo a condição resolutiva, extingue-se, para todos os efeitos, o direito a que ela se opõe; mas, se aposta a um negócio de execução continuada ou periódica, a sua realização, salvo disposição em contrário, não tem eficácia quanto aos atos já praticados, desde que compatíveis com a natureza da condição pendente e conforme aos ditames de boa-fé".

Este artigo nitidamente cumpre o fundamento da operabilidade, quando busca dar uma solução adequada para situações concretas, servindo a boa-fé como paradigma valorativo indispensável.

No artigo 187 do C.C. temos a previsão do ato ilícito objetivamente considerado,[174] o qual é assim escrito: "Também comete ato ilícito o titular de um

---

[173] Utilizamos esta denominação não por menosprezo, mas porque entendemos que a dignidade da pessoa humana e a vulnerabilidade abrange uma gama maior de situações valorativas e fáticas em relação aos subprincípios que serão apontados. Veremos que em algumas situações mesmo o fornecedor tendo agido com boa-fé objetiva, como é o caso do artigo 738, parágrafo único, do C.C., ainda assim será responsabilizado, com fundamento nos dois princípios acima referidos.

[174] Sobre o tema, ver Sergio Cavalieri Filho, em *Revista da Escola da Magistratura do Rio de Janeiro*, volume 6, nº 24, Rio de Janeiro, 2003, p. 36 e 37. "O que fez o novo Código? Não há dúvida: adotou a teoria objetiva com relação ao abuso de direito. Não há, no art. 187, a menor referência à intencionalidade, ao fim de causar dano a alguém; basta que se exerça o direito ultrapassando os limites ali estabelecidos. Mesmo que o excesso tenha sido puramente objetivo, não haverá nenhuma influência para descaracterizar o abuso do direito. Todos os

direito que, ao exercê-lo, excede manifestamente os limites impostos pelo seu fim econômico ou social, pela boa-fé ou pelos bons costumes".

A título de exemplo, certa vez nos deparamos com situação concreta em que um fabricante de calças *jeans* ou de "brim", como se dizia antigamente, realizou contrato com uma empresa de publicidade, a qual montou uma campanha em que aparecia em *outdoors* a calça um pouco amarrotada e sobre ela uma seringa hipodérmica, sugerindo a publicidade que a pessoa deveria usar drogas injetáveis e estaria esta postura associada à compra e utilização do produto, como se tal fosse moderno, demonstrativo de uma atitude despojada, independente etc. Questionado pela Promotoria a respeito da incorreção do seu procedimento, alegaram que eram livres para firmar o contrato de publicidade como quisessem, e que a negociação por eles feita não envolvia diretamente nenhum consumidor. Esta conduta, por óbvio, seria coibida pelo artigo 187, pois o direito de contratar com liberdade, quando excedido, merece a reprimenda legal. No caso, houve excesso, porque os fins econômicos e sociais da comercialização das calças não estavam sendo alcançados, além de estarem sendo maculados a boa-fé e os bons costumes.

Neste exemplo, é nítida a proteção à dignidade da pessoa humana coletivamente considerada, bem como o desejo de evitar qualquer vulneração à sociedade como um todo. A característica eminentemente concreta e operacional do princípio da vulnerabilidade atua com perfeição no exemplo dado, pois torna mais lúcida a observação do caso concreto, considerada a sua realidade "macrorrelacional".[175]

O artigo 422 do C.C. assim é escrito: "Os contratantes são obrigados a guardar, assim na conclusão do contrato, como em sua execução, os princípios de probidade e boa-fé".

Mais uma vez, a boa-fé[176] como paradigma orientador das condutas no contrato. Qual contrato? Qualquer contrato. Tanto os contratos civis e comerciais en-

---

autores estão se manifestando no sentido de que temos no art. 187 um conceito objetivo de ato ilícito (ato ilícito em sentido lato), que serve de embasamento para o abuso de direito".

[175] Palavra criada que visa a traduzir a relação de consumo "total", muitas vezes desprezada nas apreciações judiciais, sendo exemplo as absolvições em ações intentadas contra as empresas que fornecem cigarros, sob o argumento de que a pessoa sabia que o produto causava malefícios. Desconsideram estes julgamentos que a relação de consumo, para muitas das pessoas que hoje fumam, começou quando elas tinham 1 ou 2 anos de idade e eram invadidas em suas mentes por publicidades de cigarro que apresentavam aventuras, jogos fantásticos, esportes radicais, músicas cativantes etc.

[176] Sobre o princípio da boa-fé, tem-se relevante lição do eminente Ruy Rosado de Aguiar: "A aproximação dos termos ordem econômica – boa-fé serve para realçar que esta não é apenas um conceito ético, mas também econômico, ligado à funcionalidade econômica do contrato e a serviço da finalidade econômico-social que o contrato persegue. São dois os lados, ambos iluminados pela boa-fé: externamente, o contrato assume uma função social e é visto como um dos fenômenos integrantes da ordem econômica, nesse contexto visualizado como um fator submetido aos princípios constitucionais de justiça social, solidariedade, livre concorrência, liberdade de iniciativa etc., que fornecem os fundamentos para um intervenção no âmbito da autonomia contratual; internamente, o contrato aparece como o vínculo funcional que estabelece uma planificação econômica entre as partes, às quais incumbe comportar-se de modo a garantir a realização dos seus fins e a plena satisfação das expectativas dos participantes do negócio. O art. 4º do Código se dirige para o aspecto externo e quer que a intervenção na economia contratual para a harmonização dos interesses, se dê com base na boa-fé, isto é, com a superação dos

tre *iguais,* como entre os *quase-iguais.* Esta (a realidade dos quase-iguais) é uma nova figura real e concreta que, de forma massificada, irá identificar um grande número de contratos entre grandes e pequenos empresários. Talvez se pudesse dizer, grosso modo, que o Código do Consumidor é o diploma que, predominantemente, regula os relacionamentos entre os desiguais, enquanto o Código Civil, predominantemente, regula os relacionamentos entre os iguais e os "quase-iguais". Isso é especialmente fácil de concluir por intermédio da leitura do artigo 122 do C.C., que informa serem "lícitas, em geral, todas as condições não contrárias à lei, à ordem pública ou aos bons costumes; entre as condições defesas se incluem as que privarem de todo efeito o negócio jurídico, ou o sujeitarem ao *puro arbítrio de uma das partes".* (Esta é uma clara disposição que expressa a vulnerabilidade no C.C.- o grifo é nosso)

No artigo 423 do C.C., vemos o mesmo objetivo do anterior: "Quando houver no contrato de adesão cláusulas ambíguas ou contraditórias, dever-se-á adotar a interpretação mais favorável ao aderente".

Aqui temos regulados os relacionamento entre os "quase-iguais". Podemos citar os contratos de *shopping center,* os contratos de franquias famosas na área do *fast food* (comidas rápidas, lanches), os contratos de concessionárias, pelos quais as montadoras impõem as condições contratuais que desejam, e tantos outros da "cultura" atual.

Quem é o "aderente"? É o vulnerável da relação civil. É o que acaba sendo ofendido na sua dignidade por força de disposições ambíguas ou contraditórias ditadas pelo mais forte do relacionamento. Imaginemos um contrato de locação em *shopping center* por dois anos em que o primeiro ano deve ser todo pago antecipadamente. O proprietário da loja contrai uma doença grave no sexto mês e é obrigado a parar de trabalhar e, conseqüentemente, de seguir o negócio. Entretanto, existe uma disposição contratual que impede a devolução dos valores pagos antecipadamente, uma verdadeira cláusula de decaimento para um relacionamento civil. Os princípios da dignidade da pessoa humana, da vulnerabilidade, da boa-fé, evidentemente atuarão neste caso concreto como razões de decidir, determinando a devolução dos valores antecipados, subtraídos os prejuízos eventualmente causados ao locador, ajustando, assim, os interesses, de modo a evitar o enriquecimento sem causa, o que trará harmonia, eqüidade e paz social. Este é o "Direito Concreto", operacional e com ética.

No artigo 424 do C.C., vemos uma disposição semelhante, quando, "nos contratos de adesão, são nulas as cláusulas que estipulem a renúncia antecipada do aderente a direito resultante da natureza do negócio".

Saliente-se, em relação a estes últimos artigos citados, que contratos de adesão podem ser oferecidos tanto para consumidores como para não-consumidores.

---

interesses egoísticos das partes e com a salvaguarda dos princípios constitucionais sobre a ordem econômica através de comportamento fundado na lealdade e na confiança". ("A Boa-fé na Relação de Consumo", *Revista Direito do Consumidor,* Editora RT, São Paulo, volume 14, p. 22.)

Os regulados por estes artigos são os oferecidos para não-consumidores, sendo exemplo os acima apontados. Veja-se que o que caracteriza um contrato de adesão é a simples "adesão".[177] Isto, em essência, que os qualifica como tal, pois o ato de aderir é, em termos de culturalismo, representativo de múltiplas realidades, tais como a desigualdade, a diferença de forças, a necessidade de aderir, a profissionalidade de estipular e oferecer cláusulas em bloco, e assim por diante.

Ressalte-se a imensa sintonia deste dispositivo do artigo 424 do C.C. com o artigo 51, inciso I,[178] do C.D.C., quando em ambos está expressa a proibição de qualquer tipo de "renúncia (...) a direito", o que demonstra o profundo interesse público que passam a ter as disposições do antes chamado "Estatuto das Relações Privadas". Nem a própria pessoa que assinou o contrato como aderente poderá renunciar ao seu próprio direito.

Este grupo de artigos é a mais clara demonstração da compatibilidade entre os princípios do Código Civil e do Código de Defesa do Consumidor.

O artigo 426 do C.C. traz uma regra profundamente ética, dispondo que "não pode ser objeto de contrato a herança de pessoa viva". Ofende a dignidade da pessoa humana e vulnera o senso comum da sociedade a mescla entre os objetivos econômicos do contrato e o direito a lutar, preservar e manter a vida. A vinculação do ganho patrimonial atrelado à necessidade de que tenha de ser extinta uma vida não é compatível com os nossos valores. Se o plano da dogmática jurídica não apresentasse uma disposição expressa neste sentido, o plano da idealidade, dos valores, certamente seria suficiente para definir tal questão.

A cláusula geral da *probidade* é outro mecanismo normativo que concretiza a dignidade humana e a vulnerabilidade. Reconhecemos na probidade uma dimensão mais consciente, uma convicção de saber que está sendo honesto. Probo é aquele que é honesto, sincero, franco, em suma, leal.

Já na boa-fé, tal convicção é irrelevante, pois não terá o condão de excluir o dever de responder pelo resultado danoso, caso algum dos deveres anexos de conduta tenha sido desrespeitado.

Mônica Hoshizato Bierwagen[179] cita Plácido e Silva, o qual define probidade como sendo a "honestidade de proceder ou a maneira criteriosa de cumprir todos os deveres, que são atribuídos ou cometidos à pessoa".

Vejamos mais uma regra de ligação entre o C.C. e o C.D.C., não somente no plano da dogmática jurídica, como, e principalmente, na face dos valores, dos princípios.

O exemplo está no artigo 1011 do C.C., que é assim escrito:

---

[177] Sobre as características dos contratos de adesão, ver Renata Mandelbaum. *Contratos de Adesão e Contratos de Consumo*. São Paulo: Revista dos Tribunais, 1996, p. 153.

[178] Artigo 51, inciso I, do C.D.C.: "São nulas de pleno direito, entre outras, as cláusulas contratuais relativas ao fornecimento de produtos e serviços que: I- impossibilitem, exonerem ou atenuem a responsabilidade do fornecedor por vícios de qualquer natureza dos produtos ou serviços ou impliquem renúncia ou disposição de direitos..."

[179] *Princípios e Regras de Interpretação dos Contratos no Novo Código Civil*. São Paulo: Saraiva, 2002, p. 49.

"O administrador da sociedade deverá ter, no exercício de suas funções, o cuidado e a diligência que todo homem ativo e probo costuma empregar na administração de seus próprios negócios.

§ 1º *Não podem ser administradores*, além das pessoas impedidas por lei especial, os condenados a pena que vede, ainda que temporariamente, o acesso a cargos públicos; ou por crime falimentar, de prevaricação, peita ou suborno, concussão, peculato; ou *contra a economia popular*, contra o sistema financeiro nacional, contra as normas de *defesa da concorrência, contra as relações de consumo*, a fé pública ou a propriedade, enquanto perdurarem os efeitos da condenação". (grifo nosso)

Do dispositivo se extrai que não é *probo* o administrador de uma sociedade que pratica crime contra as relações de consumo. Não é probo porque fere a dignidade da pessoa humana e o princípio da vulnerabilidade em setores da vida social considerados vitais. O Código Civil pretende sancionar, mas, antes de qualquer coisa, prevenir concretamente, evitando que criminosos venham a se valer do manto societário para perpetrar lesões massificadas no seio da sociedade.

Aliás, neste particular, o C.C. novamente apresenta grande sintonia, senão sincronia axiológica[180] com o C.D.C.,[181] porque passou a prever a despersonalização da pessoa jurídica, na forma do que consta no artigo 50, que se transcreve:

"Em caso de abuso da personalidade jurídica, caracterizado pelo desvio de finalidade, ou pela confusão patrimonial, pode o juiz decidir, a requerimento da parte, ou do Ministério Público quando lhe couber intervir no processo, que os efeitos de certas e determinadas relações de obrigações sejam estendidos aos bens particulares dos administradores ou sócios da pessoa jurídica".

É bem verdade que a despersonalização do C.C. é imensamente mais tímida do que a constante no C.D.C., na medida em que, no Diploma Consumerista, o artigo 28, § 2º, autoriza a despersonalização "(...) sempre que sua personalidade for, de alguma forma, obstáculo ao ressarcimento de prejuízos causados aos consumidores", mesmo que não tenha havido qualquer ato de abuso de direito, excesso de poder ou infração da lei.

Mais uma vez, vemos o princípio protetivo da vulnerabilidade perpassando as normas do Código Civil, especialmente quando a pessoa jurídica esteja servindo para vulnerar os incautos e para proteger os maus administradores.

A cláusula geral da *eqüidade* também é concretizadora da dignidade da pessoa humana, bem como é fator de respeito ao princípio da vulnerabilidade.

---

[180] No sentido de que se refere o C.D.C. e o C.C. aos mesmos valores de um mesmo tempo.

[181] A despersonalização da pessoa jurídica no C.D.C. está prevista no artigo 28 e seus parágrafos.

Código de Defesa do Consumidor
O PRINCÍPIO DA VULNERABILIDADE

Mônica Yoshizato Bierwagen[182] comenta que *eqüidade* "(...) consiste no preenchimento das lacunas através do senso geral do correto e do justo (função integrativa) ou na atenuação dos rigores da lei considerando as peculiaridades do caso concreto (função interpretativa)".

Exemplo de eqüidade temos no artigo 396 do C.C., cuja previsão refere que "não havendo fato ou omissão imputável ao devedor, não incorre este em mora".[183]

Também no artigo 413 do C.C., vemos outra manifestação da eqüidade, quando é escrito que "a penalidade deve ser reduzida eqüitativamente pelo juiz se a obrigação principal tiver sido cumprida em parte, ou se o montante da penalidade for manifestamente excessivo, tendo-se em vista a natureza e a finalidade do negócio".

Esse artigo trata da cláusula penal, no qual a eqüidade serve como parâmetro de justiça, trazendo o caso concreto para um nível suportável de aceitação ao senso comum e eliminando abusos que possam ferir a dignidade humana ou vulnerar aquele eventualmente mais fraco no relacionamento jurídico.

Percebe-se no artigo, ainda, sua compatibilidade com os valores, fatos e normas do Código de Defesa do Consumidor, haja vista que o conceito de "excessiva onerosidade" já vinha previsto na Lei Consumerista em vários artigos. Um deles é o artigo 39, inciso V, do C.D.C., o qual indica ser considerada abusiva a prática que "exigir do consumidor vantagem manifestamente excessiva". Da mesma forma no artigo 6º, inciso V, ("modificação das cláusulas contratuais que estabeleçam prestações desproporcionais ou sua revisão em razão de fatos supervenientes que as tornem excessivamente onerosas"), e em especial no artigo 51, inciso IV, do C.D.C., são consideradas nulas de pleno direito as cláusulas que "estabeleçam obrigações consideradas iníquas (...) que coloquem o consumidor em desvantagem exagerada, ou sejam incompatíveis com a boa-fé ou a eqüidade".

O desenvolvimento em paralelo do presente trabalho mostra como é intensa e profunda a presença do princípio da vulnerabilidade no Código Civil.

No artigo 478 do C.C., temos a teoria da imprevisão, estando escrito que "Nos contratos de execução continuada ou diferida, se a prestação de uma das partes se tornar excessivamente onerosa, com extrema vantagem para a outra, em virtude de acontecimentos extraordinários e imprevisíveis, poderá o devedor pedir a resolução do contrato (...)".

Em realidade, a norma objetiva a proteção não só do mais fraco no relacionamento negocial, como também busca, com base no princípio da vulnerabilidade, evitar que o relacionamento como um todo possa ser vulnerado de modo

---

[182] Ob. cit., p. 12 e 13.

[183] Sobre a "mora", consultar o fabuloso trabalho de Paulo Jorge Scartezzini Guimarães, Vícios do Produto e do Serviço por Qualidade, Quantidade e Insegurança – Cumprimento imperfeito do Contrato, Editora Revista dos Tribunais, São Paulo, 2004, p. 173.

a extingui-lo. Aqui no artigo 478, portanto, incide a aplicação concretizadora do princípio do *não-enriquecimento sem causa* e da *equivalência das prestações*, cujos conceitos são apresentados por Mônica Yoshizato Bierwagem,[184] citando Anelise Becker e Marcelo Guerra Martins:

> "(...) enriquecimento sem causa exige o cumprimento dos seguintes pressu-postos: (1) a ocorrência do enriquecimento de uma parte; (2) o correspondente empobrecimento da outra; (3) o nexo causal entre esses dois eventos; (4) que o acréscimo seja sem justa causa; (5) que não haja outro meio para a restituição do indevido".

Equivalência:

> "(...) embora não pressuponham necessariamente uma equivalência objetiva das prestações, também não admitem, quanto a esta mesma equivalência, excessos a certos limites impostos pela razoabilidade e bom senso, devendo guardar-se, dessarte, um mínimo de equilíbrio entre elas (...) apenas lucrar não é condenável (...) o que não se admite, todavia, é lucrar excessivamente, ultrapassando os limites do razoável para passar ao enriquecimento injustificado".

Tais princípios estão previstos de maneira mais ostensiva nos artigos 884[185] a 886 do Código Civil. Todavia, não iremos desenvolver este tema à exaustão, pois o propósito deste compartimento do trabalho é outro, qual seja, o estabelecimento do paralelo existente entre os sistemas.

De qualquer forma, não há como negar que o artigo 478 objetivou configurar soluções mais concretas e justas, pois esta é a filosofia do nova Lei, bem como buscou evitar lesões à dignidade humana e ao princípio da vulnerabilidade do mais fraco no relacionamento. Cumprindo tal finalidade, a referida norma contém a teoria da excessiva onerosidade, mas vinculada ao requisito "imprevisão". A vinculação a este requisito demonstra, por outro lado, que o Código Civil não avançou na mesma medida que o Código de Defesa do Consumidor, haja vista que neste último o requisito da "imprevisibidade" não é exigido.

Com efeito, esta distinção é importante e foi particularmente sentida em um julgado relatado pela Ministra Fátima Nancy Andrighi,[186] em que era impugnada a cláusula de reajuste das prestações em contrato de *leasing* para a aquisição de

---

[184] Ob. cit., p. 57 e 65.

[185] Art. 884: "Aquele que, sem justa causa, se enriquecer à causa de outrem, será obrigado a restituir o indevidamente auferido, feita a atualização dos valores monetários".

[186] Resp. 268.661, Terceira Turma do STJ, julgado em 16.08.2001, assim ementado: "Revisão de contrato – Arrendamento mercantil (leasing) – Relação de consumo – Indexação em moeda estrangeira (dólar) – Crise cambial de janeiro de 1999 – Plano real – Aplicabilidade do art. 6º, inciso V do CDC – Onerosidade excessiva caracterizada. Boa-fé objetiva do consumidor e direito de informação. Necessidade de prova da captação de recurso financeiro proveniente do exterior. – o preceito insculpido no inciso V do artigo 6º dispensa a prova do caráter imprevisível do fato superveniente, bastando a demonstração objetiva da excessiva onerosidade advinda para o consumidor".

veículo, baseada no dólar americano. Na época, ocorrera variação abrupta e radical da moeda estrangeira, fazendo com que os devedores não mais tivessem condições de saldar seus débitos. As empresas fornecedoras dos contratos alegaram que variações do dólar são previsíveis, motivo pelo qual não poderia ser utilizada a teoria da imprevisão. A solução, todavia, foi outra. O fundamento não foi a teoria da imprevisão, mas uma evolução desta conhecida tese, qual seja a simples realidade indicadora de uma "excessiva onerosidade", objetivamente considerada, que não permitiria o pagamento das prestações. Talvez pudéssemos dizer que a excessiva onerosidade é uma evolução da teoria da imprevisão, porque resolve, por critérios mais reais, concretos e justos controvérsias que, de outra forma, culminariam por quebrar indevidamente relacionamentos que ainda têm chances de perdurar, caso sejam bem ajustados.

Pela excessiva onerosidade prevista no Código do Consumidor, foi possível alterar o índice de reajuste baseado no dólar para o INPC, o que permitiu o pagamento por parte dos devedores, atendendo também aos anseios dos fornecedores, que desejavam suas remunerações, não tendo nenhum interesse em receber de volta os veículos objeto do contrato e os conseqüentes ônus com a sua manutenção.

Ainda no artigo 478, existe a controvérsia em torno da possibilidade ou não de revisão dos contratos, na medida em que o norma prevê apenas a resolução.

Mônica Yoshizato Bierwagen[187] assim se manifesta sobre o assunto:

"Dessarte, embora o art. 478 do novo Código Civil não preveja expressamente a possibilidade de revisão contratual, entendemos plenamente possível admiti-la – com fundamento nos princípios da eqüidade, da boa-fé e da equivalência das prestações –, como inclusive os tribunais fazem, à falta de um dispositivo específico autorizador no Código Civil de 1916".

Vemos na conclusão da citada Jurista, mais uma vez, a utilidade do método tridimensional de resolução de conflitos. Não tendo encontrado resposta na face da dogmática jurídica, foi à face dos valores. O mundo da idealidade, então, é que solucionará o problema, por intermédio da utilização dos subprincípios da boa-fé, eqüidade e equivalência das prestações, e, em um patamar axiologicamente mais amplo, já que todos estes subprincípios estão englobados, pela utilização dos princípios da dignidade humana e da vulnerabilidade.

O eminente Professor Gustavo Tepedino, em conferência proferida no Congresso Internacional de Comemoração aos 15 Anos do C.D.C., ocorrido em Gramado, no dia 08.09.2005, afirmou que a revisão dos contratos no caso do artigo 478 estaria autorizada no próprio Código Civil, pelo artigo 317, cuja norma é assim escrita: "Quando, por motivos imprevisíveis, sobrevier desproporção manifesta entre o valor da prestação devida e o do momento de sua execução, poderá o

---

[187] Ob. cit., p. 73.

112 *Paulo Valério Dal Pai Moraes*

juiz corrigi-lo, a pedido da parte, de modo que assegure, quanto possível, o valor real da prestação".

De qualquer forma, as pequenas distinções entre os dois sistemas ocorrem no nível da dogmática jurídica, pois, no plano dos princípios, a compatibilidade é evidente.

Um outro exemplo confirmador da aplicação do princípio da vulnerabilidade está inserido no artigo 738, parágrafo único, do N.C.C., que dispõe:

> "A pessoa transportada deve sujeitar-se às normas estabelecidas pelo transportador, constantes no bilhete ou afixadas à vista dos usuários, abstendo-se de quaisquer atos que causem incômodo ou prejuízo aos passageiros, danifiquem o veículo, ou dificultem ou impeçam a execução normal do serviço.
>
> Parágrafo único. Se o prejuízo sofrido pela pessoa transportada for atribuível à transgressão de normas e instruções regulamentares, o juiz reduzirá eqüitativamente a indenização, na medida em que a vítima houver concorrido para a ocorrência do dano".

Esta norma de eqüidade proporciona reflexões instigantes. Figuremos um exemplo: antes da decolagem de uma avião, são prestadas todas as informações de segurança exigíveis. Após isto, as aeromoças fiscalizam minuciosamente se todos os passageiros estão com a poltrona na posição correta e o cinto de segurança bem afivelado. Mesmo assim, depois de a funcionária da companhia ter concluído a fiscalização, determinado passageiro resolve, furtivamente, desafivelar o cinto de segurança. O avião sobe. Por motivos climáticos, há uma variação de pressão no interior do veículo, e o passageiro desobediente vem a bater a cabeça gravemente no teto da aeronave.

O artigo diz que, mesmo nestas circunstâncias, ou seja, mesmo que o "prejuízo sofrido pela pessoa transportada (...)" seja "(...) atribuível à transgressão de normas e instruções regulamentares (...)", o juiz condenará a empresa a indenizar a vítima, apenas reduzindo "(...) eqüitativamente a indenização (...)".

Por isso se diz que a boa-fé não é suficiente para resolver satisfatoriamente alguns problemas do Código Civil. Veja-se que a empresa agiu com total boa-fé objetiva. O dever de informação, de proteção, de cuidado, de cooperação, de fiscalização e, mesmo assim, o incidente ocorreu. Isto demonstra que há ocorrências que estão muito além de qualquer conduta subjetiva ou objetiva do agente, tal como a atitude furtiva do passageiro que, disfarçadamente, desafivela o cinto de segurança. Se colocado sob a incidência do princípio da razoabilidade, não seria razoável exigir do transportador que disponibilizasse duas aeromoças ao lado de cada fila de poltronas para impedir que algum passageiro cometesse tais atos de transgressão. Portanto, não vemos como atribuir à empresa a infração ao princípio da boa-fé objetiva.

Em contrapartida, o passageiro sim, este agiu com total má-fé e, mesmo assim, será beneficiado com uma indenização reduzida.

Ainda existe um outro complicador. Qual a Lei que será aplicada? O Código Civil ou o Código de Defesa do Consumidor?

Ocorre que o C.D.C. tem previsão expressa no artigo 14, § 3°, inciso II, que exclui a responsabilidade do transportador. Vejamos:

"O fornecedor de serviços só não será responsabilizado quando provar:

II – culpa exclusiva do consumidor (...)"

Será possível concluir que a culpa não foi do consumidor no exemplo dado? Entendemos que não. A culpa foi evidente e exclusivamente do consumidor.

Como resolver esta antinomia?

Por intermédio do método tridimensional é a resposta.

No mundo da dogmática jurídica não é possível solucionar o assunto, pois temos o confronto de duas regras, cada uma delas integrando uma Lei Ordinária, ou seja, Leis de igual hierarquia legislativa. Portanto, uma não é mais importante que a outra.

Pela especialidade? Qual a mais especial? Alguém entenderia que seria o C.D.C., norma especial para as relações de consumo. Outros entenderiam que seria o C.C., norma especial para contratos de transporte. A especialidade, então, não é suficiente para resolver.

É na face dos valores e dos fatos que a questão será solucionada.

De fato, no caso, é o princípio da vulnerabilidade que contribuirá decisivamente para dirimir a controvérsia, por intermédio da observação no plano dos valores, no sentido de que há uma intensa desigualdade entre os envolvidos.

Mesmo que o transportador seja excessivamente diligente, é ele a parte mais forte em termos organizacionais, econômicos, financeiros e técnicos. Ele é um profissional, enquanto o consumidor é uma pessoa física, de um modo geral frágil economicamente e em muitos outros níveis, quer técnicos, sociais ou mesmo psíquicos.

Além disso, a empresa promove uma atividade massificada de risco, auferindo ganhos, bônus em decorrência do seu trabalho. Conseqüentemente, deverá igualmente suportar os ônus que se irradiam da sua atividade, não podendo transferir tais riscos para os vulneráveis.

Alguém diria: "Isto não é justo, pois a empresa não tem qualquer culpa!" Ocorre que, no Código Civil, a responsabilidade que emana das atividades profissionais massificadas é objetiva[188] e está prevista no artigo 927, parágrafo

---

[188] Sobre a responsabilidade objetiva, ver James Marins. *Responsabilidade da empresa pelo fato do produto.* São Paulo: Revista dos Tribunais, 1993, p. 96, quando esclarece sobre os fundamentos deste tipo de responsabilização. Aponta quatro elementos: a) previsibilidade – o risco e os danos devem ser assumidos por quem possui melhores condições de prevê-los; b) melhor distribuição dos recursos – por intermédio da internalização dos custos feita pela empresa, ela agrega os gastos com indenizações aos seus cômputos de despesas com a realização do serviço, imediatamente após repassando-os aos consumidores coletivamente considerados, por intermédio

único,[189] além das regras próprias objetivantes inclusas nos artigos 734, 735 e outros.

Apenas rapidamente, para aliviar os espíritos mais afinados com a idéia da culpa, cabe dizer que, na hipótese do artigo 738, parágrafo único, em realidade, não é a empresa que irá pagar a indenização, mas sim os futuros consumidores desta mesma empresa.

Veja-se que a teoria da responsabilidade objetiva está alicerçada também no fato de que a empresa absorve a indenização individual como um custo normal e, após, repassa este mesmo custo quando da estipulação do preço final dos seus serviços. Ou seja, os custos do processo individual serão pagos pelos futuros compradores de bilhetes de transporte desta mesma companhia. Se não fosse assim, a empresa quebraria. Este é o procedimento financeiro de internalização dos custos para a socialização do prejuízo, o qual não fica individualizado na pessoa do consumidor, mesmo do incauto, evitando-se com isto que ele diminua ou perca a sua capacidade de investimento, o que poderia acontecer, caso o prejuízo ficasse individualizado na sua pessoa.

Assim, com base no princípio da vulnerabilidade, e não da boa-fé objetiva, a dúvida seria resolvida no plano dos valores, devendo a decisão optar pela aplicação do Código Civil.

Não nos olvidemos. O princípio da vulnerabilidade é pré-jurídico. É um princípio anterior ao Direito, abrangendo situações concretas e relacionais imensamente mais amplas do que as representadas pela boa-fé objetiva, as quais estão atreladas a *condutas* subjetivas e objetivas do agente.

Por último, neste comentário sobre os subprincípios e postulados de concretização da proteção à dignidade da pessoa humana e da vulnerabilidade, teríamos o princípio da *razoabilidade*.

Humberto Ávila[190] apresenta algumas características fundamentais para a identificação deste importante conceito, indicando que a primeira delas é a "presunção de normalidade, de veracidade". Como exemplo, cita o caso concreto veiculado no Habeas Corpus 71.408-1, Rel. Marco Aurélio, julgado pelo STF em 29.10.99, situação em que advogado pedia o adiamento de júri pela segunda vez, porque o médico recomendara repouso a ele, tendo em vista o trabalho realizado em outro processo rumoroso. O juiz indeferiu o pedido, mas o STF reformou, sob

---

dos preços que são cobrado no mercado de consumo. Assim, concretiza-se a socialização dos prejuízos, os quais não ficam individualizados no consumidor que eventualmente tenha participado do evento danoso específico, o que fatalmente aconteceria, caso continuassem mantidas as disposições relativas à prova da "culpa"; c) critério da eficiência econômica – por sucessivas condenações, a empresa no futuro buscará melhorias em termos de qualidade e de segurança; d) critério de justiça – quem criou o risco do dano que pague por ele.

[189] Art. 927, parágrafo único: "Haverá obrigação de reparar o dano, independentemente de culpa, nos casos especificados em lei, ou quando a atividade normalmente desenvolvida pelo autor do dano implicar, por sua natureza, risco para os direitos de outrem".

[190] Ob. cit., p. 102.

o argumento de que é "(...) razoável presumir que as pessoas dizem a verdade e agem com boa-fé, em vez de mentir ou agir de má-fé".[191]

Como segunda característica da razoabilidade, existe a "congruência com a realidade". Nesta, cita o exemplo da ADIN 1558-8,[192] Rel. Celso de Mello, de 26.05.95, que julgou ser ilegal a Lei Estadual que estipulava o pagamento de 1/3 de férias para inativos.

Como terceira característica, a "equivalência entre duas grandezas". Neste sentido, tem-se o julgado do STF, *in* RTJ 112/34-67,[193] em que foi dito não ser razoável estipular taxa judiciária em percentual fixo, dado que isso dificultaria o acesso ao Poder Judiciário e não seria equivalente ao custo real do serviço.

O princípio da razoabilidade é um parâmetro bastaste presente em ambas as Leis.

No Código de Defesa do Consumidor, aparece em vários momento, como um dos principais critérios identificadores de um defeito de qualidade por insegurança (acidentes de consumo – responsabilidade pelo fato do produto e do serviço) ou de um vício de qualidade por inadequação (incidentes de consumo – responsabilidade pelo vício do produto e do serviço).

Quanto aos acidentes de consumo, no artigo 12, § 1º, inciso II – para produtos – e no artigo 14, § 1º, inciso II – para serviços – ambos do C.D.C., vemos a seguinte previsão:

"O produto é defeituoso quando não oferece a segurança que dele legitimamente se espera, levando-se em consideração as circunstâncias relevantes, entre as quais:

II- o uso e os riscos que *razoavelmente* se esperam;

O serviço é defeituso quando não fornece a segurança que o consumidor dele pode esperar, (...) entre as quais:

II- o resultado e os riscos que *razoavelmente* dele se esperam". (grifos nossos)

No tocante aos incidentes de consumo – vícios de qualidade por inadequação – no artigo 20, § 2º, do C.D.C., consta a seguinte dicção:

"São impróprios os serviços que se mostrem inadequados para os fins que *razoavelmente* deles se esperam, bem como aqueles que não atendam as normas regulamentares de prestabilidade". (grifo nosso)

Portanto, o paradigma da "razoabilidade" no C.D.C. objetiva um Direito mais concreto, mais culturalista, que irá buscar na vida do homem comum a fonte

---

[191] Ob. cit., p. 96.

[192] Idem, p. 98.

[193] Idem, p. 101.

para a definição, na situação presente, se existe ou não um vício ou um defeito de qualidade.

As normas da Lei Consumerista citadas protegem a dignidade da pessoa humana e são pautadas pelo princípio da vulnerabilidade, servindo de amparo aos mais frágeis, que são constantemente ofendidos, maculados, lesados, por publicidades, ofertas e mensagens subliminares enganosas ou abusivas no mercado de consumo. A força operacional do critério da razoabilidade, em vista do exposto, é imensa, cumprindo uma função vital para a consecução de resultados reais, adequados e úteis aos destinatários da norma.

No C.C., igualmente encontramos compatibilidade com o C.D.C. neste aspecto.

Com efeito, no artigo 944, temos a seguinte previsão:

"A indenização mede-se pela extensão do dano

Parágrafo único. Se houver excessiva desproporção entre a gravidade da culpa e o dano, poderá o juiz reduzir, eqüitativamente, a indenização".

O mesmo elemento "desproporção" também é mencionado no artigo 317, antes comentado, quando o juiz corrigirá a prestação que esteja afastada da realidade por razões imprevisíveis. Esta desproporção identifica exatamente uma circunstância fática não razoável, motivando, por conseguinte, a intervenção judicial conformadora.

No artigo 572 do C.C., da mesma forma, temos que "se a obrigação de pagar o aluguel pelo tempo que faltar constituir indenização excessiva, será facultado ao juiz fixá-la em bases razoáveis".

Sobre este artigo, a Eminente Professora Judith Martins-Costa comenta com muita propriedade na forma infra-escrita:

"Relacionam-se ainda com o princípio da *eticidade* as regra relativas ao 'estado de perigo' (art. 156) e à lesão (art. 157), já referidas, e o princípio fixado no art. 944, que, como se viu, acolhe expressamente o dever de *razoabilidade*.

É justamente o dever de razoabilidade, exigência ética fundamental, que inspira o art. 571 relativo à hipótese de, em contrato de locação por tempo determinado, o locatário devolver o imóvel antes do termo, quando deverá pagar multa". (grifos nossos)

É possível perceber, então, que, em todas estas situações a razoabilidade, como critério de congruência, de equivalência e de presunção de normalidade, atuará visando a eliminar a ocorrência de julgamentos formais e afastados da verdade real.

Com isso concluímos os dois grandes pilares da *eticidade* e da *operabilidade,* comprovando a força dos princípios da dignidade da pessoa humana e da vulnerabilidade nas bases axiológicas, fáticas e dogmático-jurídicas do Código Civil, evidenciando com isso a profunda compatibilidade entre os princípio que informam os dois subsistemas jurídicos.

Por derradeiro, temos o pilar da *socialidade,* que, em nossa modesta ótica, terá como principal diretriz principiológica o *princípio da solidariedade.*

O princípio da solidariedade não é uma norma meramente preceptiva, uma exortação, um anseio abstrato previsto no artigo 3º, inciso I, da Constituição Federal, quando é escrito que "Constituem objetivos fundamentais da República Federativa do Brasil: construir uma sociedade livre, justa e solidária". Ele é, em verdade, um mandamento de efetivação de medidas que diretamente possam alterar o modo de viver em comunidade, de forma a que todos tenham oportunidades mínimas de consecução de uma vida digna.

Em seu livro *Solidarismo,*[194] Pe. Fernando Bastos de Ávila, S.J. aponta com lucidez o que se deve entender por solidariedade:

"Solidariedade não é um mero confôrto moral (...)

Solidariedade exprime a condição concreta de sêres na qual a perfeição de um é função do aperfeiçoamento dos outros; na qual cada um realiza a perfeição de seu próprio ser, precisamente na medida em que participa da promoção dos outros; na qual, inversamente, cada um se diminui, se empobrece em teor humano, na exata medida, em que, isolado em seu egoísmo, se desvincula da obra comum de promover aos demais".

Tal posição filosófica de enfocar o tema tem seu nível de compatibilidade com uma visão mais objetiva deste mesmo fenômeno da solidariedade, que é dado por Émile Durkheim, citado por Luís Renato Ferreira da Silva,[195] palavras que são transcritas abaixo:

"À medida em que a sociedade se sofistica e vai ganhando em especialização, perde-se a primariedade e quase inconsciência da dependência recíproca. Cada um assume um papel próprio e especializado, de modo que a solidariedade que se estabelece não é mais natural e automática (solidariedade mecânica), mas estabelece-se pela dependência funcional. Cada indivíduo desempenha a sua função, porém, esta assume tal nível de individualização (como decorrência da necessidade de divisão do trabalho) que a sociedade só consegue alcançar o seu estado ótimo se houver uma colaboração entre os indivíduos. Isto já não se alcança mais espontaneamente dada a evolução social".

Essa exigência de solidariedade social, seja em um ou outro enfoque, somente se promove, caso o Estado intervenha na vida comunitária, com vistas à concretização do bem comum, o que fará por intermédio do Direito.

---

[194] Coleção Temas Atuais, 3ª edição revista e ampliada, Rio de Janeiro: Livraria Agir Editora, 1965, p. 266.

[195] *O Novo Código Civil e a Constituição.* Organizado por Ingo Wolfgang Sarlet. Porto Alegre: Livraria do Advogado, 2003, p. 130.

Antes de adentrarmos na questão estritamente jurídica, busquemos entender o que significa bem comum.

Novamente citando Pe. Fernando Bastos de Ávila, S.J.,[196] assim é conceituada a expressão:

"É o conjunto de circunstâncias concretas que permitam a todos os membros da comunidade atingir um nível à altura da dignidade humana. Este conjunto é um *bem* e o desejo de realizá-lo é a fôrça de coesão dos membros da comunidade conscientes de que isoladamente jamais poderiam atingi-lo. É *comum,* neste sentido que dêle têm o direito de participar todos os que lealmente colaboram na sua realização.

Referimo-nos aqui ao bem-comum *temporal* que compreende o conjunto de condições de ordem material, intelectual e moral, necessárias à satisfação de tôdas as justas aspirações materiais, intelectuais e morais do homem. É dêste bem-comum temporal que o Estado é responsável (...). Por êste título, tem êle o dever de intervir na economia, para que ela funcione a serviço da comunidade (...)"

Eduardo Sens dos Santos[197] também apresenta conceito esclarecedor:

"(...) o bem comum é uma eterna busca, um eterno aperfeiçoar das relações entre os homens, de maneira que um indivíduo não anule o outro e, ao mesmo tempo, que a proteção da sociedade não asfixie o indivíduo. Para o bem comum é necessário que todos os homens tenham condições de se realizar como pessoas; é necessário que o bem do todo se harmoniza com o bem do indivíduo".

O bem comum, portanto, é o objetivo do Estado de Direito Social, que, alicerçado no princípio da solidariedade, buscará a efetiva concretização de um cada vez maior nível de dignidade para todos os integrantes do grupo social. O Direito é a estrutura estatal que tem a obrigação de cumprir tal tarefa, conforme se manifesta Judith Martins-Costa,[198] cujos ensinamentos devem ser transcritos:

"O quadro que hoje se apresenta ao Direito Civil é o da reação ao excessivo individualismo característico da Era codificatória oitocentista que tantos e tão fundos reflexos ainda nos lega. Se às Constituições cabe proclamar o princípio da função social – o que vem sendo regra desde Weimar –, é ao Direito Civil que incumbe transformá-lo em concreto instrumento de ação. Mediante o recurso à função social e também à boa-fé – que tem uma face marcadamente ética e outra solidarista – instrumentaliza o Código agora

---

[196] Ob. cit., p. 254 e 255.

[197] Artigo "O NOVO CÓDIGO CIVIL E AS CLÁUSULAS GERAIS: exame da função social do contrato". In: *Revista de Direito Privado nº 10,* Ano 3, abril-junho de 2002, São Paulo: Editora dos Tribunais, 23.

[198] *Diretrizes Teóricas do Novo Código Civil Brasileiro,* ob. cit., p. 144.

aprovado a diretriz constitucional da *solidariedade social*, posta como um dos 'objetivos fundamentais da República".

De acordo com o que pode ser facilmente extraído das palavras acima transcritas, o Código Civil promove a adequação axiológica e fática da Legislação dita privatista, por intermédio da utilização de preceitos que valorizam uma vida social não mais individualista, mas essencialmente personalista. Consagra o C.C. a passagem do reconhecimento do ser humano como um "indivíduo isolado" para uma "pessoa contextualizada". Consagra, em suma, a Constitucionalização e a Repersonalização do chamado Direito Privado, quando favorece a concretização da Constituição Federal e, conseqüentemente, a reafirmação do conceito de "pessoa" como a pedra fundamental de todo o sistema jurídico civil.

Exatamente por isso que, na atualidade, ocorre a dita publicização do Direito Civil, porque o Código Civil, antes a "Constituição da Vida Privada", passa a ter um profundo e inafastável substrato público, orientando, proibindo, limitando os direitos subjetivos que ocasionalmente possam macular os direitos dos demais integrantes do conjunto social, com prejuízos ao bem comum.

O que é a *"pessoa"*? Para nós a *"pessoa"* é o ser humano *"contextualizado"*. É o ser humano inexoravelmente ligado aos demais seres, sejam humanos ou não,[199] aos bens e serviços em geral, num relacionamento em que o acontecimento individualmente considerado necessariamente terá reflexos no todo, na rede à qual todos estão ligados.

De fato, todos estamos ligados por redes de fornecimento de energia elétrica, bancárias, de previdência, de planos de saúde, de água, de remédios, de transporte, de crimes de "pirataria", de crimes de adulteração de combustível, de segurança pública, redes de todos os tipos.

Para dar um exemplo, se não pagarmos nossas contas de energia elétrica, os demais integrantes do "consórcio", os demais consumidores, terão de pagar aquilo que não pagamos. Isto acontecerá, igualmente, com o juros bancários não-pagos, com a tarifa de água não-paga, em todos os setores acima referidos, nos quais estamos inevitavelmente ligados, ou seja, contextualizados.

A apreciação ora feita nos remete ao reconhecimento de que vivemos a era dos interesses difusos,[200] nos quais as pessoas estão unidas entre si por circunstâncias fáticas (os expostos ao óleo lançado em um rio, os expostos à publicidade abusiva que estimula a utilização de drogas injetáveis etc.) e dos interesses cole-

---

[199] O mundo atual tem apresentado problemas graves relativamente ao trato com animais, a demonstrar que o ser humano está em um relacionamento constante com este tipo de questão. Lembramos aqui o polêmico assunto relativo ao passeio em parques com cães *pitt bull*, objeto de leis municipais limitadoras; também da impossibilidade de que animais se apresentem em circos no município de Porto Alegre, devido a uma Lei impeditiva e muitos outros casos peculiares, alguns até insólitos, como o acontecido na região metropolitana de Porto Alegre, no mês de outubro de 2005, quando foram abandonados na via pública três leões em uma jaula.

[200] Sobre o tema o grande trabalho de Roberto Senise Lisboa. *Contratos Difusos e Coletivos*. 2ª ed. São Paulo: RT, 2000.

tivos *stricto sensu*, caracterizados por estarem as pessoas ligadas por uma relação jurídica base (contrato é uma relação jurídica base, a relação tributária etc.), motivo pelo qual não há como desconsiderar o fundamental conceito de "pessoa".

O Código Civil, assim como o Código de Defesa do Consumidor, está integrado por esta filosofia personalista, sendo, ambos, Estatutos de concretização dos mais altos ditames constitucionais.

No C.C., o assunto é particularmente sensível nos relacionamentos contratuais, aparecendo por intermédio de diversas referências, merecendo destaque o conceito de "função social" incluso no artigo 421 da Lei Civil, assim escrito: "A liberdade de contratar será exercida em razão e nos limites da função social do contrato".

Foi com a famosa Constituição de Weimar, de 1919, que surgiu esta nova visão da propriedade, quando foi dito que a propriedade "obriga" a determinadas posturas. Com o desenvolvimento desta noção de função que devem ter as coisas, os bens, os contratos, todos eles passaram a, necessariamente, ter de se pautar pelos mesmos valores e realidades, assumindo uma relevância social incontestável.

Luis Renato Ferreira da Silva[201] comenta que

> "(...) em uma sociedade economicamente massificada, o entrelaçamento dos contratos mantidos entre vários elos da cadeia de circulação de riqueza faz com que cada contrato individual exerça uma influência e tenha importância em todos os demais contratos que possam estar relacionados(...). Assim, a inadimplência de um grupo de consumidores (...) acarretará a inadimplência do lojista com seu fornecedor que, por sua vez, poderá repercutir na relação deste com aquele que lhe alcança a matéria-prima e deste, por sua vez, com quem o financia e assim sucessivamente".

Poderíamos até ampliar o exemplo e dizer que tudo isto teria reflexos na possibilidade de pagar salários, poderiam ser necessárias demissões, acarretando desemprego, exclusão social, violência etc.

Neste enfoque atual, a propriedade e o contrato não mais podem ser vistos com as lentes exclusivamente privatistas, estando tais ícones do desenvolvimento humano completamente publicizados, impondo aos seus titulares uma outra postura cultural que venha a se compatibilizar com os novos valores e realidades. Sobre o assunto, ensina Judith Martins-Costa:[202]

> "(...) a função social exige a compreensão da propriedade privada já não como o verdadeiro monólito passível de dedução nos códigos oitocentistas, mas como uma pluralidade complexa de situações jurídicas reais, que englobam, concomitantemente, um complexo de situações jurídicas subjetivas,

---

[201] Ob. cit., p. 132.

[202] Idem, p. 148.

sobre as quais incidem, escalonadamente, graus de publicismo e de privatismo, consoante o bem objeto da concreta situação jurídica".

A propriedade e o contrato, portanto, precisam ser usados de modo a que sejam atingidos os seus fins sociais e econômicos, e não venham a ferir o meio ambiente, o patrimônio público, histórico, turístico, paisagístico. Na esfera do Direito de Consumo e do Código Civil, deverão ser institutos de realização social que não maculem os direitos subjetivos dos que recebem seus reflexos, sob pena de se caracterizar a situação do abuso de direito prevista no artigo 187 do C.C..

Com efeito, o artigo 187 é assim escrito: "Também comete ato ilícito o titular de um direito que, ao exercê-lo, excede manifestamente os limites impostos pelo seu fim econômico ou social, pela boa-fé ou pelos bons costumes".

O artigo prevê o ato ilícito objetivo, caracterizado pelo fato de alguém que possui um direito e, ao exercê-lo, excede os limites autorizados pelo Direito, ficando obrigado a indenizar eventual dano advindo da sua ação ou omissão.

Sobre o abuso de direito, importante citar o Eminente Desembargador Sérgio Cavalieri Filho:[203]

"Entretanto, a partir do momento em que as idéias de responsabilidade objetiva começaram a aflorar, principalmente na França, juristas, tais como *Salleille, Rippert* e outros, começaram também a conceber um abuso do direito objetivo, isto é, independentemente de qualquer finalidade ou intenção de prejudicar. *Salleille* dizia que o abuso do direito se configuraria simplesmente pelo uso anormal do Direito; bastaria, portanto, para configurá-lo que o seu titular, ao exercê-lo, ultrapassasse determinados limites: os exercesse sem nenhuma finalidade econômica, contrariando sua finalidade social, os bons costumes ou a boa-fé (...). O que fez o novo Código? Não há dúvida: adotou a teoria objetiva com relação ao abuso de direito. Não há, no artigo 187, a menor referência à intencionalidade, ao fim de causar dano a alguém. Mesmo que o excesso tenha sido puramente objetivo, não haverá nenhuma influência para descaracterizar o abuso do direito. Todos os autores estão se manifestando no sentido de que temos no art. 187 um conceito objetivo de ato ilícito (ato ilícito em sentido lato)".

Retornando ao artigo 421 citado, fácil concluir que os contratos, mesmo no Código Civil, não deverão conter cláusulas que venham a causar qualquer tipo de transtorno ao bem comum, seja pelo prisma endocontratual, como pelo ângulo extracontratual.

A disposição do artigo 421 do C.C. apresenta uma sintonia profunda com o Código de Defesa do Consumidor, pois a referência à "função social" leva ao reconhecimento de que os preceitos do C.C., assim como os do C.D.C., são de

---

[203] *Revista da EMERJ*, vol, 6, n° 24, 2003, p. 37.

"(...) ordem pública e interesse social (...)", nos exatos termos expressos no artigo 1º do C.D.C.

Não pode ser outro o entendimento, porque o paradigma limitador da liberdade contratual é a implementação concreta de sua função à sociedade. Assim, caso isto não esteja se configurando na prática do contrato específico, caberá ao Estado, por intermédio do Poder Judiciário, mesmo de ofício, fazer valer os fundamentos da Lei Civil, com vistas à proteção do interesse público e da relevância social que se irradiam da maioria das contratações neste mundo massificado.

Aliás, o entendimento por nós esposado encontra respaldo expresso no próprio artigo 2.035, parágrafo único, do C.C., quando refere que "nenhuma convenção prevalecerá se contrariar preceitos de ordem pública, tais como os estabelecidos por este Código para assegurar a função social da propriedade e dos contratos". Apesar de ser uma norma polêmica, sua importância está em reforçar o grande pilar da socialidade, demonstrando todo o espírito solidarista que permeia a nova Lei Civil.

Vemos em outras passagens do Código Civil, em específico no artigo 1228, § 1º, importantes enfoques que ressaltam, ainda, a função social da propriedade: "O direito de propriedade deve ser exercido em consonância com as suas finalidade econômicas e sociais e de modo que sejam preservados, de conformidade com o estabelecido em lei especial, a flora, a fauna, as belezas naturais, o equilíbrio ecológico (...)".

O mesmo pode ser visto no C.D.C., quando refere o artigo 51, inciso XIV, que são nulas de pleno direito as cláusulas que "infrinjam ou possibilitem a violação de normas ambientais". Também no artigo 37, § 2º, está prevista a proibição à publicidade abusiva, estando caracterizada esta quando houver o desrespeito aos "(...) valores ambientais (...)".

No mesmo artigo 1228, § 4º, está prevista a privação da propriedade que consistir em "(...) extensa área (...)" em que, de boa-fé, um "(...) considerável número de pessoas (...)" tenha realizado "(...) obras e serviços considerados pelo juiz de interesse social e econômico relevante". Este mais um dispositivo solidarista, pois objetiva oportunizar um meio de sobrevivência àqueles em condições de risco intenso.

Muitos outros dispositivos de ambas as Leis poderiam ser comentados. Contudo, o objetivo desta parte do trabalho é mostrar quão afinados estão o C.C. e o C.D.C., ligados que estão umbilicalmente pelos princípios da *dignidade da pessoa humana,* da *vulnerabilidade* e da *solidariedade.*

10. A vulnerabilidade

10.1. INTRODUÇÃO E ORIGEM

Intentamos, até este momento, apresentar as formulações básicas para o entendimento do "fenômeno" da vulnerabilidade sob o enfoque tridimensional do direito.

Para tanto, inicialmente foram apontados alguns elementos filosóficos que emergem do confronto da vida em sociedade. Após, invadimos a face relativa à dogmática jurídica, localizando o princípio da vulnerabilidade como norma integrante do sistema. Ato contínuo, foi comentada a visão sociológica na qual se insere o princípio, como padrão teleológico necessário para que o direito realize suas funções sociais, sistematização esta imprescindível para a boa compreensão deste pilar que sustenta o Subsistema Consumerista e também do Código Civil, na forma antes ressaltada.

De acordo com o que será demonstrado com mais profundidade na parte específica do contrato, a alteração do modelo de produção acontecida no final do século XVIII e que se consolidou no século seguinte fez com que a relação de trabalho, que tinha um caráter individual e personalizado, se convertesse em uma relação massificada e despersonalizada.

A energia humana foi substituída pela mecânica, e o trabalhador passou a ser considerado como um número, com funções laborais restritas e invariáveis. Como conseqüência disso, a produção aumentou imensamente, sendo gerado um mercado consumidor que é seduzido pelas inovações, das quais sequer noção possui quanto à forma com que foram produzidas, tampouco sendo conhececedor dos problemas que podem acarretar os produtos e serviços ofertados.

Aliado a isto, o antigo ideal de "liberdade", no qual a livre iniciativa tinha suas bases, começa a ceder espaço para a tendência à concentração de capitais, dando surgimento, aproximadamente no final do século XIX, aos monopólios e oligopólios com potência suficiente para alterar toda a conformação do mercado.

Alberto do Amaral Junior[204] comenta que

"(...) Diferentemente do que ocorria na economia clássica, não é mais o consumo que determina a produção, mas esta que determina o que será ou não produzido (...) a verticalização das relações econômicas fez surgir um poderoso sistema de motivação e persuasão capaz de controlar os consumidores. Este sistema passou a ser tão importante quanto o próprio aparato de organização para a produção e distribuição de bens. Com isso, as necessidades dos consumidores não são exclusivamente o produto de suas exigências físicas ou biológicas, ou mesmo do ambiente em que vivem e atuam, mas são em grande parte forjadas pelas campanhas publicitárias".

Apresenta-se com maior evidência neste momento histórico, então, o "fenômeno" da vulnerabilidade nas relações de consumo. Ressaltamos que emerge com "maior evidência", porque, na forma antes escrita, a vulnerabilidade é pré-jurídica, assim como a dignidade da pessoa humana, portanto, sempre esteve presente na existência humana como realidade inerente.

Vulnerabilidade é a qualidade de quem é vulnerável. Vulnerável, nos termos do que define Aurélio Buarque de Hollanda Ferreira,[205] é "(...) que se vulnera; diz-se do lado fraco de um assunto ou questão, e do ponto por onde alguém pode ser atacado ou ferido". Vulnerar é "(...) ferir; melindrar; ofender". Ou seja, vulnerabilidade é um conceito que expressa *relação*, somente podendo existir tal qualidade se ocorrer a atuação de alguma coisa sobre algo ou sobre alguém. Também evidencia a condição daquilo ou daquele(a) que foi ferido(a), ofendido(a), melindrado(a) por causa de alguma atuação ou ocorrência de algo ou de alguém que possui potência suficiente para tanto.

Vulnerabilidade, sob o enfoque jurídico, é, então, o princípio pelo qual o sistema jurídico positivado brasileiro reconhece a qualidade ou condição daquele(s) sujeito(s) mais fraco(s) na relação de consumo, tendo em vista a possibilidade de que venha(m) a ser ofendido(s) ou ferido(s), na sua incolumidade física ou psíquica, bem como no âmbito econômico, por parte do(s) sujeito(s) mais potente(s) da mesma relação.

O princípio da vulnerabilidade decorre diretamente do princípio da igualdade, com vistas ao estabelecimento de liberdade, considerado, na forma já comentada no item específico sobre este último princípio, que somente pode ser reconhecido igual alguém que não está subjugado por outrem.

Nelson Nery Junior[206] informa que "(...) O consumidor é reconhecido como a parte mais fraca nas relações de consumo (art. 1º., da Resolução da ONU sobre

---

[204] *Proteção do Consumidor no Contrato de Compra e Venda.* São Paulo: Revista dos Tribunais, 1993, p. 68.

[205] *Dicionário da Língua Portuguesa.* 11ª edição. Rio de Janeiro: Civilização Brasileira, 1987, p. 1256.

[206] "Princípios Gerais do Código Brasileiro de Defesa do Consumidor". In: *Revista Direito do Consumidor*, vol. 3, São Paulo: RT, p. 53.

os direitos do consumidor, de 9.4.85; art. 4º, I, do CDC)", acrescentando que por isso os consumidores devem ser

"(...) tratados de forma desigual pela lei, a fim de que se atinja, efetivamente, a igualdade real, em obediência ao dogma constitucional da isonomia (art. 5º, *caput,* CF), pois devem os desiguais ser tratados desigualmente na exata medida de suas desigualdades (isonomia *real, substancial* e não meramente formal)".

Marcelo Abelha Rodrigues[207] escreve que

"(...) a lei maior não pára por aí, isto é, ao tratar do princípio da igualdade constitucionalmente garantido, possui um duplo enfoque, que não há como ser olvidado. Assim, segundo o *caput* do art. 5º da CF/88, está claramente estabelecido que todos são iguais perante a lei. Lembra Luis David Araújo que: 'A regra isonômica não admite qualquer privilégio, tratando igualmente as pessoas. Isto é o que se denomina igualdade formal ou igualdade perante a lei".

Continuando, diz que a lei maior

"(...) ao tratar do princípio da igualdade, cuida também de explicitar, no corpo deste aludido artigo, que alguns grupos de pessoas existentes na sociedade, merecem uma proteção especial, justificando esse tratamento diferenciado, pois, pelas condições sócio-político-culturais que se encontram. Este desnível ocupacional de certos grupos da população, tem como culpado imediato o próprio Estado, e, justamente por isso que ele, Estado, por via da carta maior, determina que estes grupos devam ser tratados através de um tratamento desigual. Tem-se, no caso, a igualdade material (= igualdade na lei). Com isto quer se dizer que, conforme o modelo adotado pelo constituinte, estaríamos diante de uma autorização para desigualar na lei. No mesmo sentido de justiça distributiva propugnado por Aristóteles, ou ainda, do princípio geral do Direito Romano *suum cuique tribuere (...).* Neste grupo que mereceu atenção especial do legislador constituinte, destacam-se os consumidores".

Olga Maria do Val[208] também aborda o tema, dizendo que no

"(...) âmbito da tutela especial do consumidor, efetivamente, é ele sem dúvida a parte mais fraca, vulnerável, se tiver em conta que os detentores dos meios de produção é que detêm todo o controle do mercado, ou seja, sobre o que produzir, como produzir e para quem produzir, sem falar-se na fixação de suas margens de lucro".

Ato contínuo, comenta que

"(...) a vulnerabilidade do consumidor é, nas palavras de João Batista de Almeida, 'a espinha dorsal da proteção ao consumidor, sobre que se assenta

---

[207] "Análise de Alguns Princípios do Processo Civil À Luz do Título III do Código de Proteção e Defesa do Consumidor". In: *Revista Direito do Consumidor*, vol. 15, São Paulo: RT, p. 50 e 51.

[208] Ob. cit., p. 78.

toda a linha filosófica do movimento. É induvidoso que o consumidor é a parte mais fraca das relações de consumo; apresenta ele sinais de fragilidade e impotência diante do poder econômico".

Da mesma forma entende Luiz Renato Ferreira da Silva,[209] o qual escreve que

> "(...) a principiologia que rege a política nacional das relações de consumo explica quais as motivações da lei e, de início, expõe qual o critério discriminador que, reconhecendo as desigualdades, tenta fazer prevalecer uma isonomia material. É que se tem como regra cimeira dos princípios da lei de consumo, a norma reconhecedora da 'vulnerabilidade do consumidor no mercado de consumo, devendo a ação governamental ser estabelecida 'no sentido de proteger efetivamente o consumidor'".

Estes exemplos doutrinários servem para reforçar que, por uma série de motivos, existe uma desigualdade insuportável entre o fornecedor de produtos e serviços e o consumidor, a qual é evidente e, por este motivo, precisa ser debelada, pois tem reflexos na estrutura social, econômica e política como um todo. No discorrer sobre o contrato, demonstraremos as diferenças entre o conceito de indivíduo e de pessoa, oportunidade em que ficará bastante claro o motivo pelo qual a permanência do consumidor em situação de desigualdade atinge diretamente o desenvolvimento da sociedade.

A concretização, portanto, do princípio da isonomia é a base para a realização da Política Nacional das Relações de Consumo, entendida a palavra "política" como[210] o "conjunto de objetivos que informam (dão forma a) determinado programa de ação governamental e condicionam a sua execução". Prossegue Olga do Val, citando Thierry Bourgoignie, dizendo que uma

> "(...) política efetiva deve abordar quatro aspectos: I) identificação da pessoa do consumidor, a partir de sua participação socio-econômica no desenvolvimento, e as particularidades e condições nas quais ele exerce e assume seu papel; II)justificativas para adoção dessa política, por meio de considerações de ordem econômica, de caráter social e de natureza política; III) objetivos e conteúdo dessa política, que deve atender integralmente as necessidades que surgem, tais como educação, informação, proteção e acesso do consumidor à Justiça; IV) elaboração de leis que possibilitem a efetiva proteção do consumidor, de forma que o direito do consumidor seja autônomo (...)".

Estes ensinamentos devem ser conjugados com os aspectos sociológicos e filosóficos antes abordados, ficando, a cada passo deste trabalho, mais saliente que o enfoque tridimensional é imprescindível para a melhor análise do tema.

---

[209] "Princípio da Igualdade e o Código de Defesa do Consumidor". In: *Revista Direito do Consumidor*, vol. 8, p. 155.

[210] Olga do Val. "Política Nacional das Relações de Consumo". In: *Revista Direito do Consumidor*, vol. 11, São Paulo: RT, p. 68 e 69.

Desvendada a origem axiológica do princípio da vulnerabilidade, bem como as suas origens filosóficas, sociológicas e dogmático-jurídicas, devemos, agora, proceder a algumas distinções, a fim de que os conceitos possam ser purificados e, com mais facilidade, apreendidos.

10.2. VULNERABILIDADE E HIPOSSUFICIÊNCIA

Primeiramente, devemos estabelecer as diferenças entre vulnerabilidade e hipossuficiência.

A eminente Professora Judith Martins-Costa,[211] comentando sobre publicidade, apresenta importante definição sobre o conceito de vulnerável, ocasião em que já evidencia as distinções que possui em relação ao conceito de hipossuficiência.

Por isso, transcrevemos a lição:

"(...) um e outro conceito denotam realidades jurídicas distintas, com conseqüências jurídicas também distintas. Nem todo o consumidor é *hipossuficiente*. O preenchimento valorativo da hipossuficiência – a qual se pode medir por *graus* – se há de fazer, nos casos concretos, pelo juiz, com base nas 'regras ordinárias de experiência' e em seu suporte fático encontra-se, comumente, elemento de natureza *sócio-econômica*. (...) Sua aplicação depende da *discricionariedade judicial* e a sua conseqüência jurídica imediata é a da inversão do *ônus probandi*, no processo civil, para a facilitação da defesa de seus direitos. Todo consumidor, seja considerado hipossuficiente ou não é, ao contrário, *vulnerável* no mercado de consumo. Aqui não há valoração do 'grau' de vulnerabilidade individual porque a lei presume que, neste mercado, qualquer consumidor, seja ele hiper ou hipossuficiente do ponto de vista sócio econômico, é vulnerável *tecnicamente:* no seu suporte fático está o desequilíbrio técnico entre o consumidor e o fabricante no que diz com a *informação* veiculada sobre o produto ou serviço".

José Reinaldo de Lima Lopes,[212] em magnífico artigo sobre o crédito ao consumo, apresenta critério de diferenciação importante sobre o assunto, dizendo que existe nas sociedades de classes

"(...) e especialmente pobres como o Brasil, duas espécies de consumidores: os privilegiados e os desfavorecidos (ou hipossuficientes, como diz nosso CDC no art. 6º, VIII). Os primeiros têm acesso mais fácil a créditos e bens, embora sujeitos a práticas restritivas e ilícitas também. Constituem a chama-

---

[211] "A 'Guerra' do Vestibular e a Distinção entre Publicidade Enganosa e Clandestina". In: *Revista Direito do Consumidor*, vol. 6, São Paulo: RT, p. 222.

[212] "Crédito ao Consumidor e Superendividamento – Uma Problemática Geral". In: *Revista Direito do Consumidor*, vol. 17, p. 58 e 59.

da – vulgarmente – classe média ou classe alta. No Brasil, eles compõem os 10% mais ricos da população, que concentram 48,1% da riqueza nacional (números relativos a 1990...). Mesmo sendo privilegiados, estes consumidores sofrem da *vulnerabilidade* dos consumidores em geral – técnica, jurídica, às vezes fática. Os segundos, os consumidores desfavorecidos, são os pobres (...). Pobreza, insuficiência de recursos disponíveis, precariedade do seu *status* social, subdesenvolvimento cultural, exclusão dos modos de vida dominante, ausência de poder no seio da sociedade são as características desse grupo (...). Em outras palavras, metade da população brasileira é composta por consumidores *desfavorecidos,* para além de *vulneráveis".*

Ada Pellegrini Grinover[213] entende que o "(...) conceito de hipossuficiência é o constante do art. 2°, parág. único, da Lei 1.060/50", pois a "(...) suposição do legislador é a de que o consumidor hipossuficiente não terá condições de suportar os gastos com as provas".

Com o respeito que merece, divergimos em alguns aspectos desta última posição, porque, na forma ressaltada, a única interpretação aceitável é a sistemático-tópica, à luz do metacritério da hierarquização axiológica e de outros postulados. Feita que seja esta operação hermenêutica, facilmente se obterá dados que informam não poder o critério da hipossuficiência estar vinculado *apenas* à definição do consumidor como "pobre" ou carente da assistência judiciária gratuita. Ou seja, os vulneráveis seriam os pobres, classe média e classe alta, enquanto hipossuficientes seriam somente os pobres.

De fato, topicamente avaliando os casos concretos que, cotidianamente, vivenciamos nos foros, constatamos que os ônus de uma demanda são endoprocessuais e extraprocessuais, querendo dizer isto que existem outros gastos com uma demanda que extrapolam o próprio processo.

Consideremos que o demandante-consumidor terá de pagar as custas, o seu advogado (na maioria dos casos não esperará para receber no final da demanda, exceto na Justiça do Trabalho, tendo em vista as peculiaridades das lides neste campo), despesas com citações e intimações, custos de perícias (normalmente necessárias para a prova de defeitos ou vícios), deslocamentos reiterados para acompanhamento do feito, lucros cessantes advindos das várias paradas de trabalhar para atender aos atos processuais, como audiência, vistorias, além do tempo gasto para estruturar a conduta que será adotada na demanda, juntamente com o advogado. Em suma, surge uma série de complicações que geram gastos ao consumidor, despesas estas que não serão ressarcidas a ele, mesmo que vença a demanda.

Existem situações em que os consumidores não são da classe baixa, mais desfavorecida, mas que, mesmo assim, não têm condições de suportar os custos variados que o processo impinge. É sabido o valor dos honorários das perícias

---

[213] *Código Brasileiro de Defesa do Consumidor Comentado Pelos Autores do Anteprojeto.* 3ª edição. Forense Universitária, p. 494.

Código de Defesa do Consumidor
O PRINCÍPIO DA VULNERABILIDADE

processuais, sendo fácil encontrar pedidos de 30 salários mínimos, para mais. Apenas considerado o salário mensal médio de um profissional do direito que eventualmente necessite demandar e que pertença à classe média, já é possível concluir que R$ 3.000,00 (três mil reais) possivelmente inviabilizaria a continuidade da demanda, considerado que os peritos geralmente pleiteiam a antecipação do numerário, ao menos pela metade do custo total. Em perícias mais caras, em aparelhos eletrônicos, em veículos automotores, análises químicas principalmente, que exigem elementos muitas vezes importados, é possível que a perícia saia mais cara que o próprio valor da causa, não podendo ser aceito que o consumidor vulnerável, nestas circunstâncias, também não seja reconhecido como hipossuficiente.

O artigo 2º, parágrafo único, da Lei nº 1.060/50 indica como critérios aferidores da hipossuficiência a figura do necessitado, sendo que este é o que a "(...) situação econômica não lhe permita pagar as custas do processo e os honorários de advogado, sem prejuízo do sustento próprio ou da família". Entretanto, o sustento da família pode ser abalado, na forma já apontada, também para outras classes, especialmente a classe média, na medida em que outros gastos (perícias etc.) evidenciem a excessiva onerosidade da demanda, naquele caso específico.

Em vista disso, não é possível vincular os critérios da assistência judiciária gratuita ao conceito de hipossuficiência, sendo mais prudente vinculá-lo à noção de insuficiência da parte, considerada a excessiva onerosidade daquele específico processamento, critério este constante na lei, no artigo 51, § 1º, inciso III, do CDC.

Sempre devemos lembrar que estas cláusulas gerais (boa-fé, excessiva onerosidade, eqüidade etc.) foram incluídas na Lei Protetiva exatamente para permitir a abertura do sistema, a fim de torná-lo menos entrópico e axiologicamente mais adequado aos destinatários da norma, motivo pelo que eles precisam ser utilizados amplamente.

Assim, o critério da hipossuficiência é, da mesma forma que a vulnerabilidade, um conceito de *relação*. Hipossuficiência, ou "insuficiência em relação a que situação processual concreta?", esta a pergunta que deve ser feita, e não hipossuficiência tendo em vista a presunção *juris et de jure* de que as classes média e alta não o são, prévia e objetivamente.

Por isso a definição sobre a hipossuficiência é *ope juris*, cabendo ao Magistrado a definição no caso concreto (topicamente), tendo em vista a sua experiência como julgador, mas, principalmente, como pessoa que está integrada na sociedade, observando todas as realidades que normalmente circundam uma demanda judicial, bem como com vistas à implementação concreta das funções sociais do direito.

A atenção do julgador, portanto, precisa, também, estar voltada para o pólo passivo da relação processual, a fim de que, igualmente, não cause um prejuízo indevido a fornecedor que, eventualmente, configure uma insuficiência de condições econômicas em relação ao processado, situação esta de difícil ocorrência, mas possível.

Também é a hipossuficiência um critério que necessita ser aferido levando em consideração os sujeitos da relação processual entre si, a fim de que possa ser feita uma hierarquização valorativa voltada para a posição individual (socioeconômica) de ambos, o que resultará na distribuição mais justa dos ônus da prova.

Assumindo posição semelhante, Cecília Matos[214] escreve que:

"O juiz, enquanto homem de seu tempo, deverá deixar eventuais posturas tradicionais e se armar de sensibilidade para apurar os casos em que a inversão se mostra imprescindível, sob pena de denegar a prestação jurisdicional à parte vulnerável".

Continuando, em nota de rodapé, afirma que:

"(...) De acordo com a vontade da lei extraída de sua elaboração, entende-se que interpretar o conceito de hipossuficiência para além do critério econômico é proporcionar uma melhor e mais ampla tutela ao consumidor, sem impor restrições".

Um outro enfoque que evidencia não poder o conceito de hipossuficiência estar restrito à definição da Lei nº 1.060/50 é o fato de que a norma consumerista não é orientada somente para o consumidor individual, mas, principalmente, para o consumidor coletivamente considerado. Em assim sendo, é fundamental que o critério da hipossuficiência seja apreciado também naquelas situações em que existe substituição processual, quando associações ou órgãos de defesa do consumidor são obrigados a demandar na defesa da coletividade.

Adroaldo Furtado Fabrício,[215] com muita lucidez, aborda o assunto, dizendo que:

"Importa muito anotar, no texto legal citado a reiterada ênfase posta no assim chamado 'critério do juiz'. Primeiro, não se trata de inversão da carga da prova *ope legis*, mas *ope iudicis*, aí estando localizada a inovação relevante no âmbito deste estudo. As inversões diretamente decorrentes da lei não constituem novidade, pois outra coisa não ocorre nos tantos casos de presunção *iuris tantum*. Aqui, é nos limites e coordenadas de cada caso concreto, segundo suas específicas peculiaridades, que o juiz decidirá se inverte ou não o encargo. E esta vital decisão, que poderá ser a mais importante do processo porque em mais de um caso determinará inescapavelmente o rumo da sentença de mérito, é entregue por inteiro ao critério judicial, pois os marcos referenciais que o mesmo texto normativo oferece, pouco ou nada têm de objetivos e correspondem a conceitos semanticamente anêmicos, quais

---

[214] "O Ônus da Prova no Código de Defesa do Consumidor". In: *Revista Direito do Consumidor*, vol. 11, p. 166 e 167.

[215] "As Novas Necessidades do Processo Civil e os Poderes do Juiz", In: *Revista Direito do Consumidor*, vol. 7, p. 33.

sejam, a '*verossimilhança*' do alegado, a '*hipossuficiência*' do alegante e as '*regras ordinárias da experiência*. Esse exemplo deveras ilustrativo sem dúvida traduz e demonstra com clareza a inclinação do processo civil moderno, com respeito aos contenciosos de massa. A tendência é no sentido de depressão do princípio dispositivo e incremento dos poderes do juiz na condução do processo".

Antonio Herman de Vasconcellos e Benjamin[216] já aponta que

"(...) a vulnerabilidade é um traço universal de todos os consumidores, ricos ou pobres, educados ou ignorantes, crédulos ou espertos. Já a hipossuficiência é marca pessoal, limitada a alguns – até mesmo a uma coletividade – mas nunca a todos os consumidores. A vulnerabilidade do consumidor justifica a existência do Código. A hipossuficiência, por seu turno, legitima alguns tratamentos diferenciados no interior do próprio Código como, por exemplo, a previsão de inversão do ônus da prova (art. 6º, VIII)".

Nelson Nery Junior[217] também discorre sobre o tema, dizendo:

"Como a inversão do ônus da prova se encontra ligada à idéia de facilitação da defesa do consumidor em juízo, a hipossuficiência de que fala o artigo 6º, VIII, respeita tanto à dificuldade econômica quanto à técnica do consumidor em poder desincumbir-se de provar os fatos constitutivos de seu direito".

Os eminentes juristas apresentam, então, outro critério para a definição da hipossuficiência, qual seja, a facilitação da defesa do consumidor em juízo, respeitada a sua natural vulnerabilidade e os demais critérios antes apontados. Este novo elemento é quase um dogma, pois está afinado com a idéia de que vários entes coletivos passam a integrar o mundo processual brasileiro, com maior freqüência, na defesa do consumidor.

Exatamente por relevar esta evidência, que a Lei nº 7.347/85 previu no seu artigo 18 que:

"Nas ações de que trata esta Lei, não haverá adiantamento de custas, emolumentos, honorários periciais e qualquer outras despesas, nem condenação da associação autora, salvo comprovada má-fé, em honorários de advogado, custas e despesas processuais".

Quando a lei dispensou as entidades coletivas de pagar determinados custos não disse, expressamente, que tenha de ser feita a inversão, sendo esta uma declaração fundamental para que as partes possam se orientar quanto aos seus deveres de provar, bem como para que o processo tenha definida esta questão, após a preclusão dos recursos. Entretanto, indicou com seu comando uma realidade evidente, que é a hipossuficiência dos consumidores coletivamente considerados,

---

[216] *CDC Comentado.* 3ª edição. São Paulo: Forense Universitária, p. 224 e 225.

[217] "Aspecto do Processo Civil No Código de Defesa do Consumidor". In: *Revista Direito do Consumidor*, vol. 1, p. 217 e 218.

132   *Paulo Valério Dal Pai Moraes*

facilitando a interposição de ações coletivas de consumo, pela exclusão do dever de pagar seus custos.

Em decorrência deste mandamento e, em consonância com o artigo 127 da CF, também não pode o Ministério Público possuir em seu orçamento tópico ou item relativo a despesas periciais. Como resultado, se a própria ordem jurídica inviabilizou ao órgão o adiantamento de honorários periciais, ela própria deverá tornar obrigatório o pagamento de tais verbas por parte dos réus – pela inversão do ônus da prova –, os quais possuem, obviamente, mais potência, evidenciado isto até mesmo por esta realidade processual, sob pena de, em assim não acontecendo, estar sendo negada a própria justiça, quando esta deve ser prestada da maneira mais facilitada possível ao consumidor.

No Estado do Rio Grande do Sul, têm sido exaradas decisões corretamente invertendo o ônus da prova em demandas ajuizadas pelo Ministério Público Estadual.[218]

---

[218] AGRAVO DE INSTRUMENTO. AÇÃO CIVIL PÚBLICA. DECISÃO QUE DETERMINOU A APLICAÇÃO DE MULTA EM CASO DE DESCUMPRIMENTO E INVERTEU DO ÔNUS DA PROVA EM FAVOR DO MINISTÉRIO PÚBLICO.
Levando-se em conta que o agravante não juntou aos autos nenhum documento que comprovasse de que forma a aplicação de multa de R$ 20.000,00 poderia inviabilizar o seu funcionamento, cingindo-se a simplesmente formular meras alegações quanto a supostas dificuldades inerentes ao risco empresarial da operação, deve ser mantida a decisão a quo.
O art. 6°, inciso VIII, da Lei n° 8.078/90 (Código de Defesa do Consumidor), que é aplicável à Ação Civil Pública em razão do disposto no art. 21 da Lei n° 7.347/85, prevê a facilitação dos direitos do consumidor, inclusive com a inversão do ônus da prova, a seu favor, no processo civil, quando, a critério do juiz, for verossímil a alegação ou quando for hipossuficiente, segundo as regras ordinárias de experiência. Este é exatamente o caso dos autos, considerado o interesse difuso dos consumidores e a hipossuficiência técnica decorrente das ações coletivas de consumo. Contrastando, nessa ótica, com a superioridade da empresa fornecedora, que dispõe de elementos com maior facilidade de comprovação da regularidade da sua atuação.
AGRAVO DE INSTRUMENTO DESPROVIDO. UNÂNIME. (Nona Câmara Cível, agravo de instrumento n° 70020118949, Des. Odone Sanguiné, julgado em 08.08.2007.)
AGRAVO DE INSTRUMENTO. AÇÃO COLETIVA DE CONSUMO. PREÇO DOS COMBUSTÍVEIS. PRÁTICA ABUSIVA. LIMINARDEFERIDA NA ORIGEM. NECESSIDADE DE COMPROVAÇÃO DA ABUSIVIDADE. INVERSÃO DO ÔNUS DA PROVA.
O pleito de proibição de lucro bruto acima de 14,1% no fornecimento de combustíveis aos consumidores, para êxito, deve restar comprovado nos autos quanto a legalidade do percentual e conseqüente abusividade no excesso. Ausente, na fase, dita comprovação, o pleito não comporta deferimento liminar e a matéria se remete à instrução do processo, submetida ao contraditório e defesa peculiares. Medida, que sem comprovação probatória, pode até inviabilizar a atividade comercial do demandado, além de impedir o exercício do direito à livre concorrência, o que não pode ser concedido antes de oportunizado o contraditório e a ampla instrução do feito. Embora a presença de verossimilhança do direito invocado pelo Ministério Público, não se vislumbra, na fase, urgência capaz de justificar a concessão da liminar pleiteada, face o tempo decorrido desde o inquérito civil, restando necessária a atualização dos coeficientes indicados.
Admissível a inversão do ônus da prova de que dispõe CDC, em ação coletiva de consumo proposta pelo Ministério Público, atuando esse como substituto processual em defesa dos interesses dos consumidores hipossuficientes. Ainda que fosse considerado ausente o requisito da hipossuficiência, tal não se aplica ao órgão ministerial, pois que age, por previsão legal, em defesa do interesse público e do hipossuficiente, trazendo carga de verossimilhança nas alegações expendidas, representada pelo Inquérito Civil instaurado.
AGRAVO DE INSTRUMENTO PARCIALMENTE PROVIDO.
(...)
Quanto ao ônus da prova, proposta pelo Ministério Público ação coletiva de consumo na defesa dos direitos de consumidores, nada impede a aplicação da inversão, tendo em vista que a hipossuficiência de que dispõe o inciso VIII do art. 6° do Código de Defesa do Consumidor abrange as hipóteses em que, em razão da presença

Por óbvio que não teria sentido discutir se a instituição é pobre ou não, mas, mesmo assim, considerada a inexistência de rubrica orçamentária para o pagamento de perícias, aliando a isto os grandes custos decorrentes de demandas que obrigam deslocamentos urgentes aos Tribunais Superiores, para os quais, muitas vezes, não existe sequer numerário para transporte, foi aceita a alegação da hipossuficiência dos consumidores representados pelo *Parquet*, como forma de equilibrar posições processuais imensamente desparelhas.

Deve ser ressaltado, ainda, que, em inúmeros casos, fica impossível a defesa dos consumidores, caso não seja feita por entes coletivos. Vários fatores levam a este entendimento.

Em primeiro lugar, devido à natural dispersão dos hipossuficientes que, de um modo geral, não possuem organização. Consideremos que esta organização dificilmente acompanha o desenvolvimento extremamente veloz de novos ramos de produtos e de prestação de serviços, fazendo com que, no momento em que surgem danos de massa, os consumidores inicialmente captados sequer tenham ainda esboçado alguma união. Isto ocorre porque não é da natureza originária do ato de consumo a organização e o planejamento de futuras defesas, demandas etc., mas sim, a simples satisfação de necessidades específicas. Ao contrário, o fornecedor precisa planejar e calcular seus custos atuais e futuros, estando, portanto, perfeitamente organizado para evitar problemas com seus "investidores-consumidores", disso resultando um dos aspectos da original vulnerabilidade, na forma que a seguir será apontado.

Em outras situações, a pequena monta do prejuízo impede que o consumidor demande individualmente, pois sairia mais cara esta conduta, considerados os gastos endoprocessuais e extraprocessuais.

Outras vezes, os órgãos coletivos catalizam os consumidores pelo alerta no sentido de que estão sendo lesados nos seus direitos sem perceber. Este poder de congregar por intermédio de serviços de auxílio técnico-informativo igualmente reforçam a imprescindibilidade do estímulo às associações ou outros entes que executam a defesa dos vulneráveis (PROCONS).

Por todos estes aspectos e muitos outros, fica fácil concluir que os consumidores, em se tratando de danos de massa, seja em decorrência de problemas

---

de questões complexas, de ordem técnica, de conhecimento restrito do fornecedor, a parte autora se depare com dificuldades em produzir a prova necessária. Tal princípio se aplica também ao Ministério Público, enquanto substituto processual atuando em prol dos interesses da sociedade, dada a conotação finalística da norma. Ademais, não é dele, Instituição, o privilégio legal, mas sim da parte que representa, em regra hipossuficiente. Não obstante, prevalecendo o interesse público, deve prevalecer também a previsão de inverter o ônus da prova para a parte que assume o deve de exibi-la. (Décima Oitava Câmara Cível, agravo de instrumento nº 70014111504, Rel. Des. André Luiz Planella Vilarinho, julgado em 27.04.2006).
Direito público não especificado. ação civil pública. relação de consumo. produto contaminado. ministério público. legitimidade ativa afirmada, proteção de direito difuso. inversão do ônus da prova. código de defesa do consumidor (art. 6º, III). hipossuficiência técnica dos consumidores. superioridade da empresa fornecedora, disponibilidade de meios para a comprovação da qualidade do produto. decisão mantida. AGRAVO desprovido. (TERCEIRA CÂMARA CÍVEL, AGRAVO DE INSTRUMENTO Nº 70009516006, Rel. Des. Luiz Ari Azambuja Ramos, julgado em 21.10.2004).

advindos do fato do produto (art. 12 do CDC), vícios do produto (art. 18 do CDC) ou da publicidade, são naturalmente vulneráveis. Nestas situações, apresenta-se a avaliação da hipossuficiência ao juiz, considerada também a vulnerabilidade jurídica, como uma *presunção juris tantum*, somente capaz de ceder ante forte prova em contrário e que não desrespeite o direito de acesso ao Poder Judiciário, bem como a dicção inclusa no Código de Defesa do Consumidor, no sentido de que deva ser facilitada a defesa dos direitos dos consumidores em juízo (art. 6º, VIII, do CDC).

O Magistrado, portanto, na sua análise discricionária, necessariamente deverá relevar, no caso concreto, a existência desta presunção, pois, em assim agindo, estará realizando a interpretação mais consentânea com o sistema.

Destacamos, mais uma vez, que hipossuficiência não é um critério pessoal individual intrínseco a determinada pessoa, sendo, isto sim, específico para definir se está configurado algum tipo de "insuficiência" com relação ao processo, motivo pelo qual também deve ser utilizado, e com mais razão, para o consumidor coletivamente considerado.

Alguns doutrinadores fazem objeção ao conceito, dizendo que ele significa a mesma coisa que vulnerabilidade. Entretanto, existem várias diferenças:

– a primeira delas decorre da singela operação hermenêutica que diz não poder a lei conter palavras inúteis.

Carlos Maximiliano[219] bem define o significado do brocardo *"Verba cum effectu sunt accipienda"*, dizendo que:

"Não se presumem, na lei, palavras inúteis. Literalmente: 'Devem-se compreender as palavras como tendo alguma eficácia'. As expressões do Direito interpretam-se de modo que não resultem frases sem significação real, vocábulos supérfluos, ociosos, inúteis".

Falando especificamente das "palavras", informa que

"Dá-se valor a todos os vocábulos e, principalmente, a tôdas as frases, para achar o verdadeiro sentido de um texto; porque êste deve ser entendido de modo que tenham efeito tôdas as suas provisões, nenhuma parte resulte inoperativa ou supérflua, nula ou sem significação alguma".

Ora, caso a hipossuficiência não tivesse outra significação diversa de vulnerabilidade, aconteceria exatamente o que acima se apontou e muitos outros prejuízos, não somente de interpretação e sistematicidade, mas para a própria justiça material.

Com efeito, se as duas categorias jurídicas fossem a mesma coisa, não teria sentido atribuir ao juiz a aferição no caso concreto quanto à menor potência de um dos litigantes, pois a presunção legal *juris et de jure* de vulnerabilidade do consu-

---

[219] *Hermenêutica e Aplicação do Direito.* 7ª ed. Rio de Janeiro: Freitas Bastos, 1961, p. 311.

midor obrigaria o magistrado a *sempre* inverter o ônus da prova, resultando inútil a norma do artigo 6º, inciso VIII, do CDC.

Veja-se que o artigo 4º, inciso I, do CDC não apresenta qualquer condicionante, dizendo que "é reconhecida a vulnerabilidade (...)" do consumidor no mercado de consumo, independentemente das suas condições pessoais.

Assim, se todo consumidor é vulnerável, e se vulnerável fosse igual a hipossuficiente, em todas as demandas em que existisse um consumidor existiria um hipossuficiente e, em assim sendo, em todas as demandas sempre deveria ser invertido o ônus da prova.

– o segundo aspecto indica que a situação acima comentada traria a concretização de injustiça e desigualdade inaceitáveis. Surgiriam inúmeras ocorrências em que consumidores vulneráveis, mas com condições econômicas e sociais imensamente superiores ao fornecedor, se beneficiariam da inversão.

Aceito que fosse isto, aqueles que já eram desiguais no início da demanda, ficariam ainda mais desigualados no decorrer dela, prática esta que ofende os princípios da igualdade e da liberdade e, portanto, o próprio sistema consumerista. Por exemplo, imagine-se a situação de um importante empresário com muitas posses, que se desloca até uma pequena loja de móveis e adquire um berço de fabricação artesanal, que possui defeito que não é constatado pelo consumidor. Na sua residência e em pleno uso, o estrado de sustentação quebra, mesmo com o pequeno peso do bebê. Será possível considerar o grande empresário vulnerável? Obviamente que sim, bastando, para tanto, verificar se ele foi atingido, ofendido, melindrado.

De outra forma, agora em nível processual, o empresário-consumidor ingressa com ação contra a pequena empresa artesanal. Vale-se do seu aparato de 15 advogados, de três assistentes técnicos que contratou para analisar a questão e pleiteia, além de danos emergentes, o dano moral. Será possível considerar tal consumidor hipossuficiente em relação à maior ou menor facilidade de demandar em juízo, considerado o pagamento dos custos gerais endo e extraprocessuais? A resposta é contrária à anterior, não sendo aceitável a inversão do ônus da prova quando tenha o condão de desigualar mais ainda o desiguais.

– a demonstração acima esclarece que a vulnerabilidade é uma categoria jurídica de direito material, enquanto a hipossuficiência é de direito exclusivamente processual, tendo em vista a destinação específica da norma. A constatação também é salientada pela evidência de que a norma do artigo 6º, inciso VIII, do CDC serve para a "(...) facilitação da defesa (...)" dos direitos do consumidor. Ora, se o consumidor já possui tais facilidades naturalmente, não precisa dos privilégios da norma protetiva.

Somente deve ser protegido pela lei quem precisa.

Aliada a estes argumentos, a norma em questão, quando aponta o critério da hipossuficiência, somente se aplica à apreciação da questão enfocado o âmbito processual, não importando a relação jurídica de direito material, que relevará apenas para a avaliação da verossimilhança.

– aqueles que dizem que o vulnerável é hipossuficiente, porque é insuficiente em alguma medida, seja de cuidado, seja de conhecimento, seja de informação etc., dizem apenas o óbvio, mas por um prisma não processual, tampouco jurídico, constituindo-se em um raciocínio inútil, no sentido de que todos os seres humanos sempre, ao menos em algum momento, são ou serão insuficientes para se defender de tudo aquilo que possa lhes atingir. Isso é óbvio. A história nos traz vários exemplos trágicos e marcantes, que serve para ilustrar a diferença que traçamos. Um deles foi a morte do Presidente do EUA John Kennedy em plena via pública. Ou seja, o homem mais poderoso do mundo naquele momento era vulnerável? Sem dúvida, por isso acabou sendo ofendido, ferido, morto. Seria possível considerá-lo hipossuficiente? Transporte-se a caricatura para a relação de consumo, em nível processual, nos termos propostos pelo artigo 6º, inciso VIII, e não será difícil a resposta. Outro exemplo foi o também traumático acontecimento de 11 de setembro de 2001, quando dois aviões atingiram as chamadas Torres Gêmeas, o principal centro econômico dos Estados Unidos da América do Norte. Mais uma vez, mesmo sendo um dos países mais poderosos do mundo, não conseguiu evitar o atentado, por ser a vulnerabilidade uma realidade inerente à existência.

Assim, o materialmente vulnerável no primeiro momento pode ser o mesmo hipersuficiente no segundo momento, na fase processual, bastando, para tanto, aferir as suas condições sociais, econômicas, culturais, de assessoramento fácil e ao seu dispor (inclusive assessoramento técnico sobre a situação material surgida) e tudo mais que seja capaz de mudar a posição originária de desigualdade material. Alterando o consumidor por conta própria esta posição, conforme ocorreria no exemplo acima em que litigava e poderoso empresário-consumidor, não é necessário que a lei também o faça, sob pena de exagero gerador de odiável desigualdade.

Não se olvide sobre o tema, por fim, as regras do artigo 5º, inciso XXXII, que trata da obrigação do Estado em promover a defesa do consumidor, o artigo 5º, inciso LV, da CF (ampla defesa), artigo 170, inciso V, da CF e, principalmente, a norma-objetivo do artigo 4º do CDC.

Desta forma, conjugados estes dispositivos, com os da Lei da Ação Civil Pública – não se olvide que a Lei nº 7.347/85 se aplica ao Código do Consumidor, por expressa determinação do artigo 90 do CDC – , com os elementos tópicos e com o artigo 6º, inciso VIII, do CDC (hipossuficiência), deverá o julgador inverter o ônus da prova, para que seja facilitada a defesa individual dos consumidores, bem como para a defesa coletiva dos consumidores presumidamente hipossuficientes, na forma demonstrada.

10.3. NORMAS DE ORDEM PÚBLICA E DE INTERESSE SOCIAL

Os conceitos de ordem pública e de interesse social traduzem um enfoque conteudístico recíproco que tem como elemento de convergência a relevância do preceito para a coletividade, como organismo social organizado.

Código de Defesa do Consumidor
O PRINCÍPIO DA VULNERABILIDADE

José Luiz Bayeux Filho[220] comenta com muita propriedade o assunto dizendo que o critério do *jus congens* e *jus dispositivum,* ou seja, da norma cogente e dispositiva não é suficiente para estabelecer o conceito de norma de ordem pública, uma vez que ele está vinculado não a aspectos formais, mas sim ao "(...) conteúdo mesmo da norma".

Em assim sendo, para ele "(...) lei de ordem pública é aquela onde está presente *mais interesse social*", o qual admite graus de intensidade, reconhecido que, *lato sensu,* todas as normas seriam relevantes para a sociedade como um todo.

Especificamente tratando do CDC, afirma que

"(...) no caso dos direitos emergentes das *relações de consumo,* a intensidade do *interesse social* envolvido é *tão crucial,* que o legislador constituinte erigiu a defesa do consumidor também a *cânon constitucional,* ombro a ombro com o respeito aos direitos adquiridos: no mesmo art. 5º, onde estão as *garantias individuais constitucionais (...)".*

Continuando[221]

"(...) no seu *conteúdo*, as normas do Código do Consumidor possuem *mesmo um interesse social evidente,* sendo de se reconhecê-las como a verdadeira lei de *salus populi,* a que se refere Friedrich Affolter citado por Pontes de Miranda".

Destaca José Bayeux[222] que

"(...) a *norma de ordem pública* não se confunde com a norma de direito público. A norma de ordem pública contém, como insistimos acima, um interesse social intrínseco. Ela tanto pode ser de direito público como de direito privado. A norma de direito público (de direito administrativo, de direito tributário etc.) tem por característica a presença de um *interesse* do Estado que pode conter *ou não* um avultado interesse *de ordem pública".*[223]

Atílio Aníbal Alterini[224] fala, ainda, do conceito de "ordem pública econômica" na área dos contratos, a qual se dividiria em ordem pública de proteção, "(...)

---

[220] "O Código do Consumidor e o Direito Intertemporal". In: *Revista Direito do Consumidor*, vol. 5, RT, p. 58 e 59.

[221] Ob. cit., p. 60.

[222] Idem, p. 67.

[223] Também sobre o tema escreve Sérgio Varella Bruna, *O Poder Econômico e a Conceituação do Abuso em seu exercício,* São Paulo: Revista dos Tribunais, 1997, p. 173: 'A alusão ao *interesse público* não deixa de ser perigosa. Acerca da expressão, afirma Eros Roberto Grau, em seu *Elementos...,* cit., p. 19, nota 9: "...a noção de *interesse público* não coincide, necessariamente, com a de *interesse social.* O Estado tem se revelado, nos dias que correm, em todos os cantos do mundo, uma entidade que se aparta inteiramente da chamada sociedade civil. E, assim, move-se por razões próprias, de modo tal que não é possível identificar o *interesse público* – que o Estado representa – com o *interesse social'...* (veja-se do mesmo autor, ainda, *A ordem econômica...,* cit., p. 28-29). Em sentido análogo, Fábio Konder Comparato, em seu *O poder de controle...,* cit., p. 302, aduz: 'Em primeiro lugar, *interesse público* não quer dizer interesse estatal, pois ambos podem não coincidir, necessariamente, sobretudo em país como o nosso, em que o Estado mui raramente foi representativo do povo, ou sociedade civil'".

[224] "Os Contratos de Consumo e as Cláusulas Abusivas". In: *Revista Direito do Consumidor,* vol. 15, p. 10 e 11.

tendente a resguardar 'a uma das partes, e particularmente ao equilíbrio interno do contrato", e ordem pública de direção, "(...) pela qual os poderes públicos se propõem 'realizar certos objetivos econômicos, para os quais, em alguns casos, os atos privados ficam então sujeitos a autorizações estatais (...)".

Destes últimos ensinamento se depreende a possibilidade de que existam várias "ordens públicas", mas todas no sentido de determinações impostas pela relevância social, a fim de que seja concretizada ou prevenida conduta específica.

Cláudia Lima Marques[225] também se manifesta na mesma linha, ensinando que

> "(...) todo o Direito tem função social, o Direito é parte da estrutura da sociedade, é um de seus sistemas parciais, logo a expressão que estamos utilizando, 'lei de função social', deve ser entendida não como uma repetição da própria essência da norma, mas como destaque de uma característica ímpar de determinadas leis. São leis intervencionistas, leis de ordem pública econômica, que procuram realizar o que Ihering denominava *função social do direito privado (...)*".

Aprofundando os conceitos, a eminente doutrinadora assim se manifesta sobre o significado da expressão *ordem pública*,[226] ensinamentos que merecem integral transcrição:

> "Face a esta nova força normativa da Constituição, o direito privado passa a sofrer uma influência direta da nova ordem pública, no caso ordem pública econômica, por ela imposta; muitas das relações particulares, antes deixadas ao arbítrio da vontade das partes, obtêm relevância jurídica nova e conseqüente controle estatal rígido. As relações de consumo no mercado brasileiro e seu novo controle estatal através dos direitos e deveres positivados no Código de Defesa do Consumidor são exemplos claros deste fenômeno de 'publicização do direito privado.

> O caráter de norma de ordem pública de todas as regras do Código de Defesa do Consumidor representa um importante limite à autonomia privada, tanto em sua face econômica – a liberdade de iniciativa no mercado brasileiro (art. 170, V da Constituição) – como em sua face jurídica – a liberdade de contratar e a liberdade contratual de estabelecer o conteúdo destas relações (...).

> O caráter de ordem pública da norma em estudo é também importante porque a destaca hierarquicamente. Também no Brasil, as antinomias entre as normas do sistema (por exemplo, normas civis e normas comerciais, normas especiais para determinadas atividades econômicas e normas gerais, leis especiais para determinados contratos, como 'leasing', locação, alienação

---

[225] "A Responsabilidade do Transportador Aéreo Pelo Fato do Serviço e o Código de Defesa do Consumidor – Antinomia entre norma do CDC e de leis especiais". In: *Revista Direito do Consumidor*, vol. 3, nota 2, p. 189.

[226] "O Código Brasileiro de Defesa do Consumidor e o Mercosul". In: *Revista Direito do Consumidor*, vol. 8, p. 45 e 46.

fiduciária, contratos bancários etc. e regras gerais sobre contratos) resolvem-se com base nos três critérios clássicos: anterioridade, especialidade e hierarquia. Sendo que , em caso de conflito entre critérios (lei geral posterior e lei especial anterior, por exemplo), a hierarquia pode ser o critério definidor usado pelo juiz".

Quanto à expressão *interesse social*,[227] escreve que ela serve para unificar "(...) as disposições sobre matérias tão diferentes como civil, comercial, econômico, administrativo, processo civil e direito penal", possuindo, igualmente, a finalidade de tornar evidente a legitimação para a defesa dos interesses coletivos, por parte de entidades civis ou públicas. Neste sentido, comenta que "Dentre os órgãos estatais destaca-se a participação do Ministério Público, fiscal da lei e novo 'Ombudsman' do Mercado de Consumo brasileiro". Continuando, informa que o art. 1º do CDC, no qual está a menção interesse social,

> "(...) pode facilitar a atuação do Ministério Público, pois o art. 127 da CF de 1988, autoriza a sua atuação ampla (administrativa e judicial) para: 'a defesa da ordem jurídica, do regime democrático e dos interesses sociais e individuais indisponíveis'".

Nelson Nery Junior[228] aponta resultados práticos das normas de ordem pública do CDC, escrevendo que

> "(...) o juiz deve apreciar *ex officio* qualquer questão relativa às relações de consumo, já que não incide nesta matéria o princípio dispositivo. Sobre elas não se opera a preclusão e as questões que delas surgem podem ser decididas e revistas a qualquer tempo e grau de jurisdição (...)".

Outro resultado prático é que não pode haver disposição de direitos e garantias reconhecidos por este tipo de norma até mesmo por parte do consumidor, pois prevalece a importância da figura do consumidor individual como integrante de um contexto em que ele assume papel fundamental para a ordem econômica, reflexo da recuperação do conceito de "pessoa", que será abordado na seqüência deste trabalho.

A lei consumerista traz alguns critérios para a aferição da relevância social, os quais estão no artigo 82, § 1º, do CDC, em regra que trata da dispensa do requisito da pré-constituição das associações para que seja aceita ação coletiva de consumo, quando haja manifesto interesse social. Nesta norma de organização (norma de processo civil), este interesse é evidenciado pela "(...) dimensão ou característica do dano, ou pela relevância do bem jurídico a ser protegido".[229]

---

[227] "O Código Brasileiro de Defesa do Consumidor e o Mercosul". In: *Revista Direito do Consumidor*, vol. 8, p. 46 e 47.

[228] "Os Princípios Gerais do Código Brasileiro de Defesa do Consumidor". In: *Revista Direito do Consumidor*, vol. 3, editora RT, p. 51.

[229] Também sobre o assunto é o comentário de Teori Albino Zavaski. "O Ministério Público e a Defesa de Direitos Individuais Homogêneos". In: *Revista de Informação Legislativa*, vol. 117, p. 180.

Normas de ordem pública, assim, são aquelas que organizam as conduta, sob o ponto de vista sistemático-tópico, tendo como norte a relevância social emergente da situação sob análise, considerada a conjuntura política, econômica e de desenvolvimento integral e humanizado do país como um todo.

10.4. ESPÉCIES DE VULNERABILIDADE

Na forma antes escrita, vulnerar significa ferir, melindrar, ofender, o que induz à idéia de que existem inúmeras formas de que os consumidores possam ser feridos, melindrados, ofendidos.

Tentaremos, tendo em vista as diversidades da sociedade, seja sob o enfoque biológico, estrutural, político, de realidades passíveis de ocorrência na vida de relação etc., apresentar algumas distinções, objetivando uma abordagem profunda sobre os motivos de o consumidor ser reconhecido, por presunção legal, vulnerável.

10.4.1. Vulnerabilidade técnica

No item relativo às funções do direito, destacamos o conceito de técnica atribuído por Miguel Reale,[230] o qual esclarece que ela "(...) resulta da 'explicação' dos fatos, com *opção* de agir para alcance de um determinado fim particular", envolvendo "(...) regras necessárias quanto aos *meios* mas deixa livre a escolha dos fins (...)".

Aurélio Buarque de Hollanda Ferreira[231] define técnica como "a parte material ou o conjunto de processos de uma *arte*, prática".

Marcus Cláudio Acquaviva[232] informa que o método "(...)indica o que fazer, ao passo que a técnica indica o como fazer", acrescentando que a etimologia da palavra decorre de *téchne,* que significa "saber fazer".

A vulnerabilidade técnica, então, acontece quando o consumidor não detém conhecimentos sobre os meios utilizados para produzir produtos ou para conceber serviços, tampouco sobre seus efeitos "colaterais", o que o torna presa fácil no mercado de consumo, pois, necessariamente, deve acreditar na boa-fé com que o fornecedor "deve estar agindo".

Cláudia Lima Marques[233] comenta que este tipo de vulnerabilidade acontece quando "o comprador não possui conhecimentos específicos sobre o objeto que

---

[230] Ob. cit., vol. 1, p. 238.

[231] Ob. cit., p. 1162.

[232] *Dicionário Jurídico Brasileiro Acquaviva*. 7ª edição. São Paulo: Editora Jurídica Brasileira, p. 1356.

[233] *Contratos no Código de Defesa do Consumidor*. 2ª edição. São Paulo: RT, p.105.

está adquirindo e, portanto, é mais facilmente enganado quanto às características do bem ou quanto à sua utilidade".

A vulnerabilidade técnica se configura por uma série de motivos, sendo os principais a falta de informação, informações prestadas incorretamente e, até mesmo, o excesso de informações desnecessárias, esta última, muitas vezes, tendo o condão de impedir que o consumidor se aperceba daquelas que realmente interessam.

Concretiza-se a vulnerabilidade, também, porque a complexidade do mundo é ilimitada, sendo impossível ao consumidor o conhecimento específico das propriedades, dos malefícios e das conseqüências em geral da utilização ou contato com os modernos produtos e serviços. Assim, o desconhecimento é generalizado, desde a resistência do material utilizado para a fabricação de um singelo prego, capaz de gerar um acidente de consumo, até a contínua utilização dos serviços da *internet*, estes com possibilidades de gerar danos comportamentais nos consumidores.

De um modo geral, então, podemos distinguir cinco fontes geradoras da vulnerabilidade técnica, quais sejam, os produtos ou serviços naturalmente perigosos, os com defeitos, os com vícios, aqueles oferecidos por intermédio de práticas comerciais abusivas e os contratos, que, em nosso entender, não deixam de ser práticas comerciais abusivas, mas, devido à sua importância e independência epistemológica, devem ser tratados separadamente.

Os produtos e serviços naturalmente perigosos estão previstos a partir do artigo 8º do CDC.

Os defeitos são abordados no CDC nos artigos 12 e seguintes, na parte relativa à responsabilidade pelo fato do produto.

Os vícios constam nos artigos 18 e seguintes, sendo que as práticas comerciais abusivas são apresentadas a partir do artigo 30 do CDC, e os contratos principiam no artigo 46 da Lei Protetiva.

Todos estes "mundos" serão comentados especificamente ao longo do trabalho, apenas devendo ser citados neste momento, a fim de sistematizar a abordagem.

Esta simples identificação dos "focos" de vulneração abarca, em realidade, situações muito variadas e que têm o potencial de causar danos na mesma proporção.

Não são poucos os malefícios que podem surgir de produtos ou serviços inadequados, na forma já dita, abrangendo o mais ínfimo prejuízo até o mais grave, que, muitas vezes, tem reflexos na própria vida humana.

Todos conhecem a tragédia da talidomida, das próteses de silicone distribuídas por uma grande indústria americana, existindo vários exemplos dramáticos como estes, principalmente na área da alimentação das populações, o que, por si só, já demonstra a importância vital do tema relativo à vulnerabilidade técnica, haja vista estar repleto de interesse público e de relevância social.

Adalberto Pasqualotto[234] traz um exemplo de vulnerabilidade técnica surgida a partir da publicidade, em comentário intitulado "efeitos perversos", no qual aponta que toda uma geração foi lesada por uma forte campanha publicitária que apelava para a vaidade feminina (a alegada deformidade que a amamentação acarretaria aos seios da mulher), com o objetivo de vender leite em pó. Como resultado, os fornecedores de leite em pó encheram seus bolsos de dinheiro, enquanto os consumidores vulneráveis foram assolados por inúmeras doenças.

Não somente pelo fato de mencionar conseqüências falsas quanto à amamentação, também se criou, na época, um mito no sentido de que o leite materno era fraco e mereceria a complementação do leite industrial, que conteria dezenas de novas substâncias que seriam apropriadas aos bebês.

Acreditando nas promessas dos fornecedores, os consumidores não só não encontraram a satisfação desejada e prometida, como tiveram de suportar custos pessoais elevados em termos econômicos e de saúde.

Este exemplo abre uma reflexão em torno da responsabilidade do Estado pela saúde de todos os brasileiros. Será apenas do Estado? Será que muitas das doenças que estão sendo atendidas nos precários ambulatórios e hospitais do país não decorreram de problemas surgidos nas relações de consumo?

Em absoluto se pretenderia afastar o dever do Estado de prover a saúde de todos, entretanto, a questão é posta como se as doenças aparecessem espontaneamente, sem causa geradora e sem agente causador. Os mais variados problemas podem surgir do ato de consumo, desde problemas de intoxicação até infecções gravíssimas, mas a culpa sempre é do Estado.

Na atualidade, muitos apontam a incompetência e a insuficiência do SUS – Sistema Único de Saúde. Certamente as carências do Sistema também têm como causa os produtos e serviços inadequados colocados no mercado de consumo. Entretanto, grande parte dos agentes econômicos sequer cogita de assumir tal responsabilidade e, até pelo contrário, pratica uma postura rígida e de exclusão, o que não é compatível com a boa-fé que deve animar o relacionamento de consumo. Isso é facilmente verificado na prestação privada de saúde, quando encontramos as famosas cláusulas de exclusão, com toda a sua tecnicidade, objetivando impe-

---

[234] *Os Efeitos Obrigacionais da Publicidade no Código de Defesa do Consumidor*, São Paulo: RT, p. 33, assim comenta: "A questão do leite infantil ficou como um marco na luta contra desvios da publicidade. Uma trintena de empresas multinacionais sugeriam, especialmente em países do Terceiro Mundo, a substituição da amamentação materna pela mamadeira. Mexiam com a vaidade feminina e com o conforto da mãe. O leite em pó, que substituiria o aleitamento materno, era mais caro e, sendo nutricionalmente menos valioso, transformou-se em causa concorrente de desnutrição. As crianças tornavam-se mais indefesas frente às doenças. As más condições sanitárias, como escassez de água potável, mamadeiras não esterilizadas e falta de refrigeração, agravavam um quadro problemático de saúde pública, provocando doenças que foram chamadas de enfermidades *comerciogênicas*. Protestos mundiais, principalmente nas décadas de 60 e 70 sensibilizaram a Organização Mundial da Saúde, que em 1981 publicou o seu código".

dir a cobertura das doenças mais onerosas e graves, em nome da famosa e falaciosa autonomia da vontade.

É interessante este enfoque de parte do empresariado que atua na prestação de saúde, pois outras formas teriam para lucrar e, de fato, realizar um serviço de interesse público. É sabido que, na atualidade, são oferecidos planos de saúde coletivos para os empregados de grandes e médias empresas. Não seria muito mais viável economicamente para as grandes empresas de saúde privada, até como um diferencial de prestação de serviço, realizar exames periódicos nos produtos oferecidos no mercado de consumo, a fim de identificar para o cliente-empresa malefícios que eventualmente a sua atividade produtiva esteja causando aos consumidores em geral, inclusive e, provavelmente, aos seus clientes? Não seria mais barato manter laboratórios de qualidade dos produtos ao invés de ter de pagar, mesmo em juízo, pesadas indenizações e coberturas que poderiam ter evitado o seu surgimento?

Estas são questões que emergirão com força no milênio em que vivemos, pois a responsabilidade dos fornecedores neste âmbito de apreciação começará a ser evidenciada cada vez mais, na exata medida em que os consumidores estiverem mais organizados e fortalecidos e, assim, se tornarem menos vulneráveis tecnicamente, com o surgimento de órgãos técnicos de assessoramento idôneo.

Sobre o tema, José Reinaldo de Lima Lopes[235] escreve que

"O consumidor *médio* não tem como avaliar o que está comprando. Em casos de defeitos do produto deverá recorrer a quem tenha conhecimento especial relativo àquele produto, em nível semelhante ao do fabricante. Daí surge a necessidade de laboratórios e institutos de pesquisa independentes e confiáveis, capazes de atuar ao lado do consumidor".

Exemplo dramático disso e da completa falta de humanidade que assola a sociedade moderna são os vários casos de remédios adulterados, verdadeiro genocídio, a demonstrar a imensa e terrível vulnerabilidade dos consumidores, sendo de salientar que muitos doentes faleceram por não terem recebido as medicações adequadas, mas sim grosseiras imitações.

Fica evidenciado, também, que é desvantajoso para os fornecedores de serviços de saúde privada, bem como para todos os fornecedores idôneos, a existência de um consumidor doente ou sem potencial para investir no mercado de consumo. Ele possui um custo elevadíssimo para todos, motivo pelo qual a concorrência positiva, que vise a eliminar produtos ou serviços inadequados do mercado, seja por intermédio de denúncia aos órgãos de defesa do consumidor ou à imprensa, será uma tendência nas décadas que seguem, pois, defendendo o seu consumidor contra todas as fontes que o possam vulnerar, estará o fornecedor honesto e inteligente defendendo o seu próprio patrimônio.

---

[235] *Responsabilidade Civil do Fabricante e a Defesa do Consumidor*. São Paulo: RT, 1992, p.49.

Na antiga Coordenadoria de Defesa Comunitária de Porto Alegre tivemos, infelizmente, raras ocasiões em que fornecedores reclamaram contra concorrente, tendo existido um problema na área da publicidade de cursos de informática. Determinada empresa criou oferta pública dizendo que oferecia emprego, sendo que o candidato, ao chegar no estabelecimento comercial, era convencido a comprar os serviços de curso de informática. Como resultado, a empresa foi ré em ação coletiva de consumo e em ação de execução de compromisso de ajustamento (Lei nº 7.347/85, art. 5º, § 6º), tendo sido obrigada a pagar mais de R$ 45.000,00 (quarenta e cinco mil reais), bem como a alterar suas práticas abusivas.

Um outro exemplo que teve um resultado impressionante e que surgiu também a partir de reclamações de fornecedores, é o relativo à adulteração de combustíveis. Este é um assunto que envolve um dos setores mais lucrativos para o crime organizado, tendo o Ministério Público nacional assumido o problema como uma prioridade. Apenas para ilustrar, uma das quatro subdivisões do Grupo Nacional de Combate às Organizações Criminosas Promotor de Justiça Francisco José Lins do Rego Santos – GNCOC – trata especificamente deste tema, na atualidade já tendo sido feitas várias operações envolvendo Estados da Federação, seja no combate em nível cível, como criminal. Para tanto, iniciei no ano de 2000, no Ministério Público do Estado do Rio Grande do Sul, uma ampla organização em termos de convênios entre instituições, nos dias de hoje estando à disposição do *Parquet* vários laboratórios de análise, engenheiros químicos, equipes volantes, tudo isso com vistas à eliminação da vulnerabilidade técnica dos consumidores coletivamente considerados.

O resultado da atuação sintonizados entre fornecedores honestos e órgãos públicos, no caso dos combustíveis, foi extremamente positivo, servindo de exemplo para que outras parcerias público-privadas sejam levadas a efeito, única forma, em alguns ramos da atividade econômica, de serem alcançados objetivos efetivamente úteis para toda a sociedade.

No seguimento do trabalho, voltaremos a apontar exemplos e situações que envolvem a vulnerabilidade técnica, para o momento bastando conhecer alguns aspectos do conceito, na forma demonstrada.

10.4.2. Vulnerabilidade jurídica

Este tipo de vulnerabilidade se manifesta, predominantemente, na avaliação das dificuldades que o consumidor possui para defender seus direitos, seja na esfera administrativa, como na judicial.

Cláudia Lima Marques[236] comenta que seria a "(...) falta de conhecimentos jurídicos específicos, conhecimentos de contabilidade ou de economia".

---

[236] Ob. cit., *Contratos no CDC*, p. 106.

Ousamos divergir da respeitável jurista, pois esta deficiência de conhecimentos técnicos, na forma destacada, corresponde à mesma vulnerabilidade técnica.

O Direito, assim como a Economia, a Contabilidade e outros ramos do conhecimento também possui suas técnicas, e o fato de ser uma "ciência" compreensivo-normativa, e não meramente "explicativa",[237] não invalida a independência que tem relativamente aos meios para alcançar suas finalidades.

Por isso, visualizamos a vulnerabilidade jurídica em outro plano, qual seja, o momento em que surgiu algum problema decorrente da relação de consumo, originando a necessidade de adoção de medida por parte do consumidor, tendente a solucioná-lo, seja junto ao fornecedor, com o auxílio de advogados, ou nos órgãos de defesa do consumidor.

Assim, a vulnerabilidade jurídica acontece na fase extrajudicial, pré-processual, como na fase judicial.

Mauro Cappelletti[238] discorre sobre o conceito ora abordado, ensinando que o assunto relativo à

> "(...) pobreza, o tema da representação legal dos pobres, coloca os seguintes problemas: antes do Juízo, informação, assistência extra-judicial; e dentro do Juízo, assistência judiciária. Pode ocorrer que a assistência extra e préjudicial seja mais necessária, porque pobreza significa, normalmente, não apenas pobreza econômica, mas, também, pobreza jurídica. Isto é, pobreza de informação. Os pobres não conhecem seus direitos e assim não dispõem de informação suficiente para saber o que podem fazer para se protegerem, para obterem os benefícios que o direito substancial poderia lhes garantir".

Seguindo, afirma que outra "(...) forma de pobreza jurídica, de dificuldade de acesso ao direito e à Justiça (...)" acontece quando são atingidos os interesses fragmentados ou difusos, pois, muitas vezes, a pequena monta do prejuízo individual impossibilitará uma atividade defensiva do consumidor, evidenciando-se, desta forma, a sua vulnerabilidade "cuja pobreza consiste na dificuldade de organização".

Registre-se que a falta de informação comentada pelo eminente jurista italiano diz respeito principalmente ao fato de que os vulneráveis juridicamente não sabem sequer a que órgãos devem se dirigir, neste aspecto salientando-se a diferença sutil, mas real, entre o débil técnico e o jurídico.

---

[237] Miguel Reale, Ob. cit., vol. 1, p. 226: "É mister, pois, distinguir entre as *leis físicas* ou naturais, de ordem *explicativa*, e as *leis culturais* que envolvem uma 'conexão de sentido', sendo de ordem *compreensiva*. Uma das expressões das leis culturais são as *normas*, que implicam no reconhecimento da necessidade ética de se agir ou não em certo *sentido*...O explicar é condição do compreender, porque em todo objeto cultural existe um elemento que é o 'suporte'. A compreensão marca, ao contrário, a tomada de contacto com o elemento valorativo ou axiológico, que nos dá o sentido ou significado do ser. Se lembrarmos, a esta altura, que as regras morais e as jurídicas são bens de cultura, compreenderemos logo que elas não podem ser apenas explicadas, porque devem ser 'compreendidas'".

[238] *Revista do Ministério Público nº 18*, 1985, Porto Alegre, p. 09, 10 e 12.

A vulnerabilidade jurídica em algum aspecto talvez possa se equiparar à hipossuficiência, pois, na forma já dita, todo hipossuficiente é vulnerável, mas nem todo vulnerável é hipossuficiente. Ou seja, em sendo a hipossuficiência um conceito processual, que indica a possibilidade ou não de serem custeados os ônus decorrentes do processo, poderão existir situações em que o consumidor possuirá tal possibilidade, não terá insuficiência em relação a este aspecto, mas, mesmo assim, ainda continuará vulnerável, com possibilidades de ser ofendido, melindrado, ferido (vide conceituação exposta) pela atuação mais forte e intensa do fornecedor.

Por esse motivo, frisamos que a hipossuficiência é um conceito relacionado ao processo e à possibilidade de custeá-lo, de levá-lo a bom termo, enquanto a vulnerabilidade é um conceito que relaciona as forças em geral dos dois pólos da relação de consumo, verificando se um é mais fraco que o outro.

Flávio Cheim Jorge,[239] citando Galanter, aborda o assunto da vulnerabilidade jurídica a partir da distinção "litigantes eventuais" e "litigantes habituais", procurando identificar realidades vividas por todos aqueles que militam nos foros, mas que, na maioria das vezes, não são consideradas principalmente por membros do Ministério Público e por Magistrados, resultando, assim, em uma apreciação parcial das forças que litigam em juízo.

Estas as características dos litigantes habituais:

– "(...) maior experiência com o Direito possibilita-lhes melhor planejamento do litígio" – não há como não reconhecer que aquele litigante que já passou pelo mesmo tipo de problema em juízo pode inclusive alterar a sua maneira de argumentar no processo, por uma série de motivos. Desde o conhecimento do magistrado que atua na vara, suas convicções e forma de agir, até o tipo de alegações que normalmente são veiculadas pelos consumidores, tudo isto sendo possível avaliar previamente, para o efeito de planejar uma boa conduta processual.

Possibilidades de conversas sobre acordos podem inexistir para o fornecedor, pois conhece determinadas ocorrências no processo, que normalmente lhe beneficiam, enquanto o consumidor, litigante eventual, gastará energia tentando esta possibilidade que, muitas vezes, devido à sua natural vulnerabilidade decorrente da necessidade, imaginará ser a melhor saída.

– "(...) o litigante habitual tem economia de escala, porque tem mais caso" – neste aspecto emerge o problema da hipossuficiência, evidenciando que ela deve ser analisada também com o auxílio deste critério, pois o custo global de um processo para o fornecedor deve relevar o número de demandas que possui. Assim, quanto maior for a quantidade de feitos, menores serão os custos das demandas individualizadas, a começar com as despesas com advogados.

---

[239] "Responsabilidade Civil por Danos Difusos e Coletivos Sob a Ótica do Consumidor". In: *Revista Direito do Consumidor*, vol. 17, RT, p. 109.

– "(...) o litigante habitual tem oportunidades de desenvolver relações informais com os membros da instância decisora" – não há como negar, também, que o ser humano é movido por simpatias e antipatias, variando naturalmente o seu estado de ânimo para a realização de qualquer coisa, tendo em vista a pessoa do seu interlocutor.

Neste aspecto, relações de amizade se formam, estados de confiança prévia e recíproca se criam, ocorrendo, eventualmente, abusos neste sentido, com decisões e condutas processuais eivadas de sentimentos pessoais, situações estas que não são tão raras como possam parecer.

Sentimentos de respeito ou até veneração relativamente a alguns profissionais reconhecidos no meio jurídico também, por vezes, contribuem para a alteração das potências na relação processual, tudo isto resultando em óbvia distinção de forças em favor dos litigantes habituais que, normalmente, são fornecedores.

– "(...) ele pode diluir os riscos da demanda por maior número de casos" – de acordo com o já afirmado, conhecendo melhor os riscos existentes em determinada demanda, o litigante tem condições de mais facilmente se posicionar em relação a ela, dando continuidade, aumentando a força da argumentação, acordando etc.

– "(...) pode testar estratégias com determinados casos, de modo a garantir expectativa mais favorável em relação a casos futuros".

Aliado a isto, comenta Flávio Cheim que os litigantes habituais possuem profissionais especializados e em permanente atividade na área jurídica de defesa da empresa, estando, portanto, acostumados a problemas semelhantes, o que lhes garante um grau de organização e eficiência incomparáveis com o de outros bons profissionais da mesma área do Direito. A disparidade é potencializada se for realizada comparação com "profissionais que são procurados em virtude dos baixos honorários cobrados ou lhes são impostos pelo estado, que em função dos baixos salários recebidos, não proporcionam a dedicação e competência desejada".[240]

Em resumo, ressalta o mestre paulista que tudo isto resulta em "(...) menos problemas em mobilizar as empresas no sentido de tirarem vantagens de seus direitos, o que, com freqüência, se dá exatamente contra aquelas pessoas comuns que, em sua condição de consumidores, por exemplo, são as mais relutantes em buscar o amparo do sistema judicial".

Não bastassem todas estas "facilidades" existentes para os litigantes habituais, deve ser relembrado que as empresas jamais assumem os prejuízos das demandas, mas sim os internalizam como custos, que servirão para fazer a composição dos preços dos seus produtos ou serviços e posterior repasse aos consumidores.

Antonio Herman de Vasconcellos e Benjamin,[241] nos mesmos termos, se manifesta, abordando o assunto relativo à responsabilidade pelo fato do produto, que igualmente se aplica à responsabilidade pelo vício do produto:

---

[240] Ob. cit., p. 109.

[241] *Comentários ao Código de Proteção do Consumidor*. São Paulo: Saraiva, 1991, p. 69.

"(...) finalmente, a exigência moderna é no sentido de que nenhum consumidor vítima de acidente de consumo arque sozinho com os seus prejuízos ou fique sem indenização. Todos os beneficiários da sociedade de consumo – os outros consumidores – devem repartir tais prejuízos. E isso é possível apenas através da responsabilização do fornecedor a quem incumbe, por mecanismos de preço, proceder à internalização dos custos sociais (externos) dos danos.

(...) paira uma razão de justiça distributiva, sistema este baseado na necessidade de correção dos efeitos do processo de produção e consumo em massa, repartindo-se, de maneira mais eqüitativa, os riscos inerentes à sociedade de consumo através de sua canalização até o seu criador inicial e às seguradoras. O que não se admite é despejar esses enormes riscos – e conseqüentes sacrifícios – nos ombros do consumidor individual".

Também sobre o assunto é o comentário de Arystóbulo de Oliveira Freitas:[242]

"Não se pode esquecer, como bem analisado por Carlos Ferreira de Almeida, que a mudança (gradativa) da responsabilidade subjetiva para a objetiva é perfeitamente assimilada pelos fornecedores, na medida em que, no sistema econômico vigente, o custo social de tal transformação é, em última análise, arcado pelo próprio consumidor, uma vez que, repassada a obrigação de indenizar para as seguradoras, o preço do prêmio é, via de regra, repassado ao produto ou serviço".

Já o consumidor, litigante eventual, está sempre com a possível realidade de ter de arcar com os custos de eventual derrota que, muitas vezes, obrigará a não ingressar em juízo com medo de ainda ser condenado a pagar os ônus da sucumbência, o que, por si só, já seria suficiente para demonstrar a terrível disparidade de forças entre fornecedores e consumidores, sob o aspecto da vulnerabilidade jurídica.

Aliás, este problema da sucumbência é complicadíssimo, pois facilmente podem existir situações em que são pedidas indenizações por parte de consumidores, seja por dano emergente e dano moral ou qualquer outra hipótese em que seja possível imaginar um final do processo com procedência parcial. Ocorrida esta, o consumidor ganha uma parte, mas perde a outra, tendo como conseqüência, ainda, a obrigação de pagar ao fornecedor numerário que poderá ser até mesmo superior ao auferido na parte acolhida no julgado.

Por isso, entendemos que a sucumbência deve ser fixada apenas com base no êxito ou não do autor quanto ao pleito de fundo, balizada, ainda, pela confirmação da necessidade que o vulnerável teve de ir a Juízo, no que tange às lides envolvendo relações de consumo. Relembremos que, se já é difícil acompanhar a

---

[242] "Responsabilidade Civil Objetiva no Código de Defesa do Consumidor". In: *Revista Direito do Consumidor*. RT, volume 11, p. 115.

velocidade da tecnologia posta à disposição no mercado de consumo, imaginemos como os profissionais do direito que defendem consumidores poderão realizar pedido com valores de condenação precisos ou aproximados daqueles que poderiam ser deferidos judicialmente?

Tivemos oportunidade de vivenciar situação em que o consumidor possuía um crédito de R$ 500,00 (quinhentos reais) por uma cobrança indevida feita por empresa fornecedora de grande porte. O consumidor pleiteou o pagamento em dobro, com base na regra do artigo 42, parágrafo único, do CDC. Na primeira instância do juizado especial cível foi deferido integralmente o pedido, mas, na câmara recursal, a condenação foi reduzida para simples. Foi reconhecida a sucumbência parcial, e o consumidor somente recebeu os R$ 500,00 reais que sempre foram seus e haviam sido retirados indevidamente pela empresa. Esta não teve maiores custos, pois era litigante habitual e apenas teve de devolver o que nunca foi seu, enquanto o consumidor, naturalmente vulnerável, teve de descontar dos R$ 500,00 (quinhentos reais) os custos endo e extraprocessuais, tais como honorários de advogado, xerox para as citações, transporte, tempo gasto com audiências etc. Ou seja, o mais forte da relação de consumo nada perdeu, enquanto o mais fraco não ganhou o que devia ganhar e ainda perdeu parcela do que já era seu.[243]

A situação acima descrita não é uma exceção, mas sim o reflexo da ideologia que ainda assola a mente dos operadores do Direito, no sentido de que a empresa não pode auferir o mínimo prejuízo, e deve existir o máximo cuidado quanto a isto, pois os fornecedores, inevitavelmente, são mais organizados e poderosos em sentido amplo, possuindo tal realidade reflexos inegáveis. Assim, o que se nota em alguns julgados é uma relativa preferência por conceder "um pouco", senão estritamente aquilo que sem qualquer esforço de interpretação é devido, do que aplicar uma regra clara que estenderia a condenação, mas que obrigaria a empresa a pagar em dobro aquilo que era cristalino como devido.

Por este motivo é que se escreveu longamente sobre as funções sociais do direito, objetivando demonstrar que na sua realização não interfere, apenas, o dever de conceder aquilo que estritamente emerge como devido. Tal operação seria muito fácil, mas não em igual medida justa. O direito possui outras funções, sendo uma das principais a orientação de comportamentos, a qual contém um sentido preventivo-pedagógico tendente a evitar que conflitos semelhantes voltem a acontecer e, assim, possa ser obtida a harmonia das relações de consumo, um dos princípios esculpidos no artigo 4º do CDC.

---

[243] Flávio Cheim Jorge, ob. cit., p. 107 cita Cappelletti, Acesso à Justiça, p. 16: "O alto custo para as partes é particularmente óbvio sob o 'sistema americano', que não obriga o vencido a reembolsar o vencedor os honorários despendidos com seu advogado. Mas os altos custos sob o sistema, mais amplamente difundido, que impõe ao vencido os ônus da sucumbência ... A penalidade para o vencido nos países que adotam o princípio da sucumbência é aproximadamente duas vezes maior – ele pagará os custos de ambas as partes. A longa relação dos países que, com algumas variações, adotam o ônus da sucumbência ao vencido inclui: a Austrália, a Áustria, a Bélgica, o Canadá, a Inglaterra, a França, a Alemanha, a Holanda, a Suécia. Alguns países, entre os quais a Colômbia, a Itália, a Espanha e o Uruguai, embora adotem o princípio da regra da sucumbência, dão ao juiz ampla discrição para distribuir as despesas entre as partes".

No paradigmático exemplo dado, a empresa voltará a realizar o mesmo ato, pois, na pior das hipóteses, saberá que simplesmente terá de devolver o que indevidamente retirara do consumidor, sem qualquer outro ônus.

A vulnerabilidade jurídica, igualmente, evidencia-se porque o consumidor está diante, muitas vezes, de uma necessidade premente, enquanto o fornecedor não tem qualquer pressa. Pelo contrário, quanto mais demorar a demanda, melhor será para o fornecedor, tática esta, aliás, seguida por muitas empresas na área do direito do trabalho, onde ocorre o mesmo problema.

Diante disso, é preferível, por vezes, fazer um mau acordo com o fornecedor, ao invés de continuar o litígio, prevalecendo aquela expressão "(...) não se sabe quando este processo acabará".

Em acréscimo a todas estas vulnerabilidades, existe, ainda, a ideologia do rito ordinário, já citada no início deste trabalho, pela qual o réu naturalmente possui todas as vantagens. Sobre ela, Ovídio Baptista da Silva[244] escreve que

> "(...) ao contrário do Direito Inglês, que empresta significativo relevo à prova *prima facie*, liberando o autor do *onus probandi*, quando ele haja produzido prova de simples verossimilhança da procedência de sua ação (Micheli, ob. cit., p. 203) e do antigo Direito germânico, onde 'la mera afirmación en juicio' podia ter relevância probatória (Micheli, p. 29), o Direito moderno, nos sistemas oriundos do Direito romano-canônico, dá preponderância absoluta à doutrina romana a respeito do ônus da prova, uma vez que, como anota Micheli (p. 19), naqueles sistemas jurídicos que permitem a tomada de decisões com base em mera plausibilidade do direito, 'el demandado no gozaba de buena fama', ao passo que, para o liberalismo que informa nossas instituições processuais, sua excelência, o réu, é colocado num pedestal de onde não poderá ser retirado a não ser com base em juízos de 'certeza do direito', investigada através de critérios objetivos – tal como nas ciências experimentais – nunca com fundamento em avaliações subjetivas do julgador (Micheli, p. 488)".

E mais, a predomínio da ideologia de auxílio ao réu está em vários institutos do processo civil atual, em que pese estar comprovado que o maior número de julgamentos é de procedência, o que flagrantemente fere o princípio da eqüidade,[245] que deve informar as lides atinentes às relações de consumo.

---

[244] "Decisões interlocutórias e sentenças liminares". In: *Revista Ajuris 51*, p. 135.

[245] Carlos Alberto Alvaro de Oliveira, *Do Formalismo no Processo Civil*, São Paulo: Saraiva, 1997, p. 208, assim escreve sobre eqüidade: "O sentimento do justo concreto conduz ao problema da eqüidade, conceito não unívoco do qual podem ser identificados pelo menos cinco espécies: a) a eqüidade com função dulcificadora, forma de suavização da justiça estrita por outros fatores, como a benignidade, a misericórdia, a solidariedade humana, de modo a preservar certos valores considerados fundamentais; b) a eqüidade como função decisória, empregada para resolver casos, apresentando assim perfil *extra legem*; c) a eqüidade flexibilizadora, a constituir o próprio tipo legal, diante do conceito indeterminado contido na lei, agindo *secumdum legem,* a exemplo das cláusulas gerais, os chamados *standards* jurídicos e os conceitos normativos; d) a eqüidade com função interpretativa individualizadora, recurso normal à disposição do operador jurídico no processo de aplicação das normas e

Assim, conforme comentário de Antonio Carlos Efing[246] "(...) temos de transpor o obstáculo que, para o acesso a justiça, representa a solidão do consumidor: isoladamente, é um ser desarmado; tudo concorre para tirar-lhe a coragem de ingressar nos tribunais para enfrentar-se com o responsável pelo ato lesivo", o que será feito por intermédio dos entes coletivos de defesa do consumidor.

Neves Ribeiro (Director do Gabinete de Direito Europeu do Ministério da Justiça da República Portuguesa)[247] comenta que

"(...) há um déficit de meios processuais novos e caducidade de meios processuais antigos. A nosso ver, o papel do MP é decisivo neste combate a benefício do consumidor, quer actuando com a participação dos particulares, como tal, ou constituídos em associações ou, porque não, em fundações".

Nicole L'Heureux[248] aborda o assunto dos juizados de pequenas causas, dizendo que esta seria uma solução adequada, no que tem, certamente, razão.

Ao menos do Estado do Rio Grande do Sul e mesmo com os grandes problemas enfrentados, o juizado especial cível tem atuado com rapidez e agilidade, sem falar do grande número de processos que atende anualmente.

Não é incomum encontrar advogados de grandes empresas, litigantes habituais, que dizem estar preferindo fazer acordos diretamente com o consumidor do que esperar o ingresso deste no juizado especial, pois a adoção da segunda conduta somente oneraria o fornecedor indevidamente. Ou seja, a atuação do Poder Judiciário, nestes termos, está concretizando um dos principais princípios do CDC, que é o da harmonização das relações de consumo, através da qual o consumidor e fornecedor diretamente compõem o provável litígio.

Como segundo aspecto, aponta a doutrinadora canadense o grande benefício das ações coletivas, dizendo que, muitas vezes, "o valor monetário das ações individuais pode, ser muito pouco ou, em razão de circunstâncias particulares, certas vítimas não quereriam ou não poderiam desencadear o processo judiciário". Em acréscimo, aponta que este tipo de ação "(...) proporciona um mecanismo que permite reunir pequenos processos em uma só ação, substancialmente bastante, e que torna economicamente factível, pelas economias de escala, a reunião de vítimas que, de outra forma, não poderiam permitir-se individualmente contratar um advogado para defender sua causa perante a justiça". Com isto, "(...) o poder de barganha dos membros da classe é assim fortalecido".

Servem as ações coletivas, igualmente, para reduzir o número de processo nos foros, diminuindo o número de provas a serem feitas, de atos processuais a

---

para ponderação das particularidades do caso e que opera mesmo sem permissão legal; e) a eqüidade com função corretiva, *contra legem,* para evitar a aplicação de normas a hipóteses para as quais se revelam inadequadas".

[246] "Sistema Financeiro e o Código do Consumidor". In: *Revista Direito do Consumidor,* vol. 17, p. 83.

[247] "Acesso dos Consumidores à Justiça – Algumas Dificuldades do Sistema Jurídico em Vigor – Propostas de Solução". In: *Revista Direito do Consumidor,* vol. 12, p. 7 e 8.

[248] "Acesso Eficaz à Justiça: Juizado de Pequenas Causas e Ações Coletivas". In: *Revista Direito do Consumidor,* vol. 5, p. 10.

realizar, em suma, economizando os serviços de toda uma estrutura que é cara e que tem reflexos na administração da justiça como um todo.

Por fim, comenta a doutrinadora que as ações coletivas auxiliam na prevenção, pois, sabedores os agentes econômicos que poderão sofrer a atuação administrativa de órgãos como o Ministério Público e, posteriormente, do Poder Judiciário, preferirão adequar suas condutas, considerado que não mais existirá a "dispersão geográfica das vítimas" e, a qualquer momento, poderão sofrer uma ação de monta, com todos os prejuízos, até mesmo para a imagem do fornecedor, que este tipo de demanda pode causar.

As ações coletivas, portanto, são o exemplo da concretização da união que fortalece, precisando os consumidores de órgãos que os agreguem e necessitando as entidades de defesa dos consumidores destes, individualmente considerados, para que sejam feitas as fiscalizações de cumprimento de eventual medida que tenha sido imposta judicial ou extrajudicialmente aos fornecedores.

Neste particular, é importante ressaltar os grandes benefícios trazidos pela criação dos compromissos de ajustamento (criado pelo artigo 113 do CDC, o qual incluiu no artigo 5º da Lei nº 7.347/85 o § 6º), que são títulos executivos extrajudiciais formalizados entre entes públicos e fornecedores, os quais obrigam estes a adotar determinadas condutas corretivas da sua atividade laboral, sob pena de pesadas multas, o que tem auxiliado imensamente na harmonização das relações de consumo.

No Estado do Rio Grande do Sul, existe grande número de compromissos firmados, bastando a reclamação de um consumidor indicando que houve desrespeito, para que seja imediatamente intimada a empresa a pagar a multa, sob pena de execução judicial direta.

Todavia, para que realmente possa ser um pouco diminuída a vulnerabilidade jurídica do consumidor, é preciso que sejam seguidos os alertas feitos por Adroaldo Furtado Fabrício,[249] dos quais emergem os seguintes ensinamentos, que podem ser assim resumidos:

– "(...) a própria lide Carneluttiana, em sua formulação original, supunha essa paridade e sugeria um processo de feição claramente duelística (...)". Este modelo "(...) mesmo servindo à solução dos conflitos para os quais foi concebido (...) é claramente insuficiente para acolher o dado novo dos contenciosos de massa (...)";

– existe a realidade da "(...) imensa maioria da dispersa e vaga coletividade interessada";

– "(...) imensa dificuldade de acesso individual dos lesados, em regra pobres, humildes e desinformados, aos órgãos jurisdicionais";

---

[249] "Novas Necessidades do Processo Civil e os Poderes do Juiz". In: *Revista Direito do Consumidor*, vol. 7, p. 30 até 36.

– "(...) a monumental e desanimadora diferença de forças, meios e recursos que separa o litigante eventual do habitual".

– o litigante habitual "tem a seu favor a experiência acumulada dos litígios passados e a preparação sempre mais aprimorada para os futuros (...) os quadros próprios e eficientes de assessoria jurídica e procuratório judicial; está melhor aparelhado à produção de provas de seu interesse (...)";

– sobre os contenciosos de massa, afirma ser fundamental o "(...) reconhecimento dos chamados corpos intermediários (...) os sindicatos, associações, organismos de defesa de interesses coletivos em geral. A legitimação do Ministério Público, para muitos gêneros, será complemento indispensável";

– para reequilibrar as forças "(...) a tendência é no sentido de depressão do princípio dispositivo e incremento dos poderes do juiz na condução do processo".

– "(...) o que se pretende alcançar já não é só o contraditório 'formal', no sentido de mera e pouco mais do que aparente oportunidade para a manifestação de uma e outra parte, mas o 'contraditório substancial', efetivo, único apto a assegurar a verdadeira igualdade em juízo".

– sobre o papel do poder judiciário diz que "(...) Juiz contido pela camisa-de-força do formalismo rígido é Juiz que, mesmo capacitado a vislumbrar o justo, não o pode realizar (...). Por tibieza ou por falta de assimilação da mentalidade nova ora enfatizada, os juízes freqüentemente se abstêm de utilizar por inteiro os poderes que o sistema legislado já lhes põe à mão. Mui raramente se vê o juiz tomar iniciativas atinentes à produção da prova, embora seja o destinatário dela (...)"

– "(...) não se têm notícias de advertência e apenação dos tantos executados cuja conduta é afrontosa à dignidade da justiça", havendo parcimônia no tratamento dos litigantes de má-fé.

Estes os componentes principais que contribuem para a vulnerabilidade jurídica dos consumidores.

10.4.3. Vulnerabilidade política ou legislativa

Iniciaremos este tópico refletindo sobre as manifestações reais do poder, sendo o Direito, certamente, uma delas, pois as leis, *lato sensu*, são o resultado de inúmeros confrontos sobre pontos específicos, que foram solucionados pela predominância da vontade da maioria daqueles que se apresentavam como mais fortes e capazes de reunir o maior número de legisladores.

Os motivos para que sejam editadas legislações, entretanto, podem ser os mais variados, sendo que a história, a sociologia, a psicologia e mesmo as manchetes dos jornais atuais evidenciam, à exaustão, que tipo de interesses muitas vezes são atendidos.

Conforme disse Ferdinand Lassalle,[250] as instituições jurídicas são "os fatores reais de poder" transcritos em "folha de papel", sendo publicadas, por vezes, regras que não correspondem à vontade da maioria, tampouco atendem aos mais elementares direitos, especialmente do consumidor.

O grande jurista argentino Ricardo Luis Lorenzetti[251] assim comenta sobre o desprestígio da lei:

"A proliferação de leis representa uma dessacralização, já que, ao serem abundantes, adquirem as normas um caráter instrumental que as desvaloriza.

Há uma dinâmica da criação contínua de leis e instituições e um subseqüente deslizamento hierárquico.

Pensamos todos, com supina ingenuidade que, frente a um problema, é preciso editar uma lei. Isto não fez mais do que depreciar o poder normativo. Muitas leis são totalmente ignoradas pelos cidadãos (...)

Algumas leis se contradizem entre si (...)

Leis cuja vigência se ignora, outras que perdem eficácia, outras que se desconhecem, outras modificadas por decretos e todas elas criando um sistema dífcil de interpretar (...)

Na criação legislativa não há um atod de soberania estatal mas o acordo prévio dos grandes grupos organizados; se trata de uma espécie de contrato, de acordo, que impõe a lei que convém a seus interesses. Em outros casos, a eficácia da lei depende exclusivamente do consenso social que alcance (...)

A lei especial costuma incorporar uma linguagem própria ao setor que regula, linguagem técnica, um 'tecnolinguagem' que só é compreendida por indivíduos treinados nesse novo jargão legislativo.

A norma se torna fora do alcance do cidadão.

O processo de criação legislativa tem alguma semelhança com o que vimos de expor. A criação de leis e decretos *ad hoc* oara solucionar um problema específico ou para atender à necessidade de um grupo é um processo de diferenciação do produto legislativo.

A proliferação produz insegurança e imobilidade. Não se sabe exatametne qual a lei em vigor (...)

O princípio segundo o qual o Direito se presume conhecido é uma falácia".

Esta realidade descrita acima também acontece em larga escala no Brasil, às vezes se originando de propostas que advêm do Poder Legislativo e outras do Poder Executivo.

---

[250] *A Essência da Constituição.* 3ª edição. Liber Juris, p. 9.

[251] *Fundamentos de Direito Privado.* São Paulo: Revista dos Tribunais, 1998, p. 57, 58 e 70.

Exemplo do segundo tipo é a edição e reedição de grande número de medidas provisórias, que acabam se convertendo em lei, sendo a prova mais contundente disso a conhecida Emenda Constitucional nº 32, de 11 de setembro de 2001, a qual, no seu artigo 2º dispôs que "as medidas provisórias editadas em data anterior à publicação desta emenda continuam em vigor até que medida provisória ulterior as revogue explicitamente ou até deliberação definitiva do Congresso Nacional". Fazendo uma blague, é a instituição de um "trenzinho da alegria" em matérias legislativas de alta relevância como as veiculadas na medida provisória nº 2.180, de 24 de agosto de 2001, que alterou dispositivos sobre a não-concessão de liminares deferindo compensação tributária, a alteração absurda da eficácia *erga omnes* e *ultra parte* nas ações coletivas, o descabimento de ação civil pública para atacar abusivas imposições tributárias massificadas e muitas outras afrontosas anomalias que atingem o cidadão-consumidor, inclusive na sua dimensão de consumidor-contribuinte, na forma do que será visto quando tratarmos a vulnerabilidade tributária do consumidor.

A vulnerabilidade política, então, acontece porque o consumidor ainda é bastante fraco no cenário brasileiro, mesmo reconhecendo o papel fundamental e de grande valor que realizam instituições como o BRASILCON, a Associação do Ministério Público do Consumidor, o IDEC e outras entidades que vêm desenvolvimento trabalhos tendentes a evitar retrocessos no campo do Direito Consumerista. Mesmo assim, eventualmente são introjetados "mostrengos" jurídicos do Direito Positivo brasileiro, motivo pelo qual destacamos este tipo de vulnerabilidade de forma independente, com o objetivo de ressaltar a importância do seu estudo específico e em apartado, para que, com maior veemência, possam ser rechaçados abusos que são tentados pela via da formulação de leis.

Nos Estados Unidos da América do Norte acontece situação diversa, sendo imensa a força dos consumidores, exatamente porque os movimentos de organização e de aumento de potência já possuem tradição naquele país. José Geraldo Brito Filomeno[252] comenta que o movimento consumerista "(...) nasceu e se desenvolveu a partir da segunda metade do século XIX, nos EUA (...)", sendo que, em 1981, foi criada a "Consumers' League" em Nova Iorque, informações estas que evidenciam a existência de mais de 120 anos de experiência no trato dos conflitos surgidos nas relações de consumo.

No Brasil, o Código do Consumidor aparece somente em março de 1991, o que ressalta o longo caminho que vagarosamente terá de ser percorrido para que se criem mecanismos gerais de força, capazes de manter as conquistas do consumidor e, até mesmo, ampliá-las, haja vista que este é um dos principais caminhos para o desenvolvimento de um país.

Sempre ressaltamos o comentário de José Geraldo Brito Filomeno,[253] quando cita John Richard Hicks, Prêmio Nobel de Economia de 1972, o qual afirmou

---

[252] *CDC Comentado*. 3ª edição. Forense Universitária, p. 40.

[253] Ob. cit., *CDC Comentado*, p. 46.

que "(...) quem garante todos os empregos não são os empresários, os sindicalistas ou os governantes, são os consumidores".

Como resultado, aumentar a potência dos naturalmente vulneráveis somente servirá para promover o progresso do país como um todo, em que pesem alguns setores que se beneficiam do caos ainda não acreditarem nisso, continuando a atuar na produção de leis absolutamente prejudiciais para o país, evidenciando uma visão estreita, imediatista e parcial dos fenômenos econômicos e sociais.

Já vivenciamos a tentativa de incluir o sistema jurídico brasileiro disposição que objetivava estender a aplicação da cláusula de arbitragem em contratos de adesão oferecidos para consumidores. Incrivelmente, foi realizada uma longa discussão sobre a possibilidade ou não disso, sendo que, felizmente, por obra de alguns juristas, dentre eles Antonio Herman de Vasconcellos e Benjamin, o dispositivo não foi acolhido, perdurando a vedação do artigo 51, inciso VII, do CDC.

O espanto que a tentativa causou é imenso, pois chega a ser afrontoso que conflitos decorrentes de um contrato já pré-determinado pelo fornecedor sejam resolvido, "de igual para igual", como se tal situação fosse capaz de existir em uma sociedade tão evidentemente desparelha. Na época refletíamos com preocupação, porque não conseguíamos vislumbrar como seria possível escolher um árbitro para resolver as controvérsias, o qual deveria ser da confiança dos "arbitrados", segundo a própria lei, sabido que estavam pretendendo adotar o instituto para relacionamentos massificados de consumo, envolvendo milhares de pessoas, como é o caso de alguns contratos bancários e de plano de saúde.

Ao final, conforme acima apontado, a arbitragem não invadiu o Código do Consumidor, sendo aplicável somente para contratos de adesão onde não exista relação de consumo, como é o caso dos pactos realizados pelas lojas dos *shopping centers*, contratos de *franchising* etc.

A situação acima tratada reforça a necessidade de uma vigilância constante do movimento consumerista no âmbito de criação das leis, organizando e promovendo condutas diretamente sobre os mecanismos do Poder Executivo e Legislativo, com vistas à manutenção e também à melhoria da lei. Tal atividade é lícita e necessária.

Novamente Ricardo Luis Lorenzetti[254] comenta sobre o tema, em específico sobre a "legitimidade de grupo lobbystico":

"Um desses casos é referido à licitude do grupo que faz pessão para obter alguma lei, ou decreto, ou subsídio.

Em uma importante decisão da Câmara Nacional Civil, sala M, com um voto essencial da doutora Gladys Alvarez, trataram-se questões de grande interesse em relação a este tema. Assinala-se que 'ainda que pareça claro que a 'de influência'ou pagamento de preço para a obtenção, por parte dos

---

[254] Ob. cit., p. 209.

funcionários públicos, daquilo que corresponde ao Direito vigente seja considerada contrária aos 'bons costumes', não configura contudo idêntica situação encarregar a uma pessoa, ou grupo de pessoas em particular, a tarefa de influenciar ou efetuar qualquer tipo de pressão política sobre as autoridades correspondentes para obter a modificação de alguma legislação que possa considerar-se lesiva aos interesses do grupo.

Afirma o acórdão que 'não é possível deduzir validamente que a pura atividade de pressionar politicamente sempre tenha um fim ilícito (...). As pressões sociais vistas como um elemento integrativo do processo de elaboração das leis ou da tomada de decisões legislativas ou administrativas podem ser valorizadas como algo neutro, como uma forma de participação não necessariamente nociva ou imoral. Ainda que seja verdadeiro que o povo governa através de seus representantes, os quais, em última instância, são os encarregados de tomar as decisões políticas, as demandas sociais não parecem ter outro caminho que o da petição e a pressão diante de tais representantes e esta parece ser uma das características dos sistemas democráticos'".

Concluindo, escreve o jurista argentino que aceita como legítima e compatível a atuação política de grupos com fins sociais, idéia com a qual, da mesma forma, apresentamos nossa adesão.

Apenas para reforçar a gravidade da vulnerabilidade política do consumidor, ressaltamos o absurdo previsto por intermédio da Lei nº 9.494/97, que dispôs que os efeitos da coisa julgada nas ações civis públicas ficaria restrita à competência territorial do magistrado que proferiu a decisão, culminando por alterar o artigo 16 da Lei nº 7.347/85 – Lei da Ação Civil Pública. Diz o preceito, que "a sentença civil fará coisa julgada *erga omnes* nos limites da competência territorial do órgão prolator (...)".

Fazendo uma caricatura do assunto, o Rio Grande do Sul divide-se de Santa Catarina, na região litorânea, pelo Rio Mampituba. Assim, conforme diz nosso amigo e colega Cláudio Bonatto, caso o dispositivo não fosse completamente inaplicável ao Código do Consumidor,[255] poderiam surgir situações em que um consumidor teria reconhecida na cidade de Torres – RS – a nulidade de um contratos

---

[255] Livro de Teses do 12º Congresso Nacional do Ministério Público, Tomo III, p. 1089, Fortaleza, maio de 1998: A Lei nº 9.494/97 tentou instituir uma nova sistemática na questão relativa à coisa julgada nas ações civis públicas, tendo disciplinado que o artigo 16 da Lei nº 7.347/85 passaria a ter nova redação, no sentido de que os efeitos *erga omnes* estariam restritos à competência territorial do órgão prolator da decisão.

Inicialmente devem ser buscadas as origens do dispositivo, identificando-se que a Lei em questão decorreu de interesse direto do poder executivo federal, que estava sendo constantemente restrito nas suas políticas gerenciais, especificamente no trato dos problemas salariais dos funcionários públicos e no que tange ao processo de privatizações.

De fato, várias decisões, em sede de juízo de verossimilhança, foram concedidas pelo poder judiciário contra atos administrativos do poder executivo federal, obrigando a serem efetuados pagamentos imediatos a servidores públicos ou, até mesmo, suspendendo leilões, sob pena de sanções, inclusive de responsabilidade criminal, além de multas.

Em decorrência disso, foi exarada a medida provisória 1.570/97 sobre o assunto, a qual se converteu na Lei nº 9.494/97, cujo texto se encontra *sub judice* no Supremo Tribunal Federal, eis que foi intentada ação de inconstitucionalidade e, recentemente, ação de constitucionalidade por parte do Presidente da República, da Câmara e do Senado, a qual tem o número 4.

Por uma série de motivos a lei não terá qualquer relevância prática, os quais passamos a declinar:

a)o primeiro argumento que importa, diz respeito ao fato de que deve ser feita a distinção entre ação de direito material e ação de direito processual.

Com efeito, ação de direito material é, ao contrário de uma mera tentativa de obtenção de determinada atividade do "devedor" (exercício de pretensão que ocorre quando o "credor" se desloca até o devedor e solicita que pague o "débito"), uma ação idônea para a realização de determinada atividade no âmbito do direito material, capaz de conseguir, de maneira cogente, aquilo que o infrator não tenha desejado fazer voluntariamente.

Por isso a correta definição de jurisdição é também fundamental para o entendimento do ora comentado, pois somente com o reconhecimento da atividade substitutiva do estado-juiz é que se torna possível apreender o significado real da ação de direito material.

Tolhido que foi o homem que vive em sociedade relativamente à possibilidade de realizar privadamente ações tendentes à efetivação da defesa dos seus direitos subjetivos, necessitará sempre da tutela estatal para tanto, oportunidade em que o Juiz objetivará fazer, em substituição, exatamente aquilo que o lesado faria, caso possuísse tal possibilidade.

Obviamente falamos em tese, haja vista que existe um grande número de variáveis que influem em um julgamento final. Assim, dificuldades de provar determinados elementos técnicos, provas testemunhais falsas, dificuldades financeiras das partes, carências técnicas dos profissionais envolvidos nos litígios, e muitos outros fatores podem fazer com que o conhecimento dos fatos controvertidos não seja feito da maneira desejável, resultando em algum desvio em relação ao que deveria ocorrer, em termos ideais de justiça, caso fosse possível uma atividade privada, direta, imediata e proporcional do lesado, no sentido de proteger seu direito subjetivo.

É preciso salientar, na forma do que aponta o Professor Ovídio A. Baptista da Silva (*Curso de Processo Civil*, volume I, 2ª edição, Sergio Antonio Fabris Editor, Porto Alegre, p. 64), que "ter direito é ter, em última análise, a faculdade de gozá-lo".

Em assim sendo, somente podemos dizer que possuímos o direito de ação quando temos todo o poder, o domínio de efetivá-lo. Ou seja, para gozar plenamente do direito de ação não basta uma mera tentativa ou uma exortação ao infrator do direito subjetivo para que faça algo, significa, isto sim, a ampla imposição de determinada alteração da realidade a ele, sendo irrelevante a sua vontade.

A ação de direito material, portanto, em rápidas palavras, é o exercício cogente do direito inato do ser humano de proteger seus direitos subjetivos, que se orienta contra um eventual opositor, com vistas à manutenção ou consecução de determinado bem-da-vida, que poderá ser alcançado até mesmo em uma ação predominantemente declaratória.

Com a massificação da produção e, conseqüentemente, das lesões ao mercado de consumo, a partir da revolução industrial, a concepção de defesa judicial "duelística", baseada no individualismo e no conceito de direitos subjetivos tornou-se insuficiente, estimulando, assim, novas idéias tendentes a abarcar em apenas uma ação inúmeros sujeitos lesados. Surgem, desta forma, os interesses transindividuais, cujas origens, segundo Márcio Flávio Mafra Leal (*Ações Coletivas*: História, Teoria e Prática, Sergio Antonio Fabris Editor, Porto Alegre, p. 22 e 27), estariam já no direito medieval ou no direito inglês do século XVII.

Na atualidade, então, os entes coletivos, passam a atuar como substitutos processuais, representando inúmeros lesados e recebendo toda a "herança" dos direitos que foram ou estão na iminência de ser lesados no mundo material. Ou seja, toda a necessidade de ação que os substituídos materialmente possuem de obrigar o futuro demandado a fazer, deixar de fazer ou pagar alguma coisa. Em suma, os substituídos devem obter, por intermédio da jurisdição, exatamente aquelas "ações materiais" imprescindíveis para a concretização da justiça e satisfação dos direitos transubjetivos, que assumiram esta condição por fatores reais e não meramente conceituais.

Ação processual, por sua vez, corresponde ao exercício do direito público subjetivo à tutela jurisdicional, de caráter abstrato e dirigido contra o Estado.

O titular deste direito subjetivo age contra o Estado, posto que ele é o devedor por excelência da obrigação de fornecer ordem e segurança, por intermédio do cumprimento das atividades jurisdicionais precípuas, as quais tendem a realizar a paz social, dirimindo eventuais conflitos, sejam eles reais ou meramente imaginários.

De fato, grande número de demandas são postas ao poder judiciário mas não possuem qualquer fundamento fático, devendo o Estado, mesmo assim, prover o pedido de tutela jurídica, nem que seja para certificar a inexistência dos direitos subjetivos materiais que o demandante alegava ou imaginava existirem.

Em assim fazendo, fica evidenciado, então, que a ação processual é abstrata, no sentido de que independe da real existência de amparo concreto em circunstâncias fáticas ou jurídicas, bastando o mero "agir" processual, ou seja, o mero exercício de pretensão processual frente ao poder judiciário para que se concretize a ação processual.

O agir do interessado contra o Estado será constante ao longo da demanda, podendo ser identificado simultaneamente a esta atitude também um agir contra o demandado ou réu.

Com efeito, entendemos que a ação processual também é orientada diretamente contra o obrigado, existindo uma série de atos processuais concretos orientados em oposição a ele, obrigando-o a exercer defesa.

Veja-se, também, que se a ação é o exercício de um direito preexistente, e que todos indistintamente possuem o direito à jurisdição, não há como negar que o demandado, quando exerce este direito à jurisdição também aciona o Estado, buscando o cumprimento da obrigação de fornecer, em substituição, a resolução de algum conflito.

Seja através da reconvenção, que ninguém nega que seria legítima ação, como por intermédio de um agravo de instrumento ou uma apelação, o demandado age objetivando algum provimento estatal que lhe beneficie frente ao autor da demanda, sendo uma atividade positiva e de ataque ao autor, o qual, nestas circunstâncias, deverá reagir, apresentando réplicas, contra-razões ou realizando qualquer conduta tendente a impedir que a "ação" do réu predomine em relação à sua.

O importante, realmente, é identificar a existência da realidade de direito material e a realidade de direito processual, a fim de que melhor possam ser compreendidos os fenômenos jurídicos, bem como para que o trabalho forense, que tende à obtenção de utilidade, possa ser desenvolvido da maneira mais profícua possível.

Postos estes conceitos e com os auxílios prestados por valiosos debates privados com o Professor Adalberto Pasqualotto, podemos dizer que as conceituações existentes no artigo 81 do CDC, quais sejam as de interesses difusos, coletivos e individuais homogêneos não dizem respeito ao âmbito do direito processual, mas material, definição esta importantíssima.

De fato, os interesses acima citados possuem natureza fática imutável por qualquer tipo de determinação legal que venha a tentar o estabelecimento de novas regras processuais, ou seja, o direito material não pode ser desarticulado por aspectos instrumentais, pois, na forma já vista, são mundos completamente apartados.

Assim, jamais uma regra instrumental terá o condão de dispor, por exemplo, que os efeitos de uma publicidade enganosa veiculada por televisão ou rádio não engloba interesses difusos, pois isto é uma realidade em si mesma, independentemente de qualquer ficção que tenha o objetivo de dispor em contrário.

O mesmo se diga de uma sentença de divórcio. Ela será exarada em uma determinada jurisdição, mas o efeitos positivo e negativo da coisa julgada se espraiarão por todo o território do país, em que pese existirem regras de competência territorial (processuais) restritivas no sentido.

Desta forma, se os interesses são difusos, coletivos ou individuais homogêneos, eventual decisão que conceda a ação de direito material veiculada na ação processual para a defesa daqueles somente poderá ter como limite o espectro de abrangência das lesões perpetradas, bem como a localização dos sujeitos que se enquadrem naquelas realidades jurídicas (juridicizadas pelo reconhecimento por parte do direito no sentido de que são realidades fáticas que merecem a proteção da norma legal).

Exemplo claro está nos já referidos contratos de adesão que são oferecidos nacionalmente por grandes empresas. Se forem consideradas nulas cláusulas abusivas destes "pactos", em ação coletiva de consumo, a eficácia deverá ser "erga omnes", aproveitando às pessoas lesadas e ao campo de existência de lesões, potenciais ou efetivas, na forma já vista (consumidores que já assinaram e os "expostos" do artigo 29 do CDC, que poderão vir a assinar o contrato).

No mesmo sentido é o comentário de Márcio Mafra (Ob. cit. p. 44 e 93), quando escreve que "...não se deve deixar de atribuir razão a Grinover, na passagem transcrita, quando chama atenção para a transindividualidade (ou indivisibilidade) do direito material e suas conseqüências em termos de eficácia objetiva e subjetiva do que é determinado em sentença (o seu *comando),* pois o cumprimento ou implementação de um direito difuso inexoravelmente aproveitará de maneira uniforme ao grupo ou à comunidade a quem esse direito é atribuído, mesmo que não participe do processo..." Continuando (fl. 44 da obra), "...quando um juiz determina a interrupção de uma publicidade enganosa, da emissão de um poluente ou a recuperação de um área histórica, a decisão que atender ao direito material formará uma coisa julgada que beneficiará toda a comunidade, sem que a norma processual necessariamente diga que esta coisa julgada tenha de ser *erga omnes.*

Como resultado, o regime da coisa julgada nas ações que envolvem interesses difusos é completamente inócuo, pois a extensão do julgado será comandada pelo direito material, cuja realidade em si é suficiente para o delineamento dos limites subjetivos e objetivos da *res iudicata.*

Por isso, não há como limitar a eficácia de uma sentença da forma tentada, o processo é instrumento a serviço do direito material, jamais podendo atropelá-lo;

b) como segundo aspecto, a restrição dos efeitos *erga omnes* de uma sentença coletiva infringiria os mais importantes dispositivos da Lei Consumerista, dificultando a defesa dos consumidores coletivamente considerados, maculando os princípios da vulnerabilidade do consumidor, da repressão eficiente aos abusos praticados ao mercado de consumo, além de afrontar os direitos básicos do consumidor, constantes no artigo 6° do CDC.

Conforme ensinou Eros Roberto Grau (*Revista Direito do Consumidor*, volume 5, editora RT, p. 183 e seguintes), os princípios acima citados são o alicerce do microssistema consumerista, pelo que a infração a eles se constitui em flagrante lesão ao sistema jurídico como um todo, configurando, assim, evidente aplicação incorreta da norma legal que concretizar a infração.

A Lei 9.494/97 sem dúvida fere estes princípios, pois intenta criar uma limitação à ampla, rápida e eficaz defesa dos consumidores vulneráveis, haja vista que busca fazer com que várias ações com o mesmo objeto e interesses lesados sejam propostas em juízos diversos, quando apenas uma seria necessária.

Em assim o fazendo, diminuiria o poder de barganha, a força dos consumidores coletivamente considerados, os quais poderiam contribuir para harmonizar (equilibrar) o mercado de consumo, pois os agentes econômicos, sabedores de que com o ingresso de apenas uma ação judicial eventuais abusos massificados seriam prontamente neutralizados, prefeririam dialogar diretamente com os consumidores, seja individual ou coletivamente, alcançando-se, assim, a auto-regulação sem a intervenção do Estado.

Por último, estaria sendo ferido o princípio da repressão eficiente aos abusos praticados no mercado de consumo, na medida em que, por mera ficção, criação processual, óbvio formalismo, estariam sendo exigidas inúmeras demandas iguais, quando elas são completamente desnecessárias;

c)como terceiro argumento, a Lei 9.494/97 dispôs que os efeitos da decisão ficarão restritos à competência territorial do órgão prolator.

Ora, conforme ensina Ada Pellegrini Grinover (*Código de Defesa do Consumidor Comentado pelos Autores do Anteprojeto*, 5ª edição, Rio de Janeiro: Forense Universitária, p. 724) "... a competência territorial nas ações coletivas é regulada expressamente pelo art. 93 do CDC... E a regra expressa da *lex specialis* é no sentido da competência da Capital do Estado ou do Distrito Federal nas causas em que o dano ou perigo de dano for de âmbito regional ou nacional... Assim, afirmar que a coisa julgada se restringe aos 'limites da competência do órgão prolator' nada mais indica do que a necessidade de buscar a especificação dos limites legais da competência: ou seja, os parâmetros do art. 93 do CDC, que regula a competência territorial nacional e regional para os processos coletivos".

Por isso, as regras de competência continuam as mesmas, nada tendo sido alterado. Aliás, o fato de ser estabelecida a competência no foro da Capital do Estado ou do Distrito Federal, para os danos de âmbito nacional ou regional em nada interferia nos efeitos da coisa julgada *erga omnes*, continuando a ser evidentemente compatíveis as regras do artigo 93 com as do artigo 103 do CDC.

Mais uma ressaltamos que as regras de competência, segundo Athos Gusmão Carneiro (*Jurisdição e Competência*, São Paulo: Saraiva, 1982, p. 43), servem para "...encontrar critérios a fim de que as causas sejam adequadamente *distribuídas* aos juízes, de conformidade não só com o superior interesse de uma melhor aplicação da Justiça, como, também, buscando na medida do possível atender ao interesse particular, à comodidade das partes litigantes".

Ora, pode ocorrer que o litigante seja um ente coletivo. Se é, por exemplo, o Ministério Público, na busca de defesa do interesse público e da relevância social de consumidores vulneráveis por presunção legal, não haveria como ser aplicada uma regra que viesse a tornar incômoda e dificultosa sua atuação, pois afrontaria ao interesse de "...uma melhor aplicação da Justiça".

Aliás, a exigência de que sejam propostas tantas ações iguais quantas sejam as divisões da competência, caso não fossem procedentes os argumentos já lançados, poderia inclusive ferir o princípio da inafastabilidade da jurisdição, consubstanciado no artigo 5º, XXXV, da Constituição Federal, no qual é dito que "...a lei não excluirá da apreciação do Poder Judiciário lesão ou ameaça a direito..."

De fato, dando a entender que deveriam ser intentadas várias ações com o mesmo objeto e com os mesmos interesses lesados em juízos com competência distinta, muitas lesões ou ameaças de lesões seriam perpetradas e individualizadas no pólo vulnerável, tendo em vista que são inúmeras e variadas as dificuldades de demandar, seja por carência econômica, por falta de informação, pela incrível diferença entre as condições gerais de demandar entre o litigante habitual e o eventual (Adroaldo Furtado Fabrício, *Revista Direito do Consumidor*, volume 7, editora RT, p. 30), pela inexistência de associações que congreguem consumidores, pela ausência de promotorias e varas específicas nas comarcas e sequer nas grandes capitais, tudo isto a ressaltar que, em realidade e não meramente em forma, estaria sendo negada a legítima prestação jurisdicional.

Não bastasse isso, uma interpretação restritiva que desse guarida à Lei 9.494/97, feriria os princípios maiores da ordem econômica e social, inclusos no artigo 170 da Constituição Federal.

Destarte, qualquer determinação instrumental (processual) que venha a infringir aos objetivos do instituto jurídico da coisa julgada, quais sejam a segurança, definitividade e a obtenção de harmonia no convívio social é afrontosa ao sistema jurídico como um todo, devendo ser repudiada por injusta, reconhecido como injusto tudo aquilo que fere os princípios maiores do ordenamento jurídico e causa o desequilíbrio social.

d)outro argumento relevante diz respeito ao fato de que a Lei nº 9.494/97 foi orientada apenas para as ações civis públicas, não atingindo, portanto, as ações coletivas a que se refere a Lei Consumerista.

Veja-se que a denominação do Capítulo II, do Título III, do CDC é "Das ações coletivas para a defesa de interesses individuais homogêneos".

O mesmo se vê no artigo 103 do CDC, que trata da coisa julgada nas "ações coletivas" intentadas para a defesa dos interesses materiais definidos no artigo 81 do CDC.

Código de Defesa do Consumidor
O PRINCÍPIO DA VULNERABILIDADE

de adesão firmado com um grande banco, de abrangência nacional, sendo que um outro consumidor, de Santa Catarina, do outro lado do Mampituba, com o mesmo problema em contrato de massa igual, poderia ter uma sentença negativa, na qual o magistrado reconheceria a validade do mesmo contrato, do mesmo banco. Tal

---

Carlos Maximiliano (*Hermenêutica e Aplicação do Direito*, 7ª edição, Rio de Janeiro: Livraria Freitas Bastos, p. 307, 309, 310, 311 e 312) apresenta algumas regras importantes de aplicação do direito:

"*Odiosa restringenda, favorabilia amplianda: restrinja-se o odioso; amplie-se o favorável;*

Commodissimum est, id accipi, quo res de qua agitur, magis valeat quam pereat: prefira-se a inteligência dos textos que torne viável o seu objetivo, em vez da que os reduza à inutilidade;

Verba cum effectu sunt accipienda; as leis não contém palavras inúteis;"

Assim, a restrição tentada pela Lei nº 9.494/97, por não ser adequada a todas as situações veiculadas em ações civis públicas, especialmente demandas que visem à proteção do meio ambiente e do consumidor, deve ficar limitada às ações que objetivem pagamentos de salários ou vantagens do funcionalismo, pois este foi o motivo original, sendo este o processo hermenêutico mais correto.

Quanto ao segundo aspecto, de acordo com o já salientado, a restrição comentada poderia dificultar a concretização dos objetivos do Código do Consumidor, caso fosse realizada uma interpretação extensiva incorreta.

Por último, se a lei contém uma ação que se chama de "civil pública" e outra chamada "ação coletiva", necessário que se faça uma interpretação que as distinga, a fim de que sejam respeitadas as regras de aplicação do direito e os próprios fundamentos da lei do consumidor, cujo maior mérito foi, justamente, reconhecer o necessário tratamento coletivo para a coibição das agressões massificadas do mercado de consumo, não sendo admissíveis, portanto, operações de interpretação que impeçam tais objetivos;

Assim, se a lei distinguiu foi por motivos de necessidade, cabendo ao intérprete obedecer a esta realidade dogmático-jurídica, sob pena de ser desvirtuada a natureza das normas, o que ocorreria, caso fosse realizada uma operação hermenêutica que tornasse a denominação do CDC sobre "ação coletiva" inútil.

e)ainda verificamos que a Lei nº 9.494/97 fere frontalmente os fundamentos da coisa julgada. Em abordagem por nós realizada (*Conteúdo Interno da Sentença*, Porto Alegre: Livraria do Advogado, 1997, p. 23), afirmamos que o fundamento político da coisa julgada reside precisamente no fato de que "...as relações interpessoais, muitas vezes dividindo, permutando, criando ou simplesmente realizando a circulação dos bens-da-vida, necessitam de relativa estabilidade e segurança, tudo com vistas à continuidade de desenvolvimento. Assim, não haveria progresso econômico e social, caso as contendas surgidas nas atividades supramencionadas não fossem definitivamente solucionadas, ficando pacificado o convívio coletivo".

O argumento é evidente, não há como as instituições terem credibilidade e serem reconhecidas como úteis se não possuem capacidade de, efetivamente, resolver os conflitos que surgem na vida em comunidade. Imagine-se que uma determinada empresa esteja colocando produto no mercado de consumo, produto este perigoso e danoso à saúde dos consumidores, e tenha transitado em julgado na Capital gaúcha decisão determinando a retirada do mesmo do mercado e condenando o fornecedor a indenizar eventuais vítimas do defeito. Seria aceitável que um consumidor lesado em Minas Gerais não pudesse se valer da sentença para ingressar diretamente na fase de liquidação de sentença para apurar o dano sofrido? Seria aceitável exigir que ingresse com nova ação individual de conhecimento ou que espere a propositura de ação coletiva por ente legitimado, para realizar tudo e exatamente o que já fora feito no processo findo? Existirá respeito às instituições e estarão sendo respeitados os fundamentos da coisa julgada autorizar tamanha ofensa ao Estado de Direito?

Por tudo isso, mais uma vez, não é concebível que a limitação atacada possa servir ao Código de Defesa do Consumidor, pois está afastada dos ditames constitucionais, merecendo ser desconsiderada.

Conclusões:

a)As regras que falam dos interesses difusos, coletivos e individuais homogêneos tratam de questões de direito material. Assim, a coisa julgada que emanar de demandas que envolvam estes interesses terá a mesma natureza e abrangência objetiva e subjetiva dos mesmos;

b)O direito processual serve para auxiliar, instrumentalizar o direito material, não tendo o condão de limitá-lo, sob pena de eventual tentativa de limitação não possuir qualquer respaldo real, fático, material, mas meramente formal e tendencioso.

c)A ação do Código de Defesa do Consumidor para a defesa de interesses transindividuais chama-se "ação coletiva", nos termos do que consta na própria lei;

d) A Lei 9.494/97 não se aplica ao Código de Defesa do Consumidor, posto que este é lei especial, prevalecendo suas regras, princípios e valores, especialmente porque a Lei nº 7.347/85 somente se aplica ao CDC, nos termos do artigo 90 deste, "...naquilo que não contrariar suas disposições".

hipótese, com grande possibilidade de se configurar, traria confusão e descrédito às instituições do país, sendo, portanto, inadmissível.

Um terceiro exemplo incrível é o fato de que a legislação de registro de pessoas jurídicas possibilita a constituição de qualquer empresa sem as mínimas exigências em termos de idoneidade financeira. Qualquer pessoa, idônea ou não, faz o registro nas Juntas Comerciais alegando que possui determinado capital e não é exigida a comprovação de existência efetiva do mesmo. Como resultado, são constituídas empresas-fantasma, vulgarmente conhecida a tática como o "golpe da arara", nas quais são colocadas na administração pessoas sem qualquer vínculo com o mercado, exatamente para que, quando o problema vier à tona, o chamado "agente laranja" desaparece com o dinheiro e divide o produto do delito com os mentores do golpe. Mais uma vez, os consumidor e, certamente, alguns fornecedores da falsa empresa, acabam sofrendo o prejuízo financeiro, com resultados nefastos para todo o ambiente de consumo, que vive essencialmente do crédito, da confiança, elementos este fundamentais para a circulação de riquezas.

Assim, são criadas e recriadas com outros nomes empresas, sem o menor controle, sem qualquer patrimônio, conforme se viu em várias situações de consórcios fraudulentos de venda de carros, em que até mesmo os móveis dos escritórios eram alugados, e não é formulado um singelo mecanismo legal que obrigue à comprovação da idoneidade financeira das empresas, o que poderia evitar a atuação de aventureiros no mercado de consumo.

Por tudo isso, o consumidor é naturalmente vulnerável politicamente, e as lutas levadas a efeito na defesa deste tipo de fortalecimento somente resultam em algumas vitórias[256] por causa dos esforços incansáveis de juristas que atuam por amor ao seu país, alguns deles bastante conhecidos no cenário nacional e internacional. Entretanto, ainda deve melhorar a organização do movimento dos consumidores, com um maior número de associações fortes e influentes no Congresso Nacional.

A vulnerabilidade em questão é, igualmente, muito agravada principalmente por causa do conceito de sistema dominante, exercido pela chamada "economia política". O professor Gérard Farjat,[257] sobre o tema, traz os seguintes ensinamentos, que merecem transcrição:

> "Mas a verdadeira interrogação crítica quanto às relações do sistema econômico e dos outros sistemas – notadamente do sistema jurídico – é esta: 'Que é, portanto, a economia política? Que é que caracteriza este sistema ?' é neste estágio da *qualificação* que se manifesta um dos aspectos – talvez o mais importante – da *sobreestima do papel dos sistemas dominantes*. Vinculam-se ao sistema dominante fatos que pertencem, na realidade, a todos os sistemas sociais em 'concorrência' numa determinada sociedade. *A maior parte dos acontecimentos, dos fenômenos, dos processos sociais que se qualificam*

---

[256] Ob. cit., *CDC Comentado*, p. 147.

[257] "A Noção de Direito Econômico". In: *Revista Direito do Consumidor*, vol., 19, p. 55.

como econômicos hoje é na realidade de natureza complexa e é constituída por elementos pertencentes a diversos sistemas sociais.

Um dos exemplos mais notáveis é fornecido pela noção de *empresa*. Ela é ligada, mais freqüentemente, nomeadamente pela quase totalidade dos juristas, ao sistema econômico (...). Na realidade, a empresa é um fenômeno social – um conjunto de relações sociais, – que é constituído e analisável por sistemas diferentes (econômicos, sociológicos, jurídicos etc.), que são complementares". (grifos do autor)

Extraímos da lição acima que não há como negar o predomínio mundial do sistema econômico em relação aos demais, sendo preocupante esta ascensão exagerada, pois conceitos próprios do homem, como produtor de cultura, acabam sendo sobrepujados por conceitos estanques, rígidos, advindos das ciências exatas e que tem no "útil" e no "poder"[258] o seu elemento substancial prevalente.

Com isso, cada vez mais as discussões, principalmente jurídicas, pendem para a proteção dos valores econômicos ao invés dos valores sociais, estabelecendo hierarquia odiável e aumentando a vulnerabilidade política que macula os consumidores, quando, em realidade, deveriam estar os sistemas mesclados para o atendimento das necessidades de todos os homens, e não somente de alguns.

Esta tendência é evidente e se manifesta em nível global pela formação de blocos econômicos. Ou seja, a única linguagem que efetivamente está sendo capaz de unificar os homens é a fornecida pelo sistema econômico, a comprovar o seu predomínio em relação aos outros.

Mais do que isto, o sistema econômico detém o poder em relação aos demais, domínio político este que ressalta o desequilíbrio entre aqueles que possuem a força econômica e os que não a têm.

Não somente isto, os detentores do poder econômico e político têm maiores condições de criar o direito, que, após, será impingido a todos com toda a carga de universalidade e de obrigatoriedade de que é dotada a lei, na forma acima apontada.

Gérard Farjat[259] também comenta sobre isso, dizendo que

"(...) uma das razões do desenvolvimento desordenado, contraditório do direito econômico, é que ele é o *lugar (campo ou subsistema) atualmente mais*

---

[258] Miguel Reale, ob. cit., p. 206: "Essa diversidade de focos ordenadores das estimativas levou Eduardo Spranger à conhecida correlação ou funcionalidade entre atos espirituais e valôres dominantes, implicando em estruturas típicas ou 'formas de vida'. Segundo o citado autor, é possível distinguir seis tipos ideais de homem, segundo os quais se podem compreender os tipos mistos da experiência histórica: o homem *teorético*, dominado pelo valor da *verdade;* o homem *econômico*, absorvido pela estimativa do *útil;* o homem *estético* atraído pelo valor do *belo;* o homem *social* conduzido pelo valor do *amor;* o homem *político* determinado pelo valor do *poder;* e, por fim, o homem *religioso* embebido do valor do *santo...* Assim, o *homem econômico*, tentado pelo domínio dos bens materiais, sujeita tudo, os homens e as coisas, a exigências vitais, inclinando-se a não ver na verdade ou no belo mais do que expressões do útil ou do econômico... Igualmente, o *homem político*, perdido nas razões inflexíveis do *poder*, sentir-se-ia acima do bem e do mal, não por desprezá-los, mas por só os compreender em função das necessidades inexoráveis da ordem e da autoridade..."

[259] Ob. cit., p. 58.

conflituoso do sistema jurídico. Nenhum estudo sério da noção de direito econômico pode fazer abstração do jogo das *forças sociais. Os desafios de poder,* e nomeadamente do poder de 'construir' o direito, são consideráveis. Estes desafios se reencontram sob uma forma mais atenuada – em geral – no nível das *atividades científicas ou profissionais vinculadas – os agentes do sistema jurídico podem muito bem não perceber os desafios 'oferecidos' ao direito.* Sabe-se que na França uma parte do campo jurídico se deriva dos 'énarques' (Antigo aluno da Escola Nacional de Administração – E.N.A.) que uma outra é tratada pelos expert-contadores. O direito está apto a estruturar qualquer tipo de conflito social, observa freqüentemente G. Teubner, mas os juristas terão esta aptidão? Os juristas do continente europeu estarão prontos para assumir a comunicação *do lobbies? O lugar respectivo dos sistemas depende, em parte, da capacidade dos atores de ocupar (...) o 'campo'".*[260]

Aristóteles,[261] em comentário sobre a tirania, que pode ser utilizado para descrever o fenômeno do poder no seio da sociedade, informa que existem três objetivos na arte de dominar, quais sejam: a) "tornar os súditos humildes"; b) "(...) fazer com que eles desconfiem uns dos outros (...)"; c) "(...) tirar de seus súditos a força de ação política (...)". Em continuação, o genial filósofo escreve que "exemplos disto são as pirâmides do Egito, as oferendas votivas dos Cipsélida, o Olimpiêion, construído pelos Pisistrátidas, e os templos de Samos, obra de Polícrates (todas estas obras produziram o mesmo efeito, ou seja, a ocupação constante e a pobreza dos súditos)".

Miriam de Almeida Souza[262] também aborda o assunto, dizendo que "(...) o produtor, por ser mais organizado, pode interferir pelo *lobbying* no processo de formação da política e das leis, alterando-as, não raro, em seu benefício", acrescentando que tal realidade tem sido alterada no Canadá, quando observa que o "(...) *lobbying* está crescendo (...)" e que "(...) entre 1984 e 1989, o número das organizações não-lucrativas e não-governamentais acompanhando questões da política pública se elevou de 11.000 para 18.000 – um aumento de 60%! (...) governos, grupos de pressão e a mídia são considerados meios eficazes para canalizar as preocupações do consumidor".[263]

---

[260] Ob. cit., p. 58: "Convém inicialmente formular uma reserva quanto à noção de sistema, noção contestada como aquela de autopoiese. 'Entre ordem e desordem : o jogo do direito', escreve um autor, que acredita que o paradigma do jogo aplicado ao direito tem a vantagem de 'deixar aberta a possibilidade de uma pluralidade de interpretações dos fenômenos sociais (...) ' e de fazer intervir, diferentemente da noção de sistema, 'um elemento de acaso, de inventividade , de fantasia (...)'. É necessário igualmente ter em conta as relações de força, as lutas de interesses. Estes elementos, dentre outros, levam P. Bourdieu a justificar a noção de 'campo', 'lugar de uma mudança permanente' em lugar da de sistema".

[261] *Política, Editora Universidade de Brasília.* Brasília: 1985, p. 196 e 197.

[262] *A Política Legislativa do Consumidor no Direito Comparado.* Belo Horizonte: Nova Alvorada Edições, 1996, p. 25.

[263] Miriam de Almeida Souza, ob. cit., p. 107 e 109: "A União dos Consumidores do Japão (Consumers Union Of Japan), entidade privada estabelecida em 1969 e afiliada à IOCU, é a associação nacional que representa os consumidores. A entidade publica um boletim informativo, 'Relatório do Consumidor', a cada dez dias, além de

Percebemos, com isso, que os mecanismos de domínio sempre serão os mesmos, decorrendo, principalmente, do fato de que os dominadores são organizados e profissionalizados na sua atuação, enquanto os dominados são obrigados a permanecer na situação de jugo, haja vista que suas prioridades de subsistência os impedem de pensar diferente.

Uma das saídas, então, para aumentar o poder de barganha em nível político, seria a profissionalização dos consumidores, por intermédio de sindicatos já organizados, seguindo o mesmo modelo adotado na América do Norte, até que a movimento tome força e capacidade de se tornar independente. Ainda não perceberam alguns líderes sindicalistas que a defesa do consumidor, na forma já dita, redunda em inevitável defesa dos empregos e de melhores condições de trabalho. Acolhido que fosse este caminho e também os consumidores teriam seus especialistas atuando direta e cotidianamente na elaboração das leis, na criação do Direito, e grande número de prejuízos individualizados na pessoa dos vulneráveis poderia ser evitado, o que traria resultados óbvios no aumento dos investimentos que seriam feitos nas empresas idôneas.

10.4.4. Vulnerabilidade neuropsicológica

Na atualidade, o conceito antigo de *Polis* perdeu um pouco a sua relevância como núcleo organizacional da vida em sociedade, assumindo maior relevo a idéia de "globo", tendo em vista os incríveis avanços ocorridos nas comunicações e no transporte mundial.

Até mesmo o mais humilde consumidor já é capaz de conhecer realidades que acontecem no outro lado do planeta, podendo, igualmente, formular comparações com os personagens que constantemente aparecem nas televisões e nos computadores, principalmente no que tange aos seus modos de viver.

O aspecto positivo de toda esta globalização é o fato de que o maior número de informações pode auxiliar a melhor compreensão do mundo, em um primeiro momento. Todavia, a reiteração e enorme gama de dados também possui a capacidade de confundir, estimular determinadas reações e, em alguns casos, inclusive alienar os mais vulneráveis.

Agredido por uma variação imensa de estímulos visuais, do paladar, auditivos, químicos, táteis etc, o ser humano experimenta uma verdadeira revolução no seu interior fisiológico e psíquico, a qual tem como resultado, muitas vezes, a incorreta tomada de decisão, enfocado o aspecto estrito do que, de fato, é necessário para a satisfação daquilo que o consumidor precisa.

---

estudos especiais sobre produtos, empresas e assuntos de interesse do consumidor, tais como produtos cosméticos, detergentes sintéticos, agrotóxicos, pesticidas, radioatividade e práticas desleais de vendas. Realiza, ainda, campanhas e *lobbying* junto às firmas sob acusação e com o parlamento nacional e a imprensa para reivindicar os direitos do consumidor japonês".

Nesta análise do nível de vulnerabilidade biológica e psíquica do consumidor, não seria aceitável deixar de abordar os ensinamentos expostos por P. K. Anohin, no artigo *cibernética, neurofisiologia e psicologia*,[264] por intermédio dos quais é possível conhecer um pouco da arquitetura cerebral e dos mecanismos que influem na tomada das decisões.

O primeiro conceito que precisa ser exposto se trata do relativo à "síntese aferente". Segundo o autor, esta fase da elaboração do ato de comportamento consiste[265]

> "(...) em permitir o tratamento, a justaposição e a síntese ativa de qualquer informação necessária ao organismo para a elaboração do ato de adaptação mais adequado nas condições dadas".

Ou seja, esta síntese acontece no interior das células nervosas, a partir da conjugação de uma série de estímulos externos e internos, os quais, após computados, permitem a adoção da arte final da síntese, que é a decisão adotada, com vistas ao mais adequado relacionamento do homem com o seu meio. Assim, toda "tomada de decisão" tem previamente a ocorrência da síntese aferente.

Falando em termos mais práticos, nesta etapa é definido "o que fazer", "como fazer" e "quando fazer", comandos estes que serão orientados para outras estruturas até chegar ao ato em si.

Para melhor entender esta síntese, é fundamental compreender a estrutura dos mecanismos neurofisiográficos e neuroquímicos que a compõem, tendo sido revelados quatro componentes, quais sejam:

– motivação dominantes;
– aferentação situacional;
– aferentação de desencadeamento;
– memória.

A motivação dominante é um estado gerado por estímulo energético que pode decorrer de modificações hormonais e metabólicas do organismo ou devido a uma seqüência anterior de atos de comportamento. Como exemplo, Anohin[266] diz que para o primeiro seria a "sensação de fome", enquanto para o segundo poderia ser "(...) um desejo de seguir curso superior, colecionar certos objetos (...)".

Em nível fisiológico:[267]

---

[264] p. 119: "Afinal, o cidadão-consumidor brasileiro precisa compreender que o tão criticado termo *lobby* tem, também, conotações positivas no direito de grupos de cidadãos levarem suas perspectivas e interesses para o processo decisório".

Teoria dos Sistemas, Tradução de Maria da Graça Lustosa Becskeházy, Editora da Fundação Getúlio Vargas, 1976, p. 89 e seguintes.

[265] Ob. cit., p. 96.

[266] Idem, p. 100.

[267] Idem, p. 100.

"(...) as excitações ascendentes que provêm de motivações biologicamente diferentes mobilizam seletivamente no córtex cerebral as estruturas sinápticas que o animal ou o homem já utilizaram no decurso de sua experiência passada para adaptar-se a condições análogas. Essa propagação seletiva das excitações no córtex cerebral instaura condições energéticas que atraem a predominância, do ponto de vista funcional, das associações corticais que, já no passado, facilitaram a aparição e a satisfação de uma necessidade análoga à do momento presente".

Ou seja, foi descoberto por experiências em que eram ministrados estímulos de energia diferentes que, no interior das células nervosas (neurônios), formam-se cadeias, combinações de enzimas que correspondem exatamente a um determinado estímulo, seja uma cor reconhecida como bonita, a forma dos objetos, o gosto por abacaxi etc. Quando são renovados tais estímulos, como a visualização do abacaxi, o toque na fruta, a energia desprendida por esta operação desloca-se seletivamente pelo córtex cerebral, buscando encontrar aquelas combinações que já estavam formadas e que fazem parte da nossa memória. Caso não existam estas combinações, elas poderão se formar neste momento e, assim, perdurará na memória de cada célula aquele código químico formado, o qual servirá para a satisfação da mesma necessidade, quando novamente surgir o estímulo correspondente.

Por fim a este primeiro processo da síntese aferente,

"(...) graças a essas propriedades, quando há convergência de numerosas estimulações, o neurônio exclui imediatamente de toda participação na ação integrativa do cérebro qualquer informação que não tenha relação com a motivação dominante do momento".

Conceito importante também é o de "aferentação situacional". Esta é[268]

"(...) o conjunto das estimulações que o organismo recebe face a uma dada situação e que, conjuntamente com a motivação inicial, dá ao organismo a mais completa informação quanto à escolha do ato que melhor corresponderá à motivação do momento".

Em nível de eixo cerebrospinal é criado "(...) um conjunto muito ramificado, embora integrado de excitações, uma espécie de modelo nervoso da situação dada". Estes modelos podem tornar-se ativos quando é produzido um "estímulo de desencadeamento", o qual, combinado com a motivação dominante já elaborada, vai selecionar uma das possibilidades oferecidas pela aferentação situacional. Conforme diz o autor,

"(...) se a motivação dominante determina o ato que o organismo deve praticar em uma dada situação, o estímulo de desencadeamento determina o terceiro parâmetro maior do ato de comportamento: o momento de realização do ato, ditado pela motivação e pelas circunstâncias".

---

[268] Ob. cit., p. 104.

Segundo o autor:[269]

"(...) a característica do estímulo de desencadeamento é que ele determina, com precisão, o momento da transformação, em ato de comportamento físico, dessa educação nervosa integrada que está armazenada no cérebro em virtude do recebimento anterior de numerosas aferentações situacionais e de motivação".

Sobre o mecanismo da "memória", sem aprofundar o tema, explica Anohin que ele comporta o fenômeno da estocagem e o da recuperação desta experiência. Ensina, então, que:[270]

"(...) as cadeias de reações químicas que se produzem ao nível da membrana infra-sináptica, continuam no axoplasma, onde elas possuiriam uma especificidade enzimática elevada. Parece-nos ser precisamente por essa cadeia enzimática (...) que as impressões passadas podem *ser extraídas* no momento preciso em que devem sê-lo para satisfazer às necessidades da síntese aferente. Apenas a especificidade química do processo enzimático pode explicar a rapidez, a precisão e a oportunidade que caracterizam a participação, muitas vezes inconsciente, da memória na elaboração do ato de comportamento".

Assim, retomando o processo,[271]

"(...) os neurônios corticais se acham, pois, condicionados de maneira a facilitar consideravelmente a pesquisa *por apalpadelas* das conexões favoráveis entre as diferentes organizações sinápticas que correspondem à motivação do momento".

Um outro componente fundamental é o "receptor do ato". Esclarece o cientista que:[272]

"(...) experiências as mais diversas estabeleceram que qualquer tomada de decisão com vistas a quaisquer resultados se faz acompanhar inevitavelmente da formação de um receptor que, do ponto de vista fisiológico, é um sistema ramificado de processos nervosos situado na parte aferente do cérebro e que contêm uma representação de todas as características importantes (parâmetros) dos resultados futuros".

Seguindo,

"(...) o receptor, modelo dos resultados futuros, onde estão cifrados todos os parâmetros desses resultados ou, pelo menos, seus parâmetros mais impor-

---

[269] Ob. cit., p. 106.

[270] Idem, p. 109.

[271] Idem, p. 110.

[272] Idem, p. 114.

tantes, é uma estrutura não linear típica no conjunto do sistema funcional do ato de comportamento. A *imagem do futuro,* do ponto de vista psicológico, nada mais é senão a reflexão subjetiva de todos os parâmetros reais dos resultados futuros. É essa a razão por que ele pode ser, como o demonstraram as longas pesquisas de Beritov, o fator de orientação do comportamento".

Para exemplificar a complexa operação, ficou decidido na síntese aferente que o indivíduo deseja comprar maçãs de certa qualidade. Segundo o estudioso:[273]

"(...) todas as propriedades dessas maçãs são cifradas na decisão e no receptor dos resultados do ato. Qual é a estrutura deste último nesse caso? Os parâmetros da maçã são os seguintes: gosto, cor, grau de maturidade, tamanho etc. Entre esses parâmetros qual será, no receptor, o parâmetro dominante, decisivo? Essa pergunta comporta várias respostas, pois a escolha do parâmetro dominante pode depender, e de fato depende, da motivação dominante, sendo que esta é, por sua vez, um componente da síntese aferente. Se o objetivo inicial tomou a forma da necessidade de se arranjar uma maçã como *alimento,* é evidente que o parâmetro dominante no receptor será o *gosto* da maçã. Mas o objetivo da compra pode ter sido completamente diferente, como por exemplo a *decoração de uma árvore de Natal;* nesse caso, naturalmente, virá em primeiro lugar o parâmetro 'efeito decorativo', isto é, a forma, o tamanho, a cor etc".

Chegando ao final do processo, a[274] "aferentação de retorno"

"(...) liga o ato a seu efeito principal e torna o ato de comportamento uma arquitetura sólida, um *bloco* cuja etapa final é a avaliação dos resultados no receptor (...). O resultado de um ato pode acarretar o afluxo de uma *aferentação de retorno* pelo canal visual, mas pode ao mesmo tempo utilizar os receptores cutâneos, os receptores auditivos etc. Isso significa que cada um dos parâmetros sensoriais do resultado pode ser localizado em sua própria zona de projeção cortical e que, conseqüentemente, o conjunto dos parâmetros que caracterizam um dado resultado deve repousar em um vasto conjunto de conexões que abrangem a totalidade do córtex cerebral".

Concluindo seu brilhante trabalho, P. K. Anohin[275] escreve que:[276]

"A arquitetura do ato de comportamento se apresenta como a mais sintética formação neurofisiológica, o que a aparenta estreitamente com os processos mentais do homem e com as leis psicológicas em geral. Se considerarmos, por exemplo, toda uma série de conceitos puramente psicológicos, tais como

---

[273] Ob. cit., p. 117.

[274] Idem, p. 121.

[275] Idem, p. 127 e 129.

[276] Idem, p. 126, 127 e 128.

objetivo, atenção, vontade, surpresa, expectativa, previsão etc., veremos que cada um desses conceitos se explica inteiramente pelo funcionamento dos mecanismos que analisamos antes (...). A existência de um laço entre esse modelo aferente e os mecanismos da emoção – *satisfação ou insatisfação* – permite admitir que, com toda a probabilidade, o receptor dos resultados do ato é o mecanismo fundamental da elaboração da *vontade de agir,* a qual conduz, afinal de contas, à obtenção de resultados. Isso se refere sobretudo aos receptores elaborados em um contexto social e relacionados com objetivos de caráter social (...). Podemos explicar facilmente o desenvolvimento de toda sorte de estados emocionais patológicos a partir da arquitetura do ato de comportamento (...)".

Por fim,

"(...) o modelo neuropsíquico universal, que engloba a síntese aferente, a tomada de decisão, o receptor dos resultados do ato, os resultados reais, aferentação de retorno e a discordância, é a base a partir da qual se podem fazer quaisquer paralelos neuropsicológicos, para quaisquer atos praticados dentro do contexto de comportamentos mais ou menos complexos".[277]

Com isso, é possível perceber a importância da motivação dominante para a determinação do comportamento dos organismos humanos, motivação esta que pode ser produzida pelos mais variados e eficazes apelos de *marketing* possíveis à imaginação e à criatividade orientada dos profissionais desta área.

Percebemos, também, que o receptor do ato vai elaborando um imenso número de situações, dentre as quais será feita a escolha pela síntese aferente. Estas situações, circunstâncias, são canalizadas para o interior fisiológico e psíquico do ser humano, a partir de estímulos variados do mundo exterior, que ingressam pela via dos sentidos.

Desta forma, as mais variadas situações podem ser criadas na mente humana e, como conseqüências, o resultado será a introjeção ou formação de vários

---

[277] Ob. cit., prefácio, p. VII: "Os artigos e estudos que constituem a presente série se relacionam com um estudo feito pela UNESCO a respeito das principais correntes de pesquisa em humanidades e ciências sociais". Introdução à edição brasileira – Perspectivas sobre teoria dos sistemas. Warner Peay Woodworth, p. XXII: "... O artigo, além do seu próprio conteúdo interessante de dados e ilustrações do funcionamento do cérebro, é um complemento conceitual direto a dois dos capítulos anteriores neste livro. Ele reforça a descrição de Rapport da contribuição da cibernética para a teoria geral dos sistemas, e nos fornece os componentes motores internos para o que acontece no processo decisório. Assim, o artigo nos impressionou como uma espécie de microanálise dos processos de decisão coletiva elucidados por Mackenzie. Anohin conclui chamando a atenção para o poder explanatório significante que a integração da psicologia, da neurofisiologia e da cibernética podem ter quando reunidas. Também é lembrado que elas podem fornecer nova e distinta capacidade para lidar com problemas patológicos, particularmente tensão emocionais e neuroses. Num tipo seminário, o livro reúne cientistas de várias disciplinas, conquanto pareçam estar falando de seus próprios campos especializados, desimpedidos das fronteiras rígidas da identidade profissional. Isto talvez seja mesmo uma das mais úteis contribuições para nossa compreensão da teoria geral dos sistemas. Ela tem valor não apenas devido ao conhecimento final que produz, mas porque permite, encoraja, requer mesmo a participação de cientistas de campos diversos para partilhar de seus modelos e suposições. Assim, gera-se um diálogo, o qual faltava às perspectivas mais tradicionais e mais herméticas".

códigos químicos que ficarão no interior das células nervosas para, no momento oportuno aos agentes externos motivadores, serem reativados pelos estímulos energéticos que buscarão tantas vezes quanto for desejado reencontrar aqueles códigos enzimáticos já criados, integrantes da memória da célula nervosa.[278]

Importa ressaltar que intentamos descrever fenômenos que acontecem em área do conhecimento na qual não possuímos condições de aprofundar conceitos e, até mesmo, de criticá-los. Todavia, a excelência dos ensinamentos expostos, bem como a sua importância, levaram à conclusão no sentido de que uma postura arrojada, mas, nem por isso irresponsável, deveria prevalecer, como forma de ilustrar uma realidade que evidencia não ser mais o mercado que orienta a produção, mas a produção, por intermédio dos mecanismos de persuasão e *marketing*, que determina o que o mercado "necessitará", despertados que sejam os códigos potencialmente existentes nos neurônios humanos.

Fácil compreender, portanto, a extrema vulnerabilidade psíquica e fisiológica do ser humano, pois, a partir do conhecimento da "arquitetura" nervosa, os interessados na sua estimulação se valerão de todas as técnicas para aflorar necessidades, criar desejos, manipular manifestações de vontade e, assim, gerar indefinidas circunstâncias que poderão ter como resultado o maior consumo e, em um grau mais perverso, inclusive obrigar ao consumo de produtos ou serviços inadequados.

Isto tudo explica os motivos pelos quais é exitosa há muitos anos uma técnica de estelionato que está disseminada por todo o país. Com um simples celular e um aparelho de fax, quadrilhas de estelionatários colocam nos classificados de grandes jornais ofertas incríveis de carros zero quilômetro. O consumidor liga e recebe a informação de que deverá pagar de 10% a 60% do valor total do veículo, mediante depósito em conta-corrente de banco com abrangência nacional. Feitas pelo telefone as mais variadas técnicas para despertar o "desejo de ter", de "ter imediatamente", bem como de "ter por um preço absurdamente baixo", aliado ao envio por fax de documentos completamente "frios", o consumidor vulnerável não resiste e realiza a operação de pagamento, dinheiro este que jamais verá, tampouco o imaginário automóvel zero kilômetro, que somente existirá no interior das células nervosas do indivíduo.

O golpe exposto não acontece excepcionalmente. São milhares de pessoas que cedem a ele, o que indica que algo de comum aconteceu a todas elas na sua estrutura neurofisiológica, até mesmo porque receberam iguais estímulos ou motivações dominantes do meio exterior.

---

[278] Agathe E. Schmidt da Silva, "Cláusula Geral de Boa-fé nos Contratos de Consumo", *Revista Direito do Consumidor*, vol. 17, p. 148, citando Ripert: "...Será permitido explorar a fraqueza física e moral do próximo, a necessidade em que ele está de contratar, a perversão temporária da sua inteligência ou da sua vontade? Pode o contrato, instrumento de troca das riquezas e dos serviços, servir para a exploração do homem pelo homem, consagrar o enriquecimento injusto dum dos contratantes com prejuízo do outro? Não é necessário, pelo contrário, manter ao mesmo tempo a igualdade das partes contratantes e a das prestações para satisfazer um ideal de justiça que nós encerramos quase sempre numa concepção de igualdade?".

Outro exemplo é o dos cigarros que contêm uma série de substâncias químicas que ativam cadeias de enzimas criadas no interior das células nervosas, obrigando o usuário a cada vez ter mais vontade de fumar e, evidenciando, de maneira bastante clara, como é fácil ao grande fornecedor, assessorado por profissionais das áreas científicas mais variadas, se prevalecer em relação ao vulnerabilíssimo consumidor.

Entendemos que este tipo de vulnerabilidade difere da técnica, pois, ainda que conheçamos o funcionamento dos mecanismos neuronais, sabendo tecnicamente que eles existem e como atuam, continuaremos vulneráveis biologicamente, haja vista que muitos estímulos recebemos sem sequer saber que nos atingem, o que torna impossível uma defesa adequada em relação a eles, de modo a fazer da convivência em sociedade um ato de sobrevivência realmente livre, e não imposto por quem quer que seja.

Exemplo disso é o *merchandising*, publicidades subliminares colocadas em novelas, filmes etc., os quais estimulam sem que o observador perceba o efeito que isto causa no seu interior neurológico.

Quando dos comentários específicos sobre a publicidade, retornaremos a estes conceitos, inclusive com a apresentação de casos concretos úteis ao tema.

A vulnerabilidade biológica ou psíquica decorre, então, da simples natureza humana. Basta considerar o tamanho e as condições gerais do nosso nascimento, que nos evidencia como um dos seres vivos mais frágeis no início da existência.

Tal vulnerabilidade fisiológica é ainda agravada por hábitos ou condições alimentares impróprias, que podem acontecer já na fase gestacional e se prolongar por toda a vida, trazendo conseqüências nefastas para o desenvolvimento humano, tendo em vista que a inadequada nutrição acarretará redução do número de neurônios.

Reconhecido isto, torna-se fácil de entender os motivos pelos quais as populações dos países subdesenvolvidos não possuem as mínimas condições de se contrapor e sequer de entender a mais simples agressão que estão a sofrer, perdurando os detentores do poder econômico a assolar os mais frágeis, a partir da exploração das suas naturais fraquezas.

Trazendo para o cotidiano vivencial, primeiro o ser humano mais humilde recebe pela televisão, rádio ou diretamente na rua os estímulos de consumo, muitos deles apresentando produtos ou serviços que o consumidor sequer pode pagar. Segundo, o consumidor captado necessariamente deve se deslocar para os oásis alimentares que são os hipermercados das grandes cidades, única maneira de prover, de um modo geral, a sobrevivência (mais um nível de vulnerabilidade, pois não existem muitas outras opções). Terceiro, adquirirá produtos ou serviços que não necessariamente sejam os mais úteis para a satisfação das suas necessidades, podendo, em muitas ocasiões, ser gerados outros desejos que em nada contribuem para a sobrevivência do organismo com qualidade. Quarto, muitas das aquisições

Código de Defesa do Consumidor
O PRINCÍPIO DA VULNERABILIDADE

173

provocam anomalias e doenças no indivíduo, tudo isto sendo um exemplo dos vários graus de vulnerabilidade biológica do ser humano, em relação às contingências da vida moderna.[279]

Para finalizar, transcrevemos integralmente a lição de Thierry Bourgoignie,[280] que resume a questão:

> "Se é sem dúvida verdadeiro dizer que o consumo é o objetivo de toda a atividade econômica, não se pode afirmar que ela é o fim desta. 'A escolha do empresário em fabricar tal bem, e não outro, não resulta tanto da consciência ou do conhecimento que ele tem do estado das necessidades do consumidor mas mais da possibilidade maior ou menor de rentabilizar um dos fatores de produção, do capital, fator privilegiado entre os outros, o que lhe assegura a cumulação'. Mais que se dirigir às únicas demandas expressas no mercado, o ofertante vai impor sua própria escolha. Fala-se a respeito de um 'desvio do consumo', isto é, de uma apropriação do processo de consumo pela força de produção capitalista. Técnicas tão avançadas que permitirão ao sistema de produção assegurar a manutenção das demandas que ela se propõe a criar e encorajar: o exercício de pressões sobre a percepção das necessidades e sobre a expressão das demandas por meio da publicidade e dos métodos comerciais mais e mais agressivos, a incitação ao crédito e ao endividamento, a diferenciação artificial dos bens oferecidos ao consumo, a absolescência programada dos produtos industriais, a entrada no reino das mercadorias e dos serviços anteriormente não tratados como tal (lazer, atividades culturais e esportivas, informação (...), o extraordinário potencial do desenvolvimento oferecido pelas novas técnicas de comunicação, de informação e de trocas constituem tantos determinantes quanto embaraços que influem diretamente sobre o processo de consumo. A espontaneidade das escolhas do consumidor, a liberdade e a racionalidade desses aparecem bem teóricas. Normas de comportamento ou normas sociais de consumo são criadas, então o efeito é integrar os modos de consumo nas condições de produção. O consumidor perde assim o controle da função de consumir, e a visão contratualista das relações de consumo se encontra privada de fundamento".

Em assim sendo, também a vulnerabilidade neuropsicológica ou neurofisiológica, deverá ser considerada na análise dos efeitos da relação de consumo, não

---

[279] Miriam de Almeida Souza, ob. cit., p. 27 e 43: "Além disso, os apelos publicitários levam o indivíduo a considerar-se numa situação psicológica e social inferior, caso não adquira tais produtos prestigiados, por acreditar que todos devem ter e usar...as empresas...investem conjuntamente em comerciais, e criam, dessa forma, no consumidor, a necessidade intolerável de manter-se em dia, andar na moda, e assim por diante, ou seja, o *efeito-demonstração* funcionando a toda prova".

[280] Citando Fábio Konder Comparato, p. 88: "'O consumidor, vítima de sua própria incapacidade crítica ou susceptibilidade emocional, dócil objeto de exploração de uma publicidade obsessora e obsidional, passa a responder ao reflexo condicionado da palavra mágica, sem resistência. Compra um objeto ou paga por um serviço, não porque a sua marca ateste a boa qualidade, mas, simplesmente, porque ela evoca todo um reino de fantasias ou devaneios de atração irresistível'". Conceito Jurídico de Consumidor. In: *Revista Direito do Consumidor*, vol. 2, p. 18 e 19.

podendo ser aceita a idéia simplista e falaciosa de que todos são livres para optar por aquilo que desejam ou necessitam.

No compartimento relativo à publicidade, ampliaremos a exposição sobre este tipo de vulnerabilidade, quanto serão apresentados estudos sobre as técnicas psicológicas, psicanalíticas, a análise dos mitos e das marcas de produtos e serviços, bem como a demonstração dos caminhos seguidos pelas mensagens publicitárias nas cadeias de neurônios, quando apresentarem o procedimento neuronal.

10.4.5. Vulnerabilidade econômica e social

A vulnerabilidade econômica e social decorre diretamente da disparidade de forças existente entre os consumidores e os agentes econômicos, relevado que estes possuem maiores condições de impor a sua vontade àqueles, por intermédio da utilização dos mecanismos técnicos mais avançados que o poderio monetário pode conseguir.

Este tipo de vulnerabilidade começou a ficar mais evidente, na forma já ressaltada, quando a economia liberal do século XIX passa de um modelo de livre concorrência para o estabelecimento dos oligopólios e monopólios que, extremamente fortalecidos, fizeram aflorar de maneira mais intensa a grande fragilidade do consumidor na relação de consumo.

Fragilidade esta que passou a impingir até mesmo uma alteração na concepção da responsabilidade civil. Nas palavras de Alberto do Amaral Júnior,[281] "(...) o problema da reparação dos danos é, assim, considerado mais um problema econômico do que moral (...)", sendo esquecida aquela herança do jusnaturalismo "(...) segundo a qual o indivíduo é responsável pelo ressarcimento dos danos porque é responsável por si mesmo". Continuando, explica Amaral Júnior que "(...) a responsabilidade não é mais a qualidade de um sujeito, mas a conseqüência de um fato social".

Citando Ripert, José Reinaldo de Lima Lopes[282] apresenta alguns fatos notórios que evidenciam a extrema vulnerabilidade econômica do consumidor, apresentando o seguintes comentários:

> "(...) o aumento do número de danos devidos ao maquinismo, a dificuldade de se descobrir nos acidentes de causas complexas a culpa de uma pessoa, a repetição da mesma espécie de danos causados pela mesma categoria de pessoas à mesma categoria de vítimas. Tudo isto demonstra um desequilíbrio estrutural na vida em sociedade. Para nós este desequilíbrio é particularmente grave no caso do consumidor perante o fabricante, pela disparidade de forças com que se apresentam no mercado, como já mencionamos".

A vulnerabilidade econômica, então, aumentava no final do século passado, eis que os consumidores eram obrigados a sofrer os reflexos dos avanços tecno-

---

[281] Ob. cit., p. 73.

[282] *Responsabilidade Civil do Fabricante e a Defesa do Consumidor.* São Paulo: RT, 1992, p. 32.

lógicos e produtivos não somente na condição de consumidores *stricto sensu*, que eventualmente tenham sofrido dano por causa de algum produto ou serviço diretamente, como também na condição de empregados-consumidores.

Não podemos perder de vista a noção de que todo assalariado é um consumidor em potencial, e que os acidentes de trabalho, em muitos casos, geram perda da capacidade laboral, com reflexos, conseqüentemente, no mercado como um todo, pois quem não pode trabalhar não ganha e também não tem condições de consumir.

Exatamente por isso que o CDC brasileiro prevê como regra a responsabilidade objetiva, visando a diminuir esta vulnerabilidade, por intermédio do mecanismo econômico da internalização dos custos e socialização dos prejuízos, na forma antes transcrita.

Outro elemento que contribuiu para ressaltar a vulnerabilidade econômica dos consumidores foi a eliminação da concorrência, pois ela acarretou efeitos funestos. Antonio Herman V. Benjamin[283] comenta que

"(...) os efeitos perversos da mutilação da concorrência acabam, mais cedo ou mais tarde, por atingir o consumidor final de produtos e serviços. É sempre ele aquele a quem cabe o pagamento da conta pelo mau funcionamento da base concorrencial, seja através da redução da oferta, seja pela utilização de preços artificialmente elevados".

Exatamente por causa disso é que foram criadas leis específicas para a defesa do consumidor neste nível, atualmente estando em vigor a Lei nº 8.884/97 (Lei Antitruste), que, no seu artigo 20, §§ 2º e 3º, inclusive informa o conceito de "posição dominante" no mercado, qual seja "(...) quando uma empresa ou grupo de empresas controla parcela substancial de mercado relevante (...)", sendo presumido o percentual de 30% do mercado.[284]

Antonio Herman Benjamin, no mesmo artigo, também comenta sobre os efeitos prejudiciais ao consumidor das leis rígidas a respeito de patentes, posicionado-se contrariamente àqueles diplomas que não consideram uma relativa flexibilidade em se tratando de "bens de consumo necessários (...) à sobrevivência", tais como os alimentos, fármacos, alguns serviços públicos etc., abordagem esta interessante, motivo pelo qual é referida.

Sobre o tema, igualmente discorre Elisabeth Kasznar Fekete,[285] citando a Professora Vera Helena de Mello, quando diz que

"(...) a nova disciplina da concorrência agora é indireta, traduzida sob o nome de consumerismo; 'nova disciplina da concorrência' porque, sob a

---

[283] "A Proteção do Consumidor e Patentes: o Caso dos Medicamentos". In: *Revista Direito do Consumidor*, vol. 10, p. 22.

[284] *Sobre o conceito escreve Sérgio Varella Bruna*. São Paulo: Revista dos Tribunais, 1997, p. 115.

[285] "A Proteção ao Consumidor Como Instrumento de Aperfeiçoamento da Integração Econômica no Mercosul". In: *Revista Direito do Consumidor*, vol. 20, p. 119 e seguintes.

bandeira da tutela do consumidor, na realidade, o que se tutela é o mercado, expurgando-o as empresas capengas".

Esta uma outra visão sobre a concorrência, qual seja a concorrência desleal, que deve ser eliminada. Ou seja, em que pese serem necessárias as flexibilizações acima apontadas no tocante às marcas e patentes, segundo Elisabeth Fekete[286] "(...) a repressão à concorrência desleal e ao uso indevido de marcas constitui um princípio da política nacional de relações de consumo (...)". Citando o trabalho das Dras. Frauki Henning-Godewig e Anete Kur (monografia sobre Marca e Consumidor – Funções das Marcas na Economia de Mercado), procura ressaltar a importância da "marca" neste contexto.

No mesmo sentido é a opinião de Bernard Dutoit,[287] oportunidade em que comenta sobre o conceito de concorrência desleal na Lei Suíça, dizendo que

"(...) são desleais e ilícitos todos os comportamentos ou práticas comerciais que sejam falaciosos ou que transgridam de qualquer forma as regras da boa-fé e que influenciem as relações entre concorrente ou entre fornecedores e clientes".

Assim, é desleal o ato de concorrência que "(...) colocar em perigo a concorrência em si, ou quando frustrar os resultados esperados pela dita concorrência". Finalizando, diz que "(...) na sociedade contemporânea, a proteção das concorrências não pode mais ser dissociada daquela dedicada aos consumidores e à coletividade em geral".

Carlyle Popp e Edson Vieira Abdala[288] também discorrem sobre o assunto, informando que "(...) a busca pela qualidade e equilíbrio nos preços são condições básicas da livre concorrência".

Este duplo enfoque sobre a concorrência leal e desleal evidencia a imensa vulnerabilidade econômica do consumidor, que simplesmente não tem acesso aos níveis de concentração de mercado, de uniões empresariais, em suma, de concorrência, ficando à mercê deste pesado jogo de domínio econômico que, atualmente, acontece no plano mundial.

Sem leis intervencionistas, aliadas à concorrência leal, o consumidor estaria completamente desamparado, haja vista as imposições feitas pelos fornecedores com abrangência mercadológica mundial, que sequer nacionalidade em alguns casos possuem.

---

[286] *Revista Direito do Consumidor*, vol, 20, p. 120 e 121. Conceito de marca: "a marca é um instrumento de *marketing*, utilizada por seu titular para a individualização de seus produtos, bem como para a transmissão de mensagens publicitárias. Os destinatários de tais medidas são os consumidores. Eles devem ser informados sobre a oferta de produtos, ou seja, ser influenciados em seu próprio benefício. Ademais, eles devem estar em condições de reconhecer o produto desejado. Nesse sentido, a marca é um elemento de ajuda à orientação dos consumidores, bem como uma transmissora de informações utilizadas em seu processo de decisão".

[287] "O Direito da Concorrência Desleal e a Relação da Concorrência: Dupla Indissociável? Uma Perspectiva Comparativa". In: *Revista Direito do Consumidor*, vol., 15. p. 30 e 42.

[288] *Comentários à Nova Lei Antitruste*. Curitiba: Juruá, 1994, p. 77.

O problema é agravado por causa da vulnerabilidade política comentada, sendo oportunizadas fusões, incorporações e outras técnicas que concentram empresas e possibilitam o domínio dos mercados por parte de alguns, além de leis ou atos administrativos que, muitas vezes, concedem privilégios específicos para fornecedores determinados, constituindo blocos econômicos perniciosos em setores vitais da economia dos países.

No Estado do Rio Grande do Sul, especificamente na grande Porto Alegre, conhecemos, no passado, caso em que foi constituída divisão do mercado de gás liquefeito do petróleo, divisão esta feita durante os trinta dias de cada mês, nos quais cada empresa possuía um número limitado de dias para abastecer todos os depósitos do mercado. Assim, se em um determinado dia o estoque dos depósitos acabasse, somente poderia ser abastecido pela empresa de distribuição correspondente àquele dia. Se ela não abastecesse, o que acontecia comumente, o consumidor era obrigado a adquirir o botijão dos caminhões, nas ruas, cujo preço era liberado, devido aos alegados custos de frete (ele seria variável em decorrência de depreciações de frota etc.). Esta experiência resultou em necessário litisconsórcio com o Ministério Público Federal, sendo que a ação coletiva provavelmente continue terminando na Justiça Federal, cujo desfecho ainda não é sabido, mas serve de exemplo de condutas contrárias à concorrência e aos consumidores.

A vulnerabilidade econômica dos consumidores igualmente aflora se forem analisados os próprios acontecimentos do mundo moderno, relativos à economia de mercado.

Há aproximadamente 10 anos atrás lembramos de forte repercussão veiculada na mídia mudial a respeito de problemas nas bolsas de valores asiáticas, fato este que causou uma verdadeira crise no globo, acarretando a necessidade de que fossem adotadas medidas governamentais urgentes dos países, tendentes a impedir quebras generalizadas e a fuga de capitais deste setor da economia especulativa. Como conseqüência, os juros altos fixados para captar o capital gerou reflexos imediatos nas condições de consumo da população, baixando por um determinado período o nível de aquisições e, portanto, a circulação das riquezas. Aqueles que já estavam comprometidos em contratos que geralmente possuem cotas variáveis de encargos financeiros ficaram superendividados, enquanto os consumidores que desejavam consumir se retraíram, com medo das conseqüências possíveis de um mercado de dinheiro tão instável e, em alguns casos, até mesmo manipulável.

Sobre o assunto, José Reinaldo de Lima Lopes[289] comenta que

"(...) tratando-se do crédito ao consumo, especialmente do tema do superendividamento dos consumidores, claro que estão em jogo tanto a política de consumo quanto o direito do consumidor. De política de consumo porque a insolvência dos consumidores é um fato social, com origens muitas ve-

---

[289] "O Crédito ao Consumidor e Superendividamento – Uma Problemática Geral". In: *Revista Direito do Consumidor*, vol. 17, p. 63.

zes na *força maior social* – desemprego, período de turbulência econômica geral (...). De direito do consumidor porque a saída da insolvência requer mecanismos aplicados também caso a caso (...). Saídas para o superendividamento devem passar pelas concordatas e reorganizações negociadas, hoje disponíveis apenas para o capital e o capitalista (...). Assistimos a concessão de anistias pelo poder público (de multas de impostos e de dívidas) para diferentes setores, não para os consumidores de crédito, isto é, para os beneficiários (ou vítimas) de crédito ao consumo".

Estes comentários podem ser expandidos, então, para abarcar as mais variadas situações, às quais os consumidores cotidianamente estão com possibilidade de se confrontar, como mortes inesperadas, acidentes que geram custos imprevistos e tudo mais quanto aumente os gastos individuais ou familiares, considerado um orçamento que, na maior parte das famílias brasileiras, é restrito, servindo precisamente para cobrir as despesas planejadas.

Na forma ressaltada por José Reinaldo de Lima Lopes, não existem desculpas para os consumidores superendividados. Estes, segundo alguns mais radicais, são caloteiros, enquanto o empresário que vai mal merece as chances e proteções dos institutos da falência e da recuperação judicial, diversidade de tratamento esta que deve ser realçada.

Walter José Faiad de Moura e Leonardo Roscoe Bessa[290] apresentam importantes dados sobre este tema, *verbis*:

"A idéia que deu título ao congresso belga foi a formação de um parlamento que emitiu votos acerca de vários temas conexos ao superendividamento, inaugurando outro traço comparativo do problema dentre os países representados. No congresso havia 81% dos participantes de países da Comunidade Européia e 19% de países do restante da Europa, Estados Unidos, Japão, Austrália e Ásia, África do Sul e Brasil. Durante o congresso a pesquisa foi dirigida a todos os participantes que responderam em painel eletrônico. Destacam-se, entre os itens pesquisados, os seguintes resultados interessantes a este trabalho (indicando-se apenas as duas respostas mais votadas). Sobre a principal causa de superendividamento, em cada país, as respostas ficaram assim classificadas: 45% responderam que a causa principal é a mudança na vida do tomador de empréstimo (desemprego, divórcio, por exemplo); 32% responderam que era a concessão irresponsável de crédito e o acesso extremamente facilitado (...).A partir dos resultados, é razoável afirmar que o superendividamento foi identificado nas mais variadas nações (com diferentes culturas e economias), mantendo, contudo, sua identidade prejudicial aos consumidores vulneráveis. O superendividamento pode ocorrer em qualquer país no qual a oferta de crédito não contemple planejamento prévio, regras

---

[290] "Impressões atuais sobre o superendividamento: sobre a 7ª Conferência Internacional de Serviços Financeiros e reflexões para a situação brasileira". In: *Revista Direito do Consumidor*. Volume 65, janeiro-março, São Paulo: Revista do Tribunais, 2008, p. 153, 154 e 155.

de regulação, transparência e tutela efetiva da vulnerabilidade e da confiança do consumidor, acumulando resultados deletérios.

(...) Chamou a atenção no relatório da comitiva japonesa a menção expressa, dentre os problemas correlacionados ao superendividamento de que a insolvência está diretamente relacionada ao aumento no número de suicídios".

Emerge a vulnerabilidade econômica, ainda, do fato de o consumidor das grandes cidades ter dificuldades de pagar os custos de locomoção, sendo obrigado a adquirir nos locais que lhe são acessíveis, mas que não necessariamente possuem os melhores preços ou qualidades de produtos e serviços.

Em termos sociais, ao consumidor, de um modo geral, é dificultada a obtenção de saúde, às vezes gerada pelos próprios agentes econômicos, que lançam produtos ou serviços inadequados e impróprios ao consumo.

Para a grande maioria também é inviabilizada a educação, a qual permite melhores condições de competir no mercado, de se proteger, acumulando informações em geral e de ascender socialmente.

Ao cidadão-consumidor são cobrados inúmeros impostos, alguns de vulto, em contrapartida não recebendo a segurança necessária, condições de trânsito satisfatórias e tudo mais quanto possa ser imaginado como obrigações do Estado que não estão sendo cumpridas, seja por um motivo ou outro.

Tudo isso leva a reconhecer a existência da vulnerabilidade econômica e social do consumidor, a qual foi tratada conjuntamente, tendo em vista as suas diretas implicações.

Em resumo, economicamente o consumidor é vulnerável porque está submisso às imposições econômicas e políticas dos mais fortes, sofrendo diretamente os reflexos de qualquer medida que venha a interferir na circulação da moeda e, principalmente, do crédito.

10.4.6. Vulnerabilidade ambiental

Não há como negar que as questões do consumidor e do meio ambiente são as que mais têm despertado a atenção de juristas das mais variadas áreas, o que evidencia a preocupação da sociedade com novos acontecimentos que afetam a vida de todos, principalmente aqueles que se encontram nas cidades ou próximos às instalações onde são produzidos os bens de consumo.

A produção, o transporte de bens, a utilização de produtos em geral têm causado danos de vulto ao nosso *habitat*, assumindo, na atualidade, uma importância vital para o homem a resolução destes problemas, haja vista as grandes ameaças que a filosofia consumista está causando ao meio ambiente.

A terra e todo o seu complexo de fauna, flora, águas e ar é a nossa morada. Entretanto, o ser humano não a trata como tal, mas como se fosse a casa do seu pior inimigo. Agressões ambientais de grandes proporções são conhecidas nos mais variados locais do mundo, desde o despejo de óleo nos mares gelados do hemisfério norte até acidentes industriais importantíssimos, como foi o acontecido em Chernobyl, este último com reflexo até mesmo na geração de outros produtos.

Como não poderia ser diferente, os resultados das agressões ambientais sempre acabam atingindo o próprio homem, o qual é naturalmente consumidor.

Miriam de Almeida Souza comenta o assunto dizendo[291] que:

"(...) a interdependência do direito do consumidor e do ambiental, laço já há muito analisado teoricamente nos países desenvolvidos, é um conceito cada vez mais divulgado entre os países em desenvolvimento. Uma visão sistêmica do direito do consumidor, em que todos habitam o mesmo planeta, faz deste direito o reverso da moeda do direito ambiental. Ou seja, o 'consumerismo' destrutivo do meio ambiente é inerente ao modelo vigente da indústria e da agricultura, em que todos têm participação em diversos graus através da sociedade de consumo, e todos sofrem prejuízos biológicos em diversos graus por causa do abuso do meio ambiente – um exemplo cada vez mais insistente de interesses difusos em escalas nacional e mundial. Contra o presente consumo exagerado , propõe-se o *desenvolvimento e o consumo sustentáveis,* que conciliam a meta do bem-estar humano com um nível de consumo equilibrado e socialmente justo, que não destrua o meio ambiente de que depende a vida do planeta".

Da mesma forma Ricardo Luis Lorenzetti,[292] falando sobre o direito de acesso a bens públicos, afirma que:

"O meio ambiente foi sempre um bem de uso comum, em sentido jurídico, e cuja utilização era livre, não podendo ninguém interferir em seu exercício.

A realidade mostra, contudo, que seu uso foi privatizado no processo de desenvolvimento da sociedade industrial. A indústria cresceu utilizando o ambiente, causando-lhe danos, sem pagar por isso; deste modo, o 'uso público' transformou-se em um subsídio ao desenvolvimento industrial(...)

---

[291] Ob. cit., p. 199, p. 181, 182 e 183: "A recente conscientização dos cidadãos do Primeiro Mundo sobre os efeitos lesivos ao meio ambiente e à saúde de muitos produtos químicos ou radioativos e dejetos industriais tornou-se uma bandeira principal não só dos ecologistas, a exemplo do movimento Greenpeace, mas também dos movimentos consumeristas, inclusive das organizações americanas Ralph Nader (o grupo Public Citizen). Os grupos consumeristas denunciam não só as práticas domésticas perigosas das firmas nacionais, como também a notória tendência dos governos de subestimarem os riscos, ou de pactuarem com a remessa de tais resíduos tóxicos ou produtos para países menos prevenidos do Leste Europeu ou do Terceiro Mundo, às vezes, sob o mesclado pretexto da 'reciclagem'...A Internacional Organization of Consumers Unions (IOCU) mantém, desde 1981, uma rede de cidadãos de muitos países para a troca mundial de informações e um sistema de comunicação sobre novos produtos perigosos. Esta chamada 'Interpool dos Consumidores' também faz um trabalho educativo sobre perigos genéricos (a exemplo de chumbo nas tintas), e uma mobilização nos âmbitos nacionais e no internacional, para fiscalizar e restringir o comércio e o uso de produtos, tecnologias e resíduos perigosos... A Organização Européia de Consumidores (BEUC), sediada na Bélgica, mantém outra 'Interpool' dos consumidores, que coopera com a IOCU".

[292] Ob. cit., p. 101 e 102.

Algumas modificações transformam a propriedade comum em função da titularidade difusa. Por isso, diz o Professor Benjamin que, entre outras medidas, optou-se por considerar o ambiente como 'um bem cuja titularidade, pelo meno no que se refere a sua proteção, deve ser materializada e individualizada em alguém; o próprio Estado (União, Estados, Municípios, Ministério Público, Defensorias Públicas) ou um ente privado (associação ou cidadão individualmente considerado)'

O fundamento econômico deste direitos é a teoria dos *property rights*.

Dessa titularidade provém o direito ao acesso adequado às informações referentes ao meio ambiente, em poder das autoridades públicas, e, igualmente, o direito a ingressar em juízo, de forma preventiva ou ressarcitória".

O caminho proposto pelo eminente professor argentino foi amplamente acolhido pela legislação brasileira, não só estimulando a legitimação para a atuação judicial e extrajudicial dos entes coletivos, como também pelo estabelecimento do *link* fundamental com o Direito do Consumidor.

Exatamente por isso a Lei Protetiva não se alheiou do problema ambiental, estando previsto no artigo 4º do CDC que a Política Nacional de Relações de Consumo terá por objetivo, em primeiro lugar, o "(...) atendimento das necessidades dos consumidores (...)", sendo a mais básica necessidade a proteção do meio ambiente, a fim de que, desta forma, possa ser respeitada a sua "(...) dignidade, saúde, segurança, proteção dos seus interesses econômicos, a melhoria da sua qualidade de vida".

Aliás, sobre o direito de acesso à qualidade de vida, Lorenzetti[293] evidencia a sua condição de direito fundamental de terceira geração, palavras que merecem transcrição:

"Os denominados 'novos direitos' surgem como resposta ao problema da 'contaminação de liberdade'. Este fenômeno demonstra a degradação das liberdades devido aos novos avanços tecnológicos: qualidade de vida, meio ambiente, a liberdade informática, o consumo, vêem-se seriamente ameaçados.

Costuma-se aqui incluir os direitos que protegem bens como o patrimônio histórico e cultural da humanidade, o direito à autodeterminação, à defesa do patrimônio genético da espécie humana.

Trata-se dos direito 'difusos', que interessam à comunidade como tal, sem que exista uma titularidade individual determinada".

No artigo 4º, inciso III, igualmente está prevista a necessidade de compatibilizar o proteção do consumidor com o imperioso desenvolvimento econômico e tecnológico "(...) de modo a viabilizar os princípios nos quais se funda a or-

---

[293] Ob. cit., p. 154.

dem econômica (art. 170, da Constituição Federal)", estando neste artigo da Carta Magna, especificamente no inciso VI, o princípio da defesa do meio ambiente.

Também no artigo 6º, inciso I, do CDC está o direito básico dos consumidores de "proteção da vida, saúde e segurança contra os riscos provocados por práticas no fornecimento de produtos e serviços considerados perigosos ou nocivo", o que está, ainda, no inciso III do mesmo artigo, no qual é prevista a imprescindível informação sobre "(...) os riscos (...)" que apresentam determinados produtos ou serviços para o meio ambiente e para o consumidor, por conseqüência.

Seguindo na análise da lei consumerista, nos artigos 8º até 10 constam regras protetivas para diminuir os riscos da colocação de produtos perigosos ou nocivos, neste compartimento sendo identificada a preocupação não somente com o uso direto dos mesmos, mas, principalmente, com os resíduos e embalagens que resultarão do ato de consumo.

Apenas a título de exemplo, existe um vasta legislação sobre a rotulagem de produtos utilizados para combater insetos, cupins, para o tratamento de madeiras, sendo obrigatória a aposição de informações completas relativamente às propriedades físicas das substâncias, seus riscos, maneira de usar, equipamento de proteção individual (EPI) necessário para a proteção dos trabalhadores, bem como o que pode, não pode e deve ser feito com as embalagens e resíduos do produto, para que não sejam causados danos ao meio ambiente. Estas situações investigamos em inquérito civil público que avaliava a existência de elementos tóxicos proibidos em produtos inseticidas.

Normas semelhantes também podem ser encontradas no artigo 55, § 1º e 3º, do CDC, na parte atinente à esfera administrativa de proteção, assim como nos artigos 63, 64 e 65 do CDC.

Em outras leis esparsas, mas que são dirigidas aos agentes econômicos, encontram-se dispositivos de proteção ao consumidor, como é o caso do Decreto nº 1.204, de 29 de julho de l994 (Altera e regulamentação da Lei nº 8.031, de 12 de abril de 1990, que cria o Programa Nacional de Desestatização, com as alterações posteriores), o qual, no artigo 47, determina que "Os adquirentes de ações representativas do controle acionário obrigar-se-ão, expressamente, a: I- fazer com que a sociedade privatizada realize os investimentos necessários e vinculados à recuperação ou preservação do meio ambiente; II- liquidar as multas e demais penalidades cominadas à sociedade privatizada, por infração à legislação do meio ambiente, consideradas na fixação do preço mínimo de alienação".

O mesmo acontece com a Lei 7.347/85 (Lei da Ação Civil Pública), em vários artigos, com o Decreto nº 1.306, de 9 de novembro de 1994 (Regulamenta o Fundo de Defesa de Direitos Difusos da Lei anterior), no artigo 1º e até mesmo na Lei nº 8.137, artigo 7º, inciso IX, quando existirem produtos à venda, em depósito ou expostos, em condições impróprias ao consumo, como seria o caso de materiais perigosos ou nocivos acondicionados em embalagens lesivas ao meio ambiente, além de muitas outras hipóteses que poderiam ser aventadas.

Este rápido panorama de leis vinculadas à relação de consumo é o argumento mais forte para a prova da vulnerabilidade ambiental, pois elas exercem a função de tentar igualar os naturalmente desiguais, impedindo que a produção econômica e tecnológica se sobreponha a valores maiores, como a segurança, a saúde, a vida, a qualidade de vida, facilmente atingíveis, maculados, ofendidos, em decorrência da necessidade de consumir.

Flávio Cheim Jorge[294] cita Nelson Nery Junior, sobre a responsabilidade objetiva oriunda dos danos ao meio ambiente, dizendo que "(...) neste caso para que se possa pleitear a reparação do dano, bastará demonstrar a relação de causalidade, ou seja, bastará relacionar o dano ao ato praticado pelo poluidor".

Ou seja, as questões relativas ao meio ambiente poderão ativar as duas grandes esferas de proteção do CDC, quais sejam, a responsabilidade pelo fato do produto (art. 12) e pelo vício do produto (art. 18), dependendo do dano causado pelo meio ambiente ofendido, ou seja, se atingiu a incolumidade física e psíquica do consumidor ou o seu aspecto econômico.

Em que pese não ser possível ingressar a fundo nesta problemática, tendo em vista os objetivos deste trabalho, cabe comentar sobre a abrangência das normas consumeristas acima citadas com relação ao meio ambiente.

Sílvio Luís Ferreira da Rocha[295] discorre sobre o conceito de segurança, dizendo que "(...) o conceito de 'segurança' é mais amplo do que aptidão ou idoneidade do produto para a realização do fim a que é destinado. O produto pode ser apto para a realização do fim destinado, mas provocar danos ao consumidor (...)".

Arruda Alvim, Thereza Alvim, Eduardo Alvim e James Marins[296] ampliam o conceito de segurança, escrevendo que:

"(...) abrange não somente os riscos contra a vida, saúde e integridade física do consumidor, mas diz também respeito ao patrimônio dos consumidores, ensejando-se afirmar que o conceito de direito à segurança possui abrangência mais ampla do que os conceitos de direito à vida ou direito à incolumidade física ou mesmo psíquica, pois congloba além desses elementos pessoais conteúdo patrimonial".

Portanto, todo aquele produto ou serviço que causar danos às esferas apontadas, em decorrência de problemas gerados ao meio ambiente, poderão ser considerados inseguros.

Sobre o caráter defeituoso, o artigo 12, § 1º e 14º, § 1º definem que o serviço ou produto "(...) é defeituoso quando não oferece a segurança que dele legitima-

---

[294] "Responsabilidade Civil Por Danos Difusos e Coletivos Sob a Ótica do Consumidor". In: *Revista Direito do Consumidor*, vol. 17, p. 99.

[295] "A Responsabilidade pelo Fato do Produto no Código de Defesa do Consumidor". In: *Revista Direito do Consumidor*, vol. 5, p. 43 e 44.

[296] *Código do Consumidor Comentado*. 2ª edição. São Paulo: RT, p. 61.

mente se espera, levando-se em consideração as circunstâncias relevantes, entre as quais: I- sua apresentação; II- o uso e os riscos que razoavelmente dele se esperam; III- a época em que foi colocado em circulação".

Quanto ao conceito de vícios dos produtos ou serviços, o artigo 18, § 6º, inciso II, do CDC diz que "São impróprios ao uso e consumo os "os nocivos à vida ou à saúde, perigosos (...)".

Consideradas estas normas, é possível adequar a elas os mais diferentes acontecimentos danosos ao meio ambiente, que redundarão em danos à segurança, à saúde e à vida do consumidor.

Paradigmático é o caso dos recipientes plásticos de refrigerante, nos quais não existem avisos sobre os danos que causam ao meio ambiente, gerando, a partir da falta de informação, mas, principalmente, do próprio descarte das embalagens, imensos prejuízos ao ambiente urbano, especificamente aos esgotos, e às águas nas quais o lixo das cidades desemboca.

Na atualidade, estão sendo feitas enormes companhas para que não sejam jogados recipientes e lixo de consumo em geral em qualquer lugar, pois, aliado às chuvas, estão entupindo bueiros e já causaram várias mortes de pessoas que foram levadas pelas torrentes. Também muitos prejuízos estão sendo suportados pelos moradores das cidades, com a perda das suas casas e da saúde, em decorrência de inundações causadas pelo lixo de consumo jogado nas ruas e nos bueiros.

Basta, então, retornar ao conceito declinado por Nelson Nery Júnior para concluir que os agentes econômicos que produzem embalagens e resíduos que ferem o meio ambiente são responsáveis pelo ressarcimento e recuperação dos prejuízos causados, bastando que, no caso concreto, seja encontrado algum indicador objetivo, com a identificação do fabricante do produto causador do dano, para que possa ser exigido pelo consumidor seu direito de não ser ofendido, vulnerado na sua incolumidade física, psíquica ou econômica.

Conduta igual poderia ser adotada pelos poderes públicos quando for encontrado nas águas algum elemento poluidor que possua a identificação do seu produtor, ou será que é exigível prova maior do que esta, uma lata, uma garrafa plástica, uma embalagem de salgadinhos boiando em águas que deveriam estar limpas, para a prova do dano ambiental que atingirá o homem-consumidor?

Estes problemas começarão a ser levados aos foros judiciais no terceiro século, pois o ser humano é movido por necessidades e quando sentir de maneira direta, mais intensa e cotidiana a lesão que está sofrendo ou na iminência de sofrer, começará a se valer das possibilidades que a lei já lhe outorga.

Roberto M. López Cabana[297] comenta sobre o assunto, especificamente a respeito dos princípios definidos na Declaração do Rio de Janeiro sobre o desenvolvimento sustentável, afirmando que:

> "El princípio 16 asume un criterio de realidad económica al encargar a las autoridades nacionales que procuren 'asegurar la internalización de los cos-

---

[297] "Ecología e Consumo". In: *Revista Direito do Consumidor*, vol. 12, p. 26 e 27.

tos ambientales y el uso de instrumentos económicos, teniendo en cuenta el criterio de que el que contamina debe, en principio, cargar con los costos de la contaminación, teniendo debidamente en cuenta el interés público y sin distorsionar el comercio ni las inversiones internacionales".

Em seguimento, aponta que a sociedade industrial[298]

"(...) ofrece sus productos a menor precio – al no asumir los gastos para impedirla-, e impone el daño ambiental a terceros, como un costo que éstos se ven precisados a tomar a su cargo, sin compensación. En tal situación el costo no es *comercial,* sino *social,* en cuanto repercute injustamente sobre la comunidad, o alguno de sus sectores (...) porque el tema de la contaminación ambiental se vincula directamente con la actividad productiva".

Como propostas, enfatiza o jurista que deveriam ser cobrados[299] "(...) tributos diferenciales aplicables a quien no respeta al medio ambiente (...)", bem como que deve ser focalizado "(...) en el consumidor la necesidad de colaborar con la preservación de su proprio medio". Com isto,

"(...) se apela también a la adopción de un critério profundamente solidarista, a cuyo centro, en definitiva, se pone la tutela de la persona, cuya integridad psicosomática, ha dicho el excepcional jurista peruano Fernandez Sessarego, debe protegerse frente a los embates permanentes del medio".

Sobre o mesmo assunto comenta Raul Brañes,[300] concluindo que após cinco anos da Declaração do Rio

"(...) el conjunto de estos avances, especialmente la internalización de los costos ambientales, no puede calificarse de satisfactorio. Se trata de esfuerzos aislados, que incluso no inciden aún de una manera significativa en la gestión ambiental de los países que han llevado a cabo".

Com isto, fica salientada a grande vulnerabilidade do consumidor quanto ao meio ambiente, pois, não bastassem todos os esforços em termos de ampla discussão, pompas cerimoniais, imprensa atuante sobre o evento cinematográfico produzido no Rio de Janeiro, tudo não passou de mera forma, exatamente porque a questão econômica do "produzir, competir e vender a qualquer preço" ainda predomina, sendo a defesa do meio ambiente vinculada ao consumidor vista como manifestação idealista de menor importância. Os fatos provam isso.

Outras propostas importantes surgem com os chamado selos ambientais, *eco-label, environmental friendly,* que são informações que devem ser apostas nas embalagens dos produtos informando sobre as suas propriedades ecológicas e formas de proteger o meio ambiente.

---

[298] *Revista Direito do Consumidor*, vol. 12. p. 26.

[299] Ob. cit., p. 27.

[300] "Cinco años despues de Rio: algunas reflexiones sobre las tareas juridicas pendientes en America Latina". In: *Anais do Congresso Internacional de Direito Ambiental*, 1997, p. 121.

Françoise Maniet,[301] pesquisadora belga, aponta que o consumidor pode ser o responsável pela proteção do meio ambiente se usar corretamente a sua maior arma, que é o poder de compra. Optando pelos produtos que defendem o meio ambiente, o consumidor estará optando por uma melhor qualidade de vida, promovendo, assim, uma maior concorrência em relação a este importante item de qualidade de um produto ou serviço, que é a não-causação de prejuízos ambientais.

A pesquisadora informa que na República Federal da Alemanha[302] existem "(...) mais de 3.600 produtos portadores de selo", acrescentando que

> "(...) as políticas do meio ambiente e do consumo reúnem-se numa mesma preocupação, no seio do sistema econômico, um equilíbrio rompido por um modo de funcionamento individualista do mercado e pela prioridade, ou até exclusividade, dada ao atendimento de objetivos mais quantitativos do que qualitativos".

Os selos apostos em embalagens poderiam auxiliar os consumidores, informando-os sobre a possibilidade de não usarem produtos ou serviços que poderão vir a lhes causar danos, sendo, assim, uma solução possível, caso exista um controle forte e adequado.

Todavia, a questão envolve muitos outros obstáculos para que seja implementada com propriedade.

Primeiramente, porque alguns selos ou informações (apelos) são colocados espontaneamente pelos agentes econômicos sem qualquer fiscalização, em muitos casos não sendo verdadeiras as informações prestadas. Segundo explica Françoise Maniet,[303] ocorrem problemas de excesso de informação, informações redundantes, sem sentido, irreais, sem fundamento e meramente simbólicas, tudo isto gerando danos maiores para o consumidor, pois estará sofrendo, igualmente, prejuízos e mais uma dose de má-fé.

Oportunizar a utilização de selos incorretos também ofenderia a concorrência, com resultados nos consumidores, na forma já demonstrada.

Um terceiro aspecto seria a necessária exclusividade de selos concedidos por órgãos estatais de controle, os quais teriam de ter funcionários muito bem remunerados, a fim de evitar fraudes.

A doutrinadora belga[304] escreve, então, que deveriam ser respeitadas três características, quais sejam a "unicidade", pela qual seria adotado apenas um sistema, aplicável a todos os produtos e serviços. O "caráter exclusivo", pelo qual

---

[301] "Os apelos ecológicos, os selos ambientais e a proteção dos consumidores". In: *Revista Direito do Consumidor*, vol. 4, tradução de Maria Enriqueta do Amaral Fonseca Lobo, p. 8 e seguintes.

[302] Ob. cit., p. 10.

[303] Idem, p. 12.

[304] Idem, p. 16 até 20.

Código de Defesa do Consumidor
O PRINCÍPIO DA VULNERABILIDADE

seria proibido todo apelo ou selo ambiental fora do uso autorizado do selo oficial e o "caráter associativo", pelo qual seria assegurada uma "(...) representação de consumidores em todas as instâncias que têm poder de decisão na matéria", a fim de definir critérios e tudo mais quanto seja necessário para a concessão dos selos oficiais.

Por fim, comenta a jurista[305] sobre a vulnerabilidade ambiental do consumidor também em nível de apelos e selos, dizendo que

"(...) naturalmente, o consumidor pode contribuir para a nova ordem ambiental, mas o fato é que, em verdade, estão sendo dados a ele muito poucos recursos para fazê-lo: a) o consumidor não tem controle algum sobre o processo produtivo em si; b) ele não pode avaliar por si mesmo a exatidão e a confiabilidade de apelos ambientais e selos que lhes são dirigidos; c) mesmo que ele seja colocado em posição de fazer uma escolha por produtos com um selo ambiental oficial, o impacto de tal escolha 'inofensiva do ponto de vista ambiental' permaneceria restrito por causa dos limites inerentes ao próprio sistema do selo oficial".

Concluindo,

"(...) a responsabilidade principal recai sobre os responsáveis pela política governamental e sobre os produtores que têm de desenvolver e implementar uma política ambiental passível de prevenir danos futuros ao meio ambiente no campo do consumo, de bens e serviços".

Thomas Wilhelmsson[306] faz uma interessante comparação entre alguns princípios da lei consumerista e a defesa do meio ambiente, discriminando-os da seguinte forma:

(i) the right to information (o direito de informação);

(ii) the right to choose (o direito de escolher);

(iii) the right to protection of health and safety (o direito de proteção à saúde e à segurança);

(iv) the right to good bargains (direito de bem negociar, contratar);

(iv) the right to count on business liability (trata do direito de computar a responsabilidade decorrente da atividade negocial);

(vi) the right to be hearded – consumer participacion (direito de ser ouvido – participação do consumidor).

Pelo primeiro, o autor informa que "(...) both consumerists and environmentalists want to have the information given as correct and accurate as possible"

---

[305] Ob. cit., p. 22.

[306] "Consumer Society, Consumer Law and the Environment". In: *Anais do Congresso Internacional de Direito Ambiental*, 1997, p. 173.

(ambos consumeristas e ambientalistas querem ter uma informação dada com a correção, exatidão ou cuidado quanto seja possível). Comenta sobre os selos ambientais, mas chega às mesmas conclusões de Françoise Maniet, tendo em vista que as informações não são prestadas integralmente, bem como que existe grande dificuldade de definir os "environmentally-friendly products" que receberão o "eco-label" e que o consumidor não está preparado para as informações ambientais ("The whole idea of environmental labelling is based on the thought that consumers at least to some extent are guided by more idealistic considerations than the rational consumer in much consumer law teory is supposed to (...). The efficiency of environmental information is therefore uncertain and depending on many, cultural, educational and economic factors").

O segundo princípio, o direito de escolher do consumidor, comenta Thomas Wilhelmsson que a restrição de venda de alguns produtos, por não serem benéficos ao meio ambiente, de certa forma conflita com o direito de livre escolha, pois impõe uma limitação que pode ser prejudicial para o consumidor individualmente considerado, caso o direito seja levado ao extremo. Entretanto, não pode ser desconsiderado que não colocar informações sobre os reflexos dos produtos ou serviços ao meio ambiente também fere o princípio da vulnerabilidade, neste aspecto residindo o contato e a similitude entre consumerismo e o ambientalismo.

O direito à proteção da saúde e da segurança, na forma já apontada, está diretamente ligado à proteção ambiental, salientando o professor finlandês que "(...) in most cases the consumer law protection of health and safety certainly can promote also environmental protection" (na maioria dos casos a lei do consumidor protetiva da saúde e da segurança certamente poderá promover também a proteção ambiental). Ressalta, todavia, o problema da prova do dano e do nexo de causalidade entre a colocação do produto no mercado e aquele.

O direito de fazer um bom negócio indica que a defesa do meio ambiente envolve alguns custos que são repassados para os consumidores, motivo pelo qual, os mais afoitos na análise do problema, poderão concluir que estão sendo onerados indevidamente. Tal postura, por outro lado, é incorreta, haja vista que os prejuízos causados ao meio ambiente, por causa de produtos daninhos, certamente será muito superior ao aumento de preço no mercado, estando a resolução deste aparente conflito na correta educação e demonstração da realidade.

O direito de contar com uma responsabilização por causa de um negócio que lhe traga prejuízos. Segundo o autor citado, "The consumer must have the opportunity to take action against the business in cases where his economic interests are not fulfilled due to some problem in the performance of the business"(o consumidor deve ter a oportunidade de adotar ação contra o negócio feito, nos casos onde seus interesses econômicos não foram satisfeitos devido a algum problema na *performance* do negócio). Assim, se eventualmente algum produto ou serviço lhe acarretar prejuízo ambiental que desconhecia, poderá acionar o fornecedor, de acordo com o que já foi dito, tendo em vista que as suas expectativas quanto ao negócio realizado foram frustradas.

É claro que este último aspecto apresenta uma dificuldade maior, até mesmo porque os custos de tais responsabilizações são internalizados e repassados para os consumidores difusamente considerados, além dos naturais óbices para que seja comprovado um efetivo dano, considerada a perspectiva restrita com que este ainda é avaliado. Prova disso é a dificuldade de comprovação do dano moral em alguns casos. De qualquer forma, é fundamental considerar este aspecto para a análise da vulnerabilidade do consumidor.

Quanto à participação do consumidor, aponta Thomas Wilhelmsson que a atuação dos consumeristas, inclusive na formulação de leis, não necessariamente tem acrescido avanços para a defesa do meio ambiente, servindo o alerta para indicar que a visão de defesa do consumidor deve assumir um enfoque mais profundo, pois, segundo nosso entendimento, defender o consumidor é, também, defender o meio ambiente.

No Brasil, de acordo com análise já feita, existem vários mecanismos legais que podem alcançar os resultados almejados pelo mestre finlandês, havendo uma boa perspectiva de que novas ações tendentes a obter o dever de indenizar oriundo de prejuízos ambientais passem a ser promovidas com mais freqüência. Para tanto, é preciso que seja exercida plenamente a cidadania, a fim de fazer valer as garantias que já estão legalmente previstas.

Retira-se das palavras transcritas a lição de que a vulnerabilidade ambiental do consumidor igualmente decorre da própria tradição consumerista de considerar o ato de consumo como ação restrita ao objetivo imediato de satisfação de alguma necessidade momentânea, sem considerar as implicações, os efeitos deste ato como um todo.

A relação de consumo, importa ressaltar, *inicia-se no momento da concepção de um produto ou serviço e se prolonga até a mais remota das conseqüências advindas do seu uso*, idéia esta que somente será introjetada na mente de todos nós com uma boa educação e com o sofrimento decorrente das tragédias que as lesões ao meio ambiente, infelizmente, ainda vão proporcionar ao homem, seja com a redução da camada de ozônio, com a destruição das matas ou, mais proximamente, com os simples mas vultosos problemas de obstrução dos esgotos das cidades.

Todos estes aspectos levam a concluir que, de fato, problemas como a reciclagem do papel, dos recipientes de bebidas, redução da composição de metais tóxicos das pilhas, poluição causada durante ou após a utilização dos produtos (detergentes, embalagens plásticas etc.), são os grandes configuradores da vulnerabilidade dos consumidores.[307]

---

[307] Gabriel A. Stiglitz. "El Derecho del Consumidor y la Protección del Medio Ambiente". In: *Anais do Congresso Internacional de Direito Ambiental*, 1997, p. 70: "...algunas de las bases para un sistema jurídico-político de promoción del consumo sustentable, serían las siguientes: – campañas educativas para fomentar el consumo sustentable; – sistema de certificación oficial (y auditoria) de los productos y servicios, desde el punto de vista

Concluindo este tópico, transcrevemos as palavras de Eduardo Polo[308] quando afirma que "(...) tudo hoje em dia é direito do consumidor: o direito à saúde e à segurança (...) o direito, enfim, como usuários, a uma eficaz prestação dos serviços públicos e até mesmo à proteção do meio ambiente".

Em síntese, a vulnerabilidade ambiental é uma realidade e decorre diretamente das imposições mercadológicas, as quais levam para a sociedade produtos ou serviços, em princípio apresentados como benéficos, mas que, na verdade, possuem pontenciais danosos infinitamente superiores.

10.4.7. Vulnerabilidade tributária

Miguel Reale, grande Mestre de variadas áreas do conhecimento e coordenador do Código Civil, obviamente não alheio às grandes linhas filosóficas e sociais que importaram e importam para o desenvolvimento do "Homem", reconhece a "cultura" como a grande fonte inspiradora das criações dogmático-jurídicas (regras e princípios).

Nas suas palavras, "a cultura está para o espírito, como as águas de um rio estão para as fontes de que promanam".[309] Continuando, esclarece Reale[310] que é "(...) como experiência histórica que se explica e se modela a experiência jurídica, revelando-se como fenômeno universal essencialmente ligado à atividade perene do espírito".[311]

Mas o que é a cultura? Cultura, já abordamos antes, é o resultado da experiência do homem no seu relacionamento com outros sujeitos ou com coisas. O resultado destas experiências que se sucedem e reiteram com o tempo se acumula e

---

ambiental; – impulsar la reducción (y la prohibición respecto a determinados productos) de consumo irracionales, perjudiciales al medio ambiente, sin afectar la calidad de vida de la población; – internalizar al productor el costo ambiental de los productos y servicios (y/o subvencionar las producciones ecológicas), de modo de incidir sobre los precios y así orientar los consumos hacia una dirección más sustentable; – orientar la demanda hacia un mejoramiento de la calidad y seguridad en materia de alimentos y otros bienes, sobre bases ambientalmente sustentables. Promover la demanda de productos durables, reciclables y no tóxicos; y de los alimentos orgánicos y una agricultura libre de productos químicos; – publicar lista de productos, cuya venta y/o consumo haya sido prohido o restringido por contener elementos tóxicos; – regulaciones sobre pesticidas y fertilizantes...; – regular el tratamiento de la basura...; – reducir los consumos lesivos de la capa de ozono, y el uso irracional de agua, energía y materiales a base de petróleo, madera y medios de transporte contaminantes...; – ...información y etiquetado ambientalista, y sobre publicida de los productos y aspectos relativos a sua comercialización...; – ...exigir a los productores que provean información sobre le impacto de sus productos y servicios sobre el medio ambiente...; – y que las organizaciones gobernamentales y asociaciones de consumidores, incluyan el aspecto ambiental en las pruebas comparativas de productos..."

[308] Apud Rodolfo de Camargo Mancuso. *Manual do Consumidor em Juízo*. São Paulo: Saraiva, 1994, p. 15.

[309] *Filosofica do Direito*. São Paulo: Saraiva, 1962, p. 196.

[310] Ob. cit., p. 197.

[311] Ob. cit., p. 197, nota 2. "O culturalismo jurídico tem velhas raízes no pensamento brasileiro, Basta lembrar Tobias Barreto e Sílvio Romero. Ao primeiro, nos quadros de seu monismo-teleológico, com que pretendeu conciliar Kant e Haeckel, mas como apoio em Froebel, Jhering, Hermann Post, devemos tecer interessante consideração sôbre a 'antítese' (*sic*) entre a natureza e a cultura, assim como quanto ao direito como 'produto histórico', um produto cultural da humanidade".

forma a cultura de um povo, os usos e costumes que culminam por ser positivados. Isto ocorre, muitas vezes, por ter sido atingido o ápice da pressão social que se reflete por intermédio das decisões judiciais ou por causa de fatos marcantes que obrigam a uma tomada de decisão dos órgãos de Estado, no sentido de acolher a experiência vivida como paradigma para a criação de normas de controle social.

É inegável o caráter multidisciplinar e altamente complexo das questões surgidas na chamada pós-modernidade.[312] Nos dias de hoje, não é mais possível dizer que, na atividade de operador do direito, alguém possa trabalhar com proficuidade exclusivamente com o direito civil ou só como o direito do consumidor, apenas com o direito constitucional, ou processual, ou tributário etc. Não há como. O motivo está em que o mundo dos fatos "acontece" e neste "acontecer" leva pela frente arrastando todas as estrutura meramente formais, abstratas, cerebrinas, que eventualmente não encontrem respaldo na realidade.

A complexidade e a multidisciplinariedade nos levam a analisar os vários enfoques que decorrem de um mesmo caso concreto, obrigando, para a conclusão definidora das regras, princípios e postulados aplicáveis, a uma sempre necessária atividade identificadora do "valor preponderante" naquele caso concreto específico.

São importantes estas reflexões, porque a área do Direito do Consumidor é, igualmente, profundamente complexa e multidisciplinar, podendo surgir situações de vulneração de variadas fontes, não necessariamente das já tradicionais, quais sejam o contrato, a publicidade e demais práticas comerciais.

Com efeito, exatamente isto que desejamos trazer à baila. Ou seja, sabemos, por óbvio, que aspectos atinentes a juros, cláusulas contratuais abusivas, vícios de produtos ou serviços, são, evidentemente, temas importantes que merecem constante tratamento protetivo, mas a realidade, a "cultura", mostra o aparecimento cada vez maior de agressões impostas sob o manto de uma aparente legalidade tributária e que não possuem qualquer amparo no mundo dos fatos, no mundo dos valores e, muito menos, na Lei Maior, resultando em lesões à dignidade dos consumidores.

Muito se vê, também, a insistente referência que diz que consumidor não é contribuinte, e que, portanto, o Ministério Público não teria legitimidade para impugnar lesões massificadas decorrentes de questões tributárias. Sem adentrar neste tema da impropriedade e inutilidade social de tais entendimentos,[313] consu-

---

[312] Sobre a pós-modernidade, ver Erriet Gellner, citado por Cláudia Lima Marques, na apresentação do livro de Ricardo Luis Lorenzetti, ob. cit., p. 34: "A realidade denominada pós-moderna é a realidade da pós-industrialização, do pós-fordismo, da tópica, do ceticismo quanto às ciências, quanto ao positivismo, época de caos, da multiplicidade de culturas e formas, do direito à diferença, da 'euforia do individualismo e do mercado', da globalização e da volta ao tribal. É a realidade da substituição do Estado pelas empresas particulares, de privatizações, do neoliberalismo, de terceirizações, de comunicação irrestrita, de informatização e de um neoconservadorismo, de acumulação de bens não materiais, de desemprego massivo, de um individualismo necessário, de muitas meta-narrativas simultâneas e contraditórias, da perda dos valores modernos substituídos por uma ética meramente discursiva e argumentativa, de legitimação pela linguagem, pelo consenso momentâneo e não mais pela lógica, pela razão ou somente pelos valores que apresenta".

[313] Para o aprofundamento do tema relativo à lesão ao princípio do acesso à Justiça e do Direito de Petição, vide nosso artigo "A Legitimidade do Ministério Público para atacar Questões Tributárias de Massa", "in" *Revista de Estudos Tributários*, jan. fev. de 2000, Editora Síntese, p. 132.

midor é, com certeza, contribuinte. Aliás, consumidor é o maior contribuinte, pois é ele quem paga a grande maioria das contas Estatais. Apenas alguns exemplos: a) quando adquirimos um imóvel igualmente não temos de pagar o imposto de transmissão?; b) quando movimentávamos a conta corrente, não éramos contribuintes instantâneos da CPMF (Contribuição Provisória de Movimentação Financeira[314]); c) quando pagamos nossas contas de telefonia, de água, de energia elétrica, não somos contribuintes do ICMS (Imposto sobre Circulação de Mercadorias)? d) quando pagamos nossa conta de energia elétrica (ao menos em Porto Alegre é assim e em centenas de Municípios Brasileiros), não estamos pagando a CIP (Contribuição de Iluminação Pública)?

Então, como fechar os olhos para a REALIDADE de que, em múltiplas situações, o consumidor é também contribuinte?

Exatamente por perceberem esta REALIDADE é que setores da política e da economia passaram a *se utilizar da relação de consumo* para implantar tributos ilegais e inconstitucionais nas contas dos vulneráveis, visando resolver problemas de "caixa", de custeio e, para tanto, sendo escolhidos justamente os mais fracos, aqueles que não tem conhecimentos técnicos, jurídicos, econômicos, sociais, processuais e, muito menos força política para reverter a criação de leis completamente afastadas do cunho material e axiológico que as deveria animar.

Exemplo marcante disso é a criação da CIP (Contribuição de Iluminação Pública), para remunerar o serviço público difuso de iluminação das praças, ruas e logradouros das cidades, bem como o ICMS cobrado "por dentro", exações estas que a seguir serão analisadas para ilustrar este trabalho.

10.4.7.1. Da contribuição de iluminação pública

Inicialmente as municipalidades criaram as TIPs, ou taxas de custeio da iluminação pública, as quais foram amplamente rechaçadas pelos Tribunais Superiores, sob a alegação principal de que a figura jurídica da "taxa" não era compatível com a realidade do serviço de iluminação prestado, haja vista que esta espécie tributária tem como características a especificidade e a divisibilidade, nos termos do artigo 77 do Código Tributário Nacional, circunstâncias estas inexistentes com relação ao serviço de iluminação pública.

De fato, a iluminação beneficia as pessoas físicas e jurídicas (referência que se faz ao âmbito patrimonial da presença das pessoas jurídicas, por intermédio de veículos, numerários transportados etc) que eventualmente transitem em logradouros públicos e ruas, indistintamente, mesmo que residentes em localidades diversas, pelo que não é possível determinar os beneficiários, reunidos que estão

---

[314] Em decorrência da vulnerabilidade tributária e legislativa do consumidor, no momento em que reescrevemos este livro foi extinta a CPMF, mas, poucos dias após, o Governo fez aprovar a CSS – Contribuição Social para a Saúde –, motivo pelo qual, não sabemos se, quando da publicação deste trabalho já não terá se alterado este quadro, haja vista que, flagrantemente, foi criada a mesma contribuição, alterando-se apenas a alíquota e o nome.

por circunstâncias fáticas (conceito de interesses difusos incluso no artigo 81, parágrafo único, I, do Código de Direito do Consumidor).

Como conseqüência do inexitoso empreendimento dos representantes municipais, houve a tentativa de criação de nova figura para fundamentar a cobrança da verba, ocasião em que surgiu o "sistema" das "cotas de participação voluntária para manutenção e ampliação do serviço de iluminação municipal", amplamente difundido, ao menos do Estado do Rio Grande do Sul, através de leis que previram que a verba seria cobrada diretamente nas contas de energia elétrica, sendo que os "consumidores" que não desejassem pagar, deveriam se deslocar até a prefeitura para manifestar tal vontade.

Na prática, entretanto, não era viabilizada de maneira suficiente, ágil e real esta manifestação exclusiva ao "contribuinte", o que motivou o reconhecimento de Tribunais Gaúchos e do próprio STJ (Superior Tribunal de Justiça)[315] de que a cobrança era ilegal, sendo, efetivamente, uma nova cobrança da TIP travestida de um cunho voluntarista absolutamente inexistente.

Resultado não da pressão social, mas do poder político, o tema retornou ao estudo do direito e ao ambiente judicial, agora com a denominação de "contribuição" e por intermédio de Emenda Constitucional 39/2002.

Portanto, em realidade, a questão material é a mesma, alterando-se, apenas, o *nomen iuris* e a natureza normativa, o que suscitará, com certeza, várias dúvidas e reclamações por parte dos contribuintes-consumidores, os quais já começam a manifestar suas inconformidades nas Comarcas brasileiras.

A iluminação pública caracteriza-se, em primeiro lugar, pela sua essencialidade, ressaltada não apenas pela necessidade de que as pessoas possam exercer normalmente o seu direito de ir e vir nos períodos de pouca luminosidade natural, mas, principalmente, por problemas de segurança.

A massificação dos relacionamentos sociais, a urbanização irregular e clandestina, as deficiências do sistema educacional, o êxodo rural e o desemprego têm sido apontadas como causas substanciais do aumento da criminalidade, erigindo a segurança como uma das grandes exigências do homem na atualidade.

A iluminação pública, portanto, é um dos principais fatores atuantes na articulação das medidas de segurança que o Estado Pós-Moderno imperiosamente deve adotar.

---

[315] AÇÃO DIRETA DE INCONSTITUCIONALIDADE Nº 596099861, TRIBUNAL PLENO, MUNICÍPIO DE SOLEDADE, julgado em 09.12.1996, cuja ementa se transcreve: AÇÃO DIRETA DE INCONSTITUCIONALIDADE. LEI MUNICIPAL que cria "COTA DE PARTICIPAÇÃO PARA ILUMINAÇÃO PÚBLICA. Artifício que visa disfarçar a antiga e sempre repelida taxa de iluminação pública. Serviço indivisível e inespecífico. Inconstitucionalidade declarada à luz do art.. 140, § 1º, inc. II da Carta Estadual, após rejeitadas as preliminares. Unânime".Também neste sentido é o Ag. Reg. no Agravo de Instrumento nº 515.808, Rel. Humberto Gomes de Barros, julgado em 16.12.2003, assim ementado: "PROCESSUAL – AÇÃO CIVIL PÚBLICA – TAXA – LEI INCONSTITUCIONAL – LEGITIMIDADE DO MINISTÉRIO PÚBLICO. – O Ministério Público tem legitimidade para exercer ação civil pública contra a cobrança de Taxa, e pedir a declaração incidental de inconstitucionalidade da lei que criou o tributo malsinado".

Outra característica da iluminação pública, diz respeito aos seus beneficiários, quais sejam pessoas indeterminadas, pois tanto pessoas físicas como jurídicas, nacionais ou estrangeiras, serão destinatários do dever Estatal de fornecer segurança a quem quer que transite no território nacional.

Decorrência deste elemento que integra o serviço, não há necessidade de que tenha havido algum tipo de pagamento específico por parte do beneficiário, podendo ele ser, como já dito, um estrangeiro, um contribuinte, como também um nacional não-contribuinte (pessoas com renda na faixa de isenção, pessoas sem qualquer renda, menores, mendigos etc.).

Constitui também o serviço a característica da indivisibilidade, como conseqüência dos próprios objetivos almejados pela prestação de iluminação. Não há como dividir exatamente por causa da natureza difusa das prestação, identificada por que os destinatários da iluminação pública são todos aqueles unidos, homogeneizados, pela circunstância fática "necessidade de segurança" e de iluminação, não havendo como discriminar que uns mereçam e outros não tal serviço, exatamente por que ela está vinculada ao princípio maior da dignidade da pessoa humana.

Tais comentários induzem à conclusão de que a iluminação pública é um serviço público próprio, *uti universi* e que, portanto, deve ser remunerado pelos impostos gerais pagos pela coletividade.

Esta, aliás, a lição de Hely Lopes Meirelles,[316] palavras que merecem transcrição:

> "Serviços públicos 'uti universi' ou gerais são aqueles que a Administração presta sem ter usuários determinados, para atender a coletividade no seu todo, como os de polícia, *iluminação pública*, calçamento, e outros dessa espécie. Esses serviços satisfazem indiscriminadamente a população, sem que se erijam em direito subjetivo de qualquer administrado à sua obtenção para o seu domicílio, para a sua rua ou para o seu bairro. Estes serviços são indivisíveis, isto é, não mensuráveis na sua utilização. Daí por que, normalmente, os serviços *uti universi devem ser mantidos por impostos* (tributo geral) e não por taxa ou tarifa que é remuneração mensurável e proporcional ao uso individual do serviço". (grifos nossos)

O fato de a "nova contribuição" ter sido "criada" por uma Emenda Constitucional não retira a natureza jurídica e fática do serviço de iluminação pública. Continua como sempre continuará a ser um serviço público *Inespecífico, Indivisível e insuscetível de ser referido a determinado contribuinte*. Por isto *jamais* poderá ser custeado por *taxa* ou por *contribuição,* pois este possuem a natureza de tributos mensurável, específicos e divisíveis.

Entretanto, em decorrência da Emenda Constitucional nº 39, foram e estão sendo criadas leis municipais, em nossa ótica inconstitucionais, merecendo trans-

---

[316] *Direito Administrativo Brasileiro.* 26ª edição. São Paulo: Malheiros, 2001, p. 314.

crição os artigos de uma Lei analisada, a Lei Municipal nº 1004/2002,[317] de São Paulo da Missões, Rio Grande do Sul, publicada em 31.12.2002, que instituiu a CIP – Contribuição para Custeio da Iluminação Pública, nos artigos 2º, 3º e 4º:

"Art. 2º É fato gerador da CIP o consumo de energia elétrica por pessoa natural ou jurídica, mediante ligação regular de energia elétrica no território do Município.

Art. 3º Sujeito passivo da CIP é o consumidor de energia elétrica residente ou estabelecido no território do Município e que esteja cadastrado junto à concessionária distribuidora de energia elétrica titular da concessão no território do Município.

Art. 4º A base de cálculo da CIP é o valor mensal do consumo total de energia elétrica constante na fatura emitida pela empresa concessionária distribuidora".

Esta apenas uma das milhares de situações criadas em todo o Brasil pela Emenda nº 39.

O artigo 2º declara ser fato gerador situação diversa do *Fato Gerador Real*, pois o *Fato Gerador Real*, ou seja a "situação defina em lei como necessária e suficiente para a sua ocorrência" (artigo 114 do Codigo Tributário Nacional – definição de fato gerador) é a *iluminação pública* e não a iluminação particular. Pois a Lei Municipal citada prevê ser fato gerador o efetivo consumo particular da economias, o que é uma afronta à Emenda Constitucional e à própria realidade.

O artigo 3º prevê outra teratologia inaceitável, pois o sujeito passivo da obrigação principal de custear a iluminação pública é qualquer consumidor de energia elétrica residente ou estabelecido no território do Município e que esteja cadastrado na concessionária.

Ora, desta forma é sujeito passivo também o *proprietário rural que não usa o serviço de iluminação pública, mas será obrigado a pagá-lo*.

Ou seja, a partir de um fato gerador real *Inespecífico, não mensurável e insuscetível de ser referido a determinado contribuinte*, as leis municipais estão criando e cobrando o serviço como sendo *Específico, mensurável e suscetível de ser referido a determinado contribuinte*.

Por último, o artigo 4º diz que a base de cálculo da CIP é o valor mensal do consumo total de energia elétrica constante na fatura emitida pela empresa concessionária.

Outra teratologia. Sequer foi eleito como base de cálculo o custo geral do serviço de iluminação pública. *Foi, isto sim, "escolhido" como parâmetro o consumo da energia privada para a remuneração do serviço PÚBLICO de iluminação*.

Sintetizando, *leis municipais estão alterando o Fato Gerador Real, arbitrando que ele seja Específico, mensurável e suscetível de ser referido a determi-*

---

[317] Desconheço se ainda está em vigor vale, todavia, como exemplo.

196   *Paulo Valério Dal Pai Moraes*

nado contribuinte quanto tal é impossível, diante da própria "realidade". Estão, igualmente, arbitrando "base de cálculo aleatória, irreal", e, portanto, absolutamente "ilegal".

Situações de ofensa agravada ao princípio da isonomia ainda estão a ocorrer a partir de leis municipais que *obrigam proprietários rurais a pagar a verba de iluminação pública.* Ou seja, o indivíduo reside em local que carece de iluminação pública, muitas vezes inclusive sequer é ou foi beneficiário da iluminação pública das cidades e, mesmo assim, está obrigado a custear a "contribuição" criada.

Existe uma série de procedimento do mundo fático que refletem a realidade da vida rural. Inicialmente tais indivíduos raramente deslocam-se até as cidades. Segundo: quando o fazem é porque necessitam de algum serviço de documentação, aquisição de gêneros de primeira necessidade, equipamentos e insumos de produção, consultas médicas etc. Assim sendo, realizam suas atividades durante o período diurno, quando funcionam os serviços e comércios locais e retornam para as suas propriedades rurais sem utilizar o serviço de iluminação pública. Terceiro: conforme já dito, não existe a prestação de serviço de iluminação pública na zona rural. Quarto: não existe juridicamente fato gerador para esta obrigação tributária imposta.

O tratamento, portanto, é desigual, pois o *trabalhador rural* paga pelo serviço que não tem, situação esta de injustiça, pois iguala os naturalmente desiguais, quando suas desigualdades fáticas deveriam ser respeitadas.

Não nos ateremos a vários outros aspectos das inúmeras ilegalidades da contribuição de iluminação pública instituída, sendo importante neste compartimento do trabalho revelar algumas das ilegalidades que ferem a "cultura" do povo e que expressam a *vulnerabilidade política ou legislativa* do consumidor, evidenciada antes como sendo um dos tipos de vulnerabilidade independente.

É fundamental, então, considerar esta realidade, quando são criadas leis e até emendas constitucionais a partir de ampla articulação política, mas que não estão em conformidade com a "cultura" do povo, o qual certamente não participaria de conclusões que levassem à criação de normas infratoras dos mais elementares padrões de bom senso, visto este sob o enfoque material, real e possível.

10.4.7.2. ICMS "por dentro"

A cobrança do ICMS "por dentro" é mais um dos exemplos de abuso aos consumidores-contribuintes, evidenciando, outra vez, a vulnerabilidade política dos consumidores.

Nas contas de cobrança de energia elétrica que chegavam aos consumidores Gaúchos constava que a alíquota do ICMS era de 25% (atualmente este valor percentual foi alterado, mas manteremos o antes vigente para facilitar o raciocínio), incidente sobre a base de cálculo. Entretanto, *já está incluído na base de cálculo o próprio ICMS*, constando em algumas faturas a menção "ICMS (valor incluído no preço)".

Esta é a chamada cobrança de ICMS "por dentro", ou seja, é cobrado ICMS de 25% sobre o próprio ICMS, resultando que o consumidor-contribuinte, em REALIDADE, *não está pagando 25%, mas 33,33%* em cada conta.

Cálculos de um Assessor Econômico do Ministério Público identificaram que, a partir de uma alíquota nominal de 7%, a alíquota efetiva paga pelo consumidor seria de 7,527%, de uma alíquota nominal de 12%, a alíquota efetiva seria de 13,636%, de uma alíquota de 17%, efetivamente pagaria 20,481 e de 25% o pagamento real é de 33,33%.

Esta prática é fato notório e sabido e tem sido reconhecida pelo Supremo Tribunal Federal (Recurso Extraordinário nº 212.209-2, Rel. para o Acórdão Min. Nelson Jobim, julgado em 23.06.1999, e R. Extraordinário 254.202-4, Rel. Marco Aurélio, julgado em 14.03.2000) como legal.

Entretanto, mais uma vez presente a *vulnerabilidade política ou legislativa, a vulnerabilidade tributária do consumidor* e para evitar reiteradas impugnações que acabam entulhando os Tribunais Superiores, surge a Emenda Constitucional nº 33/2001, a qual altera o artigo 155, XII, da Constituição Federal, que trata das matérias da competência dos Estados e do Distrito Federal a serem veiculadas por Lei Complementar, para incluir a alínea *i*, a qual é assim escrita: "fixar a base de cálculo, de modo que o montante do imposto a integre, também na importação do exterior de bem mercadoria ou serviço".

Resultado de tudo isso é que, no mundo *Real* e não *Formal*, no mundo da experiência, da "cultura", no mundo *Material* e não *Abstrato*, os consumidores-contribuintes estão pagando 33,33%, mas pensam que estão pagando 25%, pois nas contas de energia elétrica, água e telefonia, não existe qualquer esclarecimento sobre o resultado final da "complexa" operação descrita.

O mínimo que se poderá dizer de tão estranha ocorrência institucionalizada é que fere frontalmente o Princípio da Dignidade da Pessoa Humana, pois este tipo de cobrança disfarçada acaba onerando as contas dos serviços básicos, os quais, no caso da energia elétrica, já estão absurdamente onerados pelos próprios custos da tarifa, acrescidos de contribuições emergenciais (seguro-apagão), de contribuição de iluminação pública, resultando na impossibilidade de pagamento para milhões de brasileiro e no conseqüente *corte de abastecimento do serviço,* conforme jurisprudência que tem se firmado no Superior Tribunal de Justiça.

No voto proferido pelo Ministro Marco Aurélio no Recurso Extraordinário 212.209-2 (único a inicialmente votar contrariamente à cobrança por dentro, mas que, posteriormente, alegou que estaria se curvando ao entendimento da douta maioria dos Ministros), foram levantadas várias ilegalidades. Citando Roque Antonio Carrazza,[318] o Ministro assim é aborda o assunto:

> "(...) ao estabelecer que a base de cálculo do ICMS corresponde ao valor da operação ou prestação somado ao próprio tributo, extrapolou os limites constitucionais, ferindo a regra-matriz do tributo, determinou, por meio deste estratagema, a cobrança do ICMS sobre grandezas estranhas à materialidade de sua hipótese de incidência.
>
> (...)
>
> Se o imposto é sobre operações mercantis, sua base de cálculo só pode ser o valor da operação mercantil realizada. Se o imposto é sobre prestações de serviços de transporte transmunicipal ou de comunicações, sua base de cálculo só pode ser o preço do serviço prestado".

Comentando sobre a capacidade econômica dos contribuintes, o Min. Marco Aurélio[319] assim discorre sobre o tema:

> "(...) o valor decorrente da forma de cálculo merecedora de glosa mostra-se como um verdadeiro adicional de ICMS, no que parte do Estado para a consideração de base de cálculo já integrado de uma percentagem do próprio tributo. À evidência, atua o fisco cobrando imposto sobre imposto a pagar, desconhecendo a regra que remete à *capacidade econômica do contribuinte*, já que este nada aufere, nada alcança, a ponto de ensejar a tributação. A porcentagem do ICMS passa a ter, em si, duas bases: a primeira ligada à operação de circulação de mercadorias ao preço da venda entabulada e efetuada, e aí conta-se com o respaldo constitucional. A vantagem do vendedor com o negócio jurídico gera a obrigatoriedade de recolher o tributo; a Segunda base de cálculo passa a ser algo que não integra o patrimônio do vendedor: não o ganho deste ao efetuar a operação, mas sim, quantia que é direcionada aos cofres públicos, ou seja, a resultante da incidência da alíquota do ICMS sobre o valor da transação. A ordem natural das coisas direcionaria, caso passível de agasalho o absurdo, ao recolhimento do tributo pelo próprio Estado, porquanto a parcela do ICMS integra vantagem reconhecida, constitucionalmente, a ele próprio.
>
> (...)
>
> Considero inobservado o preceito do artigo, 145, § 1º, no que revela como razão de ser do tributo a *capacidade econômica do contribuinte*.
>
> (...)
>
> Em segundo lugar, entendo que se colocou em plano secundário a premissa que, em face da razoabilidade, da ordem natural das coisas, decorre do inciso

---

[318] *ICMS*. 4ª edição. São Paulo: Malheiros.

[319] *Recurso Extraordinário* 212.209-2, p. 311;

II do artigo 155 do Diploma Maior. O tributo não pode extravasar, dada a alíquota e a base de incidência, o valor, em si, da operação.

Em terceiro lugar, noto o menosprezo à norma configuradora de garantia constitucional que é a do inciso I do § 2º do referido artigo 155. Como preservar-se a não-cumulatividade se se chega ao cálculo englobado?

Mais do que isso, tenho como olvidada a legalidade estrita dos tributos. A alíquota há de ser aquela adredemente estipulada e que não sofre, via sutil colocação, acréscimo". (grifos nossos)

Revela-se, de fato, estranho o entendimento consagrado na agora alínea "i" do artigo 155, XII, da CF, pois toda a sistemática tributária constitucional está alicerçada na "não-cumulatividade" e na justiça fiscal da exação, para o efeito de que não se oportunizem tributos confiscatórios que induzem ao descrédito e à inadequação valorativa do sistema.

Tal argumento evidencia-se em muitas passagens da Constituição, sendo exemplo o artigo 155, inciso XI, da CF, que trata do ICMS, assim escrito:

"(...) não compreenderá, em sua base de cálculo, o montante do imposto sobre produtos industrializados, quando a operação, realizada entre contribuintes e relativa a produto destinado à industrialização ou à comercialização, configure fato gerador dos dois impostos".

Ou seja, por este artigo o IPI não pode integrar a base de cálculo do ICMS, mas o ICMS pode integrar a base de cálculo do próprio ICMS, segundo o artigo 155, XII, letra *i*.

A corroborar a linha não-cumulativa da Constituição, infelizmente agora alterada, o artigo 155, § 3º, assim prevê:

"À exceção dos impostos de que tratam o inciso II do *caput* deste artigo e o art. 153, I e II, nenhum outro imposto poderá incidir sobre operações relativas a energia elétrica, serviços de telecomunicações, derivados de petróleo (...)".

Em que pesem todos estes argumentos, na forma já ressaltada, o STF e a Constituição optaram por concluir pela "legalidade" da forma de cobrança do ICMS "por dentro".

Parece tranqüilo, todavia, considerado o ambiente "culturalista" vivido pelo direito brasileiro, que dificilmente será aceito pela sociedade que o consumidor recebe uma conta dizendo que o ICMS a pagar é de 25%, mas que, em realidade, ele paga 33,33%. Qualquer ser humano normal concordaria que isto é uma ofensa à sua Dignidade de Pessoa, pois o senso comum permeia as comunidades e a inteligência deste ser que "experiencia" (cultura é o acúmulo de experiências) não pode ser menosprezada.

10.4.7.3. A relação de consumo como ferramenta para a imposição abusiva de tributos

A vulnerabilidade tributária do consumidor é, portanto, uma realidade independente, que é facilmente constatada a partir da verificação dos casos concretos vividos pelo contribuinte-consumidor, existindo outros.

Esta "nova" vulnerabilidade surge de uma ocorrência própria do mundo dos séculos XX e XXI, válida não só para o tema da responsabilidade civil (por isso as teorias da responsabilidade objetiva), como também para a administração das estruturas públicas. Esta ocorrência é a definição objetiva de "Quem paga a conta". O Estado tem custos a cobrir, houve uma falta de planejamento sobre as questões de energia elétrica e torna-se necessário o aporte de numerário para assegurar que problemas de "apagões" não mais aconteçam (seguro-apagão). O Município tem custos a cobrir, a iluminação pública não está sendo paga pelas Municipalidades às Concessionárias. Em suma: *Quem paga a conta?*

Partindo deste entendimento, foi percebida a vulnerabilidade técnica dos consumidores, que não possuem informação econômica sobre a formação dos preços dos produtos ou serviços.

Foi percebida a vulnerabilidade jurídica dos consumidores, que não possuem conhecimentos jurídicos para realizar sua defesa individual sem advogados. Também não tem condições de demandar individualmente, pois geralmente questões tributárias como as apontadas envolvem pequenas lesões mensais, muitas vezes sendo mais caro contratar um advogado do que ficar no prejuízo tributário.

Foi percebida a vulnerabilidade jurídica dos consumidores-contribuintes que tem apontada a ilegitimidade do Ministério Público para atacar tributos, igualmente a partir de entendimentos que se afastam de qualquer parâmetro de realidade.[320] Aliás, sobre o tema já escrevemos,[321] oportunidade em que concluímos que o remédio processual adequado contra lesões tributárias massificadas impostas aos consumidores é a veiculação de Ação Coletiva de Consumo e não de Ação Civil Pública, haja vista que prepondera em tais agressões os direitos fundamentais do consumidor à dignidade, à saúde e à vida.

Foi percebida a vulnerabilidade econômica ou social dos consumidores, que não possuem numerário para contratar advogados.

---

[320] Apenas para não passar em branco o argumento, figure-se um exemplo muito comum de cobrança de IPTU ilegal. Imaginemos hipótese como este em um grande cidade como São Paulo, Porto Alegre, Belo Horizonte. A população desta última cidade seria de aproximadamente 2.400.000 (dois milhões e quatrocentas mil pessoas). Digamos que 2/3, ou seja, 1.600.000 (um milhão e seiscentos mil pessoas) fossem contribuintes. SERIA VIÁVEL QUE DEVESSEM SER PROPOSTAS UM MILHÃO E SEISCENTAS MIL AÇÕES INDIVIDUAIS IGUAIS PARA IMPUGNAR O MESMO IPTU eventualmente ilegal ao invés de apenas uma ação civil pública? Este singelo exemplo é a maior prova da VULNERABILIDADE JURÍDICA DOS CONSUMIDORES E DOS CONTRIBUINTES;

[321] "Contribuição para o custeio da iluminação pública municipal". In: *Revista de Direito do Consumidor* v. 58. São Paulo: Revista dos Tribunais, abril-junho 2006, p. 170 a 176.

Foi percebida a vulnerabilidade política ou legislativa dos consumidores, quando são criadas leis e até emendas constitucionais atentatórias aos mais comezinhos princípios de Justiça.[322]

Por fim, foi percebido, aliado a tudo que expusemos, que a *Relação de Consumo* é a melhor "ação de execução" disponível no mundo jurídico, pois se o consumidor não pagar o tributo, a contribuição, o ICMS, é feito o *corte* do abastecimento do serviço, simplesmente o CORTE.

Veja-se que para a obtenção de qualquer bem da vida que nos seja de direito e que esteja com outro, necessitamos ingressar com uma ação no Poder Judiciário, a qual normalmente é demorada.

Se somos devedores de imposto de renda não pago, de uma taxa não paga ou de qualquer outro tributo não atrelado à relação de consumo, seremos demandados judicialmente e, somente ao final de uma ação executiva fiscal é que seremos obrigados a cumprir o devido.

No caso dos tributos envoltos pela *Relação de Consumo* isto não ocorre, pois o Estado não se vale do poder judiciário, mas das próprias concessionárias, as quais ficam autorizadas a receber os valores das contas somente com o pagamento também do ICMS. Ficam autorizadas a cortar o serviço, caso não paga a conta, sendo esta uma medida de coerção possível única e exclusivamente por causa da *Relação de Consumo*.

Por causa da *Relação de Consumo*, deste relacionamento *Preponderantemente de consumo*, ao qual estão inexoravelmente ligados *tributos*, o consumidor é levado a pagamentos ilegais, inconstitucionais, que não se justificam no mundo material, concreto, cultural.

Por isso é útil o reconhecimento da *vulnerabilidade tributária do consumidor*, para que os cidadãos e os operadores do direito percebam que, por intermédio desta realidade, que é a *relação de consumo,* estão sendo transferidos custos decorrentes da imprevidência das administrações (seguro apagão – é aumento de preço com outra denominação), custos de serviços públicos típicos já remunerados por outros tributos (contribuição de iluminação pública confirma bitributação, pois já é custeada pelo IPTU) e custos indevidos que, em realidade, são meros aumentos disfarçados de preço (caso da CPMF, contribuição esta "provisória" a mais de 10 anos, data do julgamento de Inconstitucionalidade da Emenda Constitucional da IPMF -15.12.1993).

É útil o reconhecimento da *vulnerabilidade tributária do consumidor*, para que o mundo consumerista fique alerta com relação a novas leis ordinárias, leis complementares e emendas que buscam introduzir lesões ou repasses de custos aos mais frágeis da relação de consumo, e, desta forma, possa se mobilizar no sentido de evitar que se consolidem interesses que vão de encontro aos vulneráveis.

---

[322] A Medida Provisória nº 2.180/2001, incluiu um parágrafo único ao artigo 1º da Lei da Ação Civil Pública, dizendo que não será cabível ação civil pública para veicular pretensões que envolvam tributos.

Importante, da mesma forma, se valer deste argumento de realidade, que é a existência da *vulnerabilidade tributária do consumidor*, como razão de decidir, a fim de que possa ser respeitado o princípio da igualdade, podendo o Magistrado argumentar que o mais fraco está sendo indevidamente maculado nos seus direitos fundamentais, servindo o reconhecimento da referida vulnerabilidade para igualar os naturalmente desiguais, por intermédio da vedação à eventual exação atentatória dos princípios constitucionais.

Válido, ainda, o reconhecimento da *vulnerabilidade tributária do consumidor* como razão de decidir, reconhecendo, no caso concreto, que o consumidor é, também, contribuinte e, por isso, o Ministério Público precisa ter legitimidade ativa para impugnar lesões massificadas desta ordem.

Necessário, por fim, o reconhecimento da *vulnerabilidade tributária do consumidor*, princípio de Direito material que mostra que a norma e a decisão judicial, quando afastadas da realidade valorativa são ilegítimas, resultando que, por igualmente estarem afastadas da realidade fática, culminam por se tornarem ineficazes, não cumpridas pelas populações.

As exações desmedidas impostas à comunidade, obviamente aliado este aspecto aos problemas financeiros das populações de baixa renda, explicam o aumento absurdo de ligações clandestinas, os chamados "gatos", os quais não têm sido controlados pelas leis penais e civil, estando tais custos sendo absorvidos e pagos pelos demais consumidores integrantes das redes de abastecimento.

A motivação destas idéias é, portanto, como membro do Ministério Público que somos, proporcionar que às reflexões da comunidade consumerista se agreguem novos horizontes de observação à relação de consumo, a fim de que ela seja respeitada e não indevidamente utilizada como mecanismo de coação aos mais frágeis, sejam consumidores, consumidores-contribuintes, o que for. Em realidade, não importa a denominação que possa parecer mais simpática, mas sim que estão ocorrendo lesões aos cidadãos e cidadãs brasileiros, as quais atingem a sua DIGNIDADE como PESSOA, pois a ausência de energia elétrica por CORTE nega o direito à uma vida saudável e segura ao ser humano.

Para a adequada aplicação do Direito precisamos atentar para a cultura, para a vida e os valores do ser humano, única maneira para que ele possa servir de instrumento para a paz social.

11. O princípio da vulnerabilidade e as regras do Código de Defesa do Consumidor

Estabelecidos os parâmetros tridimensionais do princípio da vulnerabilidade e os tipos de ofensas de que os consumidores são naturalmente passíveis, agora aprofundaremos o conceito no Código do Consumidor, demonstrando as várias técnicas utilizadas para a implementação do domínio dos mais fortes sobre os mais fracos na relação de consumo.

Principiaremos a abordagem pelo contrato, haja vista a consideração de que o direito privado está amparado por três grandes pilares, quais sejam a família, o patrimônio e o contrato.

Assim, torna-se fundamental para a compreensão dos fenômenos que alteraram a economia mundial uma abordagem histórica do relacionamento entre consumidores e fornecedores, resgatando os ensinamentos expostos por Larenz e Pasqualini, quando apontaram a imprescindível faceta histórica do direito, sem a qual não é possível compreender os acontecimentos do passado, do presente, tampouco realizar uma projeção segura para o futuro.

11.1. O CONTRATO

11.1.1. Origem e evolução histórica

Trataremos da questão específica dos contratos, identificando, inicialmente, que as situações, relações e interesses que ocorrem no intercâmbio humano podem ser resumidos no conceito de operação econômica.

Este é um conceito amplo, que corresponde àqueles acontecimentos nos quais se realiza a circulação de riqueza.

Enzo Roppo[323] define que existirá operação econômica quando acontecer a

---

[323] *O Contrato*, Coimbra: Livraria Almedina, 1988, p. 13.

"(...) circulação de riqueza, actual ou potencial transferência de riqueza de um sujeito para outro (naturalmente, falando de 'riqueza' não nos referimos só ao dinheiro e aos outros bens materiais, mas consideramos todas as 'utilidades' susceptíveis de avaliação econômica, ainda que não sejam 'coisas' em sentido próprio: nestes termos, até a promessa de fazer ou de não fazer qualquer coisa em benefício de alguém, representa, para o promissário, uma riqueza verdadeira e própria".

Percebemos, então, que, havendo circulação objetiva de riquezas, caracteriza-se uma operação econômica.

O contrato seria a formalização jurídica da operação econômica e o direito dos contratos, segundo Roppo:[324]

"(...) o conjunto – historicamente mutável – das regras e dos princípios, de vez em quando escolhidos para conformar, duma certa maneira, aquele instituto jurídico, e, portanto, para dar um certo arranjo – funcionalizado a determinados fins e a determinados interesses – ao complexo das operações económicas efectivamente levadas a cabo".

Roppo[325] também tece comentários importantes sobre a origem do contratos, esclarecendo que o direito romano clássico não continha uma figura geral de contrato que abrangesse as operações econômicas, existindo a *stipulatio*, que seria um esquema formal em que se enquadravam pactos e convenções, mas que continham um caráter mais cerimonial, mágico e até religioso.

Além disso, existiram contratos típicos correspondentes ao ato de circulação da riqueza, chamado *negotium*, este estando caracterizado mais pelo ato em si do que pela formalização jurídica, ainda incipiente. Neste momento da evolução do contrato, portanto, a idéia de operação econômica prevalecia, absorvendo a idéia de contrato como instituto autônomo.

Na época de Justiniano, o contrato passou a ter *status* de instrumento formal, servindo sob a denominação de "contrato inominado" para uma pluralidade de operações econômicas, mas ainda não possuía os contornos hoje assumidos pelo instituto.

Enzo Roppo[326] atribui as primeiras elaborações da moderna teoria dos contratos aos jusnaturalistas do século XVII, em especial ao Holandês Grotius, acrescentando que tal aconteceu, não por coincidência, em uma época de nascente capitalismo na região.

---

[324] Ob. cit., p. 11.

[325] Idem, p. 16.

[326] Idem, p. 25.

Orlando Gomes,[327] por sua vez, ensina que o contrato, na concepção que atualmente conhecemos, não adveio do Direito Romano, mas, fundamentalmente, dos filósofos do século XVIII.

Com efeito, citando Diez Pecazo, afirma que o conceito de contrato se formou a partir de três vertentes, quais sejam a dos canonistas, dos filósofos do direito natural e dos voluntaristas da escolástica tardia.

Os primeiros influenciaram com a concepção de que o consentimento possuía valor básico, assim como a palavra empenhada e o dever de veracidade, dogmas estes que provinham da prática dos juramentos e do temor do perjúrio.

Os jusnaturalistas[328] "chegaram à conclusão de que o fundamento racional da criação das obrigações se encontra na livre vontade dos contratantes, permissiva, quando elevada ao extremo, da formulação do princípio dogmático de que *solus consensus obligat*".

Por último, os voluntaristas pretendiam criar uma concepção voltada ao atendimento do "interesse prático de libertar o contrato do formalismo que o dificultava",[329] seguindo-se a estas idéias a teoria geral do voluntarismo jurídico, inspirada em Kant. Reunidas estas convicções, surge a formulação do contrato com base no princípio da autonomia da vontade e no dogma da fé jurada. Ou seja, se os homens são naturalmente livres, somente poderiam vincular-se voluntariamente, mas, uma vez estabelecido tal relacionamento, ele seria indissolúvel.

Segundo Roppo,[330] a "primeira grande sistematização legislativa do direito dos contratos" surgiu no Código Civil Francês de 1804 (Code Napoleon).

A Escola dos Pandectas do século XIX desenvolveu, na Alemanha, uma doutrina generalizante e abstrata sobre o contrato, pretendendo que ele servisse de instrumento agilizador fundamental para o desenvolvimento econômico.

Também coube a Henry Summer Maine, na Inglaterra do século XIX, contribuir para a definição do contrato da época, quando criou a fórmula que se tornou conhecida como "Lei de Maine".

Por esta criação doutrinária era dito que:

"(...) todo o processo de desenvolvimento das sociedades humanas pode descrever-se, sinteticamente, como um processo de transição do *status* ao *contrato"*, esclarecendo Enzo Roppo[331] que a idéia quer exprimir a constatação de que (...) nas sociedades antigas as relações entre os homens – poder-se-ia dizer o seu modo de estar em sociedade – eram determinadas, em larga medida, pela pertença de cada qual a uma certa comunidade ou categoria ou or-

---

[327] *Transformações Gerais do Direito das Obrigações*, 2ª ed. São Paulo: Revista dos Tribunais, 1980, p. 70.

[328] Orlando Gomes, ob. cit. *Transformações do Direito das Obrigações*, p. 71.

[329] Ob. cit., p. 71.

[330] Idem, p. 25.

[331] Idem, p. 26.

dem ou grupo (por exemplo a família) e pela posição ocupada no respectivo seio, derivando daí, portanto, de modo mecânico e passivo, o seu *status,* ao invés, na sociedade moderna, tendem a ser, cada vez mais, o fruto de uma escolha livre dos próprios interessados, da sua iniciativa individual e da sua vontade autónoma, que encontra precisamente no contrato o seu símbolo e o seu instrumento de actuação".

Assim, cita o exemplo do abolido artigo 134 do Código Civil italiano de 1865, que estabelecia a necessidade de autorização marital para que a mulher pudesse "dar, alienar bens imóveis, hipotecá-los etc.", exigência esta que tolhia a liberdade de contratar, dificultando a circulação das riquezas e o próprio desenvolvimento de uma sociedade no auge do capitalismo.

A doutrina pandectista, responsável pela criação da jurisprudência dos conceitos, calcada na idéia do estabelecimento de um sistema jurídico fechado e completo (sem lacunas, na forma já vista no início deste trabalho), configurando, assim, o chamado *positivismo científico,* teve em Windscheid um dos seus formuladores, sob o princípio de que aspectos éticos, políticos e econômicos não deveriam ser considerados pelo ordenamento jurídico.

Tais correntes, entretanto, passaram a sofrer fortes críticas, tendo em Von Jhering um dos seus precursores, oportunidade em que pregou que o coletivo deve prevalecer em relação ao individual, afirmando que o Direito se determina pelo que é útil à sociedade.

Mais tarde Menger, com seu livro *Direito Civil e os Pobres*, também declina oposição ao princípio da igualdade formal pandectista, culminando, no século XX, e a partir da primeira guerra mundial, na transformação do plano das idéias para a realidade a destruição da doutrina individualista.

Em breves linhas, estas são algumas abordagem importantes sobre a evolução histórica do contrato, a qual será aprofundada sob o enfoque substancial nos tópicos seguintes.

11.1.2. O Liberalismo

Observando o nascimento da "economia" no século XVIII, aliado às idéias iluministas que animaram as revoluções daquela época, surgem idéias igualitárias, concebendo o princípio da igualdade sob um prisma racional, no qual todos os homens são naturalmente iguais (visão idealista).

Luis Renato Ferreira da Silva[332] comenta sobre o assunto, dizendo que

"(...) o idealismo de tal visão denota-se pela defesa de um igualitarismo absoluto. Afinal, é do Cristianismo que advém a idéia de que todos os homens são criados à semelhança de Deus e, portanto, imanentemente iguais. São

---

[332] "O Princípio da Igualdade e o Código de Defesa doConsumidor". In: *Revista Direito do Consumidor*, RT, volume 8, p. 149.

estes idealismos (daí o nome dado à concepção) que subjazem, ainda que com certos nuances e antagonismos, nas idéias de Hobbes, Montesquieu e mais mitigadamente de Rousseau".

Partindo desta visão do princípio da igualdade, surge a doutrina liberal e, paradoxalmente, a marxista, as quais passaram a se distinguir, basicamente, pelo fato de que os primeiros diziam que a igualdade na lei expressa a vontade geral, sendo concepção meramente formal do princípio. Os marxistas, por outro lado, entendia que a lei não reduziria as distorções que acontecem no corpo social, mas representa, simplesmente, o instrumento pelo qual o Estado dominador exerce o seu poder sobre as classes dominadas.

Também importa mencionar para a cristalina demonstração de o que foi o liberalismo, demonstrar os motivos que conduziram a história para tal posição ideológica.

Após termos apontado o conceito de "potência" fornecido por Bobbio, releva transcrever seus ensinamentos no tocante aos meios pelos quais ela se manifesta e, especificamente, no que tange às idéias iluministas, o porquê do seu surgimento:[333]

"Esses meios são:

a) as idéias, os ideais, as concepções do mundo (condicionamento psicológico);

b) a posse de riqueza (condicionamento através da oferta de uma recompensa pelo trabalho prestado);

c) a posse da força (condicionamento através da coerção). Disso resulta a distinção entre três formas típicas de potência, que geralmente se reforçam reciprocamente: a potência ideológica, a potência econômica e a potência política, que correspondem às três estruturas de poder que podem ser encontradas em toda sociedade, ou seja, o sistema cultural, o sistema de produção e o sistema político.

Quando, com as teorias do progresso, apareceu pela primeira vez, com particular destaque, a interpretação da história como história da liberdade, a luta pela liberdade foi concebida na seguinte tríplice direção:

a) como libertação da superstição religiosa, ou, em geral, de todas as formas de dogmatismo das idéias que obstaculizam o avanço da filosofia esclarecedora e da ciência libertadora, impedindo o livre desenvolvimento das opiniões, a ampliação do saber, o real conhecimento da posição do homem no mundo;

b) como libertação dos vínculos de uma estrutura econômica que defende privilégios históricos tornados anacrônicos, freia a iniciativa do capitalismo nascente, a livre expansão de novas camadas dedicadas à produção de novos

---

[333] Ob. cit., *Igualdade e Liberdade*, p. 78 e 79.

bens e à conquista de novos mercados, o desenvolvimento das novas forças produtivas;

c) como libertação de um sistema político e legislativo concentrado num restrito círculo de dominantes que transmitem o poder hereditariamente, um poder incontrolado, arbitrário, despótico, concentrado, diante do qual o indivíduo singular não desfruta de nenhuma garantia contra o abuso do poder. Liberdade de pensamento contra a Igreja e as Igrejas, liberdade de disposição dos bens e liberdade de comércio contra o sistema feudal, liberdades civis e liberdade política contra o Estado absoluto (...)".

Destas lições fica evidenciado que, sob a bandeira da igualdade, da fraternidade e da liberdade, lemas de revolução francesa e inspiração das demais revoluções sociais da época, principiou a elevação da potência da classe burguesa que emergiu em torno dos feudos e das vilas, o que atingiu o apogeu com a revolução industrial, momento áureo do liberalismo e do desenvolvimento econômico.

O liberalismo, portanto, representou a quebra das algemas que impediam a liberdade do indivíduo, oportunizando que ele ficasse o mais possível distanciado do Estado, o qual serviria, apenas, para a realização das necessidades de ordem e segurança dos jurisdicionados.

Foi o resultado, então, da diminuição da liberdade dos dominadores despóticos, com o simultâneo aumento da potência dos dominados burgueses, pois, na forma já ressaltada, a todo aumento de liberdade resulta proporcional aumento de iliberdade para o subjugador.

Concluindo, Norberto Bobbio[334] explica que

"(...) uma vez definida a liberdade no sentido predominante da doutrina liberal como liberdade *em relação ao Estado,* o processo de formação do Estado liberal pode ser identificado com o progressivo alargamento da esfera de liberdade do indivíduo, diante dos poderes públicos (para usar os termos de Paine), com a progressiva emancipação da sociedade ou da sociedade civil, no sentido hegeliano e marxiano, em relação ao Estado. As duas principais esferas nas quais ocorre essa emancipação são a esfera religiosa ou em geral espiritual e a esfera econômica ou dos interesses materiais".

Relembrando o que já foi abordado, não por coincidência, as idéias de sistematização do contrato, como instituto formalizador das operações econômicas, sempre esteve vinculada às necessidades do capitalismo.

De fato, para a rápida e segura circulação das riquezas, tornou-se fundamental a existência de regras rígidas sobre os pactos, emergindo como supedâneo lógico as idéias inflexíveis da autonomia da vontade, da força obrigatória dos contratos e da relatividade dos efeitos do contrato.

---

[334] *Liberalismo e Democracia.* São Paulo: Brasiliense, 1995, p. 21 e 22.

Paulo Heerdt[335] aborda o assunto dizendo que:

"(...) como relação lógica às estruturas feudais, a Revolução Francesa afirmou o império de uma nova ideologia econômica e social, proclamando, em caráter absoluto, a vigência de princípios fundamentais de igualdade e liberdade, que passaram a ser consagrados em todas as constituições e legislações do Século XIX. Consolidou-se o predomínio do individualismo liberal, numa sociedade que devia privilegiar a exigência de uma rápida circulação da riqueza e garantir ao nascente sistema da moderna empresa um coeficiente relevante de acumulação de capital". Deste sistema surgiu a "(...) admissão do exercício abusivo dos direitos, a autonomia da vontade em matéria contratual e a ausência de responsabilização sem culpa".

O Estado, nesta visão em que o indivíduo era livre e completamente responsável pelos seus atos de transferência de riquezas, simplesmente não interviria, sequer participando dos relacionamentos privados desta espécie, pois vingava o dogma racionalista de que todos são iguais perante a lei, e, em assim sendo, é absolutamente prescindível eventual mediação que o ente público pudesse eventualmente tentar fazer entre os sujeitos dos negócios jurídicos.

O liberalismo, sob todos os aspectos, foi importantíssimo para a história da humanidade, haja vista que pôs fim a um longo jugo exercido, primeiramente em nome da fé, e, depois, em nome da tradição, da hereditariedade ou, sinteticamente, em nome do desejo de conservação do poder.

Desta forma, o contrato, aparente convergência negocial de vontades, foi um instrumento muito importante para a consolidação da revolução liberal, tendo sido tão fortes seus desígnios doutrinários, que até mesmo neste início do século XXI ainda perduram, contundentemente, seus argumentos.

11.1.3. A autonomia da vontade

Como resultado da união das idéias políticas, econômicas e sociais que passaram a convergir a partir das revoluções do século XVIII, criou-se um clima propício para a prevalência da configuração da alegada liberdade, que deveria ser reconhecida individualmente aos integrantes do organismo social.

Partindo da convicção de que a sociedade e o Estado estão em relação de antagonismo, do dogma de que a liberdade econômica seria a única solução para o desenvolvimento da sociedade e, principalmente, do reconhecimento formal de que todos os homens são naturalmente livres e iguais, emergiu com força total o chamado princípio da autonomia da vontade.

A expressão "princípio da autonomia da vontade" surgiu com Kant, mas foi utilizada, com maior relevo, a partir de Emmanuel Gounot na obra "Le principe

---

[335] "Os Contratos de Adesão no Código de Defesa do Consumidor". In: *Revista Direito do Consumidor*, volume 6, RT, p. 76.

de l'autonomie de la volonté en droit privé. Contribution à l'étude critique de l'individualisme", publicada em 1912, na qual o autor formula fortes críticas às conseqüências perniciosas que o liberalismo trouxe para a massa vulnerável que sempre foi e sempre será maior do que o grupo dos que possuem potência suficiente para orientar as condutas da maioria, nos casos em que não é feita intervenção estatal eficiente e sincera.

Os subprincípios que dão sustentação à autonomia da vontade são o da liberdade contratual e o da obrigatoriedade ou vinculatividade do contrato.

Por intermédio do primeiro, era dito que todos são iguais na possibilidade de firmar ou não determinado contrato, decorrendo este dogma, também, da doutrina cristã, que prega o reconhecimento do homem como indivíduo dotado de "direitos naturais", dentre eles o poder de se opor a qualquer intervenção do Estado ao seu supremo valor que é a liberdade.

A fórmula do relacionamento Sociedade-Estado estava perfeitamente delimitada nas expressões *laissez faire, laissez passer, le monde va de lui-même*, convívio este que estaria orientado pela "mão invisível" do mercado, que a tudo e a todos proveria.

O segundo pilar, o princípio da força obrigatória dos contratos, traduz a impossibilidade de que o pacto estabelecido seja alterado, sendo, portanto, intangível, principalmente por qualquer decisão judicial, pois o poder da vontade dos participantes da relação negocial é supremo.

A concepção voluntarista, segundo Fernando Noronha,[336] também

"(...) ressaltava uma evidente influência do jusracionalismo iluminista do século XVIII, ainda através de Kant, naquilo que ela pretendia traduzir: sendo o homem por essência livre, só por sua vontade ele poderia assumir obrigações, tanto políticas (recorde-se Rousseau, Le contrat social) como na esfera privada. Em suma, se a soberania política residia na 'vontade geral', também o contrato seria governado por, digamos, um 'poder soberano' similar, que seria a 'vontade individual'".

O princípio da autonomia da vontade integrava esta estrutura "liberal", o que motivou o início de pesadas críticas ao sistema formal de contratação, objetivando a libertação da parte mais fraca da relação do negócio, haja vista que este princípio servia como eficaz instrumento para o cumprimento da função básica do contrato no século XIX, que era a realização da transferência, da troca de bens ou de patrimônio, não sendo relevante, para este desiderato, a posição dos integrantes do negócio jurídico, sob o enfoque da justiça substancial.

De fato, como forma de possibilitar uma rápida transferência dos patrimônios componentes das propriedades privadas em geral, era necessária uma pactuação rápida e ágil, obviamente imposta por aqueles que possuíam potência suficiente

---

[336] *O Direito dos Contratos e seus Princípios Fundamentais*. Saraiva, 1994, p. 112.

para fazer valer sua vontade, oportunizando, desta forma, o acúmulo de riquezas e o contínuo processo de investimento na produção de bens e serviços.

Nesta visão tradicional, era prioritário promover a troca de bens ou a conversão deles em dinheiro, sobre esta particular função comentando A. Di Majo e L. Francario[337] quando esclarecem que o contrato "(...) è lo strumento tradizionale per realizare la funzione di scambio dei beni. Esso vale a convertire il bene oggetto di proprietà in valore di scambio e cioè in danaro".

Destas observações pode ser facilmente concluído que o dogma da autonomia da vontade acobertava a ideologia do lucro a qualquer preço, valendo-se da bandeira da liberdade, a qual servia somente para um dos pólos da relação negocial.

Relembrando os conceitos declinados no início deste trabalho, a toda liberdade corresponde uma iliberdade do opositor. Ou seja, a toda liberdade do fornecedor corresponderá uma iliberdade para o consumidor, desde que exista situação concreta de antagonismo.

Exatamente constatando este problema, escreve Oscar Correas,[338] que "(...) la famosa autonomía de la voluntad, fantásticamente agrandada por delírios libertários de juristas enceguecidos, no es más que la pedestre reglamentación de la equivalencia en los intercambios".

Melhor explicando a posição, sob o manto de uma aparência, qual seja a de que subjetivamente os participantes da relação negocial haviam estabelecido consenso quanto aos pontos do contratos, em realidade existia apenas uma objetiva e recíproca troca de bens ou serviços.

O contrato, nesta visão, tem como princípio prevalente a atenção ao *objeto* e não ao *sujeito*, o qual está em segundo plano, pois são desconsideradas perquirições que visem a definir se foi observado o respeito às posições subjetivas dos envolvidos na pactuação.

Como disse Oscar Correas[339] "rindiendo culto a una libertad que sólo existía en sus cabezas", os defensores do "contrato-objetivo" (grifo nosso) alcançavam seus propósitos em detrimento dos direitos de liberdade dos economicamente mais fracos, causando um desequilíbrio no mercado de consumo que, na atualidade, pode ser mais facilmente aferível, na forma do que será demonstrado nos itens que seguem.

Em realidade, restrições à liberdade contratual plena[340] sempre existiram nas legislações, novamente sendo importante transcrever as lições de Oscar Correas[341] sobre o assunto:

---

[337] *Proprietá e Autonomia Contrattuale*. Milano: Dott. A. Giuffré Editore, 1990, p. 73.

[338] *Introducción a La Crítica Del Derecho Moderno (Esbozo)*. Puebla: Univerdidad Autonoma de Puebla, 1982, p. 85.

[339] Ob. cit., p. 85.

[340] Fernando Noronha, citando Arnoldo Wald, ob. cit., p. 42, comenta que "liberdade de contratar" é a "faculdade de realizar ou não determinado contrato", enquanto "liberdade contratual" é a "possibilidade de estabelecer o conteúdo do contrato".

[341] Ob. cit., p. 85.

"El código de Napoléon pasa por ser el origen de todo ese derecho individualista asentado en la autonomía de la voluntad, que quiere decir simplemente que los acuerdos libremente tomados deben, a) ser respetados por el estado y, b) ser cumplidos cabalmente por las partes. Sin embargo, veámoslo sin anteojeras: el *Code* (art. 1134) establece que 'los convenios legalmente celebrados tienen fuerza de ley entre las partes'. Según esto, las partes serán compelidas a cumplir lo que hayan pactado legalmente. Pero la segunda parte del mismo artículo, dice: 'No podrán ser revocados sino por mutuo consentimiento, o por *las causas que la ley senãle.*' O sea, dicho de otro modo, los individuos son libres de pactar lo que quieran *siempre que la ley no lo prohíba y* siempre que no procedan de manera ilegítima (error, dolo, violencia, fraude, lesión, imprevisión). O sea que la famosa esfera privada tiene el diámetro que el estado quiera acordarle".

Com isto, o autor citado demonstra que mesmo na época liberal por excelência sempre houve restrições à liberdade contratual, tudo sempre tendo dependido, portanto, das concepções políticas, sociais e econômicas que o Estado vigente eventualmente imponha aos jurisdicionados. Assim, valendo-se dos princípios maiores da humanidade (por vezes a igualdade, outras a liberdade), os grupos organizados usam da força inerente aos princípios para alcançar a prevalência das suas ideologias.

Aliás, sobre o assunto, especificamente sobre a vulnerabilidade econômica e social, é a precisa lição de Enzo Roppo:[342]

"(...) então pense-se no produtor de bens ou de serviços essenciais, que goza no mercado de uma posição monopolista: os consumidores estarão constrangidos, para satisfazer as suas necessidades, a aceitar todas as condições que ele lhes queira impor, sem nenhum poder real de participar na determinação do conteúdo do contrato: 'pegar ou largar'. A disparidade de condições econômicas-sociais existente, para além do esquema formal da igualdade jurídica abstracta dos contraentes, determina, por outras palavras, disparidade de 'poder contratual' entre partes fortes e partes débeis, as primeiras em condições de conformar o contrato segundo os seus interesses, as segundas constrangidas a suportar a sua vontade, em termos de dar vida a contratos substancialmente injustos: é isto que a doutrina baseada nos princípios de liberdade contratual, e de igualdade dos contraentes, face à lei, procura dissimular, e é precisamente nisto que se manifesta a sua função ideológica".

Deve ser referido, também, que a base filosófica Kantiana não foi obedecida nos exatos termos da sua formulação, haja vista que a autonomia da vontade do grande filósofo pressupunha e enfocava aspectos completamente distintos dos utilizados para fundamentar a liberdade formal do contrato clássico.

---

[342] Ob. cit., p. 38.

Releva transcrever algumas passagens da obra de Kant para demonstrar isso.

Primeiramente, o filósofo[343] esclarece que:

"Tudo na natureza age segundo leis. Só um ser racional tem capacidade de agir *segundo a representação das leis,* isto é, segundo princípios, ou: só ele tem uma *vontade.* Como para derivar as acções das leis é necessária a *razão,* a vontade não é outra coisa senão razão prática".

Seguindo:[344]

"Tudo portanto o que é empírico é, como acrescento ao princípio da moralidade, não só inútil mas também altamente prejudicial à própria pureza dos costumes; pois o que constitui o valor particular de uma vontade absolutamente boa, valor superior a todo o preço, é que o princípio da acção seja livre de todas as influências de motivos contingentes que só a experiência pode fornecer".

Ainda:[345]

"Autonomia da vontade é aquela sua propriedade graças à qual ela é para si mesma a sua lei (independentemente da natureza dos objectos do querer). O princípio da autonomia é portanto: não escolher senão de modo a que as máximas da escolha estejam incluídas simultaneamente, no querer mesmo, como lei universal (...) a aptidão da máxima de toda a boa vontade de se transformar a si mesma em lei universal é a única lei que a si mesma se impõe a vontade de todo o ser racional, sem supor qualquer impulso ou interesse como fundamento (...). A *vontade* é uma espécie de causalidade dos seres vivos, enquanto racionais, e *liberdade* seria a propriedade desta causalidade, pela qual ela pode ser eficiente, independentemente de causas estranhas que a *determinem;* assim como *necessidade natural* é a propriedade da causalidade de todos os seres irracionais de serem determinados à actividade pela influência de causas estranhas".

Ou seja, para Immanuel Kant, a boa vontade é aquela que segue determinado princípio moral, o qual é erigido a esta categoria, caso possa ser convertido em "Lei Universal", sem a aceitação de exceções. Assim, se pretendemos agir de determinada maneira e o resultado deste agir pode ser aceito como uma lei aplicável a todos os homens, é lícito concluir que estamos agindo moralmente.

Estas determinações morais, por sua vez, são fornecidas pelo imperativo categórico, pela razão pura, de ordem metafísica, no sentido de que são orientações completamente afastadas de qualquer influência empírica. Assim, a metafísica

---

[343] *Fundamentação da Metafísica dos Costumes.* Tradução de Paulo Quintela. Lisboa: Edições 70, 1995, p. 47.

[344] Ob. cit., p. 65.

[345] Idem, p. 85, 91 e 93.

dos costumes demonstra que existe um princípio ético imanente à razão humana e que não é fundamentado ou subsidiado por qualquer contato com o mundo da experiência.

A razão prática, por sua vez, nada mais é do que a vontade de agir *livremente segundo leis morais, liberta de qualquer influência do mundo empírico*. Agir livremente, portanto, é querer agir conforme o dever universalizável do imperativo categórico, como se cada indivíduo se autodeterminasse a praticar determinada conduta, sem se deixar conduzir por qualquer desejo, sensação ou imposição externa à razão.

Completando o pensamento de Kant,[346]

"(...) quando a vontade busca a lei, que deve determiná-la, *em qualquer outro ponto* que não seja a aptidão das suas máximas para a sua própria legislação universal, quando, portanto, passando além de si mesma, busca essa lei na natureza de qualquer dos seus objectos, o resultado é então sempre *heteronomia*. Não é a vontade que então se dá a lei a si mesma, mas é sim o objecto que dá a lei à vontade pela sua relação com ela (...). Esta relação, quer assente na inclinação quer em representações da razão, só pode tornar possíveis imperativos hipotéticos: devo fazer alguma coisa *porque quero qualquer outra coisa*. Ao contrário, o imperativo moral, e portanto categórico, diz: devo agir desta ou daquela maneira, mesmo que não quisesse outra coisa".

Isto tudo demonstra que ser livre é agir conforme o imperativo categórico, jamais podendo ser adotada uma conduta que não possa ser convertida em lei universal. Isto fica patente quando o filósofo[347] informa que:

"(...) pelo que diz respeito ao dever necessário ou estrito para com os outros, aquele que tem a intenção de fazer a outrem uma promessa mentirosa reconhecerá imediatamente que quer servir-se de outro homem *simplesmente como meio*, sem que este último contenha ao mesmo tempo o fim em si. Pois aquele que eu quero utilizar para os meus intuitos por meio de uma tal promessa não pode de modo algum concordar com a minha maneira de proceder a seu respeito, não pode portanto conter em si mesmo o fim desta acção. Mais claramente ainda dá na vista esta colisão com o princípio de humanidade em outros homens, quando tomamos para exemplos ataques à liberdade ou à propriedade alheias. Porque então é evidente que o violador dos direitos dos homens tenciona servir-se das pessoas dos outros simplesmente como meios, sem considerar que eles, como seres racionais, devem ser sempre tratados ao mesmo tempo como fins, isto é, unicamente como seres que devem poder conter também em si o fim desta mesma acção".

---

[346] Ob. cit., p. 86.

[347] Idem, p. 70.

Com estas lições, concluímos que o contrato com base no objeto, e não na pessoa, preconizando a liberdade formal, desrespeitando e causando iliberdade ao sujeito mais frágil da relação, não possui sincera fundamentação na doutrina de Kant. Desta forma, somente poderemos entender em contrário se considerarmos o grande poder humano de distorcer conceitos e concepções, com vistas à satisfação das suas inclinações do mundo empírico.

Além da falta de base filosófica sincera, a doutrina contratual da autonomia da vontade começou a declinar quando surgiram os deveres anexos ao pacto, trazidos pelo princípio da boa-fé. Neste sentido, Clóvis do Couto e Silva[348] comenta que:

"(...) a partir da obra H. Staub, em que se manifesta no Direito germânico o conceito de 'quebra antecipada do contrato' sob a denominação de 'quebra positiva do contrato', inicia-se uma concepção de relação obrigacional, com deveres secundários vinculados à aplicação do princípio da boa-fé. Essa transformação poderia representar apenas uma ligeira modificação no conteúdo da relação obrigacional não houvesse, simultaneamente, assumido o juiz funções criadoras do direito bem mais amplas (...) em face de os tribunais começarem a declarar a nulidade de contratos em que se manifestasse a utilização abusiva do poder econômico de uma das partes, dos 'contratos-mordaça', (*Knebelungsvertrag*), por serem contrários aos bons costumes (contra bonos mores)".

Ficaram evidenciados, assim, alguns dos principais motivos causadores do descrédito do princípio da autonomia da vontade, qual seja a falta de sinceridade dos seus propósitos, haja vista que pretendia apresentar como respeito maior nas contratações a liberdade dos indivíduos, quando, em verdade, o intuito predominante era atentar para o objeto da contratação, sejam bens ou serviços, objetivando a transferência de patrimônios (*lato sensu*) e, por fim, o mero lucro.

Não se deseja com isto dizer que o lucro seja "feio" ou "sujo", mas a sua obtenção com a simultânea preterição dos princípios maiores da igualdade substancial, da liberdade e da dignidade da pessoa humana não pode ser aceita, pois o ser humano, como pessoa, ou seja, como componente importante do organismo social, deve ser acima de tudo protegido e respeitado.

11.1.4. O *Welfare State*

No período anterior e próximo à primeira grande guerra, já havia surgido a sociologia como ciência crítica (final do século XIX), fazendo com que as idéias de Ferdinand Lassale (fundador da Associação Geral do Trabalhadores Alemães

---

[348] *O Direito Privado Brasileiro na Visão de Clóvis do Couto e Silva*. Organizadora Vera Maria Jacob de Fradera. Porto Alegre: Livraria do Advogado, 1997, p. 37 e 38: "...Começava a reconhecer-se no princípio da boa-fé uma fonte autônoma de direitos e obrigações; transforma-se a relação obrigacional manifestando-se no vínculo dialético e polêmico, estabelecido entre devedor e credor, elementos cooperativos necessários ao correto adimplemento. Fundamental para essa modificação foi o estudo H. Staub, Positive Vertragsverletzung, publicado em 1902..."

em 1863 e defensor do sufrágio universal igual e direto para os operários terem condições de chegar ao poder), Marx e Hegel assumissem papel contestador importante na apreciação política do convívio humano.

Engels,[349] por exemplo, dirigia pesadas críticas ao Estado, dizendo que ele surge:

> "(...) no sólo para asegurar 'las riquezas de los individuos recientemente adquiridas', no sólo para consagrar la propiedad privada considerando esta consagración como 'el objetivo más elevado de toda comunidad humana' sino que surge también y especialmente ' para imprimir el sello de general reconocimiento social a las nuevas formas de adquisición de la propiedad'".

Percebemos por estas colocações que o objetivo das doutrinas contestatórias mais radicais do Estado Liberal era a sua completa destruição para a retomada do poder.

Estas contestações passaram a tomar vulto não só porque restou fartamente demonstrado que o contrato tradicional não respeitava a liberdade dos contratantes menos potentes, causando-lhes iliberdades, como também porque a função do Estado principiou uma alteração inevitável e profunda.

De fato, se antes o Estado tinha a incumbência de proporcionar "ordem e segurança", o grande crescimento populacional mundial fez com que a demanda ao auxílio estatal aumentasse na mesma proporção.

Os jurisdicionados, não mais satisfeitos com a exclusiva garantia de ordem e segurança, esta última principalmente contra os inimigos externos, começam a exigir dos entes públicos um leque de proteção que abrangesse suas necessidades de emprego, de saúde, de consumo etc.

Principia, assim, o chamado Welfare State, caracterizado por uma atitude positiva do ente público, visando à realização de políticas públicas orientadas no sentido de efetivar o desenvolvimento humanizado da sociedade. Assume o Estado uma conformação diversa da posição de mero espectador, passando a organizar estruturas capazes de atender aos anseios sociais de obtenção de uma vida digna.

Alcides Tomasetti[350] muito bem define o que seja o *Estado-Promotor ou Estado-Providência*", no qual o Estado é o próprio sujeito passivo das exigências do organismo social

Não só isto, na forma do que muito bem salientou Alberto do Amaral Júnior,[351]

> "(...) a transformação econômica, que culminou com a passagem das economias concorrenciais do séc. XIX para as economias oligopolizadas do séc.

---

[349] Ob. cit., Renato Treves, p. 65.

[350] "A Configuração Constitucional e o Modelo Normativo do CDC". In: *Revista Direito do Consumidor*, RT, volume 14, p. 28.

[351] "A Boa-fé e o Controle Das Cláusulas Contratuais Abusivas nas Relações de Consumo". In: *Revista Direito do Consumidor*, RT, volume 6, p. 29.

XX, relativizou os princípios sobre os quais se havia estruturado a teoria clássica dos contratos".

Ou seja, a liberdade em excesso gera a potência em excesso, e a potência exagerada causa a iliberdade dos mais fracos.

Este interessante fenômeno econômico e, muito mais do que isto, filosófico, demonstra que o detentor de capital em excesso, que esteja vinculado exclusivamente à idéia de acúmulo de patrimônio, procura se sobrepor não somente ao seu "adversário" consumidor, como também e, principalmente, ao seu concorrente, gerando iliberdade para ambos. O primeiro porque não pode satisfazer suas necessidades de maneira justa e o segundo porque não pode exercer o seu direito de livre iniciativa.

Carlos Alberto de Salles[352] igualmente constata a transformação, dizendo que:

"(...) o ideal de liberdade de mercado foi progressivamente corroído por obstáculos técnicos e econômicos, que obstaram a livre concorrência e a mobilidade social necessária para o funcionamento do sistema. O resultado foi um processo crescente de estratificação social e de formação de oligopólios e cartéis na economia".

Citando Comparato,[353] o fenômeno reflete:

"(...) a falência do 'consumidor-rei', ou seja, de quem, a partir de suas necessidades, dita as leis do mercado, dispensando, portanto, qualquer atividade protetiva: 'Tirante algumas necessidades vitais – que, aliás, continuam em larga medida a ser atendidas, na economia capitalista, em função da capacidade econômica do consumidor – as demais são controladas, isto é, abafadas ou estimuladas, pelos organismos produtores, em função dos seus grandes programas de expansão ou de rentabilidade'".

Simultaneamente, emergem os anseios dos empregados e dos consumidores, que passam a se organizar e a pleitear mudanças substanciais na relação capital-trabalho, sendo oportuna a menção a este aspecto, dado que a idéia de consumo é indissociável da criação de empregos. De fato, os consumidores são exatamente aqueles que antes de serem consumidores eram empregados que receberam salário e, assim, adquiriram a condição de consumir. Consumindo, ocorre o reinvestimento do capital do consumidor novamente na empresa, sendo que esta, obedecida uma relação circular, retornará o investimento para a sociedade, sob a forma de salários.

---

[352] "O Direito do Consumidor e Suas Influências Sobre os Mecanismos de Regulação do Mercado". In: *Revista Direito do Consumidor*, RT, volume 17, p. 89.

[353] *Revista Direito do Consumidor*. RT, volume 17, p. 89, nota 14.

José Geraldo de Brito Filomeno se manifestou sobre o tema, na forma já citada e transcrita, com o surgimento da Consumers' League em Chicago.

A pressão social exercida por estas manifestações sociais, então, contribuiu decisivamente para a alteração da visão clássica de contrato, pois o "contrato-objetivo", a partir de determinado momento, passou a significar um instrumento de opressão e de lesão às liberdades individuais menos favorecidas nas relações negociais e de trabalho.

Também é importante referir que o pensamento jurídico-político do século XVIII estava embasado na idéia de que a "(...) propriedade (privada) é o fundamento real da liberdade, o seu símbolo e a sua garantia relativamente ao poder público".[354]

Em acréscimo a este pensamento, não poderia haver propriedade sem a liberdade de gozá-la, de dispor e, principalmente, de transferi-la por intermédio do contrato, ficando evidenciado, desta forma, a íntima vinculação entre o contrato e a propriedade.

Importante esta referência para ressaltar que a alteração da concepção de propriedade igualmente influiu para o surgimento do *Welfare State*.

Com efeito, o pensamento liberal definia a propriedade como algo atinente exclusivamente ao espaço privado de convívio humano, no qual o Estado não teria qualquer ingerência, estabelecendo, assim, uma evidente separação entre a sociedade e o Estado, fruto de tudo quanto já foi abordado nos itens anteriores.

Tal conceito de propriedade, entretanto, começou a ser alterado por causa das novas realidades sociais que surgiram no final do século XIX e início do século XX, culminando com o seu reconhecimento em nível constitucional, o que principiou na famosa Constituição Alemã de Weimar (pouco após a publicação do CC Brasileiro), a qual, no seu artigo 153, dizia que a "propriedade obriga".

A expressão causou intranqüilidade aos defensores do estado liberal, posto que a propriedade era vista como uma realidade bastante por si só, que somente admitiria obrigação negativa, no sentido de que não poderia ser maculada ou tangenciada por quem quer que fosse, quanto mais o Estado.

Decorrência de todo este contexto histórico, econômico, político e social, passou a existir vinculação direta do conceito de propriedade aos valores humanos, disso resultando um forte sentido social.

Clóvis V. do Couto e Silva[355] comenta sobre o tema, dizendo o que segue:

"Quando o art. 153 da aludida Constituição de Weimar exarou o princípio de que 'a propriedade obriga', dando expressão a uma idéia ainda informe, mas vigorante no mundo social, Martin Wolf assinalou que se tratava de um princípio tradicional do direito germânico. Este princípio deveria servir como

---

[354] Enzo Roppo, ob. cit. p. 42.

[355] *Revista da AJURIS,* volume 40, p. 139.

uma diretiva para adequar as decisões às necessidades dos novos tempos. Em suma, segundo Martin Wolff, 'do aludido princípio resultaria, para todo e qualquer direito subjetivo, e não apenas para o de propriedade, uma dupla obrigação para o seu titular: o dever de exercer o direito, se for de interesse público que ele seja exercido e não fique paralisado; e o dever de exercer o direito de uma forma que satisfaça ao aludido interesse público;'

(...) Assim, a concepção moderna de propriedade toma uma outra conotação e a diversidade dos objetos sobre os quais ela recai passa a exigir uma regulamentação que lhe seja própria, de tudo resultando vários tipos de propriedade.

A concepção social da propriedade teve acolhida legislativa nas Constituições de quase todos os países, e, no Brasil, a Constituição de 1934 (art. 113, n. 17) inicia essa orientação (...)".

O contrato, como instrumento ligado umbilicalmente ao domínio dos bens e serviços, inevitavelmente sofreu as mesmas alterações, passando a sofrer profundas mudanças na sua conformação, tanto no âmbito da liberdade de contratar, como no campo da liberdade contratual.

Outro aspecto que deve ser ressaltado na presente análise é que começam a prevalecer os conceitos interesse público e relevância social, por intermédio dos quais os interesses meramente individuais perdem por completo a força.

Neste sentido, Orlando Gomes[356] comenta que:

"(...) orienta-se modernamente o Direito das Obrigações no sentido de realizar melhor equilíbrio social, imbuídos seus preceitos, não somente da preocupação moral de impedir a exploração do fraco pelo forte, senão, também, de sobrepor o interesse coletivo, em que se inclui a harmonia social, aos interesses individuais de cunho meramente egoístico".

Sobre o mesmo assunto, Lourival Vilanova[357] esclarece que:

"(...) o incremento das normas jurídicas cogentes, reduzindo as de incidência dispositiva e as livremente elaboradas pelas partes contratantes (nos limites deixados à autonomia da vontade negocial), decorre do prevalecimento dessas valorações que subjazem nos conceitos de 'ordem pública' e de 'interesse social'".

Esta realidade, portanto, estimulou a transformação do conceito de contrato, passando a ser incluídos no sistema jurídico uma série de dispositivos intervencionistas à autonomia da vontade, sendo exemplo, na atualidade, o constante no artigo 1º do Código de Defesa do Consumidor, o qual informa que o Código "(...)

---

[356] Ob. cit., *Transformações nos Contratos*, p. 1.

[357] Paulo Luiz Neto Lobo. *O Contrato – Exigências e Concepções Atuais*. Saraiva, 1986. p. X.

estabelece normas de proteção e defesa do consumidor, de ordem pública e interesse social (...)".

11.1.5. A intervenção estatal nos contratos

Decorrência da conformação do Estado-Provedor, na forma descrita no item anterior, emergem com força total, no seio da sociedade, as noções de "bons costumes", "ordem pública", "boa-fé" e de "relevância social".

A doutrina que embasa a idéia de "bons costumes" surge como instrumento de controle judicial das cláusulas gerais de contratos na Alemanha, após a promulgação do Código Civil, especificamente no § 138 do B.G.B., o qual dispunha, segundo Alberto do Amaral Júnior,[358] que seriam contrárias aos "bons costumes" as disposições nas "(...) quais um sujeito que desfrute de posição de monopólio, de direito ou de fato, imponha cláusulas vexatórias ao outro contraente".

Esta doutrina demonstra, igualmente, que os padrões de controle dos contratos inclusos no artigo 1134 do Código Napoleônico, quais sejam as possibilidades de ocorrência de erro, fraude, violência, dolo etc, não mais atendiam, já naquela época, aos anseios sociais, motivo pelo qual passaram a ser necessárias novas estruturas intervencionistas, como a ora abordada.

Ainda citando Alberto do Amaral Júnior,[359] "ordem pública" "(...) representa o conjunto dos princípios e valores que estruturam a organização econômica e política da sociedade em determinada fase histórica e que, direta ou indiretamente, são consagrados pelo ordenamento jurídico".

Tais "valores" (*lato sensu*), encontram-se predominantemente na Carta Magna e fornecem, especialmente no campo contratual, os parâmetros aceitáveis para a avaliação dos aspectos éticos, sociais, culturais e econômicos da pactuação.

Importante salientar que o conceito "ordem pública" possui aplicação universal, tendo sido utilizado em locais diferentes e épocas distintas, com o objetivo de corrigir desajustes advindos da natural desigualdade em que sempre conviveu o gênero humano.

Apenas a título de exemplo, já que muitas vezes os Estados Unidos da América do Norte são citados como símbolo da "liberdade total", merecem transcrição as informações preciosas prestadas pelo eminente doutrinador Alberto Amaral Júnior:[360]

> "Fazendo referência a fórmulas diversas como public interest, public welfare e public good, a jurisprudência americana utilizou o conceito de ordem pública para exercer controle sobre as cláusulas gerais de contrato, principalmente no setor denominado 'public service', no qual os serviços públicos

---

[358] *Proteção do Consumidor no Contrato de Compra e Venda.* Revista dos Tribunais, 1993, p. 125.

[359] Ob. cit., *Proteção do Consumidor no Contrato de Compra e Venda*, p. 126.

[360] Ob. cit., p. 129.

Código de Defesa do Consumidor
O PRINCÍPIO DA VULNERABILIDADE

são realizados por empresas privadas. Neste campo, a justificação para o controle da liberdade contratual é a prática, por parte das empresas privadas, de atos que contrariem o interesse social.

Além dessas hipóteses, a jurisprudência norte-americana utilizou o conceito de public policy para proibir o abuso de posição de força na conclusão dos contratos, com o objetivo de impedir a violação da liberdade de decisão econômica e moral do consumidor".

Neste sentido também é o artigo de Françoise Domant Naert, cujo título é "As tendências Atuais do Direito Contratual no Domínio da Regulamentação das Cláusulas Abusivas".[361]

Evidencia-se, portanto, que o interesse maior é a configuração de equilíbrio contratual em que os consumidores sofram menos prejuízos.

Ou seja, desde que exista lesão ou ameaça de lesão a estes direitos básicos dos vulneráveis, é autorizada a aplicação de normas intervencionistas.

Informações importantes sobre o dirigismo estatal também são fornecidas por Thomas Wilhelmsson,[362] trazendo à baila a realidade de que o controle pode ser feito em nível judicial ou administrativo, pelo que devem ser citados os ensinamentos relativamente a esta última esfera de apreciação:

"Uma forma de organizar tal regulação coletiva é estabelecer uma autoridade com meios suficientes para contra-atacar os termos contratuais abusivos.

---

[361] "As Tendências Atuais do Direito Contratual no Domínio da Regulamentação Das Cláusulas Abusivas", *Revista Direito do Consumidor*, volume 12, São Paulo: Editora RT, p. 20, 21 e 22. "A maioria das regulamentações das cláusulas abusivas contêm uma disposição geral que proíbe, expressamente, o caráter abusivo de um contrato ou de uma cláusula que traduz um desequilíbrio inaceitável entre as partes.Um primeiro fundamento dessa disposição pode se encontrar na teoria da lesão qualificada. Com efeito, a lesão caracteriza-se por um desequilíbrio inicial e grave das prestações recíprocas das partes de um contrato, enquanto que a lesão qualificada acarreta uma desproporção resultante do abuso, por uma parte das necessidades, das fraquezas, das paixões ou da ignorância da outra. A sanção da lesão qualificada está fundada, quer sobre o seu caráter contrário aos bons costumes – por tal razão o contrato fica eivado de vício insanável, acarretando a nulidade absoluta; quer sobre a responsabilidade aquiliana – constitui *culpa in contrahendo* o fato de se comportar para com o contratante de uma maneira contrária à boa-fé ; cabe ao juiz escolher o modo de reparação o mais adequado. Um outro fundamento do controle da cláusulas abusivas pode se encontrar na nova noção de contrato de adesão. Trata-se de um contrato cujo o conteúdo foi total ou parcialmente estabelecido de modo arbitrário e geral anteriormente ao período contratual. Caracteriza-se pela ausência de negociação individual prévia em vista do acordo das vontades. Apresenta-se, na maioria das vezes, sob a forma das condições gerais ou individuais estabelecidas unilateralmente por uma das partes. Também pode consistir em contratos-padrões estabelecidos por grupos.O contrato de adesão, como tal, não é considerado abusivo. Ele corresponde a uma estandardização necessária das relações comerciais na qual *a* negociação individualizada dos termos do contrato dificilmente encontra seu lugar. O abuso não resulta do fato que o consumidor é obrigado a aderir a este ou àquele texto pré-impresso, mas efetivamente, do conteúdo eventual de uma convenção de cuja relação ele não participou, e que ele não poderá modificar visto a relação de forças existentes entre as partes confrontadas e que provavelmente ele encontrará uniformizada no setor respectivo. Estes dois fundamentos da lesão qualificada e do contrato de adesão encontram-se reunidos em uma disposição adotada no nível comunitário; com efeito, a diretriz 93/13/CEE referente às cláusulas abusivas nos contratos concluídos com os consumidores define como abusiva a cláusula que 'não tendo constituído o objeto de uma negociação individual (...), apesar da exigência de boa-fé, cria, em detrimento do consumidor, um desequilíbrio significativo entre os direitos e obrigações das partes decorrentes do contrato" (art. 3º).

[362] "Regulação de Cláusulas Contratuais". In: *Revista Direito do Consumidor*, volume 18, São Paulo:Editora RT, p. 21.

Um exemplo bem conhecido é o sistema do Ombudsman do Consumidor em uso nos países escandinavos. Nestes países, a tarefa do Ombudsman do Consumidor é supervisionar o uso de termos contratuais tendo-se em vista a proteção do consumidor. Se o Ombudsman – independentemente ou após reclamações feitas pelo público – reconhece que o comerciante usa termos contratuais abusivos, ele deve primeiro tentar fazer o comerciante desistir voluntariamente. Se o Ombudsman do Consumidor não tiver sucesso, o comerciante, sempre que necessário em respeito à proteção do consumidor, pode ser proibido de repetir o uso de termos contratuais abusivos ou outros a ele comparáveis. Se o comerciante continuar a usar o termo contratual abusivo proibido ele poderá ser multado".

Outra não é a orientação do direito português em sede de contratos, segundo comentam Mário Júlio de Almeida Costa e Antônio Menezes Cordeiro,[363] existindo o artigo 24 do Decreto-Lei nº 446/85, que prevê a ação inibitória. Por intermédio desta medida processual as cláusulas contratuais gerais podem ser proibidas por decisão judicial.

Tudo isso aconteceu como uma reação à alteração da visão clássica do contrato, tanto sob o enfoque filosófico-doutrinário, como também fático.

Com efeito, na atualidade, existem os chamados contratos de massa. Temos, também, os contratos de adesão, expressão esta cunhada por Raymond Saleilles, os quais podem ser oferecidos ou não a consumidores. Os não oferecidos a consumidores, exemplificativamente, seriam os contratos predispostos entre comerciantes, tais como os de franquia, de *shoppings centers*, os realizados entre fábricas de automóveis e concessionárias, importando, então, fazer a distinção. Ou seja, existe toda uma gama de novas estruturas negociais que, faticamente, obrigam a novas formulações do sistema jurídico e administrativo.

Os tempos atuais nos mostram, também, a existência de redes contratuais em que vários fornecedores se encontram envolvidos no relacionamento com os consumidores, sendo exemplo os contratos relativos a cartão de crédito, os contratos firmados pela internet e tantos outros.

Nos contratos de massa, especificamente, surge o elemento numérico como alterador fático e, em alguns casos, o elemento duração, na medida em que proliferam os pactos de longo prazo, principalmente na área da saúde privada.

Todos estes fenômenos contribuíram para as tendências modernas acima apontadas, principalmente por causa da noção de ordem pública e de relevância social.

Outro conceito que auxiliou bastante na alteração da visão do contrato foi o princípio da boa-fé objetiva.

---

[363] *Cláusulas Contratuais Gerais, Anotação ao Decreto-Lei nº 446/85, de 25 de outubro.* Coimbra: Livraria Almedina, 1991, p. 56.

Alguns autores apresentam a "boa-fé" como um mero conceito jurídico indeterminado, o qual deve ser interpretado a partir do caso concreto, tendo em vista a obtenção do melhor critério de justiça.

Entendemos, todavia, que a expressão "boa-fé" possui importância muito maior do que a de um mero conceito jurídico, sendo, verdadeiramente, um princípio, uma diretriz a ser seguida quando da interpretação das normas e também da sua concretização.

A boa-fé objetiva traduz a necessidade de que as condutas sociais estejam adequadas a padrões aceitáveis de procedimento que não induzam a qualquer resultado danoso para o indivíduo, não sendo perquirido da existência de culpa ou de dolo, pois o relevante na abordagem do tema é a absoluta ausência de artifícios, atitudes comissivas ou omissivas, que possam alterar a justa e perfeita manifestação de vontade dos envolvidos em um negócio jurídico ou dos que sofram reflexos advindos de uma relação de consumo.

A professora Cláudia Lima Marques[364] comenta sobre este princípio no Brasil, dizendo que o Código de Defesa do Consumidor

> "(...) trouxe como grande contribuição à exegese da relações contratuais no Brasil a positivação do princípio da boa-fé objetiva, como linha teleológica de interpretação, em seu art. 4º, III e como cláusula geral, em seu art. 51, IV, positivando em todo o seu corpo de normas a existência de uma série de deveres anexos às relações contratuais".

Em virtude da configuração deste padrão teleológico, vários deveres anexos decorreram do princípio da boa-fé objetiva, os quais se encontram espalhados pela Lei Protetiva Brasileira, emergindo sob a forma do dever de completa transparência, de integral informação ao consumidor (arts. 30, 31 e outros do CDC), da não-aceitação de linguagem complexa (arts. 54, § 3º, e outros do CDC), da interpretação em favor do consumidor, em caso de dúvidas no tocante a cláusulas contratuais (art. 47 do CDC), o dever de cooperação (obrigação do fornecedor de agir com lealdade e de auxiliar o consumidor, proibindo qualquer conduta tendente a dificultar o cumprimento da obrigação, por parte do outro contratante) e muitos outros que estão previstos na lei protetiva.

É importante frisar, na abordagem do tema em questão, que o contrato não pode mais ser aceito como uma manifestação isolada do contexto social, em que dois pólos executam um negócio jurídico de que dispõem plenamente.

O massificado mercado de consumo atual obriga a uma nova e atualizada maneira de observar a vida moderna, evidenciado que ficou que o contrato é um mecanismo fundamental para a circulação rápida e eficaz das riquezas, as quais retornam para a sociedade sob a forma de salários ou de investimentos na realização das políticas públicas do Estado.

---

[364] *Contratos no Código de Defesa do Consumidor.* 2ª edição. São Paulo: Revista dos Tribunais, p. 83.

Assim, existiriam dois enfoques para a consideração do contrato como instituição jurídica, um externo e outro interno.

Discorrendo sobre o assunto em brilhante artigo, o Ministro Ruy Rosado de Aguiar Júnior[365] assim se manifesta:

"A aproximação dos termos ordem econômica, boa-fé serve para realçar que esta não é apenas um conceito ético, mas também econômico, ligado à funcionalidade econômica do contrato e a serviço da finalidade econômico-social que o contrato persegue. São dois os lados, ambos iluminados pela boa-fé: externamente, o contrato assume uma função social e é visto como um dos fenômenos integrantes da ordem econômica, nesse contexto visualizado como um fator submetido aos princípios constitucionais de justiça social, solidariedade, livre concorrência, liberdade de iniciativa etc., que fornecem os fundamentos para uma intervenção no âmbito da autonomia contratual; internamente, o contrato aparece como o vínculo funcional que estabelece uma planificação econômica entre as partes, às quais incumbe comportar-se de modo a garantir a realização dos seus fins e a plena satisfação das expectativas dos participantes do negócio. O art. 4º do Código se dirige para o aspecto externo e quer que a intervenção na economia contratual, para a harmonização dos interesses, se dê com base na boa-fé, isto é, com a superação dos interesses egoísticos das partes e com a salvaguarda dos princípios constitucionais sobre a ordem econômica através de comportamento fundado na lealdade e na confiança".

Para complementar as informações, no Brasil, a Lei do Consumidor oportuniza, nos artigos 6º, inciso IV, 29, 51, § § 2º e 4º, 81, inciso I (legitimidade), 113 e na Lei 7.347/85 (Lei da Ação Civil Pública), no artigo 8º, que o Ministério Público realize administrativamente a tentativa de ajuste das cláusulas abusivas existentes em contratos oferecidos a consumidores, o que é feito por intermédio de "compromisso de ajustamento".

Este é um título executivo extrajudicial, na forma já dita, pelo qual o fornecedor se compromete a retirar ou ajustar termos contratuais ou cláusulas inteiras. Assim, caso seja descumprido, servirá para embasar a propositura de ação de execução da multa ou de qualquer outra cominação prevista no documento.

Caso não seja assinado o compromisso, o *Parquet* poderá ajuizar ação coletiva de consumo (no âmbito consumerista), prevalentemente de natureza declaratória e condenatória, pleiteando que o Poder Judiciário realize o controle judicial sob o enfoque preventivo e em abstrato do contrato de adesão oferecido a consumidores, a fim de que sejam protegidos os interesses difusos, evitando que outros potenciais clientes não venham a ser atingidos pelas abusividades.

A exposição feita demonstra, portanto, que não mais são aceitáveis aquelas alegações no sentido de que o Estado não pode intervir nos contratos. Poderá sim,

---

[365] "A Boa-fé na Relação de Consumo". In: *Revista de Direito do Consumidor*, volume 14. São Paulo: RT, p. 22.

desde que seja necessário o comando da Lei para corrigir eventual desigualdade, pois o princípio maior da igualdade é o fundamento de todos os demais, pelo que deve sempre ser preservado.

11.1.6. A repersonalização do direito privado

Conforme apontamos nos compartimentos relativos à visão clássica do contrato, este tinha uma estrutura que privilegiava o objeto, ou seja, a transferência do patrimônio, não importando os aspectos subjetivos que envolviam eventual negociação.

No mundo moderno, entretanto, a configuração do contrato assumiu novos contornos, na forma destacada, começando a prevalecer a figura dos envolvidos nos pólos da relação jurídica.

Este fenômeno busca dar a importância devida à pessoa, conceituada não como sendo o indivíduo, mas como sendo o ser humano integrado no contexto social, nele intervindo decisivamente e com fundamental importância.

Nesta visão, atender aos interesses das massas de consumidores, dos vulneráveis em alguma relação desigual, será atender ao interesse público e à relevância social, pois somente com um relacionamento harmonioso no mercado de consumo, poderá ser atingido o desenvolvimento da sociedade como um todo, respeitados os valores maiores da pessoa humana.

Salientemos que deixar consumidores com o sentimento de lesão causa a retração do mercado de consumo, pois instaura a desconfiança, sendo esta a principal responsável pelo não-reingresso destes "investidores" na esfera de circulação de riquezas, com prejuízos para toda a economia e, conseqüentemente, para a sociedade, que passará a carecer de fornecedores e de empregos.

Além disso, o não-ressarcimento das lesões e a permissão de que elas sejam realizadas culmina por oportunizar a individualização dos prejuízos em cada consumidor e a atribuição do lucro indevido também individualizadamente ao mau fornecedor. Resultado final de tudo é que o bom fornecedor não receberá aquele investimento que lhe seria necessário e devido, como integrante idôneo do mercado de consumo, o que traz danos evidentes para o desenvolvimento econômico e social.

Esta realidade chamada de repersonalização ou despatrimonialização do contrato é comentada pela doutrina, sendo relevantes as afirmações de Pietro Perlingieri[366] quando diz que:

> "(...) individua-se uma tendência normativa-cultural; se evidencia que no ordenamento se operou uma opção, que, lentamente, se vai concretizando, entre o personalismo (superação do individualismo) e patrimonialismo (su-

---

[366] *Perfis do Direito Civil, Introdução ao Direito Civil Constitucional.* Tradução de Maria Cristina de Cicco. Renovar, item 21.

peração da patrimonialidade fim a si mesma, do produtivismo, antes, e do consumismo, depois, como valores)".

Continuando a exposição, o doutrinador aponta que:[367]

"(...) a divergência, não certamente de natureza técnica, concerne à avaliação qualitativa do momento econômico e à disponibilidade de encontrar, na exigência de tutela do homem, um aspecto idôneo, não a 'humilhar' a aspiração econômica, mas, pelo menos, a atribuir-lhe uma justificativa institucional de suporte ao livre desenvolvimento da pessoa".

Tudo isto está resumido na "(...) passagem de uma jurisprudência civil dos interesses patrimoniais a uma mais atenta aos valores existenciais".

Aliás, deve ser aberto um parêntese para esclarecer as origens do individualismo, bem como a que objetivos ele serve.

Michel Miaille,[368] no seu livro Introdução Crítica ao Direito, especificamente no texto escrito sobre o Sujeito de Direito, comenta que não há como considerar o indivíduo como autônomo e distinto do grupo do qual faz parte, exatamente porque existe uma gama muito grande de tradições, costumes, identidades coletivas que unem os seus componentes e não somente laços funcionais.

Seguindo nas suas lições, esclarece que cargas informadoras são garantidas por estruturas tradicionais, uma delas sendo o sistema de parentesco, o qual é integrado por elementos econômicos, políticos e ideológicos, em combinação constante.

Fazendo esta constatação sobre o parentesco, apresenta-o como um paradigma das classes sociais, porque elas são informadas pelas mesmas regras estruturais.

Assim, se os traços de parentesco, a "família", servem para a proteção, organização e predomínio de alguns dos seus integrantes,[369] "a unidade do trabalho e das suas condições materiais é mediatizada pela pertença do trabalhador a uma comunidade e é por intermédio desta comunidade que o indivíduo acede aos meios de produção". Ou seja, "as superestruturas jurídicas e ideológicas intervêm aqui primitivamente e não secundariamente para a constituição das relações de produção".

Com estas explicações o autor intenta demonstrar o papel decisivo do dominado e do dominador nas relações interpessoais.

O escravo, portanto, é detido por uma dominação plena em relação ao seu senhor. O servo, no feudalismo, por uma dominação um pouco mais tênue, salientada por intermédio do predomínio espiritual e político, evidenciando, assim, que

---

[367] Ob. cit., item 21.

[368] *Introdução Crítica ao Direito, O sujeito de direito.* Imprensa Universitária. 2ª ed. Lisboa: Estampa, 1994, p. 114.

[369] Ob. cit., p. 116.

as desigualdades formadoras de escravos e servos têm sua origem nas relações sociais e não, primariamente, na economia.

As relações sociais, portanto, são fundamentais para o funcionamento dos modos de produção existentes em dado momento histórico.

Realizando uma conclusão parcial, o autor comentado não aceita que servos e escravos possam ser considerados sujeitos de direito, pois são meras peças que movimentam os meios de produção.

Com isso demonstrou Miaille[370] que o reconhecimento de que todos os indivíduos são iguais e livres "(...) não constitui um progresso em si. Significa tão-somente que o modo de produção da vida social mudou".

Para comprovar sua assertiva, aborda a experiência da dominação capitalista sob a forma colonial, a qual teve como estratégia a desintegração dos grupos sociais, aniquilando os laços de tradição e costume e procurando fazer com que os dominados aceitassem uma condição de "autônomos", fenômeno este que denominou de "atomização".

Com esta apreciação, Miaille ressalta o caráter eminentemente funcional da noção de sujeito de direito, o que a afasta por completo de qualquer identificação com o conceito objetivo de "indivíduo".

Esta funcionalidade é ressaltada quando se observa que é a partir do reconhecimento da condição de sujeitos de direitos a alguns indivíduos, que se tornam possíveis as trocas mercantis e, generalizando-se, culmina por ser estruturado o modo de produção capitalista.

Neste modo de produção, a força de trabalho significa uma mercadoria que é comprada barata pelo capitalista, tendo em vista que a parte desta força "não paga" valorizará o capital investido, produzindo um rendimento, que é a "mais-valia", da qual se apropria o proprietário do capital.

Para tanto, no mercado capitalista, os proprietários da força de trabalho não podem ser os detentores dos meios de produção, sendo necessário, também, a extinção dos antigos meios de produção, atomizando os indivíduos, os quais precisarão vender a sua força de trabalho e não mais atuarem nas suas antigas formas de produção.

Nestas circunstâncias, os indivíduos encontram-se em uma situação paradoxal, segundo o autor francês até mesmo na posição de possuidores de direitos virtuais, na medida em que foram "isolados" pelo sistema produtivo, mas são detentores de "personalidade jurídica", livres e iguais.

Sendo livres e iguais, podem "autodeterminar-se" "espontaneamente", vendendo a sua força de trabalho. Assim,[371]

"(...) a troca das mercadorias, que exprime, na realidade, uma relação social – relação do proprietário do capital com os proprietários da força de trabalho

---

[370] Ob. cit., p. 117.

[371] Idem, p. 118.

–, vai ser escondida por 'relações livres e iguais', provindas aparentemente apenas da 'vontade de indivíduos independentes'. O modo de produção capitalista supõe, pois, como condição do seu funcionamento a 'atomização', quer dizer, a representação ideológica da sociedade como um conjunto de indivíduos separados e livres. No plano jurídico, esta representação toma a forma de uma instituição: a do sujeito de direito".

Outro exemplo dado por Michel Miaille é o da passagem do feudalismo para o capitalismo, ocorrido na Inglaterra a partir do século XVI, quando o movimento de demarcação transforma a terra em um objeto comercial, fazendo com que o término da coletivização da gleba culmine por expulsar os camponeses. Sem meios de sobreviver, são obrigados a formar os aglomerados urbanos e a vender a sua força de trabalho, gerando uma nova sociedade capitalista e o proletariado.

Realizando a segunda conclusão parcial, ressalta o autor que a categoria jurídica de sujeito de direito "não é uma categoria racional em si: ela surge num momento relativamente preciso da história e desenvolve-se como uma das condições da hegemonia de um novo modo de produção".

O mesmo aconteceu nos processos de colonização de muitos países, oportunidades em que foi necessária a quebra das antigas estruturas de produção, muitas vezes calcadas em laços familiares, a fim de instalar o modelo capitalista, baseado na força do trabalho.

Define Miaille, também, que a qualidade de sujeito de direito nasceu juntamente com o capitalismo, não podendo ser dito que seu surgimento seja bom ou mau, apenas que é uma realidade "palpável". Igualmente não é prudente confundir com aquilo que ela supostamente representaria, a liberdade real dos indivíduos. Em verdade, é apenas uma noção histórica, com forte conteúdo funcional, que surgiu para estruturar um novo modelo de produção de massa.

Este parêntese é relevante, tendo em vista que, na sociedade atual, é vivido o choque entre o retorno à idéia liberal e a necessidade de uma vida cada vez mais comunitária, baseada no reconhecimento do indivíduo como "pessoa". Portanto, é básico que sejam apreendidos os elementos que integram o conceito de sujeito de direito, bem como as variadas funções às quais ele pode estar a serviço.

De qualquer forma, a aceitação da definição com as suas potencialidades desvendadas não invalida a sua evidente utilidade, principalmente para a exata configuração e recuperação do conceito de "pessoa". Isto pode ser facilmente obtido pela agregação de outras estruturas jurídicas capazes de reunir os vários e atomizados sujeitos de direito em torno de idéias ou interesses comuns, aumentando, assim, as suas potências como integrante da constante luta travada no seio do convívio social massificado. Como exemplo disso, podemos citar os grandes avanços trazidos pela moderna noção de consumidor (um dos sujeitos da relação de consumo, sendo esta fundamental para a ordem econômica e social), as ampliadas formas de legitimação coletiva, as maiores possibilidades de associação etc.

É importante ressaltar, então, que a "técnica" ou fenômeno da "atomização" não necessariamente induz ao entendimento de que os sujeitos de direito devam permanecer isolados. Ao contrário, afastada que seja esta ideologia dominadora que busca desunir, desorganizar e desagrupar, com vistas ao exercício de controle social, é plenamente possível e válido o conceito, para que sejam fundamentados os empreendimentos sociais dos mais fracos, constantemente levados a efeito para a concretização de condições de vida mais dignas.

Estas realidades melhor explicam, então, a nova conformação do Estado moderno, o qual não pode estar alheio aos acontecimentos da sociedade, devendo ser um organismo provedor, no sentido de concretizar determinadas políticas públicas que efetivamente atendam às exigências existenciais e individuais da pessoa, superado o individualismo e o patrimonialismo.

Nesta visão "macro" de cada indivíduo como "pessoa", tem-se uma melhor noção do significado das resoluções de conflitos individuais eventualmente orientadas em determinado sentido, as quais, pela reiteração e pela vultosidade numérica, assumem relevo fundamental para o sistema econômico como um todo, conseqüentemente gerando reflexos para o sistema social, político e jurídico. Por isso, a importância de que sejam concretizadas regras como a da inversão do ônus da prova (art. 6º, VIII, do CDC), da interpretação mais benéfica para a parte mais fraca (art. 47 do Código de Defesa do Consumidor) e muitas outras normas, seja de direito material ou processual.

Paulo Luiz Neto Lôbo[372] tece comentários sobre o assunto dizendo que

"(...) o sistema dos vícios redibitórios foi criado para solução dos problemas decorrentes de intercâmbio de produtos, em uma fase de economia agrícola. Nos dias de hoje, de produção em massa, de produtos com tecnologia sofisticada, torna-se quase inviável sua aplicação. O art. 1.101 do Código Civil brasileiro fala de defeitos ocultos que tiver a coisa vendida, que a tornem imprópria para o uso a que é destinada. Mas, na maior parte das vezes, o conflito surge não da impropriedade ao uso, mas da relação entre o rendimento efetivo e o que razoavelmente se esperava alcançar. O prazo prescricional para a ação é muito curto, próprio para coisas imediatamente consumíveis ou de conhecimento não especializado. O sistema de garantia de fabricação, embora menos vantajoso ao adquirente, provou ser mais prático e eficiente, tornando quase sem uso a custosa argüição de vícios redibitórios".

Exatamente por isso é que houve evidentes avanços legislativos, demonstrando, mais uma vez, que o princípio da vulnerabilidade permeia ostensivamente as estruturas do Código Civil. Prova disso são as novas disposições sobre o vício redibitório, inclusas principalmente no artigo 445, § 1º, do CC.

Segundo este preceito, na situações em que:

---

[372] Ob. cit., p. 22 e 23.

"(...) o vício, por sua natureza, só puder ser conhecido mais tarde, o prazo contar-se-á do momento em que dele tiver ciência, até o prazo máximo de cento e oitenta dias, em se tratando de bens móveis; e de um ano, para os imóveis".

Interpretando a norma, chegamos à conclusão no sentido de que todos os vícios redibitórios, exatamente por serem conceituados no artigo 441 como sendo os "(...) vícios ou defeito ocultos (...)", somente podem ser "(...) conhecidos mais tarde (...)". Desta forma, todas as situações atinentes a vícios redibitórios estariam abrangidas pelo § 1º do artigo 445 do CC, sendo o *caput* deste artigo absolutamente inaplicável, na medida em que não é razoável reconhecer algum vício que seja oculto e que, ao mesmo tempo, possa ser "conhecido mais cedo". Como conseqüência, todas as hipóteses do instituto estão abrangido pelo referido § 1º. Reconhecido isso, verificamos que o prazo para "enjeitar a coisa" ou pedir abatimento, no caso de bens móveis, será de 180, a contar do momento da ciência do lesado. Ou seja, este dispositivo é bem mais benéfico que o artigo 26, inciso II, conjugado com o seu §3º, do Código do Consumidor, os quais prevêm que "o direito de reclamar pelos vícios (...) caduca em 90 (noventa) dias, tratando-se de fornecimento de serviço e de produto duráveis", sendo que, em sendo oculto (§3º do art. 26), "o prazo decadencial inicia-se no momento em que ficar evidenciado o defeito". É mais benéfico o §1º do art. 445 do CC porque o prazo é de 180 dias, enquanto no CDC o prazo para vício oculto é de 90 dias, ambos a contar do conhecimento do vício.

Somente com este exemplo já seria suficiente para compreender a relevância de cada julgamento do Poder Judiciário, a partir do que pode ser feita uma projeção para o significado disto em termos de mercado de consumo, sociedade e desenvolvimento com distribuição adequada das rendas. Por isso é de fundamental importância a aplicação harmônica e sintonizada do CDC e do CC, para o respeito do consumidor na dimensão de "pessoa", repersonalizando, assim, o dito direito privado.

Também sobre o assunto discorre Orlando de Carvalho,[373] dizendo que "(...) restaurar a primazia da pessoa é assim o dever número um de uma teoria do direito que se apresente como teoria do direito civil". Continuando,[374]

"(...) sem prejuízo das exigências sociais de uma economia salubre e dos limites que a defesa dos verdadeiros interesses da personalidade jurídica concreta impõem ao modelo do clássico 'homo liber', sem compromisso, em suma, com qualquer forma de liberalismo econômico e com qualquer espécie de retorno a um individualismo metafísico, urge repor-se o indivíduo e os seus direitos no topo da regulamentação 'jure civile', não simplesmente como 'actor' que aí privilegiadamente intervém mas, sobretudo,

---

[373] *A Teoria Geral da Relação Jurídica – Seu Sentido e Limites.* 2ª ed. Coimbra: Centelha, 1981, p. 92.

[374] Ob. cit., p. 93

como o móbil que privilegiadamente explica a característica técnica dessa regulamentação".

Esclarece, ainda, Orlando de Carvalho[375] que:

"(...) atrás dos variados dispositivos com que o Direito se apetrecha para atingir os seus fins – e que são, não apenas os meios processuais ou para-processuais, unanimemente reconhecidos como utensilagem operatória, mas inclusive a generalidade das estruturas de actuação jurídica, como a personalidade moral, o poder paternal, a representação, a legitimação etc., ou, indo mais fundo, o próprio direito subjectivo, e, *a fortiori*, as noções integradoras dessas estruturas, como a noção de coisa, de patrimônio, de ausência, de dano, de culpa, de contrato etc. –, atrás destes diversos mecanismos está a função que eles entendem prosseguir e que é, em último termo, a sua instância de controle. Para se compreender estes meios e se avaliar do seu uso há que fazer apelo a essa dimensão de serviço – de 'serviço da vida', para falarmos como Heck – sem o qual o Direito não terá sentido algum. Daí o relevo de uma perspectiva funcional, sempre em confronto com a perspectiva estrutural, que se preocupa em descrever aqueles meios do Direito".

Concluindo, define Orlando de Carvalho[376] a questão, da seguinte forma:

"Estas, em suma, as duas grandes linhas a que há de obedecer toda a teoria civilística seja qual for o sistema de exposição em que se enquadre: uma teoria, antes de tudo, da pessoa – melhor dizendo, da pessoa do homem –, como primeiro motor da regulamentação *jure civili*; uma teoria de intervenção nos interesses, concebendo o Direito como um 'serviço da vida', decerto diferenciado de outros processos de actuação (da ética, da estética, da técnica, da política), mas não recluso em si mesmo como um saber especulativo".

Renata Mandelbaum[377] igualmente aborda o assunto dizendo que:

"(...) o contrato também sofre influências outras, que fogem à conjuntura econômica, ele está inserido no contexto social. Hoje, ele é tido como instrumento de convivência conforme expressa Stiglitz ao expor que os contratos, frente a essa nova situação que impera, devem ser vistos com uma certa dose de sensibilidade, humanidade, e não somente reduzidos a uma operação econômica, devendo ser entendidos em sua função de satisfazer e tutelar necessidades e interesses humanos".

É possível perceber, então, o distanciamento existente entre esta nova idéia de contrato atrelado ao "sujeito de direito", encarado como pessoa, e a visão clás-

---

[375] Ob. cit., p. 94.

[376] Idem, p. 96.

[377] *Contratos de Adesão e Contratos de Consumo*. Revista dos Tribunais, 1996, p. 66 e 67.

sica, na qual o contrato seria formal, paritário e não surtiria reflexos além da sua esfera normalmente bipolar.

Roberto Senise Lisboa[378] aponta o grande avanço do conceito de sujeito de direito, assim escrevendo:

"Uma vez aceita a dicotomia interesse público e interesse privado, percebeu-se a sua insatisfatoriedade, motivo pelo qual foram encontradas categorias intermediárias: os interesses difuso e o interesse coletivo (nele abrangios os chamados interesses individuais homogêneos).

Tratam-se os interesses difusos e coletivos de interesses meta ou transindividuais, por atingirem grupos de sujeitos do direito vinculados por uma ou várias relações de fato em comum.

A dificuldade inicial em se aceitar tais interesses prendia-se à noção de que o sujeito titular de um bem deveria ser necessariamente determinado, sendo incabível, na concepção de outrora, o reconhecimento de direitos de sujeito totalmente indeterminado, o que atualmente é compreensível, em face do direito subjetivo difuso.

É certo que todo poder pressupõe um titular, mas não é necessário que este seja determinado. Tal colocação permite a mantença da estrutura da relação jurídica titular-bem e denota sensível evolução no trato da matéria".

Citando Carlos Alberto da Mota, Roberto Senise completa seu raciocínio: "(...) faz referência ao aspecto estrutural do direito subjetivo, cujo exercício se faz pela manifestação da vontade do titular – e eu completo: ou de quem o legitime". Com este complemento ressaltamos o atual reconhecimento dos "direitos subjetivos coletivos ou sociais", passíveis de proteção por intermédio dos entes coletivos.

Roberto Senise ainda aponta, em nota de rodapé,[379] a seguinte conclusão:

"Parece razoável a distinção entre direito subjetivo social – cujo fim é a satisfação das necessidades dos membros da sociedade – e direito subjetivo público – concernente à conservação do Estado e da ordem pública, motivo pelo qual ouso divergir de quem insere os direitos sociais na categoria de direitos públicos (Ana Prata, *A tutela constitucional da autonomia privada*, Coimbra, Almedina, 1982, p. 109-136)".

Assim, podemos dizer que houve substanciais evoluções no campo jurídico e também sociológico, pois, na atualidade, é patente que a violência, o jugo e a imposição, advindos da "potência" maior dos mais fortes, não ocorre somente por intermédio da coação física, mas principalmente psíquica, na qual são utilizadas estruturas aparentemente legais para, paradoxalmente, configurar ilegalidades, na forma apontada nos comentários feitos sobre a vulnerabilidade biológica ou psíquica.

---

[378] *Contratos Difusos e Coletivos*. São Paulo: Revista dos Tribunais, 1997, p. 51. 52 e 67.

[379] Ob. cit., p. 67.

Uma dessas evoluções é o reconhecimento de que, eventualmente, o aderente é obrigado a firmar contratos-tipo de natureza massificada. Ou seja, sequer estamos tratando do momento posterior em que, obviamente, ele não terá liberdade contratual de influenciar no conteúdo do pacto, mas na fase prévia, do início da contratação formal propriamente dita.

Este reconhecimento levou ao surgimento da idéia de estado de necessidade social, pela qual o contratante menos potente é obrigado a contratar, sob pena se ter inviabilizada a sua própria sobrevivência como ser biológico. Ou seria crível que a pessoa a procura de um teto e com dificuldades para encontrar o bem, quando o encontra, tendo ele a mínima dignidade e com preço possível de ser pago, colocaria algum obstáculo à contratação por causa da existência de cláusulas abusivas? A resposta é negativa, com tranqüilidade. Ou no caso da pequena empresa sem capital de giro que toma empréstimo para sobreviver, também não seria viável encontrar a mesma ocorrência?

Não se deseja com os exemplos assumir posição no sentido de que isto sempre ocorra e sequer defender maus-pagadores ou consumidores inidôneos, apenas ressaltamos a existência, nos tempos atuais, destes novos e evidentes fatos, os quais não podem ser desprezados.

Para concluir este tema, apresentamos as cinco características apontadas por Thomas Wilhelmsson[380] para demonstrar as mudanças ocorridas no direito contratual.

Direito Contratual Tradicional	Tendências Modernas
Neutralidade de conteúdo	Enfoque conteudístico
Abordagem estática	Abordagem dinâmica
Antagonismo	Cooperação
Atomismo	Coletivismo
Abordagem abstrata	Abordagem voltada para a pessoa

Pela primeira característica, o que valeria é o acontecido no momento em que foi feito o contrato, independentemente do conteúdo posteriormente constatado como inadequado para os envolvidos.

Pelo segundo aspecto, o contrato tradicional apenas considerava as ocorrências anteriores ao "pacto", sendo irrelevantes as mudanças posteriores, o que, no modelo atual é, obviamente, diferente.

Pela terceira característica, o contrato moderno pretende estimular a cooperação, pois é a partir do sucesso em ambos os sentidos da relação negocial que novos acertos poderão surgir, aumentando a circulação das riquezas e enaltecendo a confiança. Aliás, a falta de confiança é um dos grandes obstáculos para a melhoria das condições de vida da sociedade, haja vista que este fenômeno induz à

---

[380] "Regulação de Cláusulas Contratuais". In: *Revista Direito do Consumidor*. São Paulo: RT, vol. 18, p. 09.

adoção de formalidades até mesmo nos mais singelos contratos, dificultando as transferências de patrimônio e a satisfação das múltiplas necessidades sociais de aquisição (atendimentos das necessidades pessoais) e de fornecimento (necessidades de obtenção de investimentos para arcar com os custos de produção e para satisfazer o lucro).

Relativamente às duas últimas características, já foram fartamente abordadas nas citações anteriores, sendo importante os ensinamentos do Professor Thomas Wilhelmsson – Professor de Direito Civil e Comercial na Universidade de Helsinki, Finlândia – para confirmar esta realidade do Direito do final do segundo e início do terceiro milênio, que é a repersonalização do direito civil e, especialmente, do contrato.

Como conclusão a este item relativo ao contrato, seria conveniente ressaltar que em todas as apreciações realizadas sempre estiveram presentes os três pilares da formulação filosófica, quais sejam a ideologia, a liberdade e o poder.

Apresentando-se como singulares evidentes na apreciação das questões que envolvem o contrato, precisam ser considerados sempre, a fim de que possam ser adequadamente resolvidos os conflitos inter-sociais.

Na forma do que salientou Orlando de Carvalho, o Direito não é, simplesmente, um aglomerado de conceitos estáticos que somente aos eruditos é dado desvendar, mas sim um mecanismo de organização social. Portanto, de cunho nitidamente funcional.

Neste sentido, igualmente pretendendo demonstrar aspectos úteis para o estudo do contrato, ousamos enfrentar o tema, partindo dos três singulares básicos, atravessando a evolução da doutrina e de alguns aspectos da prática contratual, abordando suas transformações, suas restrições, para desaguar na colocação da realidade atual, que é a repersonalização do direito privado, única maneira de enfrentar com proficuidade a imensa gama de problemas decorrentes das relações interpessoais massificadas.

11.1.7. As regras de conduta e de organização aplicáveis aos contratos

Desde o princípio deste trabalho, procuramos apresentar como fundamental a noção de regras, princípios e postulados, com vistas a demonstrar, na prática, de que forma os preceitos podem ser melhor conjugados, a fim de que possa ser encontrada a melhor solução para o caso concreto, sem descurar da imprescindível operação hermenêutica fundada na interpretação sistemática do Direito.

Agora analisaremos as regras de conduta e de organização que integram os preceitos do Código de Defesa do Consumidor, apresentando uma conformação mais específica de tudo quanto foi até aqui escrito.

De início, importante frisar que a Lei Protetiva, o que é óbvio, não impõe a necessidade de que se tenha configurado um contrato para que possa ser reconhecida a existência de relação de consumo.

Código de Defesa do Consumidor
O PRINCÍPIO DA VULNERABILIDADE

Com efeito, já no artigo 2º do CDC, no qual está o conceito de consumidor, chamado pela doutrina de *stricto sensu*, pode ser visto por intermédio da aposição da palavra aquisição, que a relação contratual é importante para a definição *standard* de consumidor. Maria Antonieta Zanardo Donato[381] inclusive se posiciona dizendo que "(...) no art. 2º do CDC, a responsabilidade do fabricante será sempre contratual (...)", o que, entretanto, não é unânime na doutrina consumerista e inclusive com isto não concordamos, haja vista que o dispositivo também informa que será consumidor aquele que "utiliza" produtos ou serviços,[382] segundo ensina José Reinaldo de Lima Lopes.

Sem pretender ingressar em tais controvérsias, fica evidente que o contrato é um singular que perpassa toda a lei consumerista, sendo nosso objetivo evidenciar aqueles preceitos que o relacionam com o princípio da vulnerabilidade, enfocada a perspectiva tridimensional que apontamos nos itens precedentes.

11.1.7.1. O artigo 6º do CDC (dos direitos básicos do consumidor)

Em assim sendo, iniciamos pela importante norma do artigo 6º da Lei Protetiva, a qual contém vários dispositivos atinentes ao contrato.

O primeiro deles está no inciso II, no qual é previsto o direito básico do consumidor a ter "(...) igualdade nas contratações". A norma de conduta (de ordem pública e de interesse social como todas as de CDC, conforme já escrito) impõe um comando que tem como origem o princípio da igualdade que, no caso, será concretizado em conjugação com outros preceitos como o do inciso VI do mesmo artigo e muitos outros, a fim de que possa ser obtida uma igualdade substancial, real, efetiva e não meramente formal, segundo preconizava a doutrina dos séculos XVIII e XIX.

Assim, é incontestável o direito básico de o consumidor ter uma posição contratual igual à do pólo naturalmente mais forte, seja por espontaneidade dos "pactuantes" (quando estaria sendo efetivo o princípio da harmonia das relações de consumo) ou por intervenção da lei, oportunidade em que serão necessárias medidas restritivas ao fornecedor.

No inciso IV do art. 6º existe outra norma específica, que expressa a necessidade de o consumidor ser protegido contra cláusulas abusivas impostas no fornecimento de produtos ou serviços, preceito este que salienta justamente o princípio da vulnerabilidade, quando reconhece que o débil da relação de consumo pode sofrer ofensa por uma imposição do fornecedor, precisando esta, portanto, de controle.

Outro direito importante do consumidor está no inciso V do art. 6º, norma de conduta que possui uma abrangência muito grande, pois determina que deverão

---

[381] *Proteção ao Consumidor, Conceito e Extensão*. São Paulo: RT, 1994, p. 140.

[382] *Responsabilidade Civil do Fabricante e a Defesa do Consumidor*. São Paulo: RT, 1992, p. 81.

ser modificadas as cláusulas contratuais que estabeleçam prestações desproporcionais ou sua revisão em razão de fatos supervenientes que as tornem excessivamente onerosas.

Explicamos a extensão da norma, mais uma vez, não somente a partir do princípio da vulnerabilidade, mas, principalmente, porque não há como aplicar o Código de Defesa do Consumidor sem que nos valhamos *sempre* de uma operação hermenêutica sistemática, à luz da Constituição Federal.

Salientamos que o objetivo da modificação ou revisão das cláusulas é o estabelecimento do equilíbrio contratual, a fim de oportunizar que o "pacto" cumpra a sua função social de fazer circular a riqueza, mas sem que se configure um prejuízo individualizado no consumidor vulnerável e, conseqüentemente, sem que, igualmente, se individualize um lucro indevido no fornecedor.

Na forma já dita, a Lei Consumerista busca oportunizar ao bom fornecedor receber o aporte financeiro justo do seu investidor (o consumidor), mas, paralelamente, intenta vedar os abusos praticados no mercado de consumo (um dos princípios salientados antes), como forma de impedir que o mau fornecedor retire injustamente toda a capacidade de investimento do vulnerável, a qual poderá ser canalizada para outro bom fornecedor, caso seja preservada pela intervenção legal.

O dispositivo contém uma grande extensão porque se aplica não somente para casos concretos envolvendo interesses individuais, mas, principalmente, coletivos, oportunizando a alteração de cláusulas de contratos já concretizados, portanto que tenham ingressado no mercado, bem como daqueles que se encontrem na iminência de nele ingressar.

A realidade do mercado moderno evidencia que as relações de massa predominam, devendo ser realizada uma proteção legal que tenha a mesma natureza, ou seja, por intermédio de apreciações jurisdicionais de massa (ações coletivas de consumo), sob pena de a legislação e o Poder Judiciário se tornarem inúteis, por obsoletos.

No Brasil, diversamente do que aconteceu na experiência anglo-saxônica, as associações civil não proliferaram por uma série de fatores, alguns deles sociológicos e outros filosóficos, tendo sido obrigado o Ministério Público a assumir a defesa coletiva dos interesses transindividuais, principalmente na área contratual.

Neste mister, o *Parquet* realiza, há muito anos, o controle prévio e abstrato das cláusulas contratuais abusivas com base no conceito coletivo e abstrado de consumidor, incluso no artigo 29 do CDC,[383] oportunizando aos fornecedores retirá-las em sede de inquérito civil público (controle administrativo executado por intermédio dos compromissos de ajustamento – Lei nº 7.347/85, art. 5º, § 6º) ou, se não há a concordância, intentando ação coletiva de consumo para a proteção

---

[383] Art. 29: "Para os fins deste Capítulo e do seguinte, equiparam-se aos consumidores todas as pessoas determináveis ou não, expostas às práticas nele previstas".

Código de Defesa do Consumidor
O PRINCÍPIO DA VULNERABILIDADE

de interesses difusos, com pedido declaratório e condenatório (controle judicial), quando é determinada a alteração dos conteúdos contratuais.

A execução desta atividade é um marco no direito brasileiro, pois diminui os problemas gerados por causa da vulnerabilidade técnica sofrida pelo consumidor, considerado que ele, de um modo geral, não possui conhecimentos específicos sobre as cláusulas, por exemplo, dos seguros, bancárias, de planos de saúde, de internet, de *time sharing* etc., sendo auxiliado pelo órgão estatal que, identificando a presença de disposições ilegais e abusivas no contrato-tipo em branco, procura modificá-las ou excluí-las, nos termos do que determina a lei.

A vulnerabilidade jurídica igualmente é diminuída, haja vista que o consumidor, mesmo antes de qualquer apreciação judicial (por isso a importância de distinguir hipossuficiência de vulnerabilidade – a hipossuficiência é um critério para definir a capacidade geral do litigante de atuar no processo, constando do art. 6º, VIII, do CDC com tal objetivo), poderá se valer do Ministério Público para auxiliá-lo na redução das abusividades dos contratos ou para ser esclarecido quanto a algum aspecto técnico-jurídico.

Não somente por isso, a simples presença do controle estatal efetivo no mercado de consumo, por intermédio do *Parquet*, é suficiente para promover a concretização do princípio da harmonia das relações de consumo, um dos pilares do sistema, na medida em que alguns fornecedores, ao invés de continuar atuando irregularmente no mercado e serem investigados em um inquérito ou demandados por intermédio de ação coletiva, preferirão ajustar as diferenças diretamente com o seu consumidor, o que, de fato, tem acontecido em muitos ramos da atividade econômica, conforme presenciamos na vivência profissional.

No Estado do Rio Grande do Sul, isto aconteceu em larga escala com a formalização de compromissos de ajustamento com bancos, incorporadoras imobiliárias, planos de saúde e empresas de *time sharing*, neste último caso tendo sido substancialmente regulado o mercado de consumo, com a diminuição de contendas judiciais e através da promoção de vários acordos formalizados nos juizados especiais cíveis.

Em nível judicial, muita oposição é feita a esta atuação, pois ela fere frontalmente os interesses dos fornecedores que desejam impor cláusulas injustas aos consumidores, tendo sido amplamente debatida a legitimidade do Ministério Público. A razão é óbvia e foi expressamente declarada em palestra proferida pelo Doutor Paulo Salvador Frontini, na época diretor de um grande banco de São Paulo, manifestação esta que foi degravada judicialmente. Nesta conferência foi esclarecido que as cláusulas abusivas são impostas a milhões de clientes. Como somente uns 200 ou 300 reclamam, vale a pena, sob o enfoque do binômio custo x lucro, mantê-las nos contratos. Por isso, são fundamentais os preceitos que oportunizam a defesa coletiva, haja vista que, valendo-se de apenas uma ação coletiva, pode ser impedido o apontado exercício irregular de poder praticado abusivamente pelos fornecedores.

É importante frisar, nesse sentido, que o artigo 5º, inciso XXXV, da Constituição Federal e os artigos 5º, 29 e 51, do CDC, outorgam o exercício da função de declarar nulas cláusulas abusivas ao Poder Judiciário, não havendo como ser afastada tal possibilidade, inclusive e, principalmente, em nível coletivo.

Alguns argumentaram que os vetos presidenciais aos §§ 3º do artigo 51 e 5º do artigo 54 do CDC teriam aparentemente retirado do Ministério Público o controle administrativo abstrato e preventivo das cláusulas contratuais gerais. Entretanto, ainda assim este órgão possui legitimidade e interesse para, através de inquérito civil, exercer o controle de cláusulas contratuais abusivas, consoante disposição constitucional do artigo 129, inciso III, e artigo 8º, § 1º, da Lei 7.347/85, este último aplicável ao CDC, pela expressa menção de seu artigo 90.

Nelson Nery Jr.[384] preleciona sobre o controle administrativo das cláusulas contratuais gerais pelo Ministério Público, dizendo que:

"(...) a despeito do veto presidencial ao § 3º do artigo 51, o controle administrativo das cláusulas contratuais gerais pelo Ministério Público não está inviabilizado. Pelo contrário, pode e deve ser feito por intermédio do *inquérito civil*, poderoso instrumento conferido ao Ministério Público como expediente preparatório da ação civil pública, ferramenta essa que se constitui em prerrogativa institucional do *parquet,* conforme expressamente determina o artigo 129, nº III, da Constituição Federal. O procedimento do inquérito civil vem regulado pelo artigo 8º, § 1º, da Lei da ação civil pública (Lei nº 7.347/85 – LACP) e é aplicável ao sistema do CDC por menção expressa do artigo 90 do Código".

Aprofundando o tema, afirma o Mestre que:

"(...) no inquérito civil o Ministério Público pode arregimentar documentos, informações, ouvir testemunhas e os interessados, realizar perícias e exames, tudo isso para formar sua opinião sobre a existência ou não de cláusula abusiva em determinado contrato de consumo ou nas cláusulas contratuais gerais. É nessa oportunidade que os interessados podem chegar à composição extrajudicial, sempre no interesse social de preservar-se a *ordem pública de proteção do consumidor"*.

Fazendo análise específica sobre a grande alteração produzida pelo veto presidencial e, tendo em vista a magistral lição de Nelson Nery Júnior sobre o assunto, imprescindível que, nesta parte do presente trabalho, seja feita a transcrição integral infra:

"O único ponto do veto presidencial que produziu algum efeito é o relativo ao caráter da decisão do Ministério Público no inquérito civil, quanto às cláusulas gerais objeto de controle. O dispositivo vetado previa que a decisão administrativa do Ministério Público sobre as cláusulas submetidas a

---

[384] *CDC Comentado.* 3ª edição. Rio de Janeiro: Forense Universitária, p. 368 e 369.

Código de Defesa do Consumidor
O PRINCÍPIO DA VULNERABILIDADE

exame tivesse caráter geral, atingindo o universo contratual do fornecedor em toda a sua extensão.

Dois foram os fundamentos do veto: a) somente poderiam ser atribuídas funções ao Ministério Público por lei orgânica federal (artigo 128, § 5º, CF); b) o controle dos atos jurídicos somente poderia ser feito pelo Poder Judiciário (artigo 5º, nº XXXV, CF).

As razões do veto são injurídicas duplamente. Primeiro porque qualquer lei ordinária pode atribuir funções ao Ministério Público (artigo 129, nº IX, CF), ficando à lei orgânica apenas os aspectos organizacionais administrativos da instituição. Do contrário, ter-se-ia de entender que os dispositivos legais do Código Penal, do Código de Processo Penal, do Código Civil, do Código de Processo Civil e de outras leis extravagantes, que conferem legitimidade processual e atribuições extrajudiciais ao Ministério Público, não teriam sido recepcionados pela nova ordem constitucional. Segundo porque a decisão do Ministério Público seria administrativa, não ferindo os princípios constitucionais do direito de ação e da inderrogabilidade da jurisdição, pois o prejudicado poderia recorrer ao Judiciário para pleitear tutela sobre ameaça ou lesão de direito que afirma possuir. Além disso, o controle dos atos jurídicos pode ser feito administrativa ou judicialmente, podendo qualquer órgão exercê-lo, se assim dispuser *a lei (artigo 5º, nº II, CF)*".

Continuando, ao analisar o § 5º do artigo 54, afirma o Mestre paulista[385] que:

"(...) do ponto de vista de eficácia, o veto não influi no sistema de controle dos contratos de adesão, que continua permitido. Apenas ficou sem efeito a obrigatoriedade de os fornecedores estipulantes remeterem ao Ministério Público cópia do formulário-padrão utilizado por eles para os contratos de adesão".

A interpretação sistemática das regras de conduta e de organização do CDC, em confronto com as normas do artigo 6º e os princípios do artigo 4º, portanto, não deixam dúvidas quanto à melhor solução para a redução das vulnerabilidades que atacam os débeis da relação de consumo na área do contrato, motivo pelo qual o Poder Judiciário vem julgando procedentes as ações coletivas que buscam o controle prévio e abstrato dos formulários de adesão, no Estado do Rio Grande do Sul.

O Superior Tribunal de Justiça decidiu a matéria nos seguintes termos:

"O Ministério Público é parte legítima para ajuizar ação coletiva de proteção ao consumidor, em cumulação de demandas, visando: a) à nulidade de cláusula contratual inquinada de nula (juros mensais); b) à indenização pelos consumidores que já firmaram os contratos em que constava tal cláusula; c) à obrigação de não mais inserir nos contratos futuros a referida cláusula.

---

[385] Ob. cit., *CDC Comentado*. Forense Universitária, p. 387.

(...) Como já assinalado anteriormente (Resp 34.155-MG), na sociedade contemporânea, marcadamente de massa, e sob os influxos de uma nova atmosfera cultural, o processo civil, vinculado estreitamente aos princípios constitucionais e dando-lhes efetividade, encontra no Ministério Público uma instituição de extraordinário valor na defesa da cidadania". (Rec. Esp. nº 105.215(96/0053455/1) DF, Rel. Ministro Sálvio de Figueiredo Teixeira, 24.06.1997.

RECURSO ESPECIAL Nº 614.981 – MG (2003⁄0223615-8)

"PROCESSO CIVIL – AÇÃO CIVIL PÚBLICA – LOCAÇÃO – CLÁUSU-LAS ABUSIVAS- ADMINISTRADORAS DE IMÓVEIS- LEGITIMIDADE PASSIVA AD CAUSAM – INTERESSES INDIVIDUAIS HOMOGÊNEOS

As administradoras de imóveis são legitimadas para figurarem no pólo passivo em ações civis coletivas propostas pelo Ministério Público com objetivo de declarar nulidade e modificação de cláusulas abusivas, contidas em contratos de locação elaboradas por aquelas. (Precedentes).

Recurso Especial provido. Brasília (DF), 9 de agosto de 2005 (data do julgamento). Relator Ministro Felix Fischer

AgRg no RECURSO ESPECIAL Nº 644.821 – PR (2004⁄0029116-5)

Agravo regimental. Recurso especial. SFH. Ação civil pública. Legitimidade do Ministério Público.

1. O Ministério Público possui legitimidade para propor ação civil pública com o objetivo de defender interesses de mutuários do Sistema Financeiro da Habitação, em virtude da existência de cláusulas contratuais abusivas quanto ao reajustamento das prestações, pois, na realidade, a defesa é de um interesse social relevante.

2. Agravo regimental desprovido. Brasília (DF), 19 de abril de 2005 (data do julgamento). Relator Ministro Carlos Alberto Menezes Direito."

O Supremo Tribunal Federal, por fim, já julgou a matéria, assim decidindo em processo que tratava da questão das mensalidades escolares:

"Aqui dá-se ao Parquet por legitimado na esteira do mandamento ínsito no inciso III do artigo 129 suso mencionado, *verbis*: artigo 129 – são funções institucionais do Ministério Público: (...) III- promover o inquérito civil e a ação civil pública, para a proteção do patrimônio público e social, do meio ambiente e de outros interesses difusos e coletivos.

(...) Quanto aos interesses em jogo, são efetivamente difusos, na medida em que não se restringem a esfera de interesses de número finito de indivíduos, senão a toda a coletividade, alcançada pelo resultado que vier a ser ditado, não se sabendo bem quais segmentos dessa coletividade.

(...) Dito de outra maneira, o que aqui ficar decidido atinge os atuais alunos, seus irmãos não escolarizados, os nascituros, os filhos dos atuais alunos, irmãos, seus netos, bisnetos e todos os vindouros, até a enésima geração ou o fim dos tempos (...)" (Rec. Extraordinário nº 163231-3 São Paulo, em sessão plenária, por unanimidade de votos, em dar provimento ao apelo, Rel. Maurício Correa, Brasília 26.02.1997).

Como resultado, a correta interpretação do sistema legislativo brasileiro se orienta, sem dúvida, para a efetiva tutela dos vulneráveis, nos termos do que determinam, também, os incisos VI, VII e VIII do artigo 6º, haja vista que esta é a única maneira de promover a concretização dos princípios da ordem econômica insculpidos no artigo 170 da Constituição Federal.[386]

Muito importante é o problema da integração dos contratos. Discorremos sobre ele, juntamente com o eminente Procurador de Justiça Cláudio Bonatto.[387] Naquele estudo, salientamos a importância do tema, pois é útil para qualquer tipo de situação contratual em que as disposições existentes devam ser excluídas, substituídas ou acrescidas de outras palavras ou expressões por intervenção judicial tendente a eliminar a abusividade das cláusulas estabelecidas.

Neste sentido foi nossa manifestação, *verbis*:

"Em decorrência da forte herança no sentido de que o contrato é lei entre as partes, não podendo o juiz intervir na sua regulação, alguns Magistrados concordam em declarar nulas determinadas disposições da forma como estão escritas, eliminando, assim, todos os termos estabelecidos em cláusula específica, quando, muitas vezes, com o acréscimo de uma palavra poderiam resolver completamente o problema.

Tais ocorrências, entretanto, poderiam ser melhor contornadas pela utilização de dispositivos expressos do CDC, autorizadores da técnica de integração do contrato pelo juiz.

O primeiro deles é o artigo 6º, inciso IV, do CDC, no qual está escrito que é direito básico do consumidor 'a modificação das cláusulas contratuais que estabeleçam prestações desproporcionais ou sua revisão em razão de fatos supervenientes'.

A palavra modificação significa 'transformar, mudar, alterar', situações estas que representam ações no sentido de manter o objeto analisando, mas com algumas diferenças em relação ao que era originalmente.

Ou seja, quando é declarada nula uma cláusula ela não é transformada, mudada ou alterada, mas excluída, deixando de pertencer ao universo jurídico, motivo pelo qual é imperiosa a atuação judicial no ato de integração con-

---

[386] Especificamente sobre os princípios da ordem econômica ver Lafayete Josué Petter. *Princípios Constitucionais da Ordem Econômica, O significado e o alcance do art. 170 da Constituição Federal.* São Paulo: Editora Revista dos Tribunais, 2005.

[387] *Questões Controvertidas no Código de Defesa do Consumidor.* Porto Alegre: Livraria do Advogado, 1998, p. 193 até 197.

tratual, a fim de evitar que disposições aproveitáveis sejam completamente aniquiladas.

No artigo 4º, inciso VI do CDC também encontramos o princípio da 'repressão eficiente de todos os abusos praticados no mercado de consumo (...)', estando no adjetivo 'eficiente' a ordem legal ao aplicador dos dispositivos, segundo a qual é imprescindível que eventual repressão abusiva ocorra da maneira mais proveitosa possível, devendo ser evitadas atuações judiciais que imponham um trauma maior na relação contratual, quando uma simples alteração de palavra poderia preservar o contrato como um todo.

Em conjugação com o artigo 4º ainda poderiam ser citados o inciso II, deste mesmo artigo e o artigo 6º, incisos VI, VII , VIII e X, do CDC.

Regra fundamental também é a do artigo 47 da Lei Protetiva, a qual indica que 'as cláusulas contratuais serão interpretadas de maneira *mais favorável ao consumidor'*.(grifo nosso)

Com efeito, diante de uma cláusula abusiva, poderá o Magistrado optar por declará-la integralmente nula ou procurar ajustá-la. Na primeira hipótese, sua atuação poderá não ser condizente com o comando acima declinado, porquanto a simples eliminação da disposição contratual não indica que tenha sido adotada a melhor solução para proteger o consumidor, indicando, isto sim, que não haverá qualquer interpretação judicial para o caso específico, pois não é possível interpretar o que foi excluído. Neste caso, então, aflora com toda a sua força a regra da integração do contrato, pela qual, o intérprete realiza sua tarefa com eficiência e, valendo-se dos termos já escritos, procura ajustá-los, acrescentando e excluindo palavras, períodos, mas sempre preservando ao máximo o estabelecido originariamente pelos contratantes e fazendo com que sejam dirimidas as desarmonias entre eles.

Portanto, interpretar *lato sensu* um contrato de consumo significa buscar a alternativa mais útil e harmoniosa para os contratantes e, principalmente, para o consumidor, que é o sujeito vulnerável da relação de consumo.

Veja-se, por exemplo, a previsão contratual que estipule vários índices de correção monetária, todos eles ilegais. Optando o Juiz pela simples declaração de nulidade da cláusula, pouco efeito terá tal decisão para a defesa do consumidor, haja vista que nada terá sido acrescentado em substituição, resultando que o contrato ficará com uma perigosíssima lacuna. De fato, não existirá preceito escrito sobre correção monetária, ficando o consumidor submisso à eventual vontade do fornecedor.

A caricatura acima declinada bem demonstra a necessidade da integração judicial, a qual está claramente prevista no artigo 51, § 2º, do CDC, quando é dito que 'a nulidade de uma cláusula contratual abusiva não invalida o contrato, exceto quando de sua ausência, *apesar dos esforços de integração*, decorrer ônus excessivo a qualquer das partes.' (grifo nosso)

De mais a mais a própria interpretação literal da palavra 'integrar', segundo Aurélio Buarque de Hollanda Ferreira,[388] indica ação tendente a 'tornar inteiro', 'completar', 'incorporar-se', motivo pelo qual não pode haver dúvidas quanto à possibilidade de que sejam acrescidas palavras, termos e até mesmo períodos, objetivando a correta e ampla melhor interpretação do contrato para o consumidor, obviamente sem impor ônus excessivo ao fornecedor. Isto é típica função jurisdicional, pela qual o Estado, substituindo-se aos particulares, conduz a relação contratual à uma posição de ordem e equilíbrio.

Em se tratando de contratos de massa, a liberdade contratual cede lugar ao dirigismo contratual do Estado, tendente a igualar os desiguais. Nesta função o Juiz deve declarar que constará esta ou aquela palavra, mas sempre com fulcro de correção ao *conteúdo,* eliminando as ilegalidades.

Sobre o assunto assim se manifesta Thomas Wilhelmsson,[389] dizendo que '(...) deu-se o status de princípio geral ao enfoque conteudístico do direito contratual: a validade de todos os contratos é, sob certa medida, dependente de seus conteúdos'.

Também abordando o tema, neste sentido é a lição de Adalberto Pasqualotto:[390] 'Via de regra, a parte economicamente mais forte impõe à outra as condições da contratação, deixando-lhe apenas a alternativa entre 'pegar ou largar' (*take it or leave it*). Esse regime vigorou na economia liberal, competindo ao Estado apenas o papel de garantidor do livre desenvolvimento da iniciativa dos particulares, assistindo-lhes a atuação sem interferir. Contudo, a flagrante desigualdade das partes, estampada, v.g., nos contratos de adesão, levou o Estado a abandonar o seu papel passivo, passando a praticar um intervencionismo crescente, na busca de restaurar o equilíbrio perdido. A imposição da vontade do mais forte, de um lado e, do outro, a intervenção estatal, levou Josserand a cunhar a expressão *'dirigismo contratual'*, e Lacordaire a manifestar que, entre o forte e o fraco, é a liberdade que escraviza e a lei que liberta.'

Na forma salientada, em contratos de adesão, nos quais se impõe o reconhecimento da flagrante vulnerabilidade do consumidor, muitas disposições não carecem de exclusão, mas de ajuste quanto ao seu conteúdo, atividade esta que, obviamente pode ser exercida pelo Poder Judiciário, eis que sempre é obrigatória a prestação jurisdicional, desde que dela resulte a correção de ilegalidades e de nulidades, nos termos do que determina a Constituição Federal, no seu artigo 5º, inciso XXXV".

Fundamental discorrer sobre o tema atinente à integração, pois tem gerado muita controvérsia na esfera judicial, quando Magistrados entendem que não podem modificar cláusulas para o efeito de acrescentar ou alterar disposições,

---

[388] Ob. cit., p. 955.

[389] "Regulação de Cláusulas Contratuais". In: *Revista Direito do Consumidor*, volume 18, RT, p. 19.

[390] Ob. cit., "Defesa do Consumidor". In: *Revista Direito do Consumidor*, volume 6, Editora RT, p. 35.

eliminando, assim, abusividades. Sem dúvida, a jurisprudência no sentido, ainda exitante, necessariamente terá de se compatibilizar aos comandos legais que, integrados, sistematizados, conduzem ao resultado proposto.

11.1.7.2. Formas de tornar o consumidor vulnerável

O contrato é uma estrutura jurídica que permite as mais variadas estratégias para que a parte mais forte possa fazer prevalecer sua vontade em relação ao outro pólo do vínculo negocial.

Falamos principalmente dos contratos de massa, e não dos contratos paritários, haja vista que o maior número de relacionamentos na sociedade moderna acontece por intermédio dos contratos de adesão.

Com efeito, existem várias técnicas, muitas delas completamente imperceptíveis, capazes de ofender os consumidores na sua incolumidade física, psíquica ou econômica. Algumas delas são as seguintes:

a) **o tecnicismo** – é comum na área de incorporação imobiliária, bancária, securitária e em muitas outras a existência de inúmeras disposições escritas em linguagem técnica, por óbvio não podendo ser imaginado que os fornecedores desejaram assim o fazer porque confiavam nos conhecimentos específicos dos consumidores em geral. Em realidade, o tecnicismo é uma forma de encobrir situações futuras que, previstas de uma maneira mascarada com o manto da "precisão científica", pretendem impedir o vulnerável de avaliar com segurança as possibilidades de cumprir o contrato.

Um exemplo disso é a menção, em alguns contratos, à tabela *price* ou a algumas siglas que corresponderiam a índices válidos na área bancária, escritos estes que não contêm qualquer explicação quanto ao seu real significado, em flagrante ofensa ao princípio da transparência, da boa-fé e outros que informam a lei consumerista.

Em assim o fazendo, os fornecedores concretizam a comentada vulnerabilidade técnica, somente capaz de ser neutralizada caso cada consumidor tivesse possibilidade de consultar e pagar um profissional da área antes da contratação, o que, sem dúvida, não é compatível com a realidade brasileira;

b) **a complexidade e a extensão contratual** – igualmente fácil de serem encontrados formulários repletos de remissões a cláusulas que estão em partes variadas do contrato, obrigando quem lê o documento a parar e deslocar sua atenção para o final das disposições. Ato contínuo, o vulnerável prossegue na complexa operação, volta ao início e assim sucessivamente, sendo esta uma forma de, efetivamente, dificultar o conhecimento dos preceitos, pela necessidade de execução de tarefa difícil, exaustiva e desestimulante.

Analisamos grande número de contratos, alguns deles com mais de setenta cláusulas, sem contar os parágrafos, o que evidencia que "pactos" desta natureza não possuem qualquer valor para vincular o pólo mais frágil.

Outra estratégia de que se valem alguns fornecedores é a criação de formulários com múltiplos contratos conjugados, algo que se poderia chamar, lembrando a conhecida denominação dos aparelhos de som que possuem simultaneamente rádio, toca-discos e toca-fitas (os três-em-um), de cinco-em-um ou seis-em-um.

Nestas últimas estruturas contratuais plurais, sob o argumento de que facilitam aos consumidores, porque não precisa assinar várias vezes, ou pelo fato de que muitas cláusulas, por vezes, se repetem, em realidade são feitas verdadeiras vendas casadas, nas quais o consumidor deve aderir em bloco a um grande número de cláusulas que, certamente, não serão lidas, exatamente porque é impossível ler e entender contratos formulados desta maneira. Certa vez, analisamos um contrato como este, e o tempo gasto foi de mais de cinco horas ininterruptas, o que foi feito propositalmente para evitar que eventual dispersão prejudicasse a lembrança de todas as remissões que eram feitas reciprocamente em relação aos seis "pactos" que estavam conjugados no contrato-tipo.

Assim, para que não sejam maculados os interesses dos consumidores, os formulários devem ser enxutos, objetivos, de fácil compreensão, sob pena de não poderem vincular a parte mais fraca.

Neste sentido, a regra de conduta inclusa no artigo 46 do CDC determina que tais contratos "(...) não obrigarão os consumidores se não lhes for dada a oportunidade de tomar conhecimento prévio de seu conteúdo, ou se os respectivos instrumentos forem redigidos de modo a dificultar a compreensão de seu sentido e alcance".

Sem dúvida, é norma que respeita ao princípio da vulnerabilidade, estando, portanto, em plena sintonia com o sistema;

c) **predisposição** – a própria natureza dos contratos de adesão oferecidos a consumidores já demonstra que o conteúdo das cláusulas foi escolhido unilateralmente, sem a participação do pólo mais frágil, o que, por si só, é suficiente para ressaltar que a tendência dos preceitos será a outorga de maiores benefícios a quem os criou.

Por isso, existe uma natural desigualdade nos contratos de adesão oferecidos a consumidores, considerada a sua origem, pelos mesmos motivos existindo a presunção legal da vulnerabilidade do consumidor;

d) **generalidade dos contratos** – os contratos de massa são redigidos em formulários, não admitindo, de um modo geral, a inclusão ou exclusão de cláusulas. Assim, ou o consumidor adere ao instrumento da forma como ele está sendo oferecido, ou não concretiza o negócio, ficando desatendida alguma necessidade que possua.

Para melhor compreender esta forma de vulneração, imaginemos a complexidade da vida e as mais variadas peculiaridades das necessidades de cada consumidor, situações estas que não serão abrangidas pelos contratos-tipo, ficando à margem de qualquer análise, exatamente porque não existe outra alternativa.

Fazendo um paralelo com a lei, Kelsen já apontava o problema da indeterminação da norma, que não tem possibilidade de abarcar todos os acontecimentos da vida. No caso das leis, entretanto, a possibilidade de alterações legislativas, complementações de textos legais etc., torna viável uma melhor adequação às novas realidades, o que não acontece nos contratos de massa, exceto nas ocasiões em que ocorre a intervenção judicial, nos termos abordados quando da análise do artigo 6º do CDC.

É de se salientar que existem ramos da atividade comercial em que as cláusulas oferecidas por empresas diferentes são quase as mesmas, nestas situações não servindo o tradicional argumento de que o consumidor não precisa aderir ao contrato, podendo procurar outra empresa.

De fato, se todas as empresas de um determinado setor da economia oferecem as mesmas disposições, de que adiantaria não aceitar a "única opção"?

Em suma, a generalidade atende às exigências operacionais dos fornecedores, mas é também fonte geradora de vulnerabilidade;

e) **consideração do estado de necessidade** – o estado de necessidade é uma posição em que a pessoa se encontra quando aconteceu todo aquele processo de tomada de decisão abordado nas apreciações da vulnerabilidade psíquica. Ou seja, por fatores múltiplos e variados houve, no intelecto, a adoção de uma determinada conduta tendente a satisfazer uma necessidade, predisposição esta que influirá positivamente para que a pessoa conclua as ações exigidas para que a necessidade possa ser satisfeita.

Tal estado de predisposição, entretanto, pode, muitas vezes, iludir o consumidor, impedindo que veja aquilo que deveria ver ou, até mesmo, facilitar a percepção de aspectos fantasiosos que contribuem para a finalização "impositiva" de determinado negócio. Para provar este último argumento, sem nenhum demérito à digna profissão, recordamos situação em que foi vendido o direito de uso de uma unidade de *time sharing* de valor substancial para um pedreiro desempregado, ocorrência esta que serve para explicar o tópico em questão.

O estado de necessidade também contribui para que a negociação tenha, por vezes, um componente emocional, que pode atrapalhar um ato que deveria ser essencialmente animado pela razão, considerado que vivemos em um mundo com escassez de recursos e abundância de necessitados e carentes. Assim, apelos publicitário bem-elaborados, circunstâncias sociais atinentes ao *status*, modismos etc., podem obrigar o consumidor a escolher produtos ou serviços inadequados, resultando na sua vulneração.

Sobre este nível de vulnerabilidade, escreve Arruda Alvim,[391] dizendo o que segue:

"(...) não é incomum que o vendedor não tenha pressa e, não incomumente o consumidor tem pressa, senão necessidade premente; ao lado do consu-

---

[391] "Cláusulas Abusivas e Seu Controle No Direito Brasileiro". In: *Revista Direito do Consumidor*, volume 20, São Paulo. RT, p. 34.

midor ter pressa, e, ainda, ser o consumidor continuadamente bombardeado pela propaganda, isso que implica uma verdadeira predisposição de sua parte para consumir, em decorrência de uma influência na sua psique, que ademais, resta sintonizada com essa predisposição psíquica coletiva, o que conduz a que, além da vontade individual, é esta alimentada pela comparação com os demais membros da sociedade e, particularmente, da classe sócio-econômica do consumidor. Ainda, deve-se acentuar que o consumidor vive na contingência de ter de ser consumidor, diante das necessidades contemporâneas que, só podem ser, numa escala quase que absoluta, satisfeitas pela compra de coisas industrializadas, inclusive, no patamar mais primário de suas necessidades, a própria alimentação, bem como pela necessidade de utilização de certos e determinados serviços".

Por vezes, o estado de necessidade é ditado pela ausência de opção, tendo ficado mais ostensivo na chamada pós-modernidade o fenômeno do superendividamento, o que não ocorre só no Brasil, sendo uma realidade vivenciada também pelos países mais desenvolvidos (EUA e países europeus). Este fenômeno caracteriza-se pelo fato de consumidores tomarem empréstimos como forma emergencial de atender a urgências econômico-financeiras, sendo que, após, não possuem condições de pagar, tendo em vista uma incorreta avaliação sobre as circunstâncias negociais (este estado de necessidade muitas vezes é induzido pela publicidade).

Nestas circunstâncias – estado de necessidade social-, o consumidor torna-se extremamente fragilizado, pois seu direito de escolha é completamente nulo, sendo obrigado a aderir a contratos com cláusulas leoninas. Também comum este tipo de situação nos contratos de massa oferecidos por seguros-saúde e planos de saúde, aos quais os consumidores devem aderir sem qualquer perquirição quanto às disposições predispostas inseridas nos formulários, haja vista que o sistema de saúde pública é falho e não atende a contento as demandas da sociedade;

f) **dimensão dos caracteres dos contratos**[392] – outra conhecida maneira de tornar o consumidor vulnerável é escrever as disposições do contrato com letras minúsculas, com espaçamento mínimo entre as palavras, método que é combatido pelo artigo 54, § 3º, do CDC, no qual está previsto deverem os contratos de adesão ser escritos com caracteres ostensivos e legíveis, de modo a facilitar sua compreensão.

Valendo-se da interpretação sistemática (procedimento comentado por Robert Alexy), dos três princípios basilares da lei consumerista (vide arts. 6º, inciso III, e 46 do CDC), fácil é a conclusão de que grande número dos formulários impostos no mercado de consumo deve ser alterado, o que já vem sendo feito em vários casos de contratos bancários e tantos outros, impugnados prévia e abstratamente na Justiça gaúcha;

g) **a da exclusão posterior de oferecimentos inicialmente prometidos nas primeiras cláusulas** – de fato existem inúmeros oferecimentos no início dos

---

[392] Sobre o tamanho das letras que devem ser usadas nos contratos ver a Lei nº 11.785, de 22 de setembro de 2008.

contratos que atraem o consumidor, sendo que as exclusões a eles aparecem no final e, muitas vezes, abrindo possibilidades ao fornecedor de tornar completamente inócuas as promessas atrativas realizadas para cooptar o cliente. Como exemplo, existem cláusulas que oferecem a cobertura completa das despesas médico-hospitalares, tais como medicamentos, hospedagem, materiais de cirurgia, de curativos etc., mas nas exclusões consta que se os materiais, curativos etc. forem importados, o seguro não cobrirá. Ora, existem situações em que as seguradoras possuem redes hospitalares próprias, possibilitando, desta forma, que somente sejam utilizados produtos importados, a fim de que o fornecedor do seguro não cubra as despesas integralmente. Esta é uma técnica já detectada, que merece atenção, pois na busca de seus direitos, o consumidor terá de demandar, e em muitos casos sequer o fará, convencido pelo argumento muito em voga de que o consumidor assinou o contrato livremente e, portanto, deve obedecer sem contestação às suas disposições.

Quanto a este assunto, comprovando a imensa vulnerabilidade política ou legislativa do consumidor, a Lei nº 9.656, de 3 de junho de 1998 (dispõe sobre os planos e seguros privados de assistência à saúde) previu no artigo 10, inciso V, a possibilidade de que seja feita a exclusão de cobertura de medicamentos importados não-nacionalizados, autorização legal esta que fere frontalmente o artigo 51, incisos X (nulas as cláusulas que "(...) permitam ao fornecedor, direta ou indiretamente, variação do preço de maneira unilateral") e XIII ("autorizem o fornecedor a modificar unilateralmente o conteúdo ou a qualidade do contrato, após sua celebração"), do CDC, além de toda a principiologia da Lei Protetiva. Havendo esta possibilidade, as empresas do ramo que executam diretamente os atendimentos médicos, muitas delas multinacionais, preferirão utilizar remédios e materiais importados, a fim de atribuir os custos aos consumidores, restando frustradas as expectativas dos vulneráveis de ressarcimento e cobertura;

h) **técnica da remissão feita a documentos arquivados em cartórios de registro de títulos e documentos** – esta prática ainda existe no mercado brasileiro, em que pese o grande combate que sofreu nos foros brasileiros.[393]

Paulo Heerdt[394] comenta sobre o tema, dizendo que

"(...) os tribunais, já há algum tempo, vêm rejeitando cláusulas em contratos de adesão quando, p. ex., o aderente, ao assinar o recibo de entrega de um cartão de crédito, declara que concorda com as condições preestabelecidas, constantes de cópia arquivada no registro de títulos e documentos".

---

[393] O STJ já julgou a matéria no REsp. nº 71.578/RS, Relator Ministro Carlos Alberto Menezes Direito, julgado em 05.11.96, assim ementado: "Cartão de crédito. Contrato de adesão. Segundo o disposto no § 3º do art. 54, do Cód. De Def. do Consumidor, 'Os contratos de adesão escritos serão redigidos em termos claros e com caracteres ostensivos e legíveis, de modo a facilitar sua compreensão pelo consumidor'. Caso em que o titular não teve prévia ciência de cláusulas estabelecidas pela administradora, não lhe podendo, portanto, ser exigido o seu cumprimento".

[394] Ob. cit. , "Os Contratos de Adesão no Código de Defesa do Consumidor". In: *Revista Direito do Consumidor*, volume 6, p. 93.

Inaceitável esta técnica contratual, porque fere o direito de ampla informação insculpido no artigo 6º do CDC, ferindo, conseqüentemente, o princípio da vulnerabilidade;

i) **técnica da utilização de conceitos vagos e indeterminados** – a adoção legislativa das chamadas cláusulas gerais (não confundir com cláusulas contratuais gerais) como a da boa-fé e outras é possível porque o preenchimento e concretização dos conceitos é feito pelo Poder Judiciário, com todos os mecanismos de controle, tais como o duplo grau de jurisdição, a ampla defesa, o contraditório etc.

Entretanto, a mesma técnica eventualmente é utilizada em contratos de massa, bastando para evidenciar o descabimento destas "cláusulas gerais privadas" a constatação de que não existe qualquer controle quanto à sua concretização, a menos que o vulnerado recorra ao Poder Judiciário, o que acontece na menor das vezes, conforme já ressaltado.

Por isso, disposições como a que permite a rescisão antecipada do contrato por causa "de qualquer descumprimento" de qualquer das inúmeras cláusulas de um contrato de massa têm sido impugnadas judicialmente, haja vista que, em contratos complexos como os bancários, existem várias obrigações secundárias como pagamentos de taxas de registros de hipotecas, despesas cartorais, reforços de garantias etc., nos quais é fundamental a prévia constituição em mora (art. 397, parágrafo único, do CC), não podendo o fornecedor atropelar as exigências legais, amparado por previsão unilateral e genérica.

Outro exemplo é o de cláusulas que excluem a cobertura de acidentes causados pela prática de esporte "de alto risco", abertura esta que possibilita o arbítrio do fornecedor, o que tem gerado o grande número de demandas individuais nos foros brasileiros. Tal situação tenderá a se agravar, caso não sejam coibidas estas práticas, por intermédio das ações coletivas para o controle prévio e abstrato dos contratos de massa;

j) **o contrato em regime de monopólio** – tendência bastante prejudicial ao consumidor vem acontecendo em alguns setores que estão sendo monopolizados por fornecedores.

O final do século passado se caracterizou por uma forte privatização globalizada, principalmente de serviços públicos do setor das telecomunicações, o que acabou gerando algumas perplexidades nas fases de transição.

No Brasil isto é notório, pois as etapas de ajuste a novas estruturas empresariais privadas evidenciou grande número de problemas, não somente no que tange à qualidade dos serviços, como também relativamente à fixação das tarifas a serem cobradas.

Na Argentina, da mesma forma, vários foram os problemas surgidos na área da telefonia, tendo Gabriel Stiglitz[395] comentado que existem algumas conseqüên-

---

[395] *Reglas Para La Defensa de Los Consumidores Y Usuários*. Rosário: Editorial Juris, 1997, p. 128 e seguintes.

cias generalizadas que prejudicam os consumidores em todo o mundo, apresentando os seguintes aspectos:

"– que las privatizaciones han conducido en su mayor parte a monopolios donde no es posible la competencia;

– que no se evidenció una mayor eficiencia inherente a las empresas privadas respecto a las públicas;

– que en América latina y el sudeste asiático muchas privatizaciones no resultaron equitativas ni eficientes y han causado danõs al medio ambiente;

– que los consumidores no han participado en las tomadas de decisiones para privatizar y tampoco están representados ni pueden participar en los procesos de privatización, ni en los controles, ni en las empresas;

– que en América Latina, la carencia de profesionalismo en el sector privado nacional, dejó los servicios públicos en manos de corporaciones multinacionales, y las privatizaciones dejaron como perdedores a los consumidores y a las empresas locales;

– que las privatizaciones se han superpuesto con políticas de desregulación, mientras que los servicios públicos privatizados requieren mayor regulación en cuanto a precios y calidad".

A transcrição das lições do mestre argentino também salientou algumas das várias vulnerabilidades que podem atingir os consumidores, inclusive no que tange ao meio ambiente, reforçando as distinções antes feitas e esclarecendo a real e substancial dimensão que pode assumir a questão da vulnerabilidade.

Entendemos que somente o tempo poderá evidenciar o sucesso ou não das privatizações brasileiras. Entretanto, o alerta dos acontecimentos mundiais sobre o tema acima apontado serve para que melhor sejam direcionadas as políticas públicas relativas ao assunto, bem como para que as empresas que assumem as tarefas públicas se imbuam da relevância social dos fornecimentos que executam, única maneira de que seja mantido um mínimo de harmonia.

A livre concorrência e, diga-se, o princípio da repressão eficiente aos abusos praticados no mercado de consumo, portanto, é fundamento do sistema consumerista, consideradas todas as situações que envolvem o tema, inclusive no que tange à problemática das marcas e patentes.[396]

---

[396] Elisabeth Kasznar Fekete, Ob. cit., *Revista Direito do Consumidor*, vol. 20, Editora RT, 1996, p. 120 e 121: "Na concepção de Gabriel F. Leonardos, a repressão à concorrência desleal e ao uso indevido de marcas constitui um princípio da política nacional de relações de consumo, aludindo que, como se sabe, os princípios são as pedras fundamentais sobre as quais são erigidos os demais institutos jurídicos que visam assegurar a sua implementação. O autor, constatando que a correlação entre as marcas e a proteção ao consumidor é objeto de inúmeros estudos em todo o mundo, dentre os quais destaca-se a monumental obra 'Marca e Consumidor – Funções das Marcas na Economia de Mercado' (*Marke und Verbraucher-Funktionen der Marke in der Marktwirtschaft)*, da lavra das pesquisadoras do Instituto Max-Planck para o Direito da Concorrência, em Munique, Dras. Frauke Henning-Bodewig e Anete Kur, destaca, dessa obra, uma das conclusões a que chegaram as autoras: 'a marca é um instrumento de *marketing*, utilizada por seu titular para a individualização de seus produtos, bem como para a transmissão de mensagens publicitárias. Os destinatários de tais medidas são os consumidores. Eles devem ser informados sobre a oferta de produtos, ou seja, ser influenciados em seu próprio benefício. Ademais, eles devem

No Estado do Rio Grande do Sul, surgiu importante Entidade que cumpriu o papel de redução dos grandes problemas que acontecem nas fases de privatizações e concessões de serviços públicos, tendo sido constituída a AGERGS, que é um órgão estatal criado para supervisionar as atividades desta natureza, inclusive com possibilidades de sugerir e autorizar tarifas. Importante esta agência, também, pois foi constituída por integrantes do empresariado, dos consumidores e do Estado, os quais buscam, em nível de igualdade, estabelecer parâmetros adequados para a prestação dos serviços públicos concedidos.

Com a implementação deste órgão, necessariamente a fixação das cláusulas que serão impostas pelos agentes econômicos privados, seja quanto a preços ou formas de prestação dos serviços, terão de passar pelo aval da Agência, sob pena de afronta à lei que a criou e, indo além, à própria lei consumerista, já que todos os diplomas que surjam para a defesa da ordem econômica, da livre iniciativa e do consumidor passam, automaticamente, a integrar o microssistema consumerista e, desta forma, aos seus princípios estão submissos.

Assim, os contratos monopolistas, ou seja, aqueles[397] "(...) em que uma empresa ou grupo de empresas controla em tal grau a produção, distribuição, prestação ou venda de um determinado bem ou serviço, que passa a exercer influência preponderante sobre os respectivos, ou que possa eliminar a concorrência", nos termos da Lei nº 8.884/94, geram flagrantes e diversos tipos de vulnerabilidades, merecendo ser maximamente controlados.

O Código do Consumidor contém disposições protetivas contra este tipo de situação contratual no artigo 4º, inciso VI, VII, (repressão eficiente aos abusos, racionalização e melhoria dos serviços públicos), artigo 6º, X (adequada e eficaz prestação dos serviços públicos em geral), e artigo 22;

k) **variados e inéditos fornecimentos de produtos e serviços** – avaliando a natureza das contratações, observamos que o mercado de consumo tem sido invadido por inúmeras inovações em termos de serviços e produtos, sendo mais evidentes os primeiros, haja vista que, normalmente, atingem uma dimensão de envolvimento mais ampla na vida dos integrantes do contexto social.

De fato, surgem no mundo modernos serviços computadorizados (internet), serviços nas comunicações (telesserviços), serviços específicos para o atendimento em massa somente de urgências médicas e remoções etc., todos eles trazendo novas realidades e peculiaridades completamente originais.

J. P. Remédio Marques[398] ainda aponta os serviços de telefone automático, o qual é "(...) um dispositivo que consiste na junção de um computador ao

---

estar em condições de reconhecer o produto desejado. Nesse sentido, a marca é um elemento de ajuda à orientação dos consumidores, bem como uma transmissora de informações utilizada em seu processo de decisão".

[397] Ricardo Hasson Sayeg. "Práticas Comerciais Abusivas". In: *Revista Direito do Consumidor*, vol. 7, RT, 1993, p. 47.

[398] "A Promoção de Produtos e Serviços E Os Direitos dos Consumidores". In: *Revista Direito do Consumidor*, vol. 7, p. 130.

telefone, o qual permite a transmissão e o registro de uma mensagem (proposta contratual ou mera mensagem publicitária), no domicílio do consumidor, sem a intervenção humana ('automates d'appel', 'composeur-messager automatique') (...) de uso comum nos EUA e Canadá", gerando problemas ao consumidor por causa de "chamadas intempestivas; destinatários não identificados; informações ou propostas contratuais dificilmente controláveis;". Em continuação, aponta o "telefax", por intermédio do qual o consumidor recebe fax de publicidades em sua residência, tendo de suportar gastos com papel sem desejar. Também discorre sobre o "videotexto", que são "(...) sistemas de transmissão informativa de comunicação através de (ecram) computador ou ecran de televisão, sitos na residência do consumidor(...). É (...) a versão telemática dos catálogos da venda por correspondência". Por último, cita a venda por televisão ('téléachat', 'Teleshopping'), bastante conhecida no Brasil.

Em virtude destes avanços da tecnologia, evidencia-se a completa vulnerabilidade técnica do consumidor, também a ambiental, a psíquica, a jurídica e a legislativa, pois os novos contratos que decorrem das inovações comerciais não são acompanhados de todos os cuidados capazes de não gerar aqueles vários níveis de ofensa. Obviamente que não se está a dizer que uma nova oferta de serviço deva vir acompanhada, instantaneamente, de uma norma regulamentadora, mas seria exigível, isto sim, um maior conteúdo de boa-fé objetiva, para que pudessem ser evitados os naturais confrontos que, em um primeiro momento, acabam surgindo a partir das primeiras reclamações de consumidores, feitas aos órgãos de defesa dos seus direitos.

Vejamos, por exemplo, os telesserviços, que literalmente invadiram o espaço íntimo das pessoas e principiaram verdadeira guerra no mercado de consumo, relevando, também, que a questão não se restringe à alegação de que o serviço é colocado diretamente no lar das pessoas e, portanto, os fornecedores seriam absoluta e incontestavelmente culpados.

Conforme se procurou salientar desde as primeiras linhas deste trabalho, a questão consumerista tem de ser avaliada a partir de um paradigma singular, que é a tentativa de obtenção de desenvolvimento da sociedade como um todo, mas de maneira humanizada e harmônica.

Assim, no caso dos teleamigos, telefones-eróticos, teleencontros, *love-line* etc., se de um lado abriu-se margem a uma série de abusos gerados pela impossibilidade de que cada pessoa, física ou jurídica, controle seus telefones 24 horas por dia, objetivando coibir ligações que podem ser feitas por menores de idade, terceiros, funcionários etc., por outro se observa que este tipo de serviço teve aceitação no mercado de consumo, circunstância que não pode ser desprezada, em que pese não estarmos desejando dizer que ela prevaleça em termos de resolução do caso concreto.

Igualmente deve ser destacado que alguns serviços desta natureza já assumiram a dimensão global, sendo prestados telesserviços a partir de fornecedores que estão em outros países, cuja localização, muitas vezes, é quase impossível de ser feita pelo consumidor, haja vista a facilidade com que podem ser trocados os números telefônicos e a própria estrutura técnica das plataformas das quais se valem os provedores destes negócios. Explicitando a questão, somente no telesserviço existem os problemas gerados pelos chamados prefixos "00", que dizem respeito às ligações internacionais (provedores externos ao país), os prefixos "0900"(provedores nacionais) e os prefixos "900" (provedores regionais), somente com relação a estes dois últimos existindo uma real possibilidade de restrições, na medida em que, para o bloqueio dos primeiros é necessário o dos dois primeiros algarismos "00" e, com a feitura desta restrição, fica impossibilitado o acesso a todos os telefones que são iniciados por eles, ou seja, todos os telefones internacionais para aquele determinado consumidor.

Com isso, verificamos a vulnerabilidade técnica imposta aos consumidores, pois, em princípio, não seria viável bloquear coletivamente todos os prefixos "00", sob pena de manter o país completamente isolado do mundo, o que é absurdo. Por sua vez, não seria viável restringir somente o número integral dos telesserviços, na medida em que, caso isso fosse feito, eles seriam constantemente alterados, resultando inócuo o controle por esse caminho.

Ressaltemos, neste item, também, aqueles contratos nos quais a composição do preço dos serviços é feita posterior e unilateralmente pelo fornecedor, a partir de critérios não conhecidos pelo consumidor, o qual sequer possui condições de conferir as cobranças feitas. Isso é comum nos contratos de telefonia, em alguns contratos bancários com juros pós-fixados, situações essas que encerram flagrante e natural vulnerabilidade.

Em compartimento independente logo a seguir, analisaremos vulnerações específicas praticadas por intermédio da internet;

l) **contratos feitos fora do estabelecimento comercial** – o mercado moderno passou a concluir contratos sem qualquer formalização escrita, surgindo as chamadas "vendas à distância" do direito francês, também chamadas de venda "no domicílio" ou "porta a porta".

A primeira modalidade de vendas desta espécie é a realizada por correspondência, por intermédio de catálogos, prospectos, anúncios ou por qualquer meio que induza a uma aceitação do consumidor por via postal.

Devido à distância existente entre o consumidor e o produto ou serviço, fica fácil a demonstração da vulnerabilidade existente na contratação, surgindo problemas de várias ordens, conforme escreveu Jean Calais-Auloy:[399]

"– decidindo-se por meio de simples fotografias ou descrições ele corre o risco de receber um objeto que não corresponde exatamente àquilo que ele esperava;

---

[399] Venda Fora do Estabelecimento Comercial e Venda a Distância no Direito Francês. *Revista Direito do Consumidor*, vol. 3, RT, São Paulo, p. 16, Tradução de Maria Henriqueta A. Fonseca Lobo.

– entre a encomenda e a remessa decorre necessariamente um prazo cuja duração pode ser incômoda;

– em caso de defeito do objeto vendido o comprador corre o risco de experimentar certas dificuldades para fazer valer seus direitos contra um vendedor distante".

Além destes inconvenientes, outros existem, pois as remessas de dinheiro são feitas com antecedência, neste momento não havendo certeza sequer no que tange à existência do produto, serviço ou da própria alegada fornecedora.

Conhecemos casos de empresas que atuam neste tipo de mercado de maneira "móvel", lesando consumidores, sumindo da região "atingida" e reaparecendo em outros Estados, casos estes de legítimo estelionato.

A vulnerabilidade também se evidencia porque normalmente a sede do fornecedor está distante, o que, ao invés de ser um indicador de idoneidade – alguns consumidores possuem a ilusão de que fornecedores de locais distantes e de cidades famosas indicam a grandiosidade do negócio, sendo isto fator gerador de confiança na psiquê do consumidor –, corresponde exatamente ao contrário.

Por vezes, o produto é remetido diretamente, de maneira impositiva, atingindo o consumidor na sua privacidade e criando uma sensação de débito, que culmina com a efetiva aquisição do bem. Nestas ocorrências, o consumidor recebe um bonito prospecto, um produto pronto e atraente, palavras gentis e confiáveis, tudo isso gerando na psicologia do vulnerável um relativo constrangimento que o obriga a "retribuir tamanhos benefícios".

Outra maneira é a venda por televisão, telefone ou teleprocessamento (fax, por computador), a telecompra.

Por causa deste tipo de contratação, o artigo 49 do CDC traz regra de conduta prevendo a possibilidade de arrependimento no prazo de 7 (sete) dias, podendo o consumidor exercitar este direito e reaver o preço que pagou integralmente, inclusive eventuais gastos postais.

Também o artigo 39, parágrafo único, prevê que os serviços prestados e os produtos remetidos sem prévia solicitação do destinatário serão considerados como amostras grátis;

m) **os contratos "cativos" de longa duração** – Cláudia Lima Marques comenta sobre uma importante realidade que atinge a maioria dos consumidores atualmente. Preferimos descrevê-los separadamente da situação dos contratos em regime de monopólio, em que pese esta forma também ser compatível com a "cativamente", na medida em que nem todos os contratos dessa espécie se encontram monopolizados.

São cativos aqueles contratos de serviços que prometem "segurança e qualidade",[400] cuja "prestação se protrai no tempo, de trato sucessivo, com uma fase

---

[400] Ob. cit., *Contratos no CDC*, p. 62.

de execução contratual longa (...)". São serviços contínuos e não mais imediatos, serviços complexos, de execução sucessiva. Também "baseiam-se mais na confiança, no convívio reiterado (...)", daí resultando, exatamente, a grande vulnerabilidade que causam à massa de consumidores.

De fato, na forma muito bem-elucidada pela Professora Cláudia Lima,[401] este tipo de pacto vincula

> "(...) o consumidor de tal forma que, ao longo dos anos de duração da relação contratual complexa, torna-se este cliente 'cativo' daquele fornecedor ou cadeia de fornecedores, tornando-se dependente mesmo da manutenção daquela relação contratual ou verá frustradas todas as suas expectativas. Em outras palavras, para manter o vínculo com o fornecedor, aceitará facilmente qualquer nova imposição por este desejada. Esta fática submissão garante um 'poder de imposição' em grau mais elevado do que o conhecido na pré-elaboração dos instrumentos contratuais massificados, pois aqui o poder se renova constantemente durante a obrigação de longa duração, permitindo modificações formalmente 'bilaterais' do conteúdo da obrigação e do preço, pois contam com a teórica 'aceitação' do co-contratante mais vulnerável. Tal novo poder reflete-se nas cláusulas do contrato massificado e em suas futuras modificações e permite que o fornecedor libere-se do vínculo contratual, sempre que este não lhe seja mais favorável ou interessante (rescindindo, denunciando, resolvendo o vínculo, cancelando o plano etc)".

Esta situação é muito comum nos seguros-saúde e planos de saúde, os quais normalmente se valem de uma aparente lacuna legislativa e buscam a aplicação do artigo 51, inciso XI, do CDC na sua literalidade, o qual dispõe que somente serão abusivas as cláusulas que "autorizem o fornecedor a cancelar o contrato unilateralmente, sem que igual direito seja conferido ao consumidor". Assim, os fornecedores prevêem nos contratos de adesão que o consumidor terá o mesmo direito e buscam a manutenção da cláusula.

Em nosso entender, desta forma fazendo, respeitam apenas a uma igualdade formal, oportunizando que perdure um pacto por 10, 20 ou mais anos (relevando que, de um modo geral, existe a previsão de que a vigência do contrato é por 1 ou 2 anos) com constantes e automáticas renovações e, de uma hora para outra, "coincidentemente" quando se evidencia uma doença no consumidor, valendo-se da abusiva disposição, concedem o costumeiro aviso-prévio de 30 dias antes do final do prazo contratual e dão por extinto o vínculo sob o argumento de que existiam oportunidades iguais de assim o fazer e de que ninguém é obrigado a contratar eternamente.

A jurisprudência tem reagido a este evidente "drible" contratual, existindo inúmeras decisões obrigando a manutenção do vínculo, o que também já é observado inclusive em alguns contratos desta espécie. Tivemos a oportunidade de

---

[401] Ob. cit., Contratos no CDC, p. 64 e 65.

256   *Paulo Valério Dal Pai Moraes*

analisar um deles, de uma empresa de seguro-saúde, o qual previa que, mesmo que expirado o prazo do contrato, se o consumidor estiver em gozo do benefício (prestações pecuniárias mensais), este será mantido até o final do período da incapacidade laboral.

Importa ressaltar que as decisões não estão a desobedecer à lei, mas, pelo contrário, estão observando-a, valendo-se da interpretação sistemática do direito, baseada nos princípios salientados e da conjugação dos incisos e parágrafos previstos no artigo 51, quais sejam o inciso IV ("estabeleçam obrigações consideradas iníquas, abusivas, que coloque o consumidor em desvantagem exagerada, ou sejam incompatíveis com a boa-fé ou a eqüidade"), o inciso XV (abusivas as cláusulas que "estejam em desacordo com o sistema de proteção ao consumidor") e o § 1º, incisos I, II e III ("Presume-se exagerada, entre outros casos, a vantagem que: ofende os princípios fundamentais...", "...restringe direitos ou obrigações fundamentais inerentes à natureza do contrato...", "...se mostra excessivamente onerosa, considerando-se a natureza e conteúdo do contrato...").

Sabemos que nenhuma medida radical poderia resolver o problema, seja a permissão de utilização da abusiva cláusula exemplificada, seja a eterna manutenção dos vínculos. Preconizamos, isto sim, uma solução intermediária, que ainda não foi definida. Algo que tornasse obrigatório que o contrato perdurasse por mais algum tempo após terminado o período nele previsto, tendo em vista as necessidades de existência de um seguro equilíbrio econômico-financeiro e o respeito ao princípio da dignidade da pessoa humana.

Por ora, releva apenas abordar o assunto, a fim de ressaltar o problema, pois alguma definição deve ser concretizada em breve, por intermédio da jurisprudência;

n) as cláusulas abusivas – o grande fator de vulnerabilidade nos contratos, sem dúvida alguma, é o relativo à existência de disposições que extrapolam o direito reconhecido de livre fixação das regras do contrato. Ou seja, o abuso, o excesso de liberdade de assim o fazer concedido ao pólo mais forte, sem que igual possibilidade exista para o vulnerável.

A problemática das cláusulas abusivas está nos artigos 51 até 54 e não analisaremos uma a uma as disposições, haja vista que este não é o objetivo do trabalho, sendo necessária uma monografia específica para o desenvolvimento do tema.[402]

Importante, entretanto, ressaltar que o rol de cláusulas abusivas não é exaustivo, podendo ser complementado pela jurisprudência e por órgão administrativo específico. Também deve ser lembrado que o artigo 7º do CDC determina que

"(...) os direitos previstos neste Código não excluem outros decorrentes de tratados ou convenções internacionais de que o Brasil seja signatário, da legislação interna ordinária, de regulamentos expedidos pelas autoridades administrativas competentes, bem como dos que derivem dos princípios gerais do direito, analogia, costumes e eqüidade".

---

[402] Sobre o tema é a monografia de Cláudio Bonatto. *Código de Defesa do Consumidor – Cláusulas Abusivas nas Relações Contratuais de Consumo*. Porto Alegre: Livraria do Advogado, 2001.

Ou seja, decretos regulamentadores podem explicitar direitos do CDC. Esta possibilidade de ampliação do rol de cláusulas abusivas inclusive está prevista no artigo 56 do Decreto 2.181/97, o qual regulamenta a parte administrativa do Código do Consumidor.

Assim, normalmente no mês de março de cada ano a Secretaria de Direito Econômico do Ministério da Justiça edita novas Portarias, explicitando inúmeras novas cláusulas abusivas, em acréscimo às já existentes. Ressaltamos que são explicitadas porque houve grande polêmica quando do início de tais edições, no sentido de que Portarias não poderiam criar direito, o que está absolutamente correto. O problema foi solucionado na ADIN 1.990 – Pleno – Relator Ministro Ilmar Galvão, julgada em 05.05.1999, assim ementada:

> "DECRETO 2.181, DE 20.03.1997 (art. 56) e Portaria 3, de 19.03.1999, DA SECRETARIA DE DIREITO ECONÔMICO DO MINISTÉRIO DA JUSTIÇA. Alegada incompatibilidade com os arts. 2°, 5.°, inc. II, 61, 62 e 68 da Constituição.
>
> (...)
>
> O dispositivo transcrito – ditado declaradamente para fim de orientação administrativa – não explicita que as novas hipóteses de cláusulas abusivas e, conseqüentemente, nulas, são as que resultam do texto das leis ou que venham a ser acrescentadas pelo legislador ou reveladas pelo jurisprudência, como as dos itens 6, 11 e 12 da Portaria 3, de 19.03.1999, também impugnada na inicial.
>
> Entretanto, são de ser assim entendidos, sob pena de tratar-se de disposições ilegais e, portanto, insuscetíveis de ser impugnadas perante o STF, na via do controle abstrato de constitucionalidade, como pacificamente assentado por esta Corte".

Assim, mais adequado é o entendimento de que somente poderão tais acréscimos à Lei Protetiva ser acolhidos pelo sistema quando não sejam incompatíveis com ele, relevado que qualquer dessintonia de regras de conduta ou de organização no tocante aos fundamentos do edifício consumerista corresponde a direta e clara ofensa à constituição, conforme já demonstrado no item específico antes abordado.

Mais uma vez, para a manutenção da credibilidade do sistema, da sua unidade e adequação valorativa, é fundamental o cuidado hermenêutico, por isso tendo sido necessária a estruturação deste trabalho sob o enfoque da teoria tridimensional do direito (mundo dos valores – filosofia –, dos fatos – sociologia – mundo das normas – dogmática jurídica).

Outro aspecto importante no apreciar as cláusulas abusivas é que, já no primeiro inciso do artigo 51, se percebe o conteúdo de ordem pública das normas consumeristas, sequer sendo possível dispor quanto a elas.

Dignas de nota, igualmente, são as regras dos artigos 51, § 1º, incisos I, II e III, 53, *caput* e § 2º, nas quais é possível identificar a busca da efetivação do princípio da harmonia das relações de consumo, evitando-se abusos decorrentes de ônus exagerados aos fornecedores, pois a configuração de situações dessa espécie é danosa para o sistema como um todo. Devemos sempre relevar que as empresas internalizam os custos e repassam para o consumidores coletivamente considerados. Por isso, a concretização do princípio da repressão eficiente aos abusos praticados no mercado de consumo serve para os dois pólos da relação de consumo.

No apreciar o conteúdo das cláusulas, portanto, devem ser seguidas, ainda, as regras de conduta dos artigos 46 e 47, especificamente concretizando os seguintes procedimentos:

– conceder maior valor à intenção das partes do que ao sentido literal das palavras;

– cláusulas com sentido dúbio devem ser interpretadas de maneira que não se tornem inócuas;

– cláusulas com sentido dúbio devem ser interpretadas em favor do vulnerável da relação de consumo e contrariamente àquele que as estipulou;

– a dubiedade de sentidos deve, também, buscar sintonia com os objetivos do contrato, relevada a vulnerabilidade naturalmente existente;

– cláusulas de contratos de massa com termos genéricos devem ser interpretadas restritivamente no que tange ao objeto das prestações;

– as cláusulas devem ser interpretadas com o objetivo de que alcancem a função social do contrato, não só como mecanismo de trocas, mas como instrumento promotor do desenvolvimento social como um todo.

11.1.7.3. Formas de vulneração por intermédio da INTERNET

A *internet,* como todos sabem, é a rede internacional de computadores interconectados, que permite a comunicação quase instantânea entre milhares de pessoas, assim como o acesso às mais variadas informações geradas em todo o globo, tendo como características o fato de ser aberta, interativa – podem ser estabelecidas relações –, constituída por usuários e diversos operadores, internacional, não-discriminatória – qualquer um de qualquer raça, cor, classe social, etnia podem ingressar – descentralizada mas com alguns elementos de centralização (comitê que autoriza os usos dos domínios), desterritorializada e de custo baixo.

Ricardo Luis Lorenzetti[403] assim se manifesta sobre a "rede":

"Este 'ciberespaço' é 'autônomo' no sentido de que funciona segundo as regras de um sistema auto-referente, como já assinalamos. Também é 'pós-

---

[403] *Comércio Eletrônico.* Tradução de Fabiano Menke com notas de Cláudia Lima Marques. São Paulo: Revista dos Tribunais, 2004, p. 30 e 31.

orgânico', uma vez que não é formado por átomos, nem segue as regras de funcionamento e de localização do mundo orgânico: tratam-se de *bits*. Tem uma natureza 'não-territorial' e comunicativa, um 'espaço-movimento', no qual tudo muda a respeito de tudo, ou seja, o 'espaço virtual' não é sequer assemelhado ao espaço real, porque não está fixo, nem é localizável mediante o sentido empírico como, por exemplo, o tato.

Este espaço não tem características somente 'passivas', mas sim ativas, no sentido de que exerce influência sobre os demais sistemas. Produz um efeito de 'desterritorialização'e 'descentralização', porque não há uma relação centro-periferia, não conhece ordens hierárquicas e, sobretudo, não há uma autoridade central. Isso afeta categorias analíticas, como a original-cópia, leitor-autor, fornecedor-consumidor, porque se diz que ao alterar o espaço, modificam-se os papéis, e o consumidor pode ser um fornecedor.

É um espaço do anonimato, um não-lugar pela despersonalização que representa, no qual o indivíduo ingressa sem que a sua história individual e características interessem, e no qual prolifera o simulacro das identidades. É um 'não-lugar-global' no sentido de sua transnacionalidade e atemporalidade, já que parece indiferente à história e ao futuro".

A matéria relativa à *internet* ainda não se encontra amplamente regulamentada no mundo, o que bem demonstra a novidade em que ainda se constitui esta nova realidade da convivência humana.

Paulo Antonio Nevares Alves e Priscilla Pacheco Nevares Alves[404] ressaltam que há um esforço mundial para que as regulamentações sejam aprovadas, citando as nações que já possuem legislações, bem como a forma como é tratado o tema pelas Nações Unidas, palavras que merecem transcrição:

"Aqui podem ser incluídas as diretivas sobre cláusulas abusivas (Diretiva 93/13/CEE) e a sobre garantias (Diretiva 1999/44/CE), assim como a sobre contratos negociados fora do estabelecimento comercial (Diretiva 85/577/CE) e à distância (Diretiva 97/7/CE). Ressalta-se também a existência da diretiva sobre tratamento de dados pessoais e proteção da privacidade (Diretivas 95/46/CE e 97/66/CE), bem como as novas diretivas sobre assinatura eletrônica (1999/93/CE) e a diretiva específica sobre comércio eletrônico, que servirá de base para o presente estudo (Diretiva 2000/31/CE), aprovada em 17 de Julho de 2000.

Em dezembro de 1996, a Comissão das Nações Unidas para o Direito Comercial Internacional, conhecida pela sigla UNCITRAL, (*United Nations Commission On International Trade Law*), com o intuito de estabelecer diretrizes para o uso dos meios eletrônicos de comunicação, que pudessem ser seguidas pelos diferentes sistemas jurídicos, sociais e econômicos existentes

---

[404] *Implicações Jurídicas do Comércio Eletrônico no Brasil – Um Estudo Preliminar acerca do âmbito de Aplicação da Disciplina das Relações de Consumo.* Rio de Janeiro: Lumen Juris, 2008, p. 38 e 39.

no mundo, aprovou a chamada Lei Modelo da UNCITRAL sobre Comércio Eletrônico".

No Brasil, esclarecem os autores acima citados que existem vários Projetos de Lei no Congresso Nacional, sendo os mais importantes o PL nº 1.589/99 e o nº 4.906/01, por serem os mais completos e por estarem fundamentados na Lei Modelo da UNCITRAL.

Quanto à legislação existente em nosso país, existem a Lei nº 9.528/97,que trata da constituição eletrônica do crédito previdenciário, a IN SRF nº 156/99, que atribui validade probante ao documento eletrônico, a Lei nº 9.800/99, que possibilita a transmissão de peças ao Poder Judiciário por meios eletrônicos, e a MP nº 2.200/01, que institui a ICP-Brasil (Infra-Estrutura de Chaves Públicas Brasileiras) e dá outras providências relativas à comunicação eletrônica.

Importante, da mesma forma, referir que o serviço da *internet* não é considerado como serviço de telecomunicação. Paulo Antonio Nevares Alves e Priscilla Pacheco Nevares Alves[405] discorrem sobre o assunto:

"O serviço dos provedores de acesso não trata de um serviço público operando em regime de livre iniciativa. Devemos elucidar que em nosso país o uso da *Internet* não é considerado um serviço de telecomunicação, mas um serviço de valor adicionado (...) referido serviço se restringe ao acréscimo de novas utilidades relacionadas ao acesso, armazenamento, apresentação, movimentação ou recuperação de informações, não se confundindo com o serviço de telecomunicação, que lhe dá suporte.

Assim, nem o provedor de Internet, nem qualquer outra entidade que presta serviços ligados à Internet estão sujeitos à fiscalização do órgão fiscalizador e regulador de telecomunicações, a Anatel, à exceção naturalmente da entidade que presta o serviço de telecomunicações que dá suporte ao serviço de valor adicionado (telefone, televisão por assinatura, e outras)".

Quanto aos tipos de contratos praticados na *rede,* os autores citados transcrevem lições de Robson Ferreira,[406] considerando a interatividade entre os contraentes:

"a) Contratos Eletrônicos Intersistêmicos, entendidos como aqueles em que a contratação é feita entre sistemas aplicativos pré-programados, sem qualquer ação humana, freqüentemente entre pessoas jurídicas para as relações comerciais de atacado;

b) Contratos Eletrônicos Interpessoais, onde o computador oferece meio de comunicação para o acordo de vontades das duas partes; necessariamente decorre da interação humana nos dois pólos de relação. Podendo ser simultâneos – quando as partes estão ao mesmo tempo conectadas na rede. Ou não-simultâneos em que existe lapso temporal entre a declaração de vontade de uma parte e a recepção desta pelo outra parte, em geral, via *e-mail.*

---

[405] Ob. cit., p. 26 e 27.

[406] *Contratos Eletrônicos.* São Paulo: FMU, 2000.

c) Contratos Eletrônicos Interativos, resultam de uma relação de comunicação entre uma pessoa e um sistema previamente programado – forma mais usual de contratação utilizada pelo *e-commerce*, em que a manifestação de vontade se dá com o clique do mouse.

d) Contratos-tipo, são aqueles elaborados por uma das partes e oferecido à outra, a quem cabe apenas aderir incondicionalmente, sem que lhe haja possibilidade de discussão.

e) Contratos que regulam relações de serviços de tecnologia, segurança, *hosting* (hospedagem), conexão, e outros, devem ser elaborados caso a caso, porém, nesses contratos devem constar: atribuição de responsabilidades, garantia de atualização da tecnologia e cláusula de equilíbrio econômico-financeiro".

Com tamanha complexidade, abrangência e atração que exerce, devido às quase mágicas possibilidades que oferece aos usuários-consumidores e fornecedores, acabam resultando benefícios imensuráveis para a humanidade, acarretando, todavia, também imensos prejuízos para os vulneráveis no relacionamento de consumo.

Não teceremos comentários sobre os grandes benefícios que a *internet* trouxe para todos nós, porque este não é um trabalho específico sobre o tema, mas sim sobre a vulnerabilidade, motivo pelo qual restringiremos a abordagem a alguns aspectos, práticas e realidade que acabam por macular, ofender, lesar os mais frágeis neste tipo de relacionamento massificado de consumo, sem antes dizer que, sem dúvida, a *rede* é um marco importante e fundamental na história do desenvolvimento humano e que apenas estão principiando os enormes reflexos que trará para o convívio e para a existência da humanidade.

Eis algumas formas de vulneração por intermédio da *internet:*

a) **baners** – costumeiramente verificamos que alguns sites usam marcas de outras empresas, dando a entender ao consumidor que estaria contratando também com aquela marca.

Esta técnica ofende o direito de precisa informação do consumidor, o qual acaba sendo enganado pela geração de confiança passada pela ostestação de marcas famosas. Além disso confunde, atrapalhando a livre decisão do consumidor a respeito de alguma conduta de aquisição ou uso que tenha a intenção de realizar;

b) **metatags** – Ricardo Luis Lorenzetti[407] esclarece sobre esta técnica de vulneração:

"A tendência mais consolidada na utilização da *internet* se orienta para o emprego de ferramentas de busca e não à busca individual e exaustiva feita pelo usuário, mais difícil e lenta; nestas ferramentas são empregadas palavras-chave, e o uso que delas se faz possibilita a feitura de análises estatísti-

---

[407] Ob. cit., p. 391 e 392.

cas. Conseqüentemente, aquele que confecciona uma página poderá incluir algumas das palavras mais freqüentes procuradas pelos usuários, conforme a informação fornecida pelos *sites* de busca, de modo que cada vez que o internauta escreva essa palavra a página será exibida, ainda que não tenha uma relação direta com o tema: utilizam-se palavras vinculadas ao sexo, às marcas de produtos e às empresas mais procuradas (...). Esta técnica (...) constitui publicidade enganosa com relação ao consumidor e aproveitamento indevido do nome, em caso de utilização de marcas;"

c) **spam – spans** são *e-mails* não desejados, por meio dos quais são feitas publicidades ou outras comunicações ao usuário, trazendo incômodos e transtornos ilegais. Além de o usuário poder ser agressivamente bombardeado por informações que não deseja, estes *e-mails* saturam a caixa postal do correio eletrônico dos consumidores, impedindo que outras informações importantes possam ser recebidas, o que é, sem dúvida, um grande prejuízo aos vulneráveis.

Sabemos de técnica abusiva de cobrança, por intermédio da qual eram enviados milhares de *e-mails* para o devedor, perturbando-o e impedindo que pudesse exercer a sua atividade laboral, que estava vinculada ao uso do correio eletrônico.

Além disso, a grande quantidade de *spans* prejudica até mesmo a leitura das mensagens importantes, impingindo perdas de tempo na sua identificação e deleção.

Também são danosos porque podem ser enviados vírus por seu intermédio, o que tem motivado órgãos públicos, dentre eles o Ministério Público, a utilizar mecanismos *anti-spam*, com o objetivo de evitar a contaminação dos complexos sistemas integrados disponíveis aos servidores.

d) **crackers** – os *crackers* são pessoas especializadas na *internet* que, objetivando fraudar, furtar, investigar etc., acabam violando os computadores dos usuários e de sistemas públicos e privados.

Guilherme Magalhães Martins[408] diferencia os *crackers* dos *hackers*, dizendo que aqueles possuem objetivos dolosos e maliciosos, enquanto a estes "(...) não se aplica qualquer conotação pejorativa, sendo igualmente capazes de invadir computadores alheios, mas também de impedir eventuais invasões".

Já foram noticiados casos de invasão dos sistemas de segurança de países altamente desenvolvidos,[409] o que evidencia a incerteza que é a realização de operações financeiras por parte do consumidor, carente que é, de um modo geral, de conhecimentos específicos.

---

[408] *Responsabilidade Civil por Acidente de Consumo na Internet.* São Paulo: Revista do Tribunais, 2008, p. 182.

[409] Guilherme Magalhães Martins, ob. cit., p. 182, afirma que "Os ataques por meio dos chamados códigos maliciosos vêm sendo utilizados inclusive como estratégia de guerra, tendo sido noticiada pela imprensa, em setembro de 2007, uma série de invasões, atribuídas a *crackers* chineses, inclusive nos computadores do Secretário de Defesa norte-americano, Robert Gates, e da chanceler alemã, Angela Merkel, além do Ministério do Exterior britânico, supostamente com objetivos de espionagem militar".

No Brasil, já foram manchete prisões de *crackers* que desviavam recursos de contas-correntes, acarretando prejuízos imensos para o mercado de consumo.

Estas ocorrências acabam trazendo múltiplos desdobramentos para o relacionamento de consumo, pois o consumidor usuário de sistemas oferecidos por empresas via *internet*, diante de algum tipo de lesão que tenha sofrido, certamente poderá demandar contra a fornecedora do produto ou serviço, haja vista que valem para as questões atinentes à *rede* todas as disposições do Código do Consumidor, principalmente as regras de inversão do ônus da prova e da responsabilidade objetiva, como não poderia deixar de ser.

A avaliação das possibilidades de espionagem, da mesma forma, assusta, na medida em que não somente no âmbito de sistemas públicos e empresas privadas podem ser captadas informações sigilosas como, por óbvio, no espaço particular do indivíduo.

Assim, a viagem pela *internet* para aqueles que não possuem experiência e conhecimentos técnicos suficientes pode ter resultados bastante graves, em decorrência da atuação dos *crackers*. São possíveis os furtos de documentos, de informações sobre as preferências de cada indivíduo, de fotografias etc., dados estes que podem ser usados contra o consumidor em processos, na realização de acusações ou na simples execução de chantagem, através da ameaça de colocação de fotografias comprometedoras na *rede*. Ressalte-se que a singela publicação de uma fotografia em espaço público pode destruir a reputação e a honra de uma pessoa, sendo exemplo vários acontecimentos na esfera política, os quais não precisam ser nominados, demonstrando a gravidade do assunto.

e) **leilões virtuais** – o ser humano tem como característica inata confiar naquelas afirmações escritas e visuais que possuam "ares de credibilidade".

Sabedores disso, são armados *sites* que são verdadeiras armadilhas, contendo *baners* de empresas com reconhecida credibilidade ou, simplesmente, confeccionando suntuosas apresentações e oferecimentos de vantagens impossíveis de serem "perdidas", tudo isso com o objetivo de vender produtos sob o método do leilão virtual.

Feitas as aquisições e remetido o numerário pelo consumidor, são informados prazos para a remessa do produto, o qual jamais chega à casa do vulnerável.

Devido à falta de conhecimentos técnicos, à vulnerabilidade jurídica antes apontada e à impossibilidade de ser localizada a fornecedora promotora do leilão, até porque muitas vezes ela sequer existe, é uma "fachada" para praticar crimes, o consumidor não conseguirá reaver seu dinheiro, e a fraude continuará a ser perpetrada. Ressalte-se que o consumidor integra um grupo em princípio difuso, sem interação e, portanto, vulnerável juridicamente, não sendo conhecedor das ocorrências danosas semelhantes às suas, eventualmente sofridas por outros consumidores. Por isso a importância de que seja estimulada a criação de PROCONS e de órgãos públicos de defesa do consumidor que concentrem as reclamações e sirvam de banco de dados para que consumidores possam requerer informações sobre determinadas empresas, antes de concretizar as negociações.

Cláudia Lima Marques[410] aborda outros problemas comuns verificados na comercialização por intermédio dos leilões:

"Os problemas principais aqui são as condições gerais contratuais (CONDGS), muitas vezes abusivas, e a proteção dos dados pessoais daqueles que participam do leilão, bem como os dados financeiros daqueles que 'adquirem' por leilão. A regulação bastante unilateral de quem foi realmente aquele que fez o último 'lance vencedor' é outro motivo de muita discórdia, uma vez que é dificilmente acessível ao consumidor (que ganhou ou perdeu) o procedimento utilizado para a decisão ou a identificação da senha vencedora.

(...) Considero que serão aplicáveis aos leilões realizados por empresários (art. 966 do CCBr./2002) no meio eletrônico, tanto o CDC, como, no que couber, as regras do Código Civil de 2002. Esta também é a opinião majoritária da doutrina estrangeira. Aos leilões 'privados', consumidor-consumidor, aplicam-se apenas as regras gerais do Código Civil, mas se acontecerem de forma 'organizada', em espaços organizados para tal, na Internet, ou com a participação de fornecedor ou moderador-profissional, não serão mais caracterizados como leilões privados, aplicando-se as regras de proteção do consumidor e da concorrência.

(...) Das informações ao consumidor, a doutrina destaca a necessidade de viabilizar acesso e conhecimento das condições gerais do leilão, de as perenizar, baixando-as ou arquivando-as, e dos problemas quanto à informação exata do preço do objeto leiloado, assim como de quem realmente 'ganhou' o leilão ou realizou o 'lance final'. Quanto ao controle do conteúdo destas informações, aplicam-se os seguintes artigos do CDC: art. 31, que dispõe sobre quais as informações devem ser prestadas; art. 33, que dispõe sobre a identificação do leiloeiro *on-line*; arts. 46 e 48, que dispõem sobre a redação clara das cláusulas e informações que integrarão o contrato; arts. 30 e 34, que dispõem sobre a vinculação solidária do leiloeiro às informações prestadas e ao contrato de venda realizado com um terceiro por meio do *site* de leilões *on-line*; e os art. 51, 52, 53 e 54, que tratam das cláusulas abusivas e proibidas, bem como das informações sobre o preço e financiamento anexos, nestes contratos".

f) **cybersquatting** – Ricardo Luis Lorenzetti[411] assim comenta sobre esta prática:

"É possível que um sujeito que desejar ofertar seus produtos na *web* acabe por estabelecer uma semelhança com uma página ou marca conhecidas; para

---

[410] *Confiança no Comércio Eletrônico e a Proteção do Consumidor* (um estudo dos negócios jurídicos de consumo no comércio eletrônico). São Paulo: Revista dos Tribunais, 2004, p. 217 a 219.

[411] Ob. cit., p. 394 e 395.

isso, pode utilizar a 'clonagem de páginas', confeccionando uma igual a outra conhecida, ou fazer uso de uma marca que se assemelhe a outra difundida, para a finalidade de se aproveitar do efeito de atração que essa prática produz.

O primeiro caso é uma hipótese de fraude, havendo registro de ação intentada pelo *Federal Trade Comission* contra o proprietário de um *site* pornográfico, por meio do qual este foi acusado de clonar uma página popular: quando o usuário a acessava sofria um 'bombardeio' de propaganda de cunho sexual.

Na segunda hipótese temos um problema de diluição de marcas mediante o obscurecimento (*blurring*) ou deslustre (*tarnishment*), solucionados pelo direito de propriedade intelectual".

Nestas circunstâncias, o consumidor é flagrantemente vulnerado, pois pretende ingressar em uma determinada página e é invadido por informações remetidas por fornecedor inidôneo, o que ofende a sua privacidade.

Além disso, a prática causa desconfiança no relacionamento de consumo, confundindo ou, no mínimo, associando a representação positiva, de credibilidade, de seriedade, de uma determinada marca a práticas criminosas, ilegais e, até mesmo, imorais.

Os prejuízos são impingidos aos fornecedores idôneos, bem como aos seus consumidores.

g) **cookies** – os famosos *cookies* são arquivos de texto enviados de maneira furtiva pelos *sites* ao computador do usuário no momento em que este acessa a página deste mesmo *site*. Quando o usuário ingressa novamente no *site* que remeteu o *cookie,* são transferidos para os arquivos do remetente da mensagem espiã dados captados relativamente aos hábitos, às preferências, em suma, à intimidade do consumidor.

Este é um dos mais grave problemas de vulneração dos consumidores, tendo a União Européia, em 17.07.2000, aprovado a Diretiva 2000/31/CE, que prevê atuações contra os *cookies,* constando, também, informações no sentido de que nos EUA existiria acordo firmado entre a *Federal Trade Comission e a Netword Advertising Initiative (NAI),* que reuniria 90% das companhias que atuam no setor, objetivando eliminar os efeitos danosos deste tipo de prática abusiva.

h) **newsgroups** – comenta Ricardo Luis Lorenzetti[412] que seriam grupos de notícia a respeito de produtos ou serviços. Refere que por intermédio destes grupos são feitas publicidades ocultas e cita caso em que "(...) o titular de um produto que compete com outro se infiltrou como consumidor, e, com base no anonimato, opinou sobre o produto da concorrência".

i) **click agreement** – algumas legislações no mundo aceitam o *click agreement*, que seria a aceitação em bloco das cláusulas de contratos feitos pela *internet* por intermédio do simples clicar do *mouse*.

---

[412] Ob. cit., p. 395 e 396.

Sabemos que a *web* tem na sua essência a rapidez e o barateamento das contratações. Entretanto, devem ser mantidas, mesmo no ambiente virtual, as regras de garantia de segurança nas negociações. Por isso, entendo que o mero clicar sem que o consumidor tenha uma cópia das cláusulas do contrato não é suficiente para vinculá-lo a eventuais disposições contrárias aos seus interesses. As soluções seriam o envio das disposições por meio físico ou, até mesmo, por meio eletrônico (*e-mail*), imediamente após a execução do *click,* como forma de diminuir a vulnerabilidade do consumidor e lhe oportunizar uma cópia das condições que informam o negócio.

j) **despersonalização e anonimato** – estas características da *rede* evidenciam a irrelevância dos estados subjetivos daqueles que contratam pelo computador. Assim, uma criança, um funcionário, um deficiente mental, uma pessoa idosa com comprometimento da consciência dos atos que pratica podem concretizar negociações, vindo tais atitudes a causar prejuízos a eles próprios ou aos demais consumidores, sejam patrões, representantes legais etc.

Esta, portanto, também é uma questão que abre margem para grande lesões aos vulneráveis.

k) **malware** – Guilherme Magalhães Martins[413] explica que a "(...) expressão 'Malware' (abreviação de *Malicious software*) compreende programas especialmente desenvolvidos para executar ações danosas em um computador, cujas principais espécies, a serem examinadas logo a seguir, são os vírus, cavalos de tróia, *worms, spywares, keyloggers, bots e rotkits".*

l) **Cavalos de Tróia** (*Trojan horses*) – o cavalo de tróia são programas oferecidos pelos *crackers* por intermédio de *e-mails* oferecendo jogos, fóruns de discussão etc., os quais têm como objetivo ingressar no computador do usuário para a obtenção do controle total da máquina do consumidor, com todas as conseqüências que facilmente é possível imaginar a partir desta invasão.

m) **spywares, keyloggers, bots e rootkits** – Guilherme Magalhães Martins[414] esclarece que *spywares* são "(...) programas espiões que enviam informações do computador do usuário da rede para desconhecidos, que poderão até mesmo monitorar tudo o que é digitado no teclado".

Keylogger "(...) é um 'programa capaz de capturar e armazenar as teclas digitadas pelo usuário no teclado de um computador(...)', podendo, conforme a Cartilha de segurança para a Internet, '(...) capturar e armazenar as teclas digitadas pelo usuário. Dentre as informações capturadas podem estar o texto de um *e-mail*, dados digitados na declaração de Imposto de Renda e outras informações sensíveis (sic), como senhas bancárias e números de cartões de crédito".

Bots "(...) de modo similar aos *worms,* são programas capazes de se propagar automaticamente, '(...) explorando vulnerabilidades existentes ou falhas na

---

[413] Ob. cit., p. 193.

[414] Ob. cit., p. 204-208.

Código de Defesa do Consumidor
O PRINCÍPIO DA VULNERABILIDADE

configuração de *softwares* instalados em um computador (...)', dispondo, ao contrário daqueles, de mecanismos de comunicação com o invasor, o que permite um controle remoto".

Rootkits são "(...) um conjunto de mecanismos que lhe permitem esconder-se, de modo a assegurar sua presença no computador comprometido".

n) **pishing spam ou phishin scam** – caracteriza-se pela "pesca" do consumidor por intermédio de *e-mails* maliciosos que objetivam atrair o incauto para que ingresse em *sites* e forneça dados pessoais que servirão para a concretização de fraudes e subtrações ilegais.

Explica Guilherme Magalhães Martins[415] que "trata-se de uma corruptela do verbo inglês *to fish* (pescar, em português), sendo o destinatário normalmente convidado a clicar sobre um *link* que aparece no corpo da mensagem e, ao fazê-lo, aciona o *download* de um programa malicioso que vai penetrar no seu computador e capturar informações ali armazenadas". Normalmente os *crackers* se utilizam da marca e da aparência de atuação de grandes corporações, bancos ou órgãos públicos, procurando ofertar uma imagem de credibilidade que cativa o consumidor e o torna presa fácil.

o) **hoaxes** – são os *e-mails* que remetem boatos, ou seja, informações sobre fatos de repercussão, mensagens de algum órgão público, tais como intimações judiciais, pessoas que estão precisando de ajuda por causa de doenças graves, ou seja, toda ordem de armadilhas tendentes a fazer com que o usuário acesse a informação, entregando informações suas, que poderão ser usadas maliciosamente, ou realizando alguma atividade sugerida na mensagem, que trará como conseqüência prejuízos ao consumidor.

p) **interceptação e adulteração de e-mails** – Guilherme Magalhães Martins[416] comenta que "o correio eletrônico é um meio de comunicação marcado pela insegurança, tendo em vista a longa e tortuosa viagem realizada pelo *e-mail* até o seu destino, passando por incontáveis provedores até atingir o seu destino". Salienta, então, que, em primeiro lugar, "(...) os administradores desses provedores de acesso podem facilmente vasculhar o conteúdo dos *e-mails* que retransmitem, que neles aportam durante a transmissão ou que simplesmente recebem. Sem prejuízo disso, *crackers* podem interceptar as mensagens antes de alcançarem seus destinatários, daí a facilidade de serem adulteradas, acrescentando-se-lhes ou excluindo-se-lhes texto, afora a possibilidade de serem sumariamente excluídas ou apagadas".

Esta realidade evidencia a profunda vulnerabilidade técnica e jurídica do consumidor, pois, além de ter a possibilidade de sofrer graves prejuízos devido à impossibilidade de evitar estas ocorrências, terá imensas dificuldades de provar eventual fraude que possa ter sido praticada contra ele.

---

[415] Ob. cit., p. 222.
[416] Idem, p. 234.

q) **vulnerações psicológicas** – neste item apenas abriremos a reflexão em torno do assunto, porque o tema é de uma amplitude incomensurável. Para tanto, alguns comentários incipientes serão declinados.

A *internet* criou o que os profissionais da área da psicologica têm chamado de CMC ou Comunicação Mediada pelo Computador. São *chats, newgroups, videoconferência, jogos on-line, e-mails, fóruns de discussão* etc., os quais proporcionam novas formas de comunicação e de postura dos seus usuários.

Não são definidos, ainda, reflexos precisos de tal tipo de contato social, mas as pesquisas apontam estatísticas preocupantes para a psicologia das pessoas.

Pesquisa realizada por Young (1997ª)[417] informa que "quando ela perguntou aos dependentes porque utilizam *Chat* e MUD (aplicações altamente interativas), as respostas obtidas foram: 86% dos dependentes falaram anonimato, 63% acessibilidade, 58 % segurança e 37% uso fácil".

A partir desses dados, foram realizados estudos em três níveis: a) suporte social; b) realização sexual; c) criação de *persona.*

Relativamente ao suporte social, verificamos que as pessoas acabam assumindo uma rotina de visitar o mesmo local de comunicação, estabelecendo-se um sentimento de que pertencem a uma determinada comunidade que sequer conhecem de fato seus integrantes, haja vista que, na participação em tais locais da *rede,* as pessoas costumam mentir, se fazer passar por outra pessoa, referir qualidades que não possuem etc. Assim, são formados rapidamente laços íntimos entre os participantes, gerando, em nossa visão, um costume psíquico pernicioso de estabelecer vínculos superficiais, sem um senso crítico fundamental para que as trocas inter-pessoais possam ser feitas de forma verdadeira e segura.

Isso pode trazer reflexos importantes para o convívio real dos usuários, pois os amigos, parceiros, amores estabelecidos na *internet* praticamente "não possuem defeitos", haja vista que não acontecem contatos reais e aprofundados, o que pode resultar, em algumas situações, em desvalorização das vivências cotidianas normais, embasadas em contatos verdadeiros e diretos.

No âmbito da realização sexual, o anonimato e a distância dos contatos da *internet* encoraja a pessoa a realizar atividades, contatos, comunicações que não faria na vida real, acostumando-se a tais condutas o que pode, da mesma forma, ter conseqüências graves advindas da ausência de desenvolvimento de mecanismos de satisfação em nível real.

Com efeito, somente a experiência real, direta, praticada efetivamente tem o potencial de educar o ser humano ao aprendizados de posturas benéficas que lhe tragam real satisfação e que possam produzir o surgimento de relacionamentos igualmente satisfatórios e não-patológicos.

---

[417] Extraído do *site* www.netpesquisa.com/introducao/teorias.htm, acessado em 09.07.2008.

Sob o terceiro enfoque, as pessoas criam uma *persona*, uma "máscara", por intermédio da qual podem ser fortes, seguras, não-reprimidas, exercitando condutas no ambiente virtual que estimulam cada vez mais tais sensações, as quais acabam sendo confrontadas quando do retorno ao mundo real, onde a verdade do estado psíquico do usuário vem à tona. Isto pode ter o condão de maximizar as frustrações, bem como as dificuldades de vivência e convivência, ocasionando prejuízos evidentes aos vulneráveis consumidores da *internet*.

Não bastasse tudo isso, existem estudos relativos aos efeitos produzidos na educação das pessoas,[418] também no tocante ao vício de estar no ambiente virtual e muitos outros.

Apenas para ilustrar e evidenciar o relevo do tema, transcrevemos parte da entrevista do Professor Valdemar Setzer:[419]

"(...) estudo da Unicamp confirmou um outro anterior feito no Instituto de Pesquisas Econômicas da Comunidade Européia, utilizando os mesmos dados (Saeb de 2001). Só que no da Unicamp foi feita uma análise multivariada, separando-se os alunos em classes socioeconômicas, mas no global os resultados foram os mesmos: quanto mais os alunos usam um computador, pior o rendimento escolar. Esses estudos e outros comprovaram as minhas deduções, que tinham sido puramente conceituais – o primeiro artigo que publiquei contendo algo contra o uso de computadores na educação foi de 1976. Em geral, supõe-se que uma das causas da piora do rendimento escolar seja a perda de tempo no uso do computador em lugar de dedicação a tarefas escolares. Claro que esse é um fator importante, mas eu vou muito mais a fundo, pois analiso a influência do computador sobre a mente de crianças e jovens, em particular, sobre o pensamento. Por exemplo, qualquer aparelho com tela prejudica a imaginação, pois quando se vê uma foto, ou pior, um filme ou animação, não há nada mais a ser imaginado. Compare-se com a leitura de um romance onde tudo tem de ser imaginado, isto é, incentiva-se e treina-se a imaginação. Os desastres provocados por esses aparelhos levou um neurocientista alemão, Manfred Spitzer, a escrever um livro cujo título traduzido seria 'Cuidado, Tela!', onde ele mostra que todos os aparelhos com tela produzem enormes prejuízos para crianças e jovens, desde aumento de peso pela passividade física que eles impõem até vários problemas psicológicos, como aumento da agressividade, passando por muitos outros

---

[418] Sobre o efeitos danosos da *internet* na educação, ver Valdemar W. Setzer no *site* hhttp://www.ime.usp. br/~vwsetzer, e também hhttp:www.ime.usp.br/~vwsetzer/comp-cient.htm/ quando aponta para a idéia de que o computador está introduzindo a apreciação do cosmético, isto é, a importância da forma e dos desenhos ao conteúdo. A aparência é mais valorizada. Afirma que estamos ensinando crianças a enganarem o mundo, e que as crianças não vão conseguir ler um livro que exija pensamento e concentração, pois estão acostumadas a puxar uma coisinha aqui e outra ali na internet. Como conclusão, o computador na educação prejudica a própria educação, porque a torna uma brincadeira, um joguinho eletrônico. Atrai pela aparência e pelos efeitos.

[419] Valdemar Setzer é um dos maiores especialistas brasileiros na matéria, podendo ser acessado pelo *site* http://www.ime.usp.br/~vwsetzer/. Acessado em 11 de jullho de 2008.

efeitos, conforme menciono em um artigo que aborda os males de todos os meios eletrônicos".

Também não podem ser olvidados os problemas decorrentes do acesso a informações violentas, sexuais, delitos praticados por intermédio da *rede* etc., situações estas de difícil controle em relação principalmente às crianças, sem dúvidas os mais vulneráveis a todo tipo de ataque virtual.

Isto é especialmente sensível devido à dificuldade de estabelecer restrições eficazes às possibilidades de acesso por parte das crianças dos adolescentes, pois se tal é conseguido no espaço familiar, o mesmo não é possível de ser feito externamente a ele, haja vista as oportunidades de ingresso na *internet* em *Lan Houses,* e em maior grau ainda, na casa de amigos, onde pode inexistir qualquer controle.

Essa é a pós-modernidade, com os seus benefícios e os seus problemas. Cabe a nós debatermos sobre as novas questões que aparecem, a fim de ampliar o conhecimento a respeito dos efeitos gerados pelas tecnologias que se colocam à disposição para, então, estabelecermos níveis adequados de vivência, sempre pautados pelos princípios da dignidade da pessoa humana, da vulnerabilidade, da igualdade e da proteção à vida e à saúde.

Finalizando a abordagem sobre o contrato e as possibilidades de que se constitua em um instrumento de vulneração, rememora-se tudo o quanto foi dito no compartimento relativo à intervenção estatal, reiterando que esta é a única maneira de obedecer aos ditames da Carta Magna, com vistas à obtenção de melhores condições de vida à humanidade.

11.2. A PUBLICIDADE

11.2.1. Conceitos básicos

Inicialmente, cabe delimitar nosso campo de análise, informando sobre quais estruturas sociais discorreremos, bem como realizando definições fundamentais para que o estudo possa ser compreendido.

Para tanto, imprescindíveis são os ensinamentos de Armando Sant'Anna, publicitário fundador e Presidente da CBP – Companhia Brasileira de Publicidade, cuja obra *Propaganda – Teoria – Técnica – Prática*, 7ª edição, é um clássico desta área do conhecimento.

A partir dos seus ensinamentos, o objetivo será demonstrar os princípios e algumas técnicas de propaganda e publicidade, a fim de bem evidenciar o nível de vulnerabilidade psíquica e fisiológica antes abordada.

No decorrer desta análise, posicionar-nos-emos quanto à importância da comunicação de massa para o desenvolvimento, tendo o cuidado de identificar, entretanto, que os desvios e abusos podem levar a situações prejudiciais aos consumidores, em que pese, de um modo geral, serem eles beneficiados pela possibilidade de ter conhecimento de que estão no mercado determinados produtos e serviços, oferecidos pela publicidade, para que possam satisfazer suas necessidades.

Desvios, todavia, acontecerão sempre em todas as profissões, muitas delas se valendo da falta de divulgação, da dificuldade de constatação técnica e muitos outros fatores, o que não sucede na área de conhecimento sob análise, haja vista a sua natureza pública, massificada e facilmente definível em termos de danosidade ou não, comentário este importante para que bem situemos o assunto.

Assim, inicialmente, deve ser dito que os problemas atinentes à propaganda e à publicidade acontecem a partir da idéia que identifica a "massa". Ou seja, a consideração do grande número de pessoas que se encontram no organismo social e que precisam ser, de alguma forma, "atingidas", no sentido de conhecidos no seu íntimo psicofisiológico.

Armando Sant'Anna[420] cita o sociólogo Herbert Blumer, o qual define as características da "massa":

"primeiro: seus membros podem vir de qualquer profissão e de todas as camadas sociais;

segundo: a massa é um grupo anônimo;

terceiro: existe pouca interação ou troca de experiência entre os membros da massa (...) não tem oportunidade de se inter comunicar como os membros da multidão;

quarto: (...) é frouxamente organizada e não é capaz de agir de comum acordo e com a unidade que caracteriza a multidão;

(...) Em resumo, eles são como átomos separados que, juntos, formam a audiência da massa.

(...) Esta visão de comunicação de massa tem sido chamada de 'o modelo da agulha hipodérmica': cada membro da audiência é 'picado' direta e pessoalmente pela mensagem. Uma vez que o tenha atingido, a comunicação pode ou não influenciá-lo, dependendo de sua resistência para recebê-la".

Por estas características já é possível identificar a imensa vulnerabilidade social dos consumidores, na medida em que se constituem em uma massa desorganizada e sem intercomunicação, ao passo que o fornecedor possui ambas as características e muito mais, detendo os processos técnicos, financeiros e de mídia para induzir aos atos de consumo.

Aliás, fazendo um breve parêntese, diga-se que, como decorrência lógica das novas tecnologias a respeito de meios de comunicação e do aumento da produção industrial a partir do século XIX, na atualidade não é o mercado que comanda a

---

[420] *Propaganda, Teoria, Técnica, Prática.* 7ª edição atualizada e revisada. São Paulo: Pioneira Arte Comunicação, p. 3.

produção, mas esta que comanda o mercado. Sant' Anna aponta esta realidade,[421] dizendo que

> "(...) antes do impetuoso avanço da tecnologia, as fábricas se limitavam a produzir aquilo que o consumidor realmente necessitava e estava em condições de adquirir. Com o advento da produção em massa para um mercado que já principiava a superar a fase de consumir apenas o essencial, viram-se os industriais forçados a encontrar meios rápidos de escoar o excesso de produção de máquinas cada vez mais aperfeiçoadas e velozes (...). Só a propaganda, com suas técnicas aprimoradas de persuasão, poderia induzir as grandes massas consumidoras a aceitar os novos produtos, saídos das fábricas, mesmo que não correspondessem à satisfação de suas necessidades básicas: comer, vestir, morar, tratar da saúde. Chega-se ao estágio que Galbraith em 'O Novo Estado Industrial' define como 'o controle da demanda pelos industriais'".

Tratamos, portanto, de comunicação de grande número de indivíduos, sendo fundamental, portanto, abordar também o conceito de "relações públicas", comentando Sant' Anna[422] que "Ivy Lee, considerado o 'Pai das Relações Públicas, descobriu que as políticas sólidas e sua difusão sincera encerram a chave para a publicidade bem-sucedida". Continuando, ilustrou o comentário dizendo que "graças a este pensamento, conseguiu transformar a imagem de John D. Rockefeller, um capitalista duro e insaciável, num filantropo amigo das artes e dos operários".

Definindo esta arte de comunicar, relações públicas seria "(...) o esforço deliberado, planejado e permanente de estabelecer e manter um entendimento mútuo entre uma organização e o público, qualquer que este seja". Ainda, seria a

> "(...) função administrativa por meio da qual se avaliam as atitudes públicas, identificam-se as diretrizes e os procedimentos de um indivíduo ou de uma organização com o interesse público e se executa um programa de ação com o objetivo de angariar a compreensão e a aceitação pública em favor daquele indivíduo ou daquela organização'.(Casal Griswold)".

Em suma, "(...) é um método de interferência na formação de correntes de opinião pública".

A partir desta avaliação é que será colocada a público a imagem de uma pessoa (propaganda política) ou de uma organização, seja por intermédio da difusão de apelos institucionais ou diretamente vinculados a um produto ou serviço, objetivando eliminar resistências e criar uma série de sensações no intelecto humano, na forma do que será a seguir apontado.

---

[421] Ob. cit., p. 4 e 5.

[422] Idem, p. 37.

Fixados estes primeiros conceitos, necessário estabelecer as diferenças entre publicidade e propaganda, novamente citando o mestre publicitário:[423]

"Publicidade deriva de público (do latim 'publicus') e designa a qualidade do que é público. Significa o ato de vulgarizar, de tornar público um fato, uma idéia.

Propaganda é definida como a propagação de princípios e teorias. Foi traduzida pelo Papa Clemente VII, em 1597, quando fundou a Congregação da Propaganda, com o feito de propagar a fé católica pelo mundo. Deriva do latim 'propagare', que significa reproduzir por meio de mergulhia, ou seja, enterrar o rebento de uma planta no solo. 'Propagare', por sua vez, deriva de 'pangere', que quer dizer enterrar, mergulhar, plantar. Seria então a propagação de doutrinas religiosas ou princípios políticos de algum partido.

(...) publicidade significa, genericamente, divulgar, tornar público, e propaganda compreende a idéia de implantar, de incluir um idéia, um crença na mente alheia. Comercialmente falando, anunciar visa promover vendas e para vender é necessário, na maior parte dos casos, implantar na mente da massa uma idéia sobre o produto".

Na conceituação supra, o autor identifica um momento histórico da idéia de propaganda. Antonio Herman de V. Benjamin, entretanto, o localiza em época anterior, escrevendo[424]

"(...) que o primeiro anúncio impresso em inglês que se tem notícia foi veiculado em 1477, na Inglaterra, anunciando livros religiosos publicados por William Caxton. Já em meados do século XVII, jornais britânicos, conhecidos por 'mercuries', passaram a trazer uma grande variedade de anúncios, que iam de tabelas de navios mercantes a medicamentos. Nos Estados Unidos, só a partir da última década do século XIX, como conseqüência da multiplicação dos jornais diários, a publicidade ganha espaço, consumando-se o fenômeno publicitário de massa em paralelo ao fenômeno da produção em massa".

À noção de propaganda, todavia, parece ter sido apreendida muito tempo antes, talvez podendo ser dado como exemplo o cristianismo, quando toda uma estrutura de propagação foi elaborada para a confirmação da sua doutrina. Desde a localização dos templos, geralmente em locais altos e facilmente visualizáveis, oportunizando que fossem avistados antes da própria cidade, até a criação dos sinos, mídia (a palavra mídia, de *medium* – meio ou veículo, ou meio – , é que designa o elemento material que divulga a mensagem) esta que servia e serve para veicular o chamamento e a importância da organização criada.

---

[423] Ob. cit., p. 75.

[424] "O Controle Jurídico da Publicidade". In: *Revista Direito do Consumidor*, vol. 9, São Paulo: RT, p. 26.

Os mecanismos de propaganda, portanto, foram e são os instrumentos disseminadores de idéias.[425]

Alexandre Skowronsky[426] indica que

"(...) a manifestação mais antiga documentada em propaganda foi um trabalho precursor do 'outdoor', em Pompéia, A.C. A peça oferecia aos viajantes uma estalagem onde seria encontrado bom vinho e comida. 'SE DESEJAS BOM VINHO E COMIDA VÁ ATÉ A SEGUNDA TORRE GAMBRINOS'".

Outro conceito importante é o de *merchandising* e *marketing*. Este, segundo Sant'Anna,[427] é o processo de "(...) execução de uma empresa de todas as atividades necessárias para criar, promover, distribuir produtos que estejam de acordo com a demanda atual e potencial e com a sua capacidade de produção".

---

[425] *O Santo Graal e a Linhagem Sagrada*, livro escrito por Michael Baigent, Richard Leigh e Henry Lincoln, Editora Nova Fronteira, 3ª edição, p. 302, 303 e 304, é o resultado de uma pesquisa de mais de 10 anos em documentos antigos e traz algumas idéias inovadoras sobre a figura de Jesus, sendo que a citamos apenas como referência ao tema ora tratado, não havendo qualquer comprometimento com suas conclusões: "É claro que Jesus havia recrutado um número significativo de seguidores na época de sua entrada triunfal em Jerusalém. Mas esses seguidores seriam compostos de dois elementos distintos, cujos interesses não eram precisamente os mesmos. Por um lado havia um pequeno núcleo de 'iniciados': a família, outros membros da nobreza, aliados ricos e influentes, cujo objetivo primário era ver seu candidato instalado no trono. Por outro lado havia uma comitiva muito maior de 'pessoas comuns': as fileiras do movimento, cujo objetivo primário era ver a mensagem, e a promessa que ela continha, cumpridas. É importante reconhecer a diferença entre estas duas facções. Seu objetivo político – estabelecer Jesus no trono – teria sido o mesmo. Mas suas motivações teriam sido essencialmente diferentes. Quando o empreendimento falhou, como obviamente aconteceu, a frágil aliança entre estas duas facções – 'seguidores da mensagem' e 'seguidores da família'- teria sucumbido. Confrontada como fracasso e com a ameaça de iminente aniquilação, a família teria colocado como prioridade o único fator que , desde tempos imemoriais, tem sido primordial para nobres e famílias reais: a preservação da linhagem a qualquer custo; se necessário, ao preço do exílio. Todavia, para o 'seguidores da mensagem', o futuro da família teria se tornado irrelevante, a sobrevivência da linhagem seria de importância secundária. Seu objetivo principal teria sido a perpetuação e a disseminação da mensagem. O cristianismo, na forma como evoluiu nos seus primeiros séculos e finalmente chega até nós hoje, é um produto dos 'seguidores da mensagem'... Dada a necessidade de disseminar um deus-mito, a verdadeira família corpórea desse deus e os elementos políticos e dinásticos de sua história teriam se tornado supérfluos. ...Assim, para levar adiante tal pretensão, todos os elementos dinásticos e políticos foram rigorosamente expurgados da biografia de Jesus... Pela mesma razão, precisamente, foi promulgada a doutrina do nascimento virgem...Pois a família – que constituía testemunho ocular do que realmente e historicamente ocorreu – representava uma perigosa ameaça ao mito". O autores defendem a idéia de que Jesus era um ser humano especial, mas que nascera e morrera da mesma forma que os homens normais, tendo possuído família (a linhagem sagrada), sendo que foi a propaganda do mito que teria criado o cristianismo atual. Preferimos nos ater ao aspecto técnico da disseminação de idéias, até porque nossa formação religiosa se funda na fé e na crença no Deus-Pai que nos orienta e em Jesus, seu enviado.

[426] O autor é Diretor de Atendimento da empresa Martins e Andrade Comunicação, cuja palestra foi proferida no 3º Interaer, Congresso de Interação de Comunicação Social da Aeronáutica, na cidade de Santa Maria, em 13 de maio de 1994. Também comenta sobre a primeira fase da propaganda: "Os primeiros anúncios publicitários são do século XIX, pelo ano de 1870, onde os interessados autorizavam seus 'reclames' nas agências dos Correios e Telégrafos que enviavam os textos para os respectivos veículos (jornais). POR ISSO A ORIGEM DO NOME AGÊNCIA. Com o crescimento natural da demanda de anúncios nas agências postais, devido ao desenvolvimento do mercado, houve a separação das tarefas e iniciou-se neste momento o comissionamento sobre a autorização. SURGEM AS PRIMEIRAS AGÊNCIAS ESPECIALIZADAS. A segunda. Década de 30. Expansão das agências americanas pelo mundo. Surgem as primeiras agências gaúchas...Terceira fase. Década de 90. Era da tecnologia. Os computadores estão enrredados na própria estrutura da vida moderna...A maior agência do mundo: DENTSU, japonesa- sediada em Tóquio".

[427] Ob. cit., p. 18.

Código de Defesa do Consumidor
O PRINCÍPIO DA VULNERABILIDADE

Já o *merchandising*[428]

"(...) é o planejamento promocional do produto antes de ser lançado no mercado (...) uma previsão de consumo do produto do ponto de vista de sua aceitação: tamanho, durabilidade, facilidade de manejo, aparência, forma, cheiro, sabor, embalagem, peso, estilo, cor etc. (...). A palavra CERTO é a chave para se entender bem o que é 'merchandising', A mercadoria CERTA, na quantidade CERTA, no momento CERTO, no lugar CERTO, pelo preço CERTO, com apresentação CERTA".

Continuando, o "merchandising" é a "brigada de reconhecimento do 'marketing'", "o 'marketing' define o quê e onde vender. O 'merchandising', como e por que vender".

Na lei consumerista, somente existe o conceito de publicidade, o que está nos artigos 30, 36, 37 e 38 do CDC, na parte que trata das enganosidades e abusividades. A propaganda somente é vista no artigo 56, inciso VII (imposição de contrapropaganda) e no 60, todos do CDC, quando é previsto que os órgãos público, que realizam a defesa administrativa do consumidor poderão impor tal sanção. Não fala o Código em contrapublicidade, dado que o objetivo da publicidade é vender, enquanto o objetivo da propaganda é a implantação de idéias, na forma já vista.

A doutrina consumerista igualmente comenta que a expressão *merchandising* serviria para designar aqueles anúncios subliminares, normalmente veiculados em filmes, novelas e espetáculos. Todavia, a expressão é técnica e encerra objetivos maiores, conforme demonstrado.

Por fim, é importante definir "anúncio",[429] conceituado como sendo

"(...) a grande peça do imenso tabuleiro publicitário e o meio publicitário por excelência para comunicar algo com o propósito de vender serviços ou produtos, criar uma nova disposição, estimular um desejo de posse ou para divulgar e tornar conhecido algo novo a interessar a massa ou um de seus setores".

Estes alguns dos conceitos fundamentais para o desenvolvimento do trabalho.

11.2.2. Objetivos e natureza dos fenômenos publicitários

Os principais objetivos da publicidade apontados por Sant'Anna:[430]

"1. incutir uma idéia na mente da massa;
2.criar o desejo pela coisa anunciada;
3. levar a massa ao ato de compra".

---

[428] Ob. cit., p. 21.

[429] Sant'Anna, ob. cit., p. 77.

[430] Ob. cit., p. 88.

Para tanto, salienta o autor que:

"(...) a publicidade tem de interessar, persuadir, convencer e levar à ação, ou seja, tem de influir no comportamento das massas consumidoras. Para influir no comportamento de alguém é preciso conhecer este alguém, e este conhecer deve abranger: a) a natureza humana: as necessidades básicas, desejos e paixões que fazem agir o ente humano; b) seus hábitos e motivos de compra".

Philip Kotler e Gary Armstrong[431] comentam que as

"(...) grandes empresas sabem *onde, como e quando* no que se refere às necessidades, desejos e demandas de seus consumidores. Descobrem coisas sobre nós que nem nós mesmos sabemos(...). A Procter e Gamble fez um estudo para saber se a maioria das pessoas dobrava ou amassava o papel higiênico; outro estudo mostrou que 68 por cento dos consumidores preferem que o papel higiênico se desenrole por cima do rolo do que por baixo".

Seguindo no estudo das técnicas da propaganda e da publicidade, que servirão para evidenciar a vulnerabilidade psicofisiológica ou neuropsicológica[432] do consumidor, aponta Sant'Anna que[433] "os fenômenos publicitários apresentam simultaneamente características de ordem física, fisiológica, psicológica e econômica". Física, porque os conceitos de tamanho, cor, disposição gráfica etc., são realidades em si mesmas. A cor vermelha, por exemplo, possui uma longitude de ondas superior à do azul.[434]

Fisiológica, porque os variados estímulos visuais, olfativos, degustativos, sonoros etc., atingem estruturas fisiológicas do ser humano, produzindo determinados resultados, na forma indicada quando da abordagem genérica destes fenômenos, no item antes escrito. Exemplo disso é a música de *rock* que excita, a música clássica que acalma.

Isto é confirmado no magnífico trabalho de Howard Gardner,[435] primeiro citando E. R. Kandel, nos seguintes termos:

"Formas básicas de aprendizagem, familiarização, sensibilização e condicionamento clássico *selecionam* entre um grande repertório de conexões pré-existentes e alteram a força de um subconjunto deste repertório (...).

---

[431] *Princípios de Marketing*. 7ª edição. Rio de Janeiro: Prentice-Hall do Brasil, p. 5.

[432] Sobre neuropsicologia e aprendizagem ver *Temas Multidisciplinares de Neuropsicologia e Aprendizagem da Sociedade Brasileira de Neuropsicologia*. Editora Científica Luiza Elena L. Ribeiro do Valle, São Paulo: Robe Editorial, 2004. Sobre o conceito de neuropsicologica ver p. de apresentação deste livro: "A neuropsicologica é a ciência que se ocupa das relações entre os aspectos neurológicos e o processamento cerebral necessário para a realiação de qualquer manifestação inteligente, envolvendo, portanto, diversas especialidades voltadas para a Clínica e para a Educação Especial ou Reabilitação, atuando numa variedade de questões que comprometem o desempenho pessoal e a satisfação nas atividades".

[433] Sant'Anna, ob. cit., p. 78.

[434] Modesto Farina. *Psicodinâmica das Cores em Comunicação*. 4ª edição. Edgard Blücher.

[435] *Estruturas da Mente, A Teoria das Inteligências Múltiplas*. Tradução de Sandra Costa. Porto Alegre: Artes Médicas Sul, 1994, p. 36, 99 e 215.

Uma implicação desta concepção é que as potencialidades para muitos comportamentos dos quais um organismo é capaz estão embutidas no andaime básico do cérebro e encontram-se, nesta extensão, sob o controle genético e desenvolvimental(...). Fatores ambientais e a aprendizagem promovem estas capacidades latentes alterando a eficácia das vias pré-existentes, por meio disso levando à expressão de novos padrões de comportamento".

p. 99:

"O matemático G. H. Hardy tinha estas diferenças em mente quando chamou atenção para o fato de que a música pode estimular as emoções, acelerar o pulso, curar a maldição da asma, induzir epilepsia ou acalmar um bebê (...)"

p. 215:

"(...) o ser humano normal é constituído de modo a ser sensível a determinados conteúdos informativos: quando uma forma particular de informação é apresentada, vários mecanismos no sistema nervoso são disparados para desempenhar operações específicas sobre ele. E a partir do uso repetido, da elaboração e da interação entre estes vários mecanismos computacionais, enfim fluem formas de conhecimento que prontamente denominaríamos 'inteligentes'".

Seguindo os ensinamentos de Sant'Anna, fala o autor da característica Psicológica, porque mexe a publicidade com as "(...) tendências básicas das ações humanas", objetivando o ato de compra.

Corroborando o acima transcrito, merecem referência as palavras de Paulo Jorge Scartezzini Guimarães:[436]

"Não há hoje qualquer dúvida sobre a influência que a publicidade gera sobre o consumidor, fazendo com que adquira produtos ou serviços sob pressões internas (usos e costumes) e externas (informações inadequadas), que deformam o contrato de consumo, tornando-o não mais um ato voluntário, mas sim um ato condicionado.

De forma geral, podemos dizer que o *marketing* deforma a vontade livre do consumidor.

O jornal O Globo, de 21 de maio de 1995, em artigo intitulado 'Quando Freud vai às compras', descreve as estratégias utilizadas para induzir o consumidor a adquirir bens e produtos. Assim, consta do artigo que os *shoppings* não possuem relógio ou luz natural. Tudo remete à beleza e à ambição. Para completar, a disposição da escada rolante obriga o consumidor a circular por todo o andar. Depois do prazer, o consumidor encara a rejeição, isto porque, após quatro horas de compras, o *shopping* entende que ele deve dar lugar aos próximos clientes; prova disso é que o estacionamento, em regra, fica

---

[436] *A Publicidade Ilícita e a Responsabilidade Civil das Celebridades que dela Participam.* São Paulo: Revista dos Tribunais, 2001, p. 100 e 101.

mais caro após esse período. Quanto aos supermercados, normalmente não se encontram logo na entrada os produtos básicos, sendo necessário circular por estantes repletas de bens supérfluos para encontrá-los (...)

Apenas a título de ilustração trago a bizarra pergunta feita e imediata resposta dada por minha esposa quando fazíamos compra no supermercado. Indagou-me: Por que devo comprar o caldo de galinha Knorr e não outro? Em seguida, e com a mesma musicalidade do comercial veiculado na televisão, respondeu: Porque Knorr é melhor".

O efeito da música e da mensagem por ela veiculada foram decisivos para o ato da compra, exatamente como apontado por Gardner. Este apenas um exemplo, cada um de nós, por óbvio, já tendo vivenciado situação semelhante.

Econômica, porque serve para o desenvolvimento da economia como um todo.

Dentro desta formação interna, a publicidade, então, lida com os diversos níveis de linguagem, quais sejam:[437]

"*a) Desconhecimento:* é o nível mais baixo de comunicação. Neste nível estão as pessoas que jamais ouviram falar do produto da empresa.

b) Conhecimento: como base mínima temos que nos esforçar para conseguir a identificação do produto por parte do consumidor;

c) Compreensão: neste estado o consumidor não só tem conhecimento do produto ou serviço, mas também conhece a marca e reconhece a embalagem, bem como possui um certo conhecimento do que é o produto e para que serve;

d) Convicção: além dos fatores racionais do produto, a preferência do consumidor se dá, também, por motivos emocionais;

e) Ação: o último nível é onde o consumidor realizou algum movimento premeditado para realizar a compra do produto".

Assim, enquanto os objetivos do *marketing* são o aumento do volume de vendas, de cotas do mercado, de sustentação da ação dos vendedores etc., os objetivos da publicidade se expressam em termos de comunicação e de seus resultados, considerados os níveis supra.

11.2.3. Princípios psicológicos da publicidade

Novamente merecem transcrição as lições de Armando Sant'Anna, o qual apresenta conceitos imprescindíveis para a correta apreensão da vulnerabilidade neuropsicológica:[438]

---

[437] Sant'Anna, ob. cit., p. 78.

[438] Ob. cit., p. 85 e 86.

"*atenção:* é a capacidade de concentração da consciência sobre um objeto;

inibição: é a faculdade que tem a nossa consciência de, a cada momento, deixar de lado tudo que a cerca, permitindo a concentração sobre um único objeto;

interesse: prestamos tanto mais atenção num objeto quanto mais ele nos interessa. O interesse depende das inclinações, das tendências inatas de cada pessoa;

memória: é a faculdade de lembrar-se dos fatos, ou a faculdade de conservar, reproduzir e reconhecer os estados de consciência anteriores, relacionando-os com nossa experiência passada;

percepção: é o registro de um objeto em nossa consciência;

imagem: é a representação de uma percepção anterior. Em propaganda define-se imagem como sendo os conceitos ou preconceitos intelectuais ou emotivos existentes na mentalidade do público, em torno de um produto, um serviço ou de uma empresa;

imaginação: é a faculdade de reviver na consciência objetos ausentes no momento. É a faculdade de formar imagens de coisas não percebidas naquela ocasião, ou a faculdade de representar objetos ausentes;

emoção: é toda perturbação violenta e passageira do tônus afetivo. Resulta de uma modificação súbita no meio que nos cerca . É uma oscilação do nível mental e é sempre causada pela presença de um fenômeno representativo em nossa consciência. Só nos emocionamos quando conhecemos algo de novo ou de inesperado. É a consciência que temos das modificações orgânicas que se produzem após a percepção de um estímulo de natureza afetiva;

vontade ou ato voluntário: é aquele em que o indivíduo escolhe sua forma de agir. É a capacidade do indivíduo agir segundo suas preferências;

conduta: é toda forma de ação do indivíduo, é tudo que o homem diz ou faz, ou se prepara para fazer;

necessidades biológicas: são os fatores dinâmicos da conduta. A necessidade é uma ruptura do equilíbrio do organismo;

desejo: é a expressão consciente da necessidade;

associação de idéias: é a capacidade que temos de unir as idéias, os fatos, as lembranças, os sentimentos existentes em nosso espírito;

motivação: é a predisposição para o indivíduo agir de uma maneira determinada. Na prática é o mesmo que preparação;"

Demonstração gráfica:[439]

Este o mecanismo psíquico de influência da publicidade em todos os seus caminhos, no qual pode ser identificada a presença de "disposições" preexistentes no indivíduo, conforme mencionou Gardner, provavelmente representadas pelas combinações enzimáticas existentes em cada um dos neurônios, segundo apontamos no item 9.4.4. deste trabalho.

---
[439] Armando Sant'Anna, ob. cit., p. 87.

O trabalho da publicidade será, então, conseguir estimular estas pré-disposições, a fim de induzir o consumidor a realizar determinada conduta, para que seja tomada uma decisão no sentido da compra.

Obviamente que a publicidade não terá condições de prever todas as possíveis reações, mas os estudos de psicologia e neurofisiologia já demonstram muitas realidades, que podem ser facilmente comprovadas na prática.

Até mesmo as necessidades humanas podem ser, de um modo geral, catalogadas para um melhor resultado publicitário, identificando Sant'Anna as seguintes:

"– ambição; – amor à família; – aparência pessoal; – apetite; – aprovação social; – atividade; – atração sexual; – beleza; – conformismo; – conforto; – cultura; – curiosidade; – economia; – evasão psicológica; – impulso de afirmação; – segurança; – saúde".

Os princípios psicológicos da publicidade visam, portanto, a orientar determinadas condutas dos destinatários da mensagem, valendo-se de estruturas psíquicas e neurofisiológicas que integram o intelecto humano.

Os conceitos apontados e o *iter* do ato de adquirir demonstram com clareza a complexidade do processo, sendo fácil de comprovar, até mesmo pela existência dos vários elementos que influenciam o resultado final da compra, o grande número de possibilidades que um competente "estímulo publicitário" tem de conseguir atingir seu desiderato, circunstância esta que não pode ser desprezada na avaliação concreta da vulnerabilidade.

11.2.4. A psicologia da compra e venda

A psicologia da publicidade, portanto, baseia-se na existência de uma necessidade que pode ser despertada por um estímulo, tendo como objetivo fazer com que o indivíduo tenha consciência desta necessidade. Para tanto, é gerado um estado de "atenção, interesse, desejo e ação".

A atenção se voltará para o produto ou serviço, pois a publicidade fará com que o destinatário da mensagem os conheça, ato contínuo procurando implantar no consumidor a idéia de que aquele "objeto" apresentado poderá satisfazer sua necessidade despertada.

Conseguido este objetivo, está criado o desejo, a consciência da necessidade, momento em que são avaliados, agora sim, mas já quase no final do processo, aspectos como qualidade, uso, conveniência e preço, para, posteriormente, ser tomada a decisão de adquirir o bem-da-vida.

Destarte, conforme diz o mestre publicitário,[440]

"(...) compramos em termos de desejo e não em termos racionais. Compramos aquilo que nos agrada e não o que nos é útil. Não compramos o que

---

[440] Ob. cit., p. 91.

realmente precisamos, mas sim o que desejamos – isto é, o que as nossas forças afetivas nos impulsionam a comprar".

Para a obtenção destes resultados, existem três fatores de influência na psicologia das massas:[441]

1. a sugestão – "significa a idéia ou um plano de ação que o indivíduo aceita incondicionalmente. É a faculdade de aceitarmos uma idéia exterior sem exame, sem a submeter a crítica, sem termos um fundamento racional. Ela atua através do sentido afetivo da mente e não através do conteúdo racional".

As formas de sugestão são:

– repetição – o estímulo é repetido tantas vezes, que é introjetado na psiquê humana, criando uma representação veraz;

– pela convicção – quando falamos com convicção obtemos confiança do nosso interlocutor;

– pela atmosfera – "a atmosfera que circunda um objetivo ou que emana do anúncio é um veículo sutil de sugestão, desde que adequada ao produto";

2. imitação – "fazemos uma infinidade de coisas em nossa vida, e exclusivamente porque vemos os outros fazerem (...). Imitar é uma tendência inata do ser humano, como a sugestão, da qual é o aspecto ativo";

3. empatia – "é o aspecto coletivo ou sentimental da sugestão-imitação. É a capacidade de nos identificarmos espiritualmente com outras pessoas, experimentar os mesmos sentimentos que elas experimentam, ou viver mentalmente situações que desejamos experimentar (...). Quando lemos um romance ou assistimos a um filme, tendemos a nos identificar com o herói (ou heroína), ficamos aflitos sempre que ele está em dificuldades e deliciamo-nos quando tudo acaba bem. Podemos considerar estes sentimentos como empatia porque estamos mais a colocar-nos na situação do herói do que imitar qualquer expressão de alegria ou pesar que o autor tenha criado".

Para tanto, o anúncio deverá:

– atrair a atenção (o anúncio deve ser visto ou percebido);

– despertar o interesse (seu conteúdo deve ser percebido pelo destinatário);

– criar a convicção (o anúncio deve ser acreditado);

– provocar uma resposta (o anúncio deve levar à alguma ação);

– ficar na memória (a coisa ou serviço anunciada deve ser lembrada).

Em breves palavras, esta é a explicação escrita do gráfico do item anterior, ensinamentos estes que reforçam a argumentação relativa à fragilidade dos consumidores no mercado de consumo, considerado que nem toda publicidade é idônea, lícita ou ética.

---

[441] Ob. cit., p. 92 e 93.

11.2.5. Estudo da mitologia e das marcas

Sob o título *A Criação de Mitos na Publicidade*, Sal Randazzo, Ph.D em psicologia pela City University de Nova Iorque, apresentou uma fabulosa tese que bem esclarece os elementos que influenciam na concretização da vulnerabilidade psíquica dos consumidores.

Conjugando conceitos da publicidade, da psicologia e da mitologia, conseguiu desvendar, em situações práticas, alguns mistérios da mente humana, que levam à adoção coletiva de determinadas condutas, confirmando o que se disse no item 9.4.4.

Para tanto, valeu-se da definição de Carl Jung,[442] o qual disse que

"(...) os mitos, assim como os sonhos, são na verdade projeções que emanam da alma ou da psique inconsciente. Os mitos representam sonhos coletivos, aspirações instintivas, sentimentos e padrões de pensamento da humanidade que parecem estar implantados nos seres humanos e que de alguma forma funcionam como instintos ao amoldarem o nosso comportamento".

Citando James Heisig, Randazzo[443] escreve que mitologizar se resume naquilo que

"(...) inclui todas as formas de ficção narrativa simbólica mostrando padrões recorrentes universais e coletivos de resposta psíquica às experiências da vida (...) qualquer representação humana vista sob a perspectiva da alma".

Valendo-se destas realidades, Sal comprova que "(...) os anunciantes vendem produtos mitologizando-os, envolvendo-os nos nossos sonhos e fantasias".

Isto acontece também em outras manifestações de cultura da humanidade, nas áreas mais diversas. Em Hollywood, por exemplo, também são criados mitos, tendo a indústria cinematográfica e também a fonográfica o imenso sucesso que têm exatamente porque, com a tecnologia disponível na atualidade, têm grande facilidade de penetrar nos meandros do intelecto e captar – talvez – aquelas formações enzimáticas referidas por Anhoin, ao analisar a faceta neurofisiológica.

A mitologia foi ressaltada por Jung a partir de estudos psiquiátricos feitos com pacientes que[444] "(...) expressavam imagens arcaicas e padrões de pensamentos que não podiam ser explicados por suas histórias pessoais (...)", identificando, assim, a existência de imagens semelhantes às localizadas "(...) na mitologia, na alquimia, e em outras antigas fontes mitopoéticas (sentidas pela alma)".

O estudo de Saul Randazzo teve como foco a "marca", ou seja, a identificação da entidade organizacional considerada a sua realidade física e *perceptual*,

---

[442] *A Criação de Mitos na Publicidade, Como os publicitários usam o poder do mito e do simbolismo para criar marcas de sucesso*. Rio de Janeiro: Rocco, 1997, p. 11.

[443] Ob. cit., p. 58 e 59. "Mitologias formais como as dos antigos gregos e romanos são basicamente *explicações* em forma de história – uma maneira de explicar o universo através das histórias heroicas dos deuses".

[444] Ob. cit., p. 13.

o primeiro aspecto sendo o seu produto e embalagem, captáveis nas prateleiras, em uma dimensão estática e finita, enquanto o aspecto *perceptual* "(...) existe no espaço psicológico – na mente do consumidor. É dinâmico e maleável".

Com isto, intenta o autor demonstrar que uma empresa, por intermédio da sua marca e valendo-se dos mitos criados pelos meios publicitários, assumirá na mente do consumidor determinados contornos, atingindo o fenômeno da *personificação*. Ou seja, como se a marca fosse de fato uma pessoa, terá ela condições de estabelecer relações diretas de afinidade com o destinatário da mensagem.

Armando Sant'Anna[445] cita como exemplo uma poderosa marca de cigarros de abrangência mundial, dizendo que:

"(...) os fabricantes de cigarros com filtros descobriram, através de pesquisa motivacional, que suas vendas estavam mais baixas do que as de cigarros de filtro, porque o produto que vendiam não funcionava como fetiche de virilidade. A população masculina encarava os cigarros de filtro como coisas afeminadas. Todos os homens-rãs, choferes de caminhões e cawboys nos anúncios de cigarros de filtro, desde então, representam uma tentativa de criar o início destas campanhas. Técnicas semelhantes já estão sendo usadas em perfumes para homens".

Em assim o fazendo, a marca acima referida ficou diretamente associada ao arquétipo da idéia do individualismo e da liberdade americana, por intermédio da apresentação de figura masculina fumando sozinha em belíssimas paisagens. Além disso, foi resgatado o arquétipo da masculinidade, criando-se, assim, várias vinculações, identificações psíquicas entre o produto e o consumidor.

Estas pesquisas motivacionais servem para descobrir, tecnicamente e com profundidade, nossos hábitos irrefletidos, nossas decisões de compra e nossos processos de pensamento, a partir de conhecimentos buscados na psiquiatria e nas ciências sociais. No dizer de Sant'Anna,[446] "(...) tipicamente, esses esforços buscam abaixo do nosso nível de consciência, de tal modo que os aspectos que os influenciam são muitas vezes, em certo sentido, 'ocultos'".

Outro exemplo é o de uma famosa marca de sopas, a qual assume para os consumidores a personalidade de uma "(...) típica mãe americana: calorosa, carinhosa e protetora", tendo em vista as próprias características do produto e a exploração publicitária destas propriedades do aspecto físico da marca.

Desta forma, segundo Sal, a publicidade[447]

"(...) é o meio que nos permite ter acesso à mente do consumidor, criar um inventário perceptual de imagens, símbolos e sensações, que passam a definir a entidade perceptual que chamamos de marca. Dentro desse espaço

---

[445] Ob. cit., p. 43.

[446] Idem, p. 43.

[447] Idem, p. 27.

Código de Defesa do Consumidor
O PRINCÍPIO DA VULNERABILIDADE

perceptual da marca podemos criar sedutores mundos e personagens míticos que, graças à publicidade, ficam associados a nosso produto e que finalmente passam a definir nossa marca".

Dentro da dupla consideração da marca (física e perceptual), antes apontada, podem ser identificadas subdivisões. Sob o aspecto físico ou dos componentes do produto são identificados atributos e benefícios do mesmo. Relativamente aos componentes perceptuais existe a imagem do usuário, benefícios emocionais/psicológicos, alma da marca, personalidade da marca, imagem da marca e posicionamento da marca).

Para melhor demonstrar isto, exemplifica o mestre publicitário com a cerveja Budweiser:

Atributos do produto/serviço	Envelhecimento em tonéis de faia, tradição etc.
Benefícios do produto	Sabor bem definido, puro; qualidade.
Imagem do usuário	Másculo, viril, todos os homem.
Benefícios emocionais	Identidade masculina, laços de amizade masculina, patriotismo.
Alma da marca	Masculina.
Imagem da marca	Cerveja de qualidade para o homem americano típico.
Personalidade da marca	Varonil, diligente, autoconfiante.
Posicionamento da marca no mercado	Cerveja superior.
Posicionamento da marca na mente do consumidor	Uma cerveja superior, viril para o homem comum.

Para explicar este fenômeno decorrente da chamada "aprendizagem associativa", Sal cita Dichter, o qual ensina sobre a relação entre os seres humanos e os objetos, dizendo que[448]

"(...) qualquer objeto possuído funciona de certa forma como um extensão do nosso poder pessoal. Serve portanto para nos fazer sentir mais fortes, compensando até certo ponto o sentimento de inferioridade que temos diante do mundo que nos ameaça (...). Agarramo-nos a eles como se fossem expressões tangíveis de nossa coragem, pois ajudam a nos fazer sentir que a base da nossa existência é algo mais do que o estreito andaime da nossa interioridade nua. Quando você vê uma criança agarrar-se a um pedaço de pano ou a uma boneca com toda força você pode começar a entender o poder da posse".

Em adendo a esta idéia, Randazzo também cita Pierre Martineau,[449] quando escreve que

"(...) a não ser no caso de comportamentos meramente orgânicos, todos os atos do comportamento humano são uma forma de auto-expressão; são uma representação simbólica do seu interior. Uso produtos que vejo como símbo-

---

[448] Ob. cit., p. 40.
[449] Idem, p. 44.

los capazes de satisfazer as minhas forças motivadoras e que são coerentes com a idéia que tenho de mim mesmo".

Desta forma, a roupa vestida, o estilo de vida, a decoração da casa, tudo está relacionado com a imagem interior que temos de nós mesmos, funcionando de igual forma quando da apresentação publicitária das marcas, com o auxílio dos arquétipos coletivos que existem, *a priori*, na mente humana.

O papel da publicidade, portanto, será posicionar a marca na mente do consumidor, escrevendo Randazzo[450] que isto é feito quando é criada uma

> "(...) mitologia da marca que transmite importantes benefícios baseados no produto ou de cunho emocional/psicológico, que por sua vez servem para posicionar a marca, tanto no mercado quanto na mente do consumidor".

A mitologia, portanto, permite que sejam desvendados os mistérios da alma inclusos no inconsciente, ou seja, o mundo irracional, instintivo da psiquê humana, que se encontra "oculto abaixo das aparências da civilização".

Às vezes, estas informações do inconsciente vêm à tona por intermédio dos sonhos, de experiências místicas, por intermédio do uso de drogas[451] e, até mesmo, com o auxílio de técnicas de respiração (chamada "holotrópica"), tendo sido o inconsciente descoberto por Sigmundo Freud, cujas contribuições sobre a matéria foram desenvolvidas por Carl Jung, em suas experiências com pacientes psiquiátricos.

Yung desenvolveu a idéia do "inconsciente coletivo", o qual seria[452] "(...) um inconsciente que contém imagens arquetípicas (universais) cuja pista pode ser seguida até as origens da espécie humana e que são as mesmas para todas as pessoas (...)". Nas palavras de Carl Yung

> "(...) há um segundo sistema psíquico, de natureza coletiva, universal e impessoal que é idêntico para todos os indivíduos. Este inconsciente coletivo não se desenvolve individualmente, é herdado. Consiste em formas preexistentes, os arquétipos, que só em alguns casos chegam ao nível de consciência, e que dão forma definida a certos conteúdos psíquicos (Jung, 1968, p. 43)".

Os arquétipos são, então, instintos profundos da psiquê humana que guiam e moldam nosso comportamento. Um exemplo marcante é o arquétipo da grande mãe, facilmente constatável quando o bebê mama no seio materno, fazendo-o não porque ele pertença à sua mãe natural, até porque sequer a conhece, mas sim pelo

---

[450] Ob. cit., p. 49.

[451] Randazzo, ob. cit., p. 75: "Nas sessões em que os pacientes haviam tomado LSD, Grof descobriu que 'indivíduos sem o menor preparo antropológico e mitológico vivenciaram – sem programação prévia – imagens, episódios e até seqüências temáticas inteiras que mostravam uma chocante similaridade com as descrições da póstuma viagem da alma e do mistério morte-renascimento assim como acontecem em várias culturas' (Grof, 1977, p. 175)".

[452] Randazzo, ob. cit., p. 65.

Código de Defesa do Consumidor
O PRINCÍPIO DA VULNERABILIDADE

fato de estar experimentando a conduta instintiva de se alimentar na "(...) grande, calorosa e carinhosa Grande Mãe". Tanto é verdade que se outro seio diverso da mãe biológica for apresentando ao bebê ele continuará a mamar.

Os mitos possuem papel importante em nossa vida, pois dão um sentido de identidade aos seres humanos, ajudando as pessoas a entender o que é importante e como deveriam portar-se na vida. Segundo Randazzo,[453]

> "(...) mostrando padrões de comportamento humano arquetípicos ou universais, as mitologias são verdadeiras cartilhas para a vida inteira', chegando Rollo May a atribuir '(...) o aumento da violência na sociedade americana à sua obsessão por dinheiro, à sua 'falta de mitos'".

Como resultado, afirma Sal que "os gregos tinham o seu panteão de deuses; os americanos têm as marcas", esclarecendo com esta síntese que a publicidade tem o condão de preencher os espaços vazios do mundo perceptual, criando mitos ou se aproveitando dos já existentes, para oportunizar aos consumidores que projetem seus sonhos, medos, fantasias, frustrações etc.

Por vezes, a publicidade atua em um patamar básico, movimentando as mitologias por intermédio de envolvimentos em entretenimento, diversão, mero prazer. Em outras ocasiões, enfeita a realidade do produto, do serviço ou da marca, relativamente às suas propriedades, benefícios, características. Outras mitologias atuam em nível sociológico, defendendo valores culturais, sendo que, até mesmo em nível espiritual ou cosmológico, podem elas ser direcionadas.

O importante, em resumo, é a criação de um vínculo emocional com o consumidor, a partir dos mitos, dos arquétipos que vivem no inconsciente coletivo, os quais emergirão de maneira imperceptível para o consumidor, determinando que adote uma específica conduta direcionada para a utilização ou aquisição de produtos ou serviços.

Entretanto, como saber quais os mitos eficazes para um grupo específico, para um determinado momento, para uma região peculiar? Ou seja, como programar a estratégia de colocação da marca na mente do consumidor?

Basicamente por intermédio do já comentado processo de personificação da marca, sendo um exemplo a técnica que reúne alguns consumidores para entrevistas, podendo estas ser realizadas a campo (nas ruas) ou nas próprias agências, isto não importando. O método consiste na realização das seguintes perguntas:[454]

> "Comece pedindo que o consumidor-alvo personalize a marca:
> – Com quem se pareceria a marca se fosse uma pessoa?
> – Seria homem ou mulher? Jovem ou velho?
> – Como é que vestiria?
> – Como passa o seu tempo livre?

---

[453] Ob. cit., p. 83.
[454] Randazzo, ob., cit., p 287.

– Quais são os seus *hobbies* e interesses?

– Que tipo de carro dirige?

– De que tipo de música gosta?

– Onde gostaria de passar as férias?

(...)

– Se fosse um restaurante?

– Fosse uma estrela de Hollywood; ou

– Fosse um carro"

A partir das respostas que comumente convergem para um determinado ponto, é possível obter a identidade da marca, a sua personificação, como sendo uma pessoa humilde, sofisticada, alegre, conservadora etc., e, descobertas estas características, a campanha publicitária buscará evidenciar tais peculiaridades e direcionará os anúncios para um consumidor-alvo que possua vinculação mitológica com os motivos psicológicos e emocionais que emanarão da publicização das características da marca.

A empresa IBM, por exemplo, criou "(...) uma mitologia de marca baseada na imagem de um homem de negócios profissional e conservador".[455]

Não há como negar, portanto, que a propaganda se vale de técnicas psicológicas, psiquiátricas, neurofisiológicas e mitológicas bastante avançadas, sendo até mesmo inconcebível que um profissional da área que pretenda sucesso não se instrua nesse sentido.

De outro lado, em que pese não estarmos realizando juízo valorativo sob o enfoque ético, o consumidor simplesmente desconhece tais processos, ficando completamente a mercê dos envolvimentos que sofre cotidianamente, motivo pelo qual é óbvio o reconhecimento da sua vulnerabilidade psíquica ou fisiológica.

11.2.6. Da publicidade ilícita

A previsão relativa à publicidade ilícita está objetivamente nos artigos 36 até 38 do CDC, subdividindo-se em publicidade subliminar, enganosa e abusiva.

A primeira está prevista no *caput* do artigo 36, dizendo respeito àquelas situações em que a mensagem publicitária não é facilmente identificada pelo con-

---

[455] Randazzo, ob., cit., p. 288 e 304: "...Procter and Gamble, por exemplo, desenvolveu um novo posicionamento de marca quando a empresa lançou um novo detergente (Dawn) numa categoria já cheia de produtos afirmados. Olhando os anúncios, fica claro que entre as marcas existentes de detergentes de cozinha, Ivory e Palmolive usavam um posicionamento 'suave para as sua mãos', e Joy usava um posicionamento 'eficaz'('limpa até brilhar').Também havia algumas marcas menores usando um posicionamento de valor. Em lugar de tentar competir assumindo um dos posicionamentos existentes, P&G criou com sucesso um posicionamento de marca totalmente novo que enfatizava a superioridade de Dawn na dissolução da gordura. Ao que parece, P&G tinha feito direitinho os seus deveres de casa; o novo posicionamento parecia dar ao consumidor uma importante vantagem que acabou transformando Dawn no novo líder da categoria".

sumidor em nível consciente, o qual é feito por intermédio de técnicas que mascaram a remessa da informação desejada pelo anunciante.

Este tipo de publicidade subliminar, também chamada de clandestina ou *merchandising,* é bastante comum em novelas, filmes, *sites,* entrevistas, programas na televisão, ou seja, existe uma gama imensa de situações em que poderemos estar sendo "invadidos" por uma determinada mensagem sem perceber.

A mera aparição de um famoso ator ou atriz usando uma determinada marca de carro já é o suficiente para posicionar na mente do consumidor um interesse pelo produto, constituindo-se esta em uma singela, mas eficaz conduta de estímulo à compra de bens.

A segunda caracteriza-se, inicialmente, pela motivação publicitária. No artigo 37, § 1º, do CDC é dito ser necessário o intuito publicitário, para tanto podendo ser utilizadas as variadas formas de publicizar a mensagem.

Como segundo aspecto, deve estar configurada uma informação ou comunicação "(...) inteira ou parcialmente falsa (...)" que tenha o condão de induzir em erro o consumidor. Tal falsidade poderá ser gerada inclusive por omissão de informações imprescindíveis relativamente aos aspectos atinentes a preço, quantidade, qualidade e outros dados fundamentais, arrolados não exaustivamente no § 1º do artigo 37 e no artigo 31 do CDC.

O dispositivo visa a atender ao direito básico do consumidor incluso no artigo 6º, inciso III, já comentado, qual seja o respeito ao princípio da veracidade.

Valéria C. P. Furlan[456] aborda o assunto relativo à falsidade citando Guido Alpa:

"A questo riguardo, di recente si é esservato che il termine di 'falsità' deve essere inteso nella sua accezione piú lata: è vietata infatti la diffusione di notizie e aprezzamenti 'falsi' non solo in senso stretto ma anche in senso lato. Tale falsità 'in senso ampio ricorre ogni qualvolta, pur essendo veri tutti i fatti esposti, la notizia è tale da ingenerare nel pubblico un falso giudizio come quando si riferiscono fatti veri, sfavorevoli al prodotto, ma senetacciono altri, la cui conoscenza è necesaria per un'esatta valutazione o como quando il fatto è vero ma è esposto, presentato o commentato in modo tale da ingenerare un giudizio falso. È lecita pertanto solo la diffusione che consente al pubblico un giudizio esatto'".

É indispensável, desta forma, que seja passado um juízo exato ao consumidor, sob pena de poder ser considerada enganosa a publicidade, sendo absolutamente irrelevante que o anunciante tenha agido com dolo ou culpa na veiculação da publicidade, haja vista que o critério legal é objetivo e finalístico.

Com efeito, o requisito último para a identificação da ilicitude é ditado pela locução "(...) capaz de induzir em erro o consumidor (...)", inclusa no artigo cita-

---

[456] "Princípio da Veracidade Nas Mensagens Publicitárias". In: *Revista Direito do Consumidor,* vol. 10, RT, p. 115.

do, podendo existir até mesmo situações em que o agente publicitário não tenha desejado atingir determinado resultado falso, mas, gerado este, poderá ser considerado enganoso o anúncio.

Esta tomada de posição do legislador põe às claras a completa alteração da estrutura negocial vigente, em relação à que sempre fora praticada, tendo dito Alcides Tomasetti Jr.[457] que

> "(...) dessa correlação, juridicamente predisposta para reequilibrar agentes econômicos dominantes e dominados, deriva, aliás, a inaplicabilidade, às declarações negociais praticadas para consumo e às relações delas decorrentes, de dois consectários do aludido princípio da irrelevância dos motivos: o farisaico *Caveat emptor* ('O comprador que se acautele') foi como que substituído pelo *Caveat praebitor* ('O fornecedor que se acautele'); e não há mais espaço para a hipocrisia congenial ao *dolos bonus*".

A questão é bem resumida pelas lições sempre precisas de Antonio Herman de Vasconcellos e Benjamin,[458] quando esclarece que

> "(...) não se exige prova de enganosidade real, bastando a mera enganosidade potencial ('capacidade de indução em erro'); é irrelevante a boa-fé do anunciante, não tendo importância o seu estado mental, uma vez que a enganosidade, para fins preventivos e reparatórios, é apreciada objetivamente; alegações ambíguas, parcialmente verdadeiras ou até literalmente verdadeiras podem ser enganosas; o silêncio – como ausência de informação positiva – pode ser enganoso (...) o *standard* de enganosidade não é fixo, variando de categoria à categoria de consumidores (por exemplo, crianças, idosos, doentes, rurícolas e indígenas são particularmente protegidos)".

Destes ensinamentos é possível depreender que não é necessário que algum consumidor efetivamente tenha auferido algum tipo de dano individualizado, até porque este já terá se materializado sob a forma difusa, exatamente no momento em que o anúncio eivado de enganosidade for publicizado.

Dos entendimentos de Herman Benjamin também surge a questão de definir qual o critério mais adequado para apreciar a real enganosidade da informação.

Adalberto Pasqualotto[459] aponta que o parâmetro do consumidor médio é incorreto, pois

> "(...) remete a proteção ao consumidor à sua própria diligência e atenção, permitindo, outra vez, que a publicidade seja instrumento de manipulação pública e deixando impunes os anunciantes espertos".

---

[457] "O Objetivo de Transparência e o Regime Jurídico dos Deveres e Riscos de Informação Nas Declarações Negociais". In: *Revista Direito do Consumidor*, vol, 4, RT, p. 61.

[458] *Código Comentado*, ob. cit., Forense Universitária, p. 193.

[459] *Os Efeitos Obrigacionais da Publicidade no Código de Defesa do Consumidor*. RT, 1997, p. 124.

Propõe, em substituição a tal critério, a adoção do conceito de consumidor típico, o qual leva em consideração o "(...) menos consciencioso e informado, por conseqüência, aquele mais exposto aos efeitos de publicidades enganosas".

As conclusões do mestre gaúcho[460] decorrem da excessiva abstração contida no critério repudiado, sendo mais eficaz a apreciação de dados objetivos e tópicos, pois, conforme escreve,

"(...) a apreciação de uma mensagem publicitária depende do quociente intelectual e dos conhecimentos de cada um e que somente uma apreciação em concreto permite indicar precisamente o grau de vulnerabilidade do consumidor, que não é, forçosamente, uma relação com o seu quociente intelectual".

A terceira grande modalidade de publicidade ilícita é a abusiva, cujo elenco de proibições se encontra no artigo 37, § 2º, do CDC.

Judith Martins-Costa[461] aponta uma das conclusões fundamentais relativamente ao princípio da vulnerabilidade ao tratar do problema da publicidade enganosa, dizendo que

"(...) o princípio da vulnerabilidade não se aloca como um 'conceito indeterminado', mas como uma *diretriz* da Política Nacional das Relações de Consumo (art. 4º, caput) de modo que a sua consideração pelo intérprete na análise de qualquer disposição do Código não depende de discricionariedade mas é *vinculativa porque está o mesmo vinculado às finalidades postas na lei* como diretrizes da política nacional para o setor. Por estas razões o princípio da vulnerabilidade incide no exame de *todas* normas do Código, *articulando-as entre si*. Aplica-se, em especial, àquelas normas que informam o seu sistema da publicidade, conduzindo, bem assim, à proibição da publicidade clandestina".[462]

A publicidade abusiva tem sua proibição estabelecida pelo objetivo estatal de proteger determinados valores sociais imprescindíveis para o convívio harmônico. Não visam as proibições, portanto, à defesa específica de valores econômicos, como pode acontecer nas vedações às publicidades clandestinas ou enganosas, sendo preponderante evitar que atividades de propaganda ofendam princípios da comunidade.

O conceito de abusividade será tratado mais amplamente no capítulo seguinte sobre as práticas abusivas no mercado de consumo. Entretanto, é importante

---

[460] Ob. cit., p. 124.

[461] *Revista Direito do Consumidor*, ob. cit., vol. 6, RT, p. 223 e 224. Continuando suas lições, ensina a eminente professora citada que a publicidade clandestina caracteriza-se pelo seu "caráter oculto, dissimulado, fingindo não ser publicidade o que em realidade é", seja sob a forma de reportagens jornalísticas, do chamado *merchandising* (não na acepção técnica antes apontada) ou de qualquer outra maneira que não esclareça suficientemente sobre o real intuito. A publicidade clandestina não deixa de ser, também, enganosa, haja vista que ela fere o princípio da identificação da mensagem publicitária insculpido no artigo 46 do CDC.

[462] Também sobre o tema, Maria Elizabete Vilaça Lopes, "O Consumidor e a Publicidade". In: *Revista Direito do Consumidor*, vol. 1, RT, p. 169.

abordá-lo neste momento, mesmo que rapidamente, a fim de esclarecer que o abuso é o exercício irregular de um direito reconhecido, ou seja, é usar o direito em medida excessiva, vindo a evidenciar uma infração ao direito de outrem.

No que tange à publicidade, a Constituição Federal, no artigo 220, estabelece a liberdade de informação, expressão esta que, nas palavras de José Afonso da Silva,[463] significa "o conjunto de condições e modalidades de difusão para o público (ou colocada à disposição do público) sob formas apropriadas, notícias ou elementos de conhecimento idéias ou opiniões", na definição se incluindo a propagação·das idéias a respeito de produtos ou serviços.

No mesmo artigo da C.F., no § 3º, inciso II, e no § 4º constam restrições às exacerbações possíveis no exercício do direito de informação, estando assim e, obviamente, constitucionalizada a coibição aos abusos da publicidade.

Apontando especificamente os elementos do artigo 37, § 2º, do CDC, verificamos ser proibida a veiculação de anúncios que incitem à violência, pois, na forma já vista, com facilidade o "arquétipo do guerreiro" poderá ser estimulado, trazendo como conseqüência a persuasão no sentido de que seja efetuada a compra de determinado produto ou serviço, mas, simultaneamente, fazendo emergir instintos que podem ocasionar prejuízos à paz social.

Neste sentido, há registros de publicidades que apresentavam personagens em condutas agressivas, visando principalmente a atingir a atenção de crianças, quando eram publicizadas condutas evidenciadoras de furtos ou até mesmo da destruição de objetos, anúncios estes que, evidentemente, possuem um potencial instigador de violência, na medida em que o vulnerável tenderá a imitar a representação. Aliás, esta atitude obedecerá a uma das técnicas de convencimento suprademonstradas.

O segundo elemento diz respeito à exploração do medo ou da superstição, quando são veiculadas publicidades atribuindo poderes mágicos a determinados objetos ou serviços, se valendo da superstição, do medo e da própria insegurança vivida cotidianamente pelo homem deste final de século. Assim, são oferecidos talismãs, amuletos, remédios milagrosos e todo o tipo de estímulo que possa fazer emergir a facilidade *de crer,* inata ao ser humano.

A previsão não tem o intuito de restringir a fé e o natural direito à liberdade religiosa, sendo direcionada para aquelas situações de evidente charlatanismo, quando o medo e a superstição, ao invés das reais qualidades do produto ou do serviço, são o "moti" para o "encantamento" do consumidor.

Também abusiva é a publicidade que se aproveita da deficiência de julgamento e experiência da criança, neste particular prevendo o Estatuto da Criança e do Adolescente, nos artigos 76, 77, 78 e 79, uma série de restrições a produtos e serviços que possam lhes ser danosos.

Outro foco de ilicitude diz respeito àquelas publicidades que desrespeitam valores ambientais. Participamos de inquérito civil público em que uma determi-

---

[463] *Curso.de.Direito Constitucional Positivo.* São Paulo: Revista dos Tribunais, 1990, p. 217.

nada empresa anunciava a venda de motosserras, mas não indicava a necessidade de serem obtidas licenças específicas para operar o produto, estimulando aquisições que poderiam redundar em sanções aos consumidores, quando fossem flagrados sem a documentação exigida. A empresa corrigiu sua publicidade, tendo, em acréscimo, aposto cartazes em sua loja informando sobre a imprescindibilidade de obtenção dos documentos para a utilização do produto.

A regra em questão visa, então, a diminuir a vulnerabilidade ambiental abordada no item 10.4.6, estando, assim, em perfeita sintonia com todo o sistema instituído a partir do artigo 170, inciso VI, da Constituição Federal (a defesa do meio ambiente é princípio da ordem econômica).

Existe, ainda, a situação das publicidades que induzem o consumidor a comportamentos prejudiciais ou perigosos à saúde ou à segurança. Conhecemos na vida profissional situação em que fora produzido anúncio expondo a imagem de seringas para a injeção de drogas vinculadas a determinado produto, publicidade esta que recebeu a imediata repulsa da comunidade, culminando por ser restrita.

Também podem ser citadas como exemplo situações em que é estimulada a automedicação ou nas quais personagens realizam condutas perigosas, que poderão ser imitadas por pessoas mais vulneráveis, principalmente crianças. Sem dúvida que estas muitas vezes não percebem as conseqüências das ações a que estão sendo induzidas.

Importante, por fim, fazer um alerta no sentido de que existem maciças publicidades que, em que pese não poderem ser identificadas como flagrantemente abusivas, acabam adquirindo tal adjetivação quando apreciadas globalmente, considerados os resultados perniciosos que trazem para o mercado de consumo.

Já comentamos sobre o fenômeno do superendividamento, realidade mundial esta que demonstra que os consumidores mais vulneráveis acabam assumindo compromissos financeiros que não podem honrar. Estudos em vários países têm demonstrado não se trata de mero "calote" coletivo, mas de fenômeno social que também possui sua origem na publicidade. No caso, esta poderá ser reconhecida como abusiva, haja vista que estimula e, em alguns casos, até mesmo obriga os consumidores a realizarem determinadas condutas de compra, quando não detêm as mínimas condições para tanto.

Geraint G. Howells[464] comenta sobre como é tratado o superendividamento na Comunidade Européia, antes dizendo que ele também é causado por excessivas promoções de crédito, geralmente direcionadas a pobres e vulneráveis consumidores, que são menos capazes de resistir a apelos como o conhecido "tenha agora e pague depois", lançado, em larga escala, pelas companhias de crédito.

---

[464] *Apud* Revista da AJURIS, março de 1998, Tomo I, Edição Especial, p. 157, *paper* extraído do livro EC Consumer Law, Dartmouth, 1997, escrito em co-autoria com Thomas Wilhelmsson: "This phenomenon has not only been caused by macro-economic catastrophes, but also by the irresponsible over promotion of credit. Often this has been targeted at poor and vulnerable consumers, who are leaste able to resist the temptation of the 'have now pay later' inducements of the credit companies. To date the EC has not addressed the fundamental question relating to the ethics of the credit market, but has been satisfied with a consumer protection policy based on informing the consumer and providing some minimal protection against the worst abuses".

As mesmas constatações são feitas por Iain Ramsay,[465] quando ensina que, entre 1977 e 1997, as inadimplências dos consumidores cresceram imensamente a ponto de, nos EUA, no ano de 1997, uma de 96 famílias terem atingido a bancarrota ou falência. Continuando, esclarece que pouco mais de 20 anos se passaram desde que David Caplovitz identificou o superendividamento não só como um problema legal, mas também social. Com efeito, informa que a geração do superendividamento resulta no aumento da vulnerabilidade e marginalidade daqueles com baixos salários e em precários empregos, um grupo que possui maior proporção de mulheres do que de homens.

Sob um outro enfoque, aponta Ramsay que é evidente a existência de conexão entre o superendividamento e a pobreza, sendo até mesmo irônico que este grupo de consumidores pague os preços de crédito mais altos. Tudo isto somente ressalta a terrível vulnerabilidade econômico-social e psíquica dos consumidores, os quais são atraídos para situações de inadimplência irreversíveis, a ponto de o fenômeno ter atingido proporção mundial.

Também comenta Ramsay que as privatizações e desregulamentações igualmente contribuirão para majorar os problemas na concessão de créditos.

Antonio Herman de Vasconcelos e Benjamin[466] esclarece, por último, que "o anunciante, como já dito, é responsabilizado, no plano cível, objetivamente pela publicidade enganosa e abusiva. Já a agência e o veículo só são responsáveis quando agirem dolosa ou culposamente, mesmo em sede civil", doutrina esta respeitável, mas com a qual não concordamos, haja vista a vultosidade dos interesses que o artigo 37 visa a proteger.

Ademais, as regras do artigo 7º, parágrafo único, 25, § 1º, 34, todos do Código de Consumidor, induzem ao reconhecimento da responsabilidade objetiva também das agências, não só pela sua participação direta na produção da oferta ou da publicidade (art. 30 do CDC), mas, principalmente, porque são detentoras de plenos conhecimentos técnicos de psicologia, de mitologia e das mais variadas áreas de pesquisa sociológica, na forma demonstrada, sendo inadequado desprezar tais realidades em detrimento dos valiosos interesses que podem ser lesados por uma publicidade clandestina, abusiva ou enganosa.[467]

11.2.7. *Neuromarketing* – a publicidade dirigida às crianças e idosos (os hipervulneráveis) e o mecanismo dos sonhos em nível neuronal

As crianças e os idosos são os chamados hipervulneráveis, pois acabam sendo o alvo predileto de estruturas publicitárias grandiosas, tendentes a impor determinados produtos ou serviços.

---

[465] Ob. cit., *Revista da AJURIS*, edição especial de março de 1998, p. 192, 193 e 194.

[466] *Código do Consumidor Comentado pelos Autores do Anteprojeto*. Forense Universitária, ob. cit., p. 214 e 215.

[467] Adalberto Pasqualotto, ob. cit., *Os Efeitos da Publicidade*, p. 173.

Valendo-se das técnicas acima apontadas, são despejadas no mercado de consumo várias condutas de captação e indução ao consumo, muitas delas até imperceptíveis, mas que sustentam verdadeiros impérios econômicos que lucram com o prejuízo dos hipervulneráveis.

Apenas para ilustrar, o exemplo do crédito consignado ou descontado diretamente nos proventos de aposentadoria dos jubilados, constitui-se em uma destas gigantescas estruturas, auferindo milhões de reais a cada mês, em detrimento daqueles que estão na idade do sossego e acabam entrando no inferno do superendividamento.

Não bastassem as questões de saúde que vão se agravando quando chegamos à chamada "boa idade", notícias têm evidenciado, ainda, maus-tratos que são impostos aos idosos, não só por pessoas inescrupulosas pagas para cuidá-los, mas principalmente por parte de familiares.

Não são incomuns imposições realizadas pelos filhos para que os pais aposentados tomem os empréstimos consignados, os quais possuem juros mais baixos, devido à garantia do pagamento expressa no desconto direto. Premidos por tais circunstâncias, acabam entrando na ciranda financeira, inviabilizando sua subsistência, com conseqüências imediatas na saúde.

Em acréscimo a todas estas vulnerabilidades físicas, psicológicas e sociais, os idosos ainda são agredidos por um arsenal de armas publicitárias bastante eficazes, situações estas que precisam ser coibidas pelas autoridades e pela legislação protetiva.

No caso do crédito consignado, é bastante utilizada a técnica da repetição, na medida em que as grandes empresas que fornecem dinheiro veiculam na mídia escrita, na televisão, na *internet,* no rádio etc. ofertas de dinheiro fácil, mensagens estas que, de tanto serem repetidas, acabam sendo introduzidas na mente dos vulneráveis, levando-os ao ato da compra do dinheiro.

Não somente por esta via eletrônica, é realizada uma maciça oferta diretamente na rua, literalmente sendo as pessoas obrigadas a aceitar panfletos, prospectos, papéis, brindes, os quais são colocados na mão dos futuros "clientes".

As grandes estruturas de *marketing* chegam a contratar empresas terceirizadas que realizam publicidades diretamente nos balcões das farmácias, de lojas populares de departamentos, locais em que há um grande afluxo de pessoas aposentadas, sendo elas capturadas por algum atendente que lá estava para vender remédios ou um televisor, respectivamente, e acaba vendendo dinheiro.

Também é usada contra os idosos a técnica da convicção. Por intermédio desta, são utilizadas pessoas famosas, celebridades que tenham o respeito e a credibilidade da massa de aposentados. Existem vários exemplos de Bancos que contrataram apresentadores de programas, atores, atrizes, os quais se mostram sorrindo e falando da felicidade que terão os consumidores que tomarem determinado empréstimo a ser descontado nos seus proventos. O efeito é imediato, induzindo à aquisição de dinheiro.

Paulo Jorge Scartezzini Guimarães[468] aborda o assunto, citando Maria Luiza Sabóia Campos:

"(...) assume, assim, a celebridade, diante do consumidor, uma posição de 'garante'.

Esse tipo de publicidade desencadeia 'um comportamento no consumidor, em nível consciente e inconsciente, gerando uma resposta imediata devido ao conceito preexistente que se tem daquela pessoa ou grupo que está testemunhando a favor do produto, agregando-lhe valores como admiração, sucesso, riqueza, beleza, juventude, alegria, internacionalidade, tradição, notoriedade etc.".

Concluindo na sua importante monografia sobre o tema da Responsabilidade das Celebridades em decorrência das publicidades de que participam, escreve Paulo Jorge Scartezzini Guimarães,[469] citando Carlos Alberto Bittar, que:

"(...) no regime sancionatório da espécie, *incluem-se todos os que colaborarem para o advento da mensagem ilícita, bem como da sua posterior colocação ao público,* eis que, a respeito, prospera o princípio da solidariedade, reconhecido universalmente para as hipóteses em que haja mais de um responsável'.

Sobre essa solidariedade passiva devemos ainda deixar claro que ela decorre do parágrafo único do art. 7º e do §1º do art. 25, ambos do Código de Defesa do Consumidor, podendo o consumidor ou as pessoas enumeradas no art. 82 da mesma norma legal, à sua escolha, propor a ação contra todos, alguns ou contra apenas um dos causadores do dano. O autor verificará em cada caso o que lhe é mais favorável".

A postura de responsabilização das celebridades que tenham contribuído para gerar danos aos consumidores se afina com o respeito aos princípios informadores do nosso sistema jurídico, na medida em que não é aceitável que recebam milionários *cachês* e ainda restem impunes diante de situações em que foram impingidos danos de massa aos consumidores.

Por vezes não são celebridades os contratados, mas aposentados. Temos notícia de um grande banco que contratou 100 aposentados acima de 50 anos para realizar a técnica da "Receita da Vovó". Por esta técnica, os contratados ofereciam café, biscoitos, bolos, chás aos prováveis consumidores idosos, em locais determinados das agências, procurando com isso gerar um clima de identificação e conforto entre eles, com o objetivo final de impor a compra de empréstimos consignados.

---

[468] Ob. cit., p. 155.

[469] Idem, p, 161.

Código de Defesa do Consumidor
O PRINCÍPIO DA VULNERABILIDADE

Também são usadas as técnicas da "atmosfera" (antes tratada), quando são veiculadas publicidades onde aparecem pessoas sorrindo porque compraram um determinado travesseiro "mágico" ou um senhor feliz porque tomou um empréstimo no banco.

A utilização do arquétipo da "família" é outra ferramenta bastante usada, aparecendo o vovô, a vovó, junto com o pai, a mãe, a filha ou o filho, às vezes os dois, passeando ou entrando na casa comprada, no carro adquirido, tudo isso dando a entender que a aquisição do dinheiro ou qualquer outro produto fará surgir aquela situação de felicidade.

Uma das técnicas mais eficazes é o oferecimentos do "sonho de consumo". Pode parecer uma mera expressão, mas não é. Em realidade, constitui-se em uma das mais poderosas armas de imposição de produtos e serviços.

Com efeito, esta forma de atuação da publicidade procede por intermédio da utilização e exploração das mesmas estruturas psicofisiológicas que atuam no processamento dos sonhos, com o fito de aliviar as tensões dos consumidores através da satisfação que será gerada pelo ter coisas ou se beneficiar de serviços.

Luiz Alfredo Garcia-Roza,[470] em livro fabuloso, esclarece sobre o procedimento neuronal, apontando que o princípio da inércia é uma das Leis que atua na realização das atividades cerebrais. Por tal princípio

"(...) a quantidade de excitação recebida pelo neurônio sensitivo deve ser inteiramente descarregada na extremidade motora. Segundo Freud, essa descarga regulada pelo princípio de inércia representa a função primordial do sistema nervoso, sendo que a essa função primordial soma-se uma outra função segundária segundo a qual o sistema neurônico procura não apenas livrar-se de Q, mas conservar aquelas vias de escoamento que o possibilitam manter-se afastado das fontes de excitação. Portanto, além da função de descarga, há também a *fuga do estímulo*.

No entanto, o princípio de inércia não atua sozinho. Desde o início, como salienta Freud, ele é entravado por outro modo de funcionamento do aparelho psíquico, cuja característica é evitar o livre escoamento da energia. Isso ocorre porque o sistema nervoso recebe não apenas estímulos originários do exterior, mas também estímulos de natureza endógena, isto é, provenientes do próprio organismo. Esses estímulos são os que criam as grandes necessidades, tais como a fome, a respiração e a sexualidade. Ao contrário dos estímulos externos que podem ser evitados, os estímulos internos não oferecem possibilidade de fuga. Eles só desaparecem após a realização da ação específica que possibilita a eliminação do estímulo".

Este fluxo de energia identificado por Q sofre simultaneamente os efeitos do princípio da *constância* que é o acúmulo de energia para a satisfação das necessi-

---

[470] *FREUD eo inconsciente*. 15ª edição. Rio de Janeiro: Jorge Zahar Editor, 1998.

dades advindas dos estímulos endógenos (fome, sede, transpiração etc.). Assim, nem toda energia é escoada.

Este acúmulo de energia Q acaba constituindo a *memória neurônica,* a qual surge em decorrência das *barreiras de contato.* Estas barreiras são[471] "resistências localizadas nos pontos de contato entre os neurônios, impedindo a passagem da energia que deveria ser escoada". Seguindo em suas lições, Garcia-Roza assim discorre sobre os tipos de neurônios:

> "A hipótese das barreiras de contato impõe, no entanto, a existência de duas classes de neurônios: os neurônios *permeáveis* e os neurônios *impermeáveis,* os primeiros sendo os que deixam passar Q como se não tivessem barreiras de contato e que depois de cada passagem retornam ao mesmo estado anterior, e os segundos sendo os que opõem uma resistência ao livre escoamento de Q através das barreiras de contato. Estes, depois de cada excitação, podem ficar diferentes do que eram anteriormente, constituindo assim uma memória".

Fazendo uma parcial conclusão,[472] aponta que:

> "(...) essa função de descarga está ligada à tendência do sistema nervoso, que é a de evitar a dor ou desprazer resultante de um acúmulo excessivo de Q no sistema formado pelos neurônios (...)" impermeáveis.

> "O prazer é a própria sensação de descarga, sendo que qualquer manutenção de Q no sistema nervoso é apenas tolerada, o que significa dizer que implica sempre uma certa dose de desprazer".

Feitas estas considerações, Garcia-Roza[473] apresenta o conceito de "satisfação":

> "É a eliminação da tensão interna causada por um estado de necessidade que dá lugar à *experiência de satisfação.* A partir desse momento, a experiência de satisfação fica associada à imagem do objeto que proporcionou a satisfação assim como à imagem do movimento que permitiu a descarga. Como decorrência dessa associação que é estabelecida quando se repete o estado de necessidade, surgirá imediatamente um impulso psíquico que procurará reinvestir a imagem mnemônica do objeto, reproduzindo a situação de satisfação original. 'Um impulso desta espécie', escreve Freud (ESB, vs. IV-V, p. 602), 'é o que chamamos de desejo; o reaparecimento da percepção é a realização do desejo e o caminho mais curto a essa realização é uma via que conduz diretamente da excitação produzida pelo desejo a uma catexia completa da percepção".

Melhor explicando, os "(...) resíduos das experiências de satisfação (...)" vão constituir os afetos, enquanto os resíduos de experiências de dor vão constituir os

---

[471] Garcia-Roza. Ob. cit., p. 50.

[472] Idem, p. 51.

[473] Ob. cit., p. 54.

estados de desejo. Catexia é a carga energética de afetos que se espalha pelos neurônios, o que culmina no entendimento de que todo estímulo externo advindo das publicidades cuidadosamente elaboradas terá o condão de criar vias energéticas no cérebro humano, vias estas constituídas pelos neurônios permeáveis e impermeáveis. É lícita tal conclusão, pois a energia se espandirá (catexia) pelo caminho mais curto, sendo ele aquele gerado por um movimento contínuo de choque nos neurônios impermeáveis e passagem livre pelos impermeáveis, até a satisfação da necessidade.

A publicidade, os agentes químicos incluídos nos cigarros, o desejo de comer aquela mesma comida que nos dá prazer, o desejo de ter o sonho da casa própria, da lavadora de roupa, da geladeira, tudo isso pode ser estimulado em nível neuronal, vulnerando o consumidor e o levando ao ato da compra, mesmo que ele não tenha dinheiro. Esta uma das explicações para o fenômeno do superendividamento[474] e para a existência de grande número de pessoas que sofrem de patologia que as impele a comprar compulsivamente.

A realidade da vulnerabilidade neurofisiológica do consumidor, portanto, é fundamental para quem intenta proceder de maneira adequada na resolução de casos concretos em que a publicidade esteja envolvida como um agente indutor do inadimplemento.

Retornando à análise neuronal, os sonhos seguem o mesmo modelo acima traçado, caracterizando-se por serem,[475] nas palavras de Freud, "(...) realizações de desejos", reproduzindo modelos de satisfação. Possuem caráter alucinatório, as conexões são absurdas e loucas, seguem velhas facilitações de expansão de energia nos neurônios, mas, acima de tudo, os sonhos não são absurdos, a pessoa apenas não sabe que "sabe" seu significado, pois a censura do ego impede este conhecimento. Em suma, são vias de acesso ao inconsciente.

Assim, fazendo uma síntese breve direcionada ao assunto que nos interessa, o sonho é o guardião do sono, ensinando Freud[476] que "(...) os sonhos são coisas

---

[474] Sobre o assunto ver Walter José Faiad de Moura e Leonardo Roscoe Bessa. "Impressões atuais sobre o superendividamento: sobre a 7ª Conferência Internacional de Serviços Financeiros e reflexões para a situação brasileira". In: *Revista Direito do Consumidor nº 65*, janeiro-março de 2008, São Paulo: Revista do Tribunais, p. 148: "Neste panorama, a bancarização não ocorreu como um fenômeno natural de mercado (a partir da procura espontânea dos consumidores), mas pelo aumento do anúncio publicitário em *outdoors*, programas de televisão, panfletagem e internet, bem como pela procura ostensiva que as instituições financeiras investiram sobre recebíveis de pessoas físicas como, por exemplo, administrar os pagamentos de servidores públicos. Sob este prisma, os pagamentos feitos por Municípios e Estados, por exemplo, têm sido alvo constante de disputas entre bancos para alcançarem um 'clientela numerosa, cativa com boa remuneração e estabilidade na renda'. Ou seja, por trás da mera abertura de conta corrente, a real intenção das instituições financeiras é capitalizar usuários de crédito vinculando-os às contas correntes: 'Assim, rapidamente o banco concede empréstimos com baixo risco de perdas, vende seguros, planos de previdência e vários outros produtos. Ganha da noite para o dia, milhares de clientes que o fazem subir no ranking do mercado'". Outra contratação que também alcançou níveis de crescimento recorde (e é sabidamente das mais caras ao consumidor) foi a do cheque especial. Do total de empréstimos feitos no Brasil, em 2007, esta modalidade representou 13% do total. Porém, os juros pagos a título de cheque especial são tão altos que estes 13% de operações foram responsáveis por 53% do total de receitas auferidas pelos bancos. Este dado foi divulgado pelo próprio Banco Central".

[475] Garcia-Roza. Ob. cit., p 63.

[476] Idem, p. 84.

que eliminam, pelo método da satisfação alucinatória, estímulos (psíquicos) perturbadores do sono". Desta forma, por intermédio das loucuras, alucinações surgidas no sonho, temos aliviadas tensões existentes em nosso inconsciente. Seria, por exemplo, a situação em que alguém nos deu um tiro no sonho, estamos sob tensão, mas o projetil chega em "câmera lenta", ou cena em que estamos por ser pegos pelo animal feroz e, subitamente, ganhamos asas e voamos.

A publicidade se vale destes mecanismos para nos "aliviar", eliminar nossas tensões. De que forma? Valendo-se de outra realidade que nos é inata, chamada de clivagem originária. Mais uma vez Garcia-Roza, citando Lacan:

> "A dividão mais arcaica, a nível do indivíduo, é a que resulta do seu nascimento. Vimos com Lacan que, com o corte do cordão umbilical, o indivíduo não é apenas separado de sua mãe, mas também perde parte de sí mesmo. Desse momento em diante, ele se caracteriza como um ser incompleto, fendido, tal como os andróginos do mito platônico. De fato, o que o ser humano experimenta com o nascimento é uma primeira castração, experiência essa que será revivida em vários momentos posteriores de sua vida (...). Tendo perdido uma parte de si mesma, a criança vai procurar dentre os objetos exteriores os que poderão preencher essa falta. Aquele que primeiro se apresenta como capaz de substituir a parte perdida é o seio da mãe".

A partir da clivagem originária podemos entender as diferenças entre necessidade e desejo[477]

> "A necessidade, tal como o desejo, implica uma tensão interna que impele o organismo numa determinada direção. A diferença fundamental entre ambos está em que na necessidade essa tensão é de ordem física, biológica, e encontra sua satisfação através de uma ação específica visando a um objeto específico que permite a redução da tensão, enquanto o desejo não implica uma relação com o objeto real, mas com um fatasma. A necessidade implica satisfação; o desejo jamais é satisfeito, ele pode *realizar-se* em objetos, mas não se *satisfaz* com esses objetos (...). O objeto do desejo é a falta e não algo que propriciará uma satisfação, ele é marcado por uma perversidade essencial que consiste no gozo do desejo enquanto desejo (Lacan 1958) (...) o desejo para Freud é esse impulso para reproduzir alucinatoriamente uma satisfação original, isto é, um retorno a algo que já não é mais, a um objeto perdido cuja presença é marcada pela falta. Para usar uma fórmula agostiniana, o que caracteriza o desejo é a presença de uma ausência. O desejo é a nostalgia do objeto perdido (...). O objeto do desejo não é uma coisa concreta que se oferece ao sujeito, ele não é da ordem das coisas, mas da ordem do simbólico".

A publicidade, então, se vale dos nossos mecanismos inconscientes justamente para nos criar desejos, os quais se identificam perfeitamente com as nossas

---

[477] Garcia-Roza. Ob. cit., p. 144.

ausências originárias (desejo se caracteriza pela presença de uma ausência), resultando deste processo um movimento do consumidor vulnerável no sentido de ter de fazer algo para aliviar sua tensão, por intermédio do preenchimento daquele espaço que falta, nele incluindo um produto, seja um vestido, um carro, um sapato, em suma, algo que complete a sua natural incompletude.

Lembramos de situação em que, no local de trabalho, uma amiga dizia-se muito nervosa e com ansiedade, afirmando que não suportava mais estar ali e que precisava ir ao *shopping*. Lembramos a ela que sua conta-corrente já estava no "vermelho" e que iria aumentar seu endividamento. Como resposta, afirmou que era verdade e que "depois veria isso". Horas após, retornou daquele "oásis de consumo" absolutamente feliz, sorridente, cheia de sacolas, dizendo "agora sim estou bem". Em realidade, por algumas horas esteve bem, mas a sensação de incompletude e de insatisfação logo retornou, pois o desejo jamais é satisfeito.

A publicidade, portanto, invade nossas estruturas psíquicas mais íntimas, ativando processos físicos e químicos que nos levam ao ato da compra, motivo pelo qual é evidente nossa vulnerabilidade neuropsicológica.

Imensamente atacadas por este tipo de estratégia também são as crianças.

Adalberto Pasqualotto[478] aponta que o "(...) poder incitativo da publicidade sobre as crianças é real". Fazendo alusão a pesquisas realizadas na França, dentre várias, uma demonstrou que entre

"(...) crianças que vêem televisão raramente, 16% responderam que pediram aos seus país os brinquedos exibidos pela publicidade. Esse percentual subiu para 40% entre as crianças que vêem televisão habitualmente. No conjunto dos pedidos que formulam aos pais, 22% são inspirados pela televisão, segundo as próprias crianças; segundo os pais, 33%. Nos pedidos de Natal, a influência chega a 47% nas crianças entre 5 e 7 anos, 41% na faixa entre 5 e 9 anos e 40% entre 10 e 11 anos".

Como conclusão, escreve que tal efeito da publicidade

"(...) suscita o debate de questões importantes, tais como a exploração de sua natural vulnerabilidade; o seu uso para enternecer o público adulto, especialmente os pais; os conflitos familiares que daí podem decorrer, pela frustração dos desejos fomentados, particularmente nas famílias pobres; a conseqüência futura dos tratamento de *pequenos consumidores*; os efeitos nocivos que alguns comestíveis industrializados, sucedâneo de produtos naturais, podem produzir sobre a saúde infantil; a confusão intencional entre programação e publicidade, dentre outros".

Por tudo isso, aponta Pasqualotto que a Província de Quebec proibiu a emissão de publicidade destinada a crianças menores de 13 anos, atualmente também existindo legislação nacional restringindo a apresentação de anúncios de tabaco,

---

[478] Ob. cit., p. 132 e 133.

bebidas alcoólicas e outros produtos, em horário não compreendido no período das 23 às 6 horas.

A mesma posição é manifestada por Dale Kunkel, em resenha feita por Gilka Girardello:[479]

"(...) discute a natureza do ambiente comercial midiático e especialmente os níveis de compreensão dos comerciais que as crianças revelam: como elas distinguem os comerciais do restante da programação? Como elas reconhecem a intenção persuasiva? Quais suas atitudes diante dos comerciais de TV? Ele discute ainda os efeitos deliberados e não-deliberados dos anúncios e as políticas de restrição utilizadas nos Estados Unidos. De todas as pesquisas examinadas, o autor destaca a conclusão de que as crianças são um público muito especial, 'com capacidades de processamento de informações limitadas que restringem sua compreensão da natureza e dos objetivos da propaganda na televisão (p.368).' Ele lembra a importância da regulamentação restritiva, da mediação dos pais e da educação das crianças para que sejam consumidoras críticas dos comerciais de TV".

Comentando sobre a influência de personagens de televisão, Noemí Frike Momberger[480] cita Zavaschi, nos seguintes termos:

"'(...) Na amoldagem do psiquismo infantil, há modelos de adultos – pais, professores e outros *heróis* – com os quais a criança se identifica e que por isso, influenciam decisivamente no comportamento dos filhos, alunos e fãs. Pela estrutura do mundo moderno, a criança passa muito mais tempo na companhia dos heróis da televisão que com o pai ou o professor. Milhões delas substituem a ausência familiar e compensam sua solidão pela companhia de uma tela colorida, ágil, múltipla e sempre presente e disponível. Os modelos de identificação, positivos e negativos, acabam emergindo desse conjunto de influência.'

Segundo pesquisadores, essa influência também se estende à publicidade, pois crianças que não possuem habilidade para compreender o objetivo persuasivo da publicidade são mais suscetíveis à influência de comerciais. Elas tendem a aceitar prontamente as alegações e apelos de produtos caros, especialmente aqueles anunciados por personagens e atores de quem gostam e nos quais confiam (...). As crianças não identificam a publicidade como tal, e como são leais, confiam nos apelos de seus personagens e atores preferidos de programas infantis, portanto, suscetíveis de serem influenciadas pelos comerciais".

---

[479] Resenhas Uma "bíblia" sobre Mídia e Criança Dorothy Singer e Jerome Singer, extraída do *site* http://www. aurora.ufsc.br/resenha_singer.htm., acessado em 08.07.2008.

[480] *A Publicidade Dirigida às Crianças e Adolescentes, Regulamentações e Restrições*. Porto Alegre: Memória Jurídica, 2002, p. 34 e 35.

O eminente Professor Mário Frota[481] aborda assunto extremamente preocupante, qual seja o das "Estratégias Mercadológicas com as Escolas Como Pano de Fundo":

"A cada marca a sua escola.

A situação na Europa está ainda afortunadamente longe de ser comparável à dos Estados Unidos, onde, por exemplo, a General Mills tenta convencer os professores a quase pôr o bombom 'Gusher'na boca dos alunos: pela simples razão de que o bombom faz 'pssjjt'quando entra em contacto com a língua, o que ajudaria o professor a explicar aos alunos o que é uma fonte termal natural(...)

Mas há pior: escolas há no Estados Unidos que recebem, como brinde, material informático destinado a ajudar as crianças a aprender a ler. Entre as primeiras frases que as crianças aprendem, figuram: 'I like eating at Macdonald's' e 'I like drinking Pepsi'.

(...)

Em Inglaterra, por exemplo, o 'velho MacDonald's', uma tradicional canção popular, já não tem 'quinta' mas sim um 'restaurante' pela razão simples de que o professor de música beneficiou de uma dádiva de excelente material didáctico. A *Weston-Super-Mar, MacDonald's,* fornece mesmo caixas com refeições gratuitas às escolas. E já se adivinha o que nelas se contém: um *hamburger*, sem dúvida. Por se tratar de um bairro desfavorecido, onde alguns alunos só levam um *Mars* e uma *Coca-cola* para a escola, pode dizer-se que este *hamburger* tem um certo valor nutritivo. Mas para os adversários do sistema, *'trata-se de um golpe na educação alimentar das crianças'.* Pior ainda: uma escola pública secundária, na Grã-Bretanha, passou há já algum tempo inteiramente para as mãos de uma empresa privada. Trata-se dum projecto-piloto, mas alguns concorrentes já manifestaram interesse em fazer outro tanto (...) com o que o fenómeno pressupõe e acarreta!

Será que no futuro toda a grande marca terá a sua própria escola? E toda a escola será veículo de uma grande marca?"

No Brasil, foi editada a Lei nº 9.294, de 15 de julho de 1996, que estabelece restrições à publicidade de cigarros, bebidas alcoólicas, medicamentos, terapias e defensivos agrícolas, existindo, ainda, o Estatuto da Criança e do Adolescente, cujas limitações à publicidade estão nos artigos 76, 77, 78 e 79, além do próprio Código de Defesa do Consumidor.

Esse instrumental legislativo, entretanto, ainda não é suficiente para a proteção dos hipervulneráveis, pois, na forma apontada, a mensagem publicitária ingressa na vida das crianças pelas mais variadas vias e das mais insólitas maneiras, sendo necessária, isto sim, a realização de políticas públicas em nível escolar, que

---

[481] *A Publicidade Infanto-Juvenil Perversões e Perspectivas.* 2ª edição revista e atualizada. Curitiba: Juruá, 2006, p. 109 a 111.

possam promover, efetivamente, a fundamental educação para o consumo, única forma de alterar a cultura consumista e desumanizada que transita livremente no mercado de consumo.

Grande número de legislações restritivas foram produzidas no mundo, o que reforça a gravidade do problema, sendo referência para o conhecimento de tais disposições o trabalho de Noemí Friske Momberger, no qual é feita uma ampla narração sobre o tema.

O reconhecimento da hipervulnerabilidade das crianças e dos idosos, agregado aos estudos sobre o procedimento neuronal, evidenciam que o operador do Direito não pode estar alheio às realidades que atuam nos casos concretos atinentes à publicidade, sob pena de serem exaradas conclusões equivocadas, meramente formais e, conseqüentemente, completamente afastadas dos valores e das vivências experienciadas pela sociedade atual.

11.2.8. Conclusões sobre a publicidade

Como conclusões a este tópico relativo à publicidade, podemos ressaltar:

– o conceito de "massa", como sendo um grupo anônimo, sem grandes oportunidades de intercomunicação, com pouca interação, organização e que é destinatário das atividades de propaganda e publicidade;

– a propaganda serviu e serve de ferramenta para induzir as massas a aceitar novos produtos;

– propaganda é a propagação de princípios ou teorias, enquanto que publicidade significa o ato de tornar público um fato ou uma idéia;

– *marketing* é a "(...) execução de uma empresa de todas as atividades necessárias para criar, promover, distribuir produtos que estejam de acordo com a demanda atual e potencial e com a sua capacidade de produção". Já o *merchandising* "(...) é o planejamento promocional do produto antes de ser lançado no mercado (...) uma previsão de consumo do produto (...)" quanto à aceitação, tamanho, durabilidade, estilo etc.

– os objetivos da publicidade são incutir uma idéia na mente da massa, criar o desejo pela coisa anunciada e levar a massa ao ato de compra;

– a publicidade possui princípios psicológicos, um dos principais sendo o que busca despertar necessidades no indivíduo, por intermédio de um determinado estímulo, o que induz ao entendimento de que tais processos mentais tem direta relação com os aspectos neurofisiológicos e neuropsicológicos;

– existem três formas de influenciar as massas, quais sejam a sugestão, a imitação e a empatia;

– a mitologia é o estudo dos mitos, dos símbolos, dos arquétipos que habitam o inconsciente coletivo, sendo uma ferramenta poderosa para a criação de vínculos emocionais entre as marcas dos produtos e serviços e os consumidores;

– a criação dos vínculos emocionais ocorre por intermédio do fenômeno da personificação da marca, quando ela é identificada como sendo uma pessoa com características peculiares e bem definidas;

– o papel da publicidade é posicionar a marca na mente do consumidor;

– o inconsciente coletivo é "(...) um sistema psíquico, de natureza coletiva, universal e impessoal, que é idêntico para todos os indivíduos (...). Consiste em formas preexistentes, os arquétipos (...)", que são instintos profundos da psiquê humana que guiam e moldam nosso comportamento;

– o processo de personificação da marca é a maneira objetiva de descobrir quais o mitos eficazes para instrumentalizar a venda de determinado produto ou serviço;

– a publicidade pode ser ilícita, quando se configurarem as condições previstas nos artigos 36 até 38 do CDC;

– as crianças e os idosos são considerados hipervulneráveis, na medidas em que são os alvos prediletos das agressivas imposições publicitárias que transitam no mercado de consumo;

– os mecanismos do procedimento neuronal e dos sonhos são utilizados na publicidade como forma de obrigar ao ato da compra, evidenciando a vulnerabilidade neurofisiológica e neuropsicológica;

– mesmo lícita a publicidade, seus mecanismos de atuação possuem forte potencial de vulneração ao consumidor, sendo, portanto, uma realidade que deve sempre ser considerada pelo sistema jurídico e pelo aplicador da lei, quando da resolução do caso concreto.

11.3. AS PRÁTICAS ABUSIVAS

11.3.1. Conceito

A noção de direito subjetivo já foi antes abordada, mas, neste compartimento, será trazida à baila a fundamental necessidade de que seja limitada, com vistas à obtenção de condições mínimas de convívio.

Diez-Picazo e Antonio Gullon[482] assim ensinam sobre o tema:

"Definido el derecho subjetivo con una situación de poder que el ordenamiento jurídico atribuye o concede a la persona como un cauce de realización

---

[482] *Apud* Maria Amália Dias de Moraes. "Do Abuso De Direito – Alguns Aspectos". In: *Revista da Procuradoria Geral do Estado*, vol. 15(42), p. 18.

de legítimos intereses y fines dignos de la tutela jurídica resulta evidente que este poder tiene que estar de algún modo limitado, pues, sin límites seria la justificación de la absoluta arbitrariedad (...)"

Partindo desta conceituação, Maria Amália Dias de Moraes[483] escreve que quando

"(...) o titular do direito subjetivo, no uso das prerrogativas que lhe competem, circunscreve sua atuação aos limites naturais vinculados ao conteúdo próprio do direito, respeitando os ditames da boa-fé e atentando ao destino econômico e social do direito, diz-se que o exerceu regularmente".

Continuando suas lições, aponta a eminente jurista que existem duas correntes no tocante ao abuso de direito. A primeira concepção é a subjetiva, a qual entende que se caracteriza a situação abusiva

"(...) a partir da investigação das condições psicológicas e circunstâncias peculiares do agente no exercício do direito. Seria abusivo o exercício quando não tivesse outro escopo senão o de causar prejuízo a outrem, sem qualquer proveito para o titular".

A segunda concepção é a objetiva, por intermédio da qual se caracteriza o abuso de direito quando não são respeitados os fins legítimos, o destino econômico e social ou a função social do direito subjetivo que

"(...) subtrai o seu exercício à discricionariedade ou até ao arbítrio, como querem alguns, de seu titular, para sujeitá-lo à realização daqueles fins em atenção aos quais o ordenamento jurídico o reconhece ou confere".

A lei consumerista acolhe ambas as concepções, pois é voltada para a concretização dos princípios basilares do sistema, antes comentados, motivo pelo qual, independentemente dos aspectos subjetivos ou objetivos identificáveis em uma conduta abusiva, na medida em que ela tenha o condão de macular a estrutura valorativa ordenada pelo microssistema, merecerá a correspondente limitação legal.

Pedro Baptista Martins[484] apresenta uma outra face do assunto tratado e, citando Mario Rotondi, esclarece que o "(...) abuso de direito não é uma categoria jurídica mas um fenômeno social (...)", na medida em que somente pode ser apreciado a partir de uma análise de determinado direito como integrante de um contexto político, social, econômico e filosófico.

Assim, aquilo que antes não seria considerado abusivo, como ocorria quando do surgimento dos primeiros monopólios, na atualidade sofre profundas vedações, tendo em vista o momento histórico pelo qual passa a humanidade na sua vida de relação.[485]

---

[483] Ob. cit., p. 20 e 22.

[484] *O Abuso do Direito e o Ato Ilícito*. 3ª edição. Rio de Janeiro: Forense, p. 139.

[485] Pedro Baptista, ob. cit., p. 139 e 140: "Considerado o direito do ponto de vista estático ou num só e determinado momento histórico, a fórmula do abuso de direito seria um não-senso, se por ela se quisesse entender o

Everardo da Cunha Luna,[486] por sua vez, entende que a essência do abuso de direito é a "(...) ilicitude, que se define como a relação de contrariedade entre a conduta do homem e o ordenamento jurídico".

De todas as posições se depreende que a todo abuso corresponde um exercício irregular de direito, considerado em uma específica conjuntura de convívio, conduta esta que tem a eficácia (potencialidade) de causar dano ao direito de outrem, seja na relação contratual ou não, haja vista que muitas práticas abusivas independem da formalização de um pacto.

Sob o enfoque *lato* também os abusos contratuais e publicitários são práticas abusivas. Todavia, o Código do Consumidor optou por tratá-las de maneira específica e independente – motivo que nos levou a estruturar o presente trabalho da mesma forma –, objetivando explicitá-las ao máximo e, desta forma, diminuir a natural indeterminação da lei, ao menos quanto a algumas situações de notória abusividade, que já vinham sendo assim julgadas pela jurisprudência.

A Lei Consumerista aponta como práticas abusivas, portanto, todas aquelas ocorrências em que os fornecedores e responsáveis solidários tenham, de algum modo, se excedido nos seus direitos de livre comércio e que, como conseqüência, tenha sido causado dano ou a iminência de dano a algum dos direitos do consumidor.

A previsão legal relativa às práticas abusivas, desta forma, não se restringe à relação direta fornecedor (responsáveis solidários) e consumidor, pois podem ser praticados outros tipos de abusos no mercado de consumo, principalmente no âmbito da relação entre fornecedores, motivo pelo qual foi criada a chamada Lei Antitruste, Lei nº 8.884, de 11 de junho de 1994.

De fato, segundo comenta João Bosco Leopoldo da Fonseca,[487]

"(...) a tipificação estabelecida pelos arts. 20 e 21 da Lei nº 8.884, de 1994, deve ser confrontada com a que consta do art. 39 da Lei nº 8.078, de l990, que versa sobre *práticas abusivas* nas relações de consumo, bem como com as disposições do art. 51 da mesma Lei, que discrimina as *cláusulas abusivas*".

---

exercício ilegítimo de um direito. E seria pelo menos muito estranha se por ela se quisesse entender o exercício imoral do direito. Não é necessário insistir na demonstração de que o direito, que supõe um elemento estático, supõe igualmente um elemento dinâmico, como fenômeno mutável e evolutivo que é. Esse fator da evolução do direito é que contém o verdadeiro fundamento e a verdadeira chave do fenômeno e do conceito do abuso do direito. Mesmo depois de cristalizado na norma legal, o direito não cessa de evoluir. Os seus contornos não são fixos, nem eternos, nem imutáveis. Ao contrário, transformam-se incessantemente, restringindo-se ou dilatando-se sob a pressão externa de fatores éticos, psicológicos ou físicos, técnicos ou econômicos. Vem daí que uma faculdade contida num direito determinado pode entrar em conflito com as novas condições sociais, pela circunstância de tornar-se o direito reconhecido ao titular apto a novas realizações, a novas aplicações práticas imprevistas e imprevisíveis. Desde então, o dever imposto aos outros membros da coletividade de suportar os efeitos danosos de seu exercício parece agravar-se a ponto de tornar-se intolerável. Assim, o ato que é lícito ante o direito positivo em vigor, torna-se ilícito quando apreciado à luz dos princípios gerais, em constante e permanente evolução. O problema do abuso do direito resolve-se, pois, num conflito entre o direito e a evolução jurídica".

[486] *Abuso de Direito.* 2ª edição. Rio de Janeiro: Forense, 1988, p. 55.

[487] *Lei de Proteção da Concorrência, Comentários à Lei Antitruste.* Rio de Janeiro: Forense, 1998, p. 100.

Fundamental a abordagem das práticas abusivas para que igualmente seja reforçada a importância do princípio da repressão eficiente aos abusos praticados no mercado de consumo, constante no artigo 4º, inciso VI, do CDC, sempre com vistas à explicitação de um dos singulares básicos deste trabalho, que é a interpretação sistemática, à luz da apreciação tridimensional do direito, considerado o princípio da dignidade da pessoa humana, da vulnerabilidade, da harmonia das relações de consumo e da repressão eficiente aos abusos.

Thyerry Bourgoignie[488] discorre sobre o assunto dizendo que as

"(...) práticas abusivas podem nascer em decorrência tanto da falta como da incorreção da informação fornecida ao consumidor – do fato, por exemplo, da ausência de informação das condições do contrato, da impressão ilegível ou pouco compreensiva das condições referidas, da redação confusa ou incompleta da informação dada ao consumidor – como ainda de fatores internos à relação de consumo, tais como a natureza agressiva demais de determinado método de venda ou de determinada mensagem publicitária, da ausência de educação do consumidor e a sua impossibilidade de avaliar os riscos ligados à conclusão do contrato proposto ou a utilização do produto oferecido, e até mesmo da falta de meios efetivos para que ele possa recorrer contra o interlocutor em caso de litígio".

A relevância da consideração saliente das práticas abusivas no Código do Consumidor, então, tem em mira a proteção coletiva do mercado de consumo como um todo, não somente evitando danos aos consumidores individuais, coletivos e difusos, mas também ao bom fornecedor, o qual sofrerá reflexos pela incorreta atuação comercial de um concorrente.

Mais uma vez cabe ressaltar, o consumidor é o investidor da empresa. Quando este investidor tem diminuído o seu potencial de investimento por causa dos efeitos de um abuso praticado por um fornecedor inescrupuloso, o resultado é o dano a todo o mercado de consumo, trazendo como conseqüência a individualização indevida do lucro e a individualização indevida do prejuízo, na pessoa do consumidor.

Buscamos, com isso, o apontado na parte relativa ao contrato, quando comentamos sobre a repersonalização do direito privado, necessidade esta que faz com que, na atualidade, cada consumidor seja considerado não somente pelo prisma simplista do conceito de indivíduo, mas sim erigindo-o à sua real significação de "pessoa", ou seja, ser humano integrado e participante ativamente do contexto social.

Ricardo Hasson Sayeg[489] apresenta a conceito de práticas comerciais, dizendo que são

---

[488] "O Conceito de Abusividade em Relação aos Consumidores e a Necessidade de Seu Controle Através de uma Cláusula Geral". In: *Revista Direito do Consumidor*, vol. 6, RT, p. 12.

[489] *Revista Direito do Consumidor*, ob. cit., vol. 7, p. 39.

"(...) os atos de fornecimento realizados pelas empresas na relação de consumo, ou seja, a distribuição ou comercialização de produtos e a prestação de serviços ao consumidor".

Ato contínuo, demonstra o autor que a livre iniciativa, o direito de propriedade, a livre concorrência são direitos do fornecedor, realizáveis por intermédio das práticas comerciais, mas

"(...) desde que não fruste sua função social, nem ofenda os interesses do consumidor, o qual nestas duas hipóteses será considerado abusivo, logo, repudiado pelo sistema jurídico (...) O direito do fornecedor termina onde começa o do consumidor, cujo extrapolamento confere caráter de iliceidade à prática comercial".

Concluindo, para Ricardo Sayeg[490] ocorre abuso nas práticas comerciais quando

"(...) o fornecedor usa de seu interesse juridicamente protegido, dolosamente ou de modo inconsiderado, com o que deixa de satisfazer as necessidades do consumidor".

Ou, mais amplamente, como

"(...) os atos de fornecimento ou aqueles ocorridos em razão deles, realizados irregularmente por empresas com abuso de direito do fornecedor, violação ao direito do consumidor ou infração a Lei, desde que dentro dos limites da relação de consumo".

Como é facilmente vislumbrável, as mais variadas possibilidades de práticas comerciais abusivas podem acontecer em um mundo tão complexo como o atual, motivo pelo qual a lei consumerista traz um elenco não exaustivo de práticas abusivas no artigo 39, ficando claro que outras poderão ser reconhecidas judicialmente, quando for maculado algum dos princípios do CDC.

Também existem muitas outras práticas abusivas espalhadas pelo Código, não sendo somente as inclusas no artigo 39 do CDC. Como exemplo, podemos citar as infrações aos artigos 8º até 10 do CDC, que tratam da "Proteção à Saúde e Segurança" dos consumidores, a infração ao artigo 24 do CDC, quando são tentadas exonerações contratuais da garantia legal, a comercialização de produtos e serviços impróprios (art. 18 e 20 do CDC), não empregar peças de reposição originais adequadas e novas (art. 21), a própria criação de uma pessoa jurídica para os fins ilícitos previstos no artigo 28 do CDC (desconsideração da personalidade jurídica), a cessação de fornecimento de peças de reposição (art. 32 do CDC), a não-colocação do nome e endereço do fornecedor na embalagem quando a venda for realizada por telefone ou reembolso postal (art. 33 do

---

[490] Ob. cit., p. 45.

CDC), recusar o cumprimento da oferta, apresentação ou publicidade (art. 35), a irregular cobrança de dívidas (art. 42) e muitas outras.

Além dessas, outras práticas abusivas estão previstas na Lei Antitruste, na Lei nº 8.137/90, que dispõe sobre os crimes contra a ordem tributária, econômica e contra as relações de consumo, na lei de economia popular e outras.

Abordaremos algumas práticas comerciais mais danosas, buscando evidenciar a grande vulnerabilidade técnica, social e, principalmente, psíquica dos consumidores.

11.3.2. As práticas comerciais abusivas contra a saúde e segurança dos consumidores

Conforme já visto em capítulos anteriores, é imensa a vulnerabilidade técnica dos consumidores, os quais não possuem a menor condição de saber as reais conseqüências dos inúmeros produtos e serviços que são lançados no mercado de consumo.

Seja um ar-condicionado, alimentos enlatados, produtos de limpeza e, em especial, fármacos, a relação de consumo se completa com base na absoluta boa-fé do consumidor, ao passo que, às vezes, igual conduta simplesmente inexiste com relação a alguns fornecedores.

Em outras ocasiões até mesmo não há uma conduta eivada de má-fé, sendo importante referir que os usos e costumes comerciais eventualmente entendem como lícitas e possíveis determinadas ações que, entretanto, conduzem a resultados danosos para o consumidor, ferindo seus direitos e, assim, sendo entendidas como práticas abusivas.

Por isso, a lei protetiva estabelece uma série de restrições em regras específicas.

Quanto à saúde e segurança dos consumidores, no artigo 8º do CDC, consta que os fornecedores deverão "(...) dar informações necessárias e adequadas a respeito" de produtos ou serviços que possam lesar estes valores do ser humano.

Optou o Código por regrar o fornecimento de produtos ou serviços causadores de riscos, porque reconheceu serem imprescindíveis para o mercado de consumo, restringindo, entretanto, as possibilidades de danos por intermédio de uma ampla, ostensiva e precisa informação sobre as ocorrências que podem se suceder.

A infração a tal regra e, principalmente, à do artigo 10, § 1º (comunicação às autoridades competentes sobre a periculosidade de produtos ou serviços), poderá, inclusive, resultar em sanções penais, conforme prevê o artigo 64 do CDC.

Ainda é viável a adoção de sanções administrativas, constando nos artigos 56 e seus incisos, 58 e 59 inúmeras medidas passíveis de implementação pelas autoridades competentes.

Na via cível, não somente por intermédio dos artigos 83 e 84 do CDC, que permitem a ampla utilização de ações para a defesa dos direitos dos consumidores, inclusive com pedidos de tutela antecipada, mas também pela via da ação inibitória inclusa no artigo 102 do CDC, poderá ser impedida a comercialização de produto "nocivo ou perigoso à saúde pública e à incolumidade pessoal".

Aliás, a ação inibitória é um mecanismo eficaz de controle da legalidade dos atos administrativos de fiscalização e vigilância, de natureza injuncional (mandamental) e preventiva, que certamente muito servirá para uma atuação mais ágil contra a periculosidade dos produtos ou serviços.

Quanto à periculosidade, Rodolfo de Camargo Mancuso[491] a identifica como inerente (art. 8º, *caput*), adquirida (arts. 12, *caput*, e 14, *caput*) ou presumida (art. 10, *caput*).

Em nossa atuação profissional conhecemos inúmeras situações envolvendo problemas dessa espécie, tais como produtos de limpeza de automóveis e casas, berços de bebês fabricados fora dos padrões, gerando possibilidades de lesões e quedas, larvas encontradas em conservas de pepinos, adulterações de café, adulterações de erva-mate com a adição de açúcar, o que pode acarretar sérios problemas a diabéticos, serviços de *body jumping*, nos quais os consumidores se lançam de altas plataformas presos pelos pés, o que pode ter gerado problemas na retina de consumidor etc.

No artigo 39, inciso VIII, também existe norma para coibir práticas como esta, sendo que sua natureza é aberta, a fim de permitir a abrangência em relação aos mais variados produtos e serviços, relevadas as normas técnicas específicas existentes.

Importante destacar este grande grupo de práticas abusivas, pois seu potencial de dano é vultoso, merecendo uma atenção maior e uma atividade preventiva e repressiva eficazes.

11.3.3. Práticas abusivas na fase pré-contratual

Nesta categoria estão todas aquelas práticas que, de uma forma ou de outra, obrigam o consumidor a adotar uma postura em que a sua manifestação de vontade está em segundo plano, trazendo como conseqüência a concretização de uma relação de consumo fora dos padrões desejados pela pessoa atingida pelo abuso.

---

[491] *Manual do Consumidor em Juízo*. São Paulo: Saraiva, 1994, p. 51. Cita Antonio Herman Benjamin: "'...para que a periculosidade seja reputada *inerente*, dois requisitos devem estar presentes: a normalidade e a previsibilidade. A regra geral, portanto, é a de que os danos decorrentes de periculosidade inerente não dão ensejo ao dever de indenizar'. Quanto à periculosidade *adquirida*, prossegue, 'é possível identificar-se três modalidades básicas: os *defeitos de fabricação*, os *defeitos de concepção* ('design'do projeto) e os *defeitos de comercialização*, também denominados de *informação* ou de *instrução*'; por fim, quanto à periculosidade *presumida*, existe em produtos e serviços que 'não podem, em hipótese alguma – face à imensa desproporção entre custos e benefícios sociais da sua produção e comercialização – ser colocados no mercado. São considerados *defeituosos por ficção*. É o caso de um brinquedo que apresente grandes possibilidades de sufocação da criança.' (Responsabilidade civil e acidentes de consumo no Código de Defesa do Consumidor, *Revista do Advogado*, São Paulo, n. 33, p. 22 e s., dez./1990)".

No artigo 39 do CDC estão várias destas modalidades, sendo de bastante ocorrência a venda casada (inciso I) e aquela em que produtos ou serviços são impingidos aos consumidores.

A venda casada dispensa maiores comentários, pois é auto-explicativo o inciso I do artigo 39 do CDC, sendo de ressaltar, neste particular, que geralmente este tipo de abusividade se concretiza de maneira mascarada. Houve problemas desta natureza em publicações escritas em geral, que traziam outros produtos (DVDs, livros) agregados a revistas ou jornais, sob o argumento da gratuidade.

Com efeito, sob o argumento falso da gratuidade, muitas vezes são embutidos produtos ou serviços não desejados, ficando o consumidor na ilusão de que está recebendo um benefício "a mais", quando está pagando por ele.

Neste tipo de prática, valem-se os fornecedores da vulnerabilidade técnica aliada à vulnerabilidade psíquica do consumidor, haja vista que o argumento da gratuidade contém um encantamento irresistível ao ser humano, que é o desejo de levar vantagem excedente naquilo que faz. Isto pode ser considerado como uma fraqueza ou apenas como uma característica humana. De qualquer forma, relevante o comentário para evidenciar que se trata de um ponto de debilidade passível de ser facilmente explorado.

Até mesmo em contratos de fornecimento de hospedagens turísticas encontramos cláusulas que comentavam sobre a gratuidade de seguros de veículos, situação esta que evidenciava a grande possibilidade de que fosse flagrante venda casada, tamanha a incompatibilidade dos fornecimentos existentes no mesmo formulário.

Em contratos bancários, igualmente é comum a obrigação de que, simultaneamente, o consumidor tenha de adquirir seguro, o que ocorre até mesmo para a abertura de conta-corrente, quando já foram registradas práticas tendentes a impingir outros serviços ou produtos.

Também observamos vendas casadas no setor de autopeças, existindo situações em que uma pequena parte quebrada obriga à aquisição de todo um complexo sistema, gerando um custo elevado e indevido ao consumidor.

Impingir produtos ou serviços também é uma prática muita em voga no mercado de consumo, neste grupo havendo muita "criatividade" por parte de alguns fornecedores.

J. P. Remédio Marques[492] comenta sobre estas ocorrências, dizendo que consistem

> "(...) em práticas comerciais agressivas que se caracterizam pela oferta ou proposta de um produto ou serviço dirigido ao consumidor, em que a falta de resposta, findo o decurso de um certo prazo, implica a sua aceitação".

---

[492] "A Promoção de Produtos e Serviços e os Direitos dos Consumidores". In: *Revista Direito do Consumidor*, vol. 7, p. 125.

A mais usual destas ocorrências é feita por intermédio das chamadas "amostras grátis", tendo sido prática tão usada que a lei protetiva contém regra de conduta específica no artigo 39, parágrafo único, do CDC, ditando que elas não precisam ser pagas pelo consumidor.

Outra forma bastante comum para a imposição de produtos foi e ainda é tentada por algumas empresas de cartões de crédito, as quais remetem os *plastics* para a residência das pessoas, devendo estas ligar para um número indicado pela empresa, caso não queiram o serviço, gerando um custo indevido e, portanto, constituindo-se em conduta absolutamente ilegal.

Com esta "ingênua" conduta de comercialização foram criados inúmeros atritos no mercado de consumo, com custos indevidos para consumidores e fornecedores (gastos com ações, advogados etc.), sendo que, em que pese a sua evidente ilegalidade, a prática ainda tem de ser combatida pelos órgãos de defesa do consumidor, devido às insistências quanto a sua utilização.

A imposição de produtos, na maioria das vezes, acontece no espaço privado dos consumidores, na sua intimidade, no seu lar ou no ambiente de trabalho, por intermédio da via postal, telefônica, televisiva e, atualmente, pelos computadores.

Tem por base o efeito surpresa gerado naquele que está despreparado para efetivar um ato de consumo e, quando menos espera, se vê envolvido na rede de encantamentos que uma "bela oferta" tece ao redor do vulnerável.

Outro elemento que contribui imensamente para o sucesso deste tipo de prática é a completa falta de parâmetros do consumidor, que não possui condições técnicas para fazer um juízo comparativo quanto ao preço e qualidade de produtos similares, culminando por aceitar o bloco argumentativo parcial que lhe é posto.

Lembro dos serviços telefônicos telessexo sob os números "0900", "900" ou "00", reconhecidos como ilegais, pois se valiam da fraqueza ou ignorância dos consumidores, seja por causa da idade, condição social, condição laboral (funcionários ligavam, e empresas eram obrigadas a pagar contas elevadíssimas[493]), para a imposição de um serviço diretamente na residência ou no trabalho dos consumidores. Em sendo um serviço, dever ser bloqueado e, caso o consumidor o deseje, pede o desbloqueio, invertendo-se a maneira de comercialização, da mesma forma como acontece com os cartões de crédito.

Conforme situações concretas já analisadas, métodos utilizando a neurolingüística, a psicanálise, a neuropsicologia, impõem argumentação maciça, densa e constante, impedindo que a psiquê humana selecione e coordene as idéias, sendo o consumidor levado a um estado de fácil persuasão, muitas vezes inclusive ven-

---

[493] Tivemos oportunidade de participar de investigação em que pequeno empresário alegava possuir terminal telefônico em localidade do interior que não possuía viabilidade de bloqueio dos telefones "0900", "900" e "00", tendo começado a surgir contas telefônicas elevadíssimas em sua empresa que estava em obras, sendo que a situação se tornou insustentável quando o reclamante foi obrigado a fazer um empréstimo bancário para pagar uma conta telefônica que passara dos R$ 5.000,00.

cido pelo cansaço. Tais práticas devem ser analisadas, portanto, a luz do artigo 49 do CDC, no qual está previsto o prazo de reflexão, mecanismo regulador da vulnerabilidade.[494]

De fato, o prazo de reflexão é importantíssimo, pois conduz a mente ao estado normal, sendo revertidos os efeitos das atividades de invasão psicológica que mascaram a venda impositiva. Prova disso foi obtida quando de investigações de tais métodos de convencimento utilizados por algumas empresas de *time sharing*, oportunidade em que constatamos que várias pessoas de alto nível intelectual, no dia seguinte à contratação, afirmavam não saber explicar como haviam adquirido produtos que não desejavam.

A não-elaboração de orçamento é outro grande foco de reclamações, sendo muito comum em concessionárias de automóveis, sob o argumento de que é difícil definir rapidamente os problemas, sem uma análise mais aprofundada do veículo. Esta prática está no artigo 39, inciso VI, do CDC e deve ser apreciada conjuntamente com o artigo 40 do mesmo Código.

Com vistas a agilizar a prestação de serviços em concessionárias, bem como conceder ao consumidor o direito de escolha e de oportunidade de obter o prévio orçamento, certa vez formalizamos compromisso de ajustamento com fornecedora, a qual se comprometeu a apresentar no formulário de recebimento dos carros três alternativas. A primeira dizia que o consumidor não desejava orçamento, valendo-se, nesta hipótese, do permissivo existente no inciso VI do artigo 39 do CDC, especificamente na parte que fala da não-obrigatoriedade de entrega do orçamento, quando já exista prática de serviços anteriores entre as partes, protegendo a lei consumerista o princípio da boa-fé vigorante entre fornecedor e consumidor. A segunda possibilidade obrigava ao fornecimento de um orçamento parcial, sendo que a última obrigava a um orçamento detalhado e total. Com isso, ficou respeitado o direito de informação do consumidor e obedecidos os ditames dos artigos 30 e 31 do CDC.

Estas as práticas abusivas mais comuns deste grupo.

11.3.4. As práticas abusivas infratoras da ordem econômica

Neste compartimento estão todas aquelas medidas adotadas pelos fornecedores com vistas a desequilibrar o mercado de consumo por intermédio de condutas artificiais tendentes a aumentar indevidamente o lucro, com o conseqüente prejuízo do consumidor.

A Lei nº 8.884/94 traz um elenco vastíssimo de situações, sendo que, no artigo 20, está o resumo dos abusos possíveis, quais sejam:

---

[494] Tivemos conhecimento de casal de advogado e promotora de justiça que culminaram por adquirir sem desejar contrato de *time sharing*, sendo que, no dia seguinte, se aperceberam da trama que os envolvera, oportunidade em que diligenciaram objetivando desfazer o "pacto". Isto evidencia que a vulnerabilidade psíquica não é um fenômeno específico de pessoas de menor instrução e condições intelectuais, sendo uma realidade geral ao ser humano.

Código de Defesa do Consumidor
O PRINCÍPIO DA VULNERABILIDADE

"Constituem infração à ordem econômica:

I – limitar, falsear ou de qualquer forma prejudicar a livre concorrência ou a livre iniciativa;

II – dominar mercado relevante de bens ou serviços;

III – aumentar arbitrariamente os lucros;

IV – exercer de forma abusiva posição dominante".

Sobre o tema em questão, importante comentar a doutrina de Sérgio Varella Bruna,[495] na qual são expostas as tendência de obtenção absoluta de poder por parte de todos aqueles que integram o "jogo" do mercado de consumo.

De fato, comentando a respeito da concorrência, Sérgio Bruna[496] escreve que o estudo aprofundado do problema

"(...) serve também para afastar o dogma de que a livre empresa, por sua própria *natureza*, faz brotar a concorrência nos mercados e de que isto garantiria a consecução dos ideais de eficiência econômica. Nas palavras de Chamberlin, 'es parte esencial de la libre empresa el intento de todo emprendedor de edificar su própio monopolio, ampliándolo siempre que sea posible y defendiéndolo contra los esfuerzos de los demás de ampliar los suyos. No existe tendencia alguna a que estos monopolios queden eliminados del sistema por la competencia; antes al contrario, son parte de él lo mismo que la competencia que los retringe (...) la competencia pura no puede considerarse ya, en ningún sentido, como 'ideal'para fines de la economia de bienestar".

Aliás, deve ser dito que a liberdade se densifica no mundo jurídico e, especificamente no chamado direito concorrencial, pelo reconhecimento da *livre iniciativa*, a qual engloba duas liberdades:[497] "a liberdade de acesso ao mercado; (...) a liberdade de permanência no mercado". Esta última é a chamada *livre concorrência*, que se subdivide em: liberdade privada, pela qual o agente econômico deve

---

[495] *O Poder Econômico e a Conceituação do Abuso em seu Exercício*. São Paulo: Revista dos Tribunais, 1997, p. 43: "...Como ensina Geraldo de Camargo Vidigal, as empresas não se apresentam em situação de equivalência, nos mercados em que competem: 'Diferenciais de dimensão, de aviamento, de capacidade empresarial, projetada esta em iniciativa, em inovação econômica, em organização, em agressividade, distanciam entre si as empresas e criam no mercado esferas de poder, freqüentemente resultando em relações de dominação, com sacrifício para a sensibilidade dos indicadores do mercado e com o amortecimento de seus mecanismos de eficiência. A tutela jurídica da competição, voltada contra os abusos do poder econômico há de exercitar-se, porém, de forma a ajustar-se à preservação desses mecanismos, sempre que a eficiência produtiva social o impuser, pois freqüentemente devem eles receber tutela equivalente, para que os ganhos de eficiência fundados em economias de escala propiciem a competitividade dos produtores locais nos mercados externos e, mais do que isso, a competitividade do produto local, nos próprios mercados internos, contra a competição vinda do exterior".

[496] p. 62, citando Eros Roberto Grau: "Mas o 'modelo clássico de mercado ignorava e recusava a idéia de poder econômico. Na práxis, todavia, os defensores do poder econômico, porque plenamente conscientes de sua capacidade de dominação, atuando a largas braçadas sob a égide de um princípio sem princípios – o princípio do livre mercado – passaram a desde então perseveram a controlar os mercados'. Neste sentido, a 'liberdade econômica, porque abria campo para as manifestações do poder econômico, levou à supressão da concorrência'". Sérgio Varella Bruna, ob. cit., p. 41 e 42.

[497] Sérgio Varella Bruna, ob. cit., p. 134 e 135.

ser protegido contra a concorrência desleal e a liberdade pública, esta informando que o Estado deve intervir minimamente.

De grande relevo no apreciar a matéria é a constatação de que a propriedade, um dos singulares do direito privado, sofreu substancial alteração no século XX.

Com efeito, não se admite mais a filosofia egoística de alguns empresários, pois eles possuem um *munus*, uma função social importantíssima para que sejam obtidos resultados positivos no sentido do desenvolvimento como um todo. Segundo Sérgio Bruna,[498]

"(...) a liberdade de iniciativa econômica somente se legitima quando voltada à satisfação não só dos interesses privados de seu titular, mas também dos demais valores da ordem econômica, como a realização da justiça social e a valorização do trabalho humano (...)".

Citando Fábio Konder Comparato,[499] "(...) o poder econômico é uma função social, de serviço à coletividade".

Desta forma, o poder econômico poderá ser lícito e, portanto, respeitado, quando[500] "não conflite com os valores maiores dessa ordem econômica e com os objetivos sociais por ela visados", ou ilícito, situação esta em que terá de ser combatido.[501]

As previsões legais acima transcritas, relevadas as abordagens preliminares feitas, se desdobram em grande número de situações concretas, sendo uma das mais comuns o acordo entre concorrente para a fixação de preços, para a fixação de condutas uniformes, para dividir o mercado, limitar ou impedir o acesso de outras empresas ao mercado e outras atuações concertadas, surgindo o que se chama "cartel".

Na forma antes dita, atuamos em inquérito civil público onde empresas de um forte setor de abastecimento de produto essencial aos consumidores firmaram acordo entre elas, estabelecendo uma tabela que dividia a distribuição de cada uma das seis empresas durante os 30 dias do mês.

---

[498] Sérgio Varella Bruna, ob. cit., p. 140 e 141.

[499] Ob. cit., p. 143.

[500] Ob. cit., p. 147.

[501] Ob. cit., p. 146: "Não obstante, a livre iniciativa é também um valor social (CF, art. 1º, IV), que deve ser preservado. Justifica-se ela em razão de sua função social – pelo que configura um *poder-dever* – mas não se abandona por completo a idéia de que ela também é uma liberdade individual, o que lhe confere em certo caráter de direito subjetivo, não absoluto como outrora, mas com uma finalidade social. Portanto, está ela a meio caminho entre um *jus* e um *munus* . Vale dizer: a Constituição determina uma economia de caráter descentralizado, com preponderância da iniciativa empresarial privada (CF, art. 170, *caput*), em regime de livre concorrência (CF, art. 170, IV c/c o art. 173, § 4º). A concorrência, pois, deve ser regra e não exceção. Mas a existência de poder econômico, tido como dado estrutural do sistema e não como anomalia, não é incompatível com essa ordem de coisas, muito embora, na pureza dos modelos econômicos, expresse uma relação antitética com a liberdade de concorrência. Sua ilicitude somente ocorrerá quando houver abusividade em seu exercício, ou seja, na medida em que venha a ser desrespeitada essa *função,* que lhe é atribuída pela ordem jurídica: servir de instrumento na perseguição do desenvolvimento e da justiça social".

Com isso, os redistribuidores, ou seja, os depósitos que recebiam do cartel o produto e entregavam diretamente aos consumidores, somente poderiam adquirir do grupo formado, situação esta que impedia o ingresso de outras empresas fabricantes no mercado de consumo, ferindo o princípio da livre concorrência, da função social da propriedade, da busca do pleno emprego e da defesa do consumidor, constantes no artigo 170 da Constituição Federal.

Mas não só no pólo do fornecedor poderão ser encontradas práticas abusivas, também no pólo comprador, o que é feito por grandes empresas intermediárias, as quais praticamente determinam preços e condições aos seus fornecedores. São os chamados "monopsônios" e "oligopsônios". As palavras "mono" e "oligos" significam "um só" e "poucos", sendo que "opsônein" expressa a existência de um só comprador. Assim, as palavras indicam as ocorrências mercadológicas em que existe apenas um ou alguns poucos compradores, os quais terão condições de impor seu poder no mercado, obrigando seus fornecedores a ceder ante seus objetivos.

No mesmo artigo 21 existem previsões relativamente a outras medidas tendentes a aumentar artificialmente o preço de produtos ou serviços, seja por intermédio da destruição de matéria-prima, de maquinário para a produção, destruição de lavouras ou qualquer ocorrência que possa ter como resultado a manipulação do mercado de consumo e o desrespeito à lei da natural oferta e da natural procura.

Aborda a lei antitruste, ainda, aspectos atinentes ao chamado *dumping*, objetivando com isso impedir que empresas de maior potencial econômico passem a vender por preços abaixo do custo, com o intuito de quebrar seus concorrentes para, posteriormente, dominar o mercado.

Nos incisos XX, XXI e XXII também existem previsões muito importantes tratando da proibição de que empresas, sem justa causa, reduzam em grande escala a produção, cessem total ou parcialmente suas atividades ou retenham bens de produção ou de consumo, submetendo a propriedade ao conceito de função social, na forma supracitada.

Aliás, sobre o tema é importante a lição de Luiz Amaral,[502] quando diz que

"(...) os clássicos direitos fundamentais de natureza econômica: o da propriedade e o da livre empresa, já não são direitos individuais a serviço de interesses pessoais, já não são fins em si mesmos, mas meios para fins mais justos e humanos: o bem-estar comum (...) o empresário (cada vez mais profissional e menos *doublê* de proprietário-empresário) tem responsabilidades sociais perante não seus herdeiros e familiares, mas acionistas, trabalhadores e consumidores. De certa maneira estamos superando a principal contradição do capitalismo: caráter social da produção *versus* apropriação privada de seus meios; produto social *versus* direção privada da economia".

---

[502] Apud, Cláudio Bonatto e Paulo Valério Dal Pai Moraes. *Questões Controvertidas no Código de Defesa do Consumidor*. Porto Alegre: Livraria do Advogado, 1998, p. 55 e 56.

A presente abordagem, portanto, bem esclarece tudo o que até aqui se pretendeu demonstrar relativamente à normatividade do sistema, demonstrando que toda e qualquer atividade hermenêutica somente pode ser feita à luz da interpretação constitucional, elemento básico da interpretação sistemática do Direito.

Neste grupo de abusividades se percebe, com mais transparência, a grande vulnerabilidade econômica, social e técnica a que são submetidos os consumidores, pois simplesmente desconhecem as conseqüências de fusões, incorporações, associações de empresas e toda sorte de aglutinações de fornecedores, tendente a dominar o mercado.

De fato, a estrutura empresarial das Sociedades Anônimas, principalmente, permite manobras de aquisição de capital que muitas vezes se tornam de difícil descoberta pelo CADE (Conselho Administrativo de Defesa Econômica), em que pese todos os atos que eventualmente possam alterar o mercado devam ser submetidos a esta autarquia, nos termos do artigo 54 da Lei nº 8.884/94.

Resultado destas atuações concertadas não-descobertas é o aumento de preços, a fixação artificial de preços, o domínio do mercado, o que traz um prejuízo evidente ao consumidor, dado que será obrigado a adquirir determinados produtos ou serviços sem qualquer opção, não podendo fazer valer a sua força no mercado sob dominação.

Mais uma vez ressaltamos, considerado este aspecto da vulnerabilidade econômica e social, que a liberdade de escolher e de optar relativamente à aquisição de produtos ou serviços fica completamente limitada, trazendo como reflexo situações em que o consumidor simplesmente tem de aderir à utilização de bens-da-vida nas condições em que eles são apresentado ("imposto"). Assim, aspectos como o do preço, da qualidade e, em alguns casos, até da periculosidade, em quaisquer dos seus níveis, sequer têm condições de ser analisados pelo consumidor, diante da imposição que lhe é impingida.

Um singelo exemplo é o caso dos dispositivos de segurança de automóveis chamados de *air bag*, os quais sabidamente evitam maiores danos à incolumidade física dos usuários, mas não são obrigatórios nos veículos brasileiros, somente sendo oferecidos mediante solicitação específica e com altos custos para o consumidor. Tal ocorrência, apesar de não constar elencada como uma "prática abusiva *stricto sensu*", poderia ser aceita como um abuso do direito de oferecer produtos no mercado, quando eles estejam carentes de componente absolutamente fundamental para a sua utilização. Aliás, nos Estados Unidos não entra no mercado um veículo sem *air bag*.

Entretanto, coisas como esta somente com o passar do tempo e, infelizmente, com o custo de muitas vidas ceifadas, se ajustam, infelizmente ditadas pelas regras da economia e do barateamento dos produtos, já podendo ser observada uma melhora na produção dos carros nacionais, motivada pela concorrência e pelas regras de mercado.

Código de Defesa do Consumidor
O PRINCÍPIO DA VULNERABILIDADE

A vulnerabilidade econômica também poderá ser evidenciada em situações em que empresas acertam a utilização das marcas de outras para combinar preços e estratégias, ficando o consumidor completamente submisso a tais práticas abusivas. Em primeiro lugar, porque a diversidade de marcas lhe passará a idéia de que existe variação de preços e de empresas. Em segundo lugar, porque, normalmente, são apostos preços irrisoriamente diferenciados.

Participamos de inquérito em que empresas realizavam prática que indicava este tipo de ocorrência, a qual, entretanto, não restou comprovada, pois careceu o expediente de elementos técnicos que pudessem tornar viável a interposição de ação coletiva. Na ocasião, os preços dos produtos eram quase similares, com variações de poucos centavos, sendo que, em alguns períodos, eram até iguais. Em defesa, a empresa líder argumentou que não tinha culpa se as concorrentes copiavam seus preços, apresentando planilha de custos comprovando a formação dos mesmos e, assim, estabelecendo a dúvida quanto a um eventual acordo empresarial. O CADE, por sua vez, manifestou-se no sentido de que não estava caracterizada a existência de dominação de mercado, realizando várias apreciações técnicas sobre a matéria, o que resultou no arquivamento do feito, eis que não foram obtidos suficientes argumentos especializados para solicitar esclarecimentos excedentes ao organismo federal.

Outras tantas abordagens específicas poderiam ser feitas em torno do tema, mas se afastariam do objetivo deste compartimento, que é apresentar uma idéia dos vários tipos de abusividades possíveis.

De qualquer forma, apenas para concluir este item, merece transcrição a conceituação de abuso do poder econômico declinada por Sérgio Varella Bruna:[503]

> "(...) tem-se por abuso do poder econômico o exercício, por parte de titular de posição dominante, de atividade empresarial contrariamente à sua função social, de forma a proporcionar-lhe, mediante restrição à liberdade de iniciativa e à livre concorrência, apropriação (efetiva ou potencial) de parcela da renda social superior àquela que legitimamente lhe caberia em regime de normalidade concorrencial, não sendo abusiva a restrição quando ela se justifique por razões de eficiência econômica, não tendo sido excedidos os meios estritamente necessários à obtenção de tal eficiência, e quando a prática não representa indevida violação de outros valores maiores (econômicos ou não) da ordem jurídica".

As práticas abusivas, portanto, sempre serão aferidas com base nos conceitos comentados, sem os quais se tornaria extremamente difícil a regulação dos excessos que, por tendência natural, na forma apontada, culminam por aparecer no mercado de consumo.

---

[503] Ob. cit., p. 177.

11.3.5. As práticas abusivas na fase pós-contratual

Neste grupo estão todas aquelas ocorrências que dizem respeito aos produtos e serviços em condições de uso, decorrendo o caráter abusivo muitas vezes de ofertas ou publicidades que prometeram benefícios para que fosse concretizada a venda, os quais, posteriormente, não são honrados.

Igualmente podem surgir abusividades desta espécie a partir de cláusulas contratuais que interrompem prestações de serviço ou fornecimento de produtos, sem que o consumidor deseje ou seja consultado.

Todavia, destacamos este tópico para abordar situações peculiares como a inclusa no artigo 32 do CDC, quando os fabricantes e importadores têm a obrigação de assegurar a oferta de componentes, peças de reposição, enquanto não cessar a fabricação ou importação do produto, e cessadas estas, deverá ser mantido o fornecimento de peças por tempo razoável.

Esta prática abusiva tornou-se muito comum no Brasil, pois em determinado período, ficou facilitada a aquisição de automóveis importados por causa do preço acessível para uma determinada faixa econômica de consumidores. Passados alguns anos da euforia inicial, os iludidos consumidores começaram a sofrer com a dificuldade de conseguir peças de reposição, desde a mais singela até a mais complexa.

As conseqüências foram a imposição aos vulneráveis de longas esperas de peças em oficinas mecânicas, descontentamento com o produto, atritos gerados entre consumidores e concessionárias ou oficinas, perdas patrimoniais por causa do tempo em que os veículos ficaram parados, ou seja, desrespeito ao princípio da vulnerabilidade e, principalmente, da harmonia do mercado de consumo.

A abordagem desta prática é útil, também, para evidenciar a distinção entre vulnerabilidade e hipossuficiência, considerado que muitos consumidores de carros importados eram pessoas de posses, mas, mesmo assim, não deixaram de ser vulnerados pela atitude abusiva dos fornecedores de automóveis.

Por coincidência, conhecemos caso em que um veículo importado de valor elevado, pertencente a um conhecido apresentador da televisão brasileira, estava em oficina especializada de Porto Alegre, da qual nos valíamos dos serviços de mecânica. Por várias vezes comparecemos ao estabelecimento e lá estava o potente carro importado nas mesmas condições à espera de peças, concretizando-se, assim, situação completamente insólita, haja vista que o automóvel permaneceu vários meses sem qualquer condição de uso, sendo este, portanto, um exemplo típico do problema em questão.

Outro exemplo foi o de um carro importado adquirido por magistrado, o qual teve a fechadura do motorista quebrada e precisou esperar mais de um mês para trocar a peça. Este tipo de abuso igualmente surgiu por causa de importações limitadas de determinadas marcas de automóveis provenientes de lugares longínquos, sem que tivesse sido montada qualquer estrutura de assistência técnica ou de apoio no que tange à reposição de peças.

Código de Defesa do Consumidor
O PRINCÍPIO DA VULNERABILIDADE

Desta ordem de abusos também é a prática relativa aos descumprimentos contratuais que somente são descobertos algum tempo após a utilização dos produtos. Isto ocorre naqueles serviços de conserto em geral, principalmente de veículos, na medida em que dificilmente o consumidor saberá se realmente foram utilizadas ou, até mesmo, trocadas as peças indicadas no orçamento, ocorrendo tudo com base na boa-fé de que o fornecedor tenha assim agido. Conhecemos caso em que vendedor profissional de carros levou automóvel em concessionária para a revisão gratuita, sendo que, após a retirada do automotor, descobriu que as peças referidas no orçamento não tinham sido, de fato, substituídas.

O mesmo acontece em consertos de computadores, telefones celulares, refrigeradores, fogões etc, sendo fácil a atuação abusiva dos maus fornecedores, tudo por causa da natural vulnerabilidade técnica e socioeconômica do consumidor.

Na atualidade, graças aos juizados especiais cíveis, esta gama de abusividades vem sendo coibida, pelo que o Poder Judiciário, ao menos no Rio Grande do Sul, sem dúvida vem cumprindo relevantíssimo papel na concretização do princípio da repressão eficiente aos abusos e da harmonia das relações de consumo.

Os abusos na cobrança de dívida integram o presente grupo, existindo as mais aprimoradas técnicas psicológicas de massacre dos devedores. Nossa posição não se coaduna com a defesa incondicional dos inadimplentes. Entretanto, o direito do fornecedor de exigir a cobrança do débito igualmente possui limites, os quais, quando ultrapassados, passam a configurar abusos.

Uma das técnicas é a realização de grande número de ligações no mesmo dia para o devedor, o qual não terá paz enquanto não pagar a dívida, podendo gerar situações em que o inadimplente culmina por assumir novos compromissos, objetivando se livrar da pressão, gerando uma verdadeira bola de neve.

Existem casos, igualmente, de cobranças feitas por intermédio de papéis vistosos, coloridos, com caracteres ostensivos, indicando que se trata de cobrança, os quais normalmente são remetidos para o local de trabalho do devedor, intentando compeli-lo a pagar o devido.

Tais práticas são proibidas pelo artigo 42 do CDC, existindo a previsão delituosa no artigo 71 do mesmo diploma.

No artigo 43 do CDC consta a prática abusiva pós-contratual em que o consumidor é impedido de ter acesso às informações existentes sobre ele em cadastros, fichas e registros arquivados em órgãos especializados neste tipo de prestação de serviço.

No mesmo artigo 43, no § 1º, existe a prática abusiva da não-retirada de informações desabonatórias relativas ao consumidor, quando já tenham decorrido 5 anos.

No § 2º do mesmo artigo 43, ainda existe a previsão da abusividade consistente na não-comunicação por escrito ao consumidor de que contra ele foi aberto registro com informações desabonatórias sobre seu crédito.

No § 3º do art. 43, está a não-correção de registros inexatos sobre o consumidor, prática esta que também poderá tipificar o delito do artigo 73 da lei consumerista.

Igualmente será prática abusiva a comunicação de informações que possam impedir o crédito do consumidor, quando já tenha se consumado a prescrição relativa à cobrança de débitos.

Estas algumas práticas abusivas que vulneram os consumidores no mercado de consumo e que encontram proteção no microssistema consumerista.

12. Considerações finais

O trabalho foi estruturado com o objetivo de apontar as várias esferas de vulnerabilidade que afligem os consumidores no mundo pós-moderno, para tanto tendo sido iniciada a abordagem do tema pela origem e o conceito de princípio.

Com efeito, analisamos longamente a importância dos princípios, pois eles são o alicerce de qualquer construção material ou teórica, mas, principalmente, porque desejávamos discorrer sobre o mundo dogmático-jurídico, no qual eles são fundamentais.

A base principiológica, na forma demonstrada, serve como orientação, como padrão teleológico para que possam ser aplicadas com correção as variadas regras de conduta e de organização que se encontram espalhadas nas legislações.

Mais do que isto, a conclusão que se chegou é que os princípios são valores que dão consistência aos sistemas, auxiliando na obtenção de unidade e adequação valorativa dos mesmos.

Avançando no desenvolvimento do tema, realizamos estudo sobre o conceito de sistema, a fim de apresentar conclusão no sentido de que o Direito deve ser um sistema aberto e móvel, pois precisa acompanhar a evolução da vida dos seus destinatários.

Neste particular, trouxemos à baila vários conceito úteis ao tema, tais como o significado do fenômeno da entropia, da homeostase, dos *inputs*, *outputs* e do *feedback*, objetivando com isto demonstrar a comunicação, isto é, as necessárias trocas que o sistema jurídico deve realizar com outros sistemas, seja o econômico, o social, o político ou qualquer outro que possa adequá-lo às realidades que o Direito deve abarcar.

No mesmo sentido, intentamos tornar claros definições imprescindíveis para os tópicos que se desenvolveriam, oportunidade em que foram apresentados os conceitos de legitimidade, de legalidade e de eficácia, com vistas a um melhor entendimento dos exemplos legais e casos concretos declinados.

Feitas estas primeiras abordagens, analisamos o Direito como sistema, concluindo que devemos considerá-lo sob o enfoque tridimensional, relevando os subsídios do mundo das idéias (mundo dos valores, filosofia), do mundo das normas (normatividade, dogmática-jurídica) e do mundo dos fatos (normalidade, sociologia), eis que todos eles integram o Direito, sendo partes indissociáveis da sua estrutura.

Após, ingressamos diretamente na avaliação da interpretação sistemática do Direito, sendo possível concluir que tal atividade hermenêutica é a única passível de aceitação, quando da aplicação das normas, haja vista que engloba todos os métodos interpretativos, considerado como o principal a interpretação conforme a Constituição.

Concluímos, também, que o metacritério da hierarquização axiológica e a utilização dos demais postulados metódicos são fundamentais para a escolha dos valores mais adequados, objetivando encontrar a melhor solução para o caso concreto.

Igualmente foi possível observar com segurança que a aceitação do Direito como sistema não apresenta incompatibilidade com a utilização do método tópico, na medida em que este trará os subsídios fáticos necessários para que possam ser encontradas no sistema jurídico as melhores soluções.

Exatamente por causa desta constatação apontamos as funções sociais do direito, querendo com isto evidenciar que a apreciação dos elementos fáticos que emergem do convívio social são fundamentais para que a atividade jurídica seja realizada proficuamente.

Com tal abordagem, ficou demonstrado que a resolução dos conflitos é apenas uma das tarefas identificáveis, sendo que somente com a real implementação das demais é que poderá ser concluído que, de fato, o controle social está se realizando a contento e o Direito opera como um sistema útil.

Igualmente procedemos a uma análise filosófica do assunto atinente à vulnerabilidade, oportunidade em que ficou definido que o homem possui tendência natural ao domínio, à conquista.

Neste contexto, o valor liberdade está diretamente relacionado com a potência do indivíduo, sendo que, na exata medida em que esta aumenta, algum tipo de iliberdade poderá resultar a outrem, motivo pelo qual o Direito tem a tarefa de amenizar este eterno conflito que movimenta a humanidade.

A história do homem infelizmente evidencia uma árdua luta em prol da igualdade, fato este que, por si só, indica uma paradoxal propensão ao estabelecimento de situações de desigualdade.

Verificamos que, por motivos de raça, sexo ou classe social, sempre houve condutas diferenciadoras, pois é a partir da geração de diferenças que o poder exerce todo o seu domínio.

O objetivo desta abordagem filosófica, portanto, foi demonstrar que a terceira face integrante do sistema jurídico, o mundo dos valores, é imprescindível para que seja realizada qualquer tarefa hermenêutica, sob pena de não ser alcançada a melhor solução para o caso concreto, o que é de fácil ocorrência, caso sejam desprezadas as realidades imateriais e subjetivas que estão no âmago do nosso ser.

Como atualização imprescindível, escrevemos sobre o íntimo relacionamento principiológico e normativo entre o Código de Defesa do Consumidor e o Código Civil, apontando que os princípios da vulnerabilidade, da dignidade da pessoa humana e da solidariedade integram a base de ambos os diplomas legais.

Finalizada esta fase sobre a qual se estruturou o trabalho, passamos a discorrer sobre os conceitos de interesse público e de relevância social, tendo em vista que eles são os critérios que pautam as questões de massa, sendo indicadores seguros de que a intervenção estatal, pela via do Direito, deve ser implementada.

Ato contínuo, apresentamos a distinção entre vulnerabilidade e hipossuficiência, no Código de Defesa do Consumidor, tendo em vista que cada um dos conceitos possui funções diversas no sistema, não podendo haver confusão no sentido.

De fato, dar a cada coisa a sua correta denominação não é mero academicismo, mas conduta necessária para que sejam obtidos resultados práticos úteis e coerentes. Assim, na forma antes ressaltada, se a distinção feita pela lei não fosse obedecida, muitos prejuízos aos princípios poderiam ser impingidos, na medida em que facilmente surgiriam situações nas quais indivíduos vulneráveis, mas não hipossuficientes (capacidade plena de arcar com os custos endo e extraprocessuais), se beneficiariam de normas protetivas no âmbito processual, quando tal não seria preciso, tampouco correto admitir.

Feita a distinção antes apontada, evidenciamos a existência de sete tipos de vulnerabilidades, quais sejam, a técnica, a jurídica, a neuropsicológica, a ambiental, a política ou legislativa, a econômica ou social e a tributária, objetivando sistematizar o assunto e demonstrar as possibilidades de agressão a que está submisso o consumidor no mundo atual.

Também apresentamos esta classificação porque identificamos evidentes pontos que as tornam independentes, além do que o seu estudo específico e em apartado aprofunda os temas. Outro objetivo, neste sentido, foi a demonstração de que os operadores do Direito podem e devem utilizar as denominações e os conceitos desvelados em suas fundamentações, a fim de que ofereçam resultados afinados com a realidade e com os valores e vivências da sociedade.

O intuito deste último estudo, igualmente, foi facilitar o entendimento dos conteúdos legais que seriam abordados em seguimento, a fim de que pudessem ser compreendidos os reais sentidos das normas, ou seja, o espírito teleológico que as animou.

Finda esta segunda fase, que poderíamos chamar de intermediária, estruturamos a terceira etapa da monografia a partir de três realidades da lei consumerista, que são o contrato, a publicidade e as práticas abusivas, haja vista que são os grandes focos de vulneração.

Relativamente ao contrato, realizamos apreciação histórica visando a demonstrar os problemas sociológicos, econômicos e filosóficos que acompanharam a sua evolução. Com isto, concluímos que a atividade de controle social do Direito deve ser exercida em sua plenitude no tocante ao instituto comentado, para que as "potências" em excesso não predominem em detrimento da grande massa desfavorecida.

Para tanto, é inafastável a importante intervenção do Estado nos contratos, pois o indivíduo não mais pode ser considerado como isolado na organização social. Pelo contrário, sua melhor denominação agora corresponde ao conceito de "pessoa", ou seja, ente integrado ao contexto social, com importância de relevo, pois os reflexos da descapitalização indevida do indivíduo (fenômeno da individualização do prejuízo) são inversamente proporcionais ao nível de desenvolvimento de um país, considerado que o bom consumidor é o grande investidor na economia capitalista.

No contrato, então, foram demonstradas inúmeras técnicas para vulnerar, corroborando a idéia da imperiosa intervenção estatal nos pactos de massa, para que seja respeitado o princípio da vulnerabilidade, bem como o da harmonia das relações de consumo e da repressão eficiente aos abusos.

Como não poderia deixar de ser, discorremos sobre as formas de vulnerar por intermédio da *internet*, outra atualização fundamental procedida neste trabalho.

No tratar o assunto da publicidade, foi necessária a invasão a outras áreas do conhecimento, oportunidade em que se trouxeram novos conceitos sobre o tema, os quais foram fundamentais para ressaltar a fragilidade da mente humana, eis que passível, a qualquer momento e local, de sofrer as mais variadas agressões e imposições psíquicas.

Com isso, chegamos a conclusões sobre a relatividade do princípio da autonomia da vontade, relembrando que somente podemos conceber uma vontade realmente autônoma quando ela não esteja afetada por qualquer elemento empírico, como ensinava Kant.

A vontade decorrente da obrigação externamente imposta à pessoa é mero formalismo, tendo reduzida significação valorativa para a vinculação do sujeito.

Obtivemos definição, também, no sentido de que os agentes econômicos, na atualidade, orientam o mercado de consumo, colocando, retirando, alterando e, por vezes, até adulterando produtos ou serviços, não mais podendo ser aceita a idéia do "consumidor-rei", como se ele tivesse o poder de comandar as leis da oferta e da procura. O *marketing* e o *merchandising* se encarregam de realizar tal tarefa.

Outra síntese obtida diz respeito ao fato de que vivemos orientados pelos mitos que habitam nosso inconsciente, sendo eventualmente bastante difícil concluir sobre a ilicitude de uma atividade publicitária, considerado que a sociedade moderna já aceitou como possíveis determinadas manipulações mentais, tais como as que ocorrem por intermédio das televisões, do cinema, das revistas, da *internet* etc.

De qualquer forma, lícita ou eventualmente ilícita a atividade publicitária, o fundamental é que o aplicador do Direito conheça estas realidades, a fim de que possa corretamente se posicionar diante do conflito, para melhor solucioná-lo.

Não mais se concebe que profissionais do Direito apreciem questões jurídicas multidisciplinares, como as que envolvem relações de consumo, sem conhecimentos mínimos de economia, de mercado, de *marketing*, de psicologia, de sociologia e, especialmente, de filosofia.

Alguém poderá rotular como utópica a exigência declinada, mas ela é plenamente viável, bastando, para tanto, que nos convençamos de que a complexidade do progresso tecnológico induz à especialização, e esta tem como resultado o estudo dirigido, sistematizado e profissionalizado, única maneira de se atingir resultados positivos em áreas tão fundamentais como a do consumidor e do meio ambiente.

Por fim, analisamos o terceiro grupo, da práticas comerciais abusivas que se encontram espalhadas pelo microssistema consumerista.

Apresentamos, então, a noção de abuso, como sendo o exercício irregular de um direito, ou seja, aquela situação em que o exercício do direito feito de maneira inadequada passa a afrontar o exercício regular do direito de outrem.

Neste campo de estudo retornamos a alguns assuntos que já haviam sido analisados na parte do contrato, como foi o caso dos abusos ao direito concorrencial, haja vista a importância do tema para o Direito do Consumidor, bem como porque necessitavam ser aprofundadas algumas questões específicas de matéria tão desenvolvida como é esta, na atualidade.

Adotamos, também, como paradigma para a classificação das abusividades o próprio contrato, objetivando com isto demonstrar que muito próximo a ele, antes ou depois da contratação, da mesma forma podem surgir práticas abusivas que, em que pese poderem até mesmo não integrá-lo, sob o enfoque estrito, tem o contrato como objetivo ou como origem.

A classificação foi elaborada, ainda, considerando alguns grupos de abusividades que possuem relativa identidade, como é o caso das atinentes à saúde e à segurança dos consumidores ou as que tratam do poder econômico do mercado.

Esta foi a maneira encontrada para agregar no gênero "práticas abusivas" as inúmeras possibilidades de ocorrências irregulares que não possam ser enquadradas como pertencentes ao contrato ou à área da publicidade.

Com isso, podemos dizer que o princípio da vulnerabilidade foi examinado à exaustão, tendo como pauta a metodologia sistemática da teoria tridimensional do Direito e como parâmetro mais concreto a tópica, quando identificamos os vários tipos de vulnerabilidades existentes, bem como nas ocasiões em que foram abordados os exemplos de vulnerabilidades ocorrentes nos contratos, nas publicidades e nas práticas abusivas.

Em assim o fazendo, parece lícito concluir a necessidade de que a idéia sistemática se conjugue à tópica no estudo do Direito, caminho adequado para que, de maneira profissional, mas humana, se obtenha a ordem, o equilíbrio e a harmonia, para nós, símbolos por excelência da Justiça.

13. Referências bibliográficas

ABDALA, Edson Vieira. *Comentários à Nova Lei Antitruste*. Curitiba: Jurá, 1994.

ACQUAVIVA, Marcus Cláudio. *Dicionário Jurídico Brasileiro*. 7ª ed. São Paulo: Editora Jurídica Brasileira.

AGUIAR JUNIOR, Ruy Rosado de. *Revista Direito do Consumidor,* "A Boa-fé na Relação de Consumo", volume 14. São Paulo: RT.

ALEXY, Robert. *El Concepto Y La Validez Del Derecho*. Barcelona: Gedisa – Estudios Alemanes, 1994.

———.Teoria de Los Derechos Fundamentales. Madrid: Centro de Estudios Constitucionales, 1990.

ALMEIDA COSTA, Mário Julio. *Cláusulas Contratuais Gerais, Anotações ao Decreto-Lei nº 446/85, de 25 de outubro*. Coimbra: Livraria Almedina, 1991.

ALTERINI, Atílio Aníbal. "OS Contratos de Consumo e as Cláusulas Abusivas". In: *Revista Direito do Consumidor*, volume 15, São Paulo: RT.

ALVES, Paulo Antonio Nevares. *Implicações Jurídicas do Comércio Eletrônico no Brasil – Um Estudo Preliminar Acerca do Âmbito de Aplicação da Disciplina das Relações de Consumo*. Rio de Janeiro: Editora Lumen Juris, 2008.

ALVES, Priscila Pacheco Nevares. *Implicações Jurídicas do Comércio Eletrônico no Brasil – Um Estudo Preliminar Acerca do Âmbito de Aplicação da Disciplina das Relações de Consumo*. Rio de Janeiro: Editora Lumen Juris, 2008.

ALVIM, Arruda. "Cláusulas Abusivas e Seu Controle No Direito Brasileiro". In: *Revista Direito do Consumidor*, volume 20. São Paulo: RT.

ALVIM, Thereza Arruda; ALVIM, Eduardo Arruda. *Código do Consumidor Comentado*. 2ª ed. São Paulo: RT.

AQUINO, Santo Tomás de. *Do Governo dos Príncipes, Tradução e Anotações de Arlindo Veiga dos Santos*. São Paulo: Anchieta, 1946.

AMARAL, Francisco. Racionalidade e Sistema no Direito Civil Brasileiro, Separata da Revista *"O Direito"*, Ano 126º, 1994, I – II.

AMARAL JUNIOR, Alberto do. *Proteção do Consumidor no Contrato de Compra e Venda*. Revista dos Tribunais, 1993, São Paulo;

———. "A Boa-fé e o Controle Das Cláusulas Contratuais Abusivas nas Relações de Consumo". In: *Revista Direito do Consumidor*, volume 6, São Paulo: RT.

ANOHIN, P. K. *Teoria dos Sistemas, Tradução de Maria da Graça Lustosa Becskeházy*. Fundação Getúlio Vargas, 1976.

ARAGON, Manoel. *La Interpretación de La Constitucion Y El Caracter Objetivado Del Control Jurisdiccional*. Cordoba: Academia Nacional de Derecho Y Ciencias Sociales de Cordoba, 1986.

ARISTÓTELES. *Política*. Brasília: Universidade de Brasília, 1985.

ARMSTRONG, Gary. *Princípios de Marketing*. 7ª ed. Rio de Janeiro: Prentice-Hall do Brasil.

ÁVILA, Fernando Bastos de. *Solidarismo*. 3ª ed revista e ampliada. Coleção Temas Atuais. Rio de Janeiro: Agir, 1965.

ÁVILA, Humberto. *Teoria dos Princípios – da definição à aplicação dos princípios jurídicos*. 8ª ed. São Paulo: Malheiros, 2008.

AZEVEDO, Luiz Carlos de. *Lições de História do Processo Civil Romano*. São Paulo: Revista dos Tribunais, 1996.

BAIGENT, Michael. *O Santo Graal e a Linhagem Sagrada*. 3ª ed. Rio de Janeiro: Nova Fronteira, 1993.

BARACHO, José Alfredo de Oliveira. *O Princípio de Subsidiariedade – Conceito e Evolução*. Rio de Janeiro: Forense, 1996.

BARROSO, Luís Roberto. "Fundamentos Teóricos e Filosóficos do Novo Direito Constitucional Brasileiro – (pós-modernidade, teoria crítica e pós-positivismo)". In: *Revista do Ministério Público do Estado do Rio Grande do Sul*, Porto Alegre. V. 46, 2002.

BAYEUX FILHO, José Luiz. "O Código do Consumidor e o Direito Intertemporal". In: *Revista Direito do Consumidor*, v. 5. São Paulo: RT.

BIERWAGEN, Mônica Hoshizato. *Princípios e Regras de Interpretação dos Contratos no Novo Código Civil*. São Paulo: Saraiva, 2002.

BENJAMIN, Antonio Herman de Vasconcellos e. *Comentários ao Código de Proteção do Consumidor*. São Paulo: Saraiva, 1991.

———. "A Proteção do Consumidor e Patentes: o Caso dos Medicamentos". In: *Revista Direito do Consumidor*, volume 10, São Paulo: RT.

———. "O Controle Jurídico da Publicidade". In: *Revista Direito do Consumidor*, volume 9, São Paulo: RT.

———. *Código do Consumidor Comentado pelos Autores do Anteprojeto*. 3ª ed. Forense Universitária.

BERTALANFFI, Ludwig Von. *Teoria dos Sistemas*. Petrópolis: Vozes, 1973.

———. "Teoria dos Sistemas". In: *Série Ciências Sociais*. Rio de Janeiro: Fundação Getúlio Vargas, 1976.

BESSA, Leonardo Roscoe. "Impressões atuais sobre o superendividamento: sobre a 7ª Conferência Internacional de Serviços Financeiros e reflexões para a situação brasileira". In: *Revista Direito do Consumidor*. v.65. São Paulo: Revista dos Tribunais. Janeiro-março 2008.

BOBBIO, Norberto. *Teoria das Formas de Governo*. 8ª ed. Brasília: Universidade de Brasília, 1995.

———. *Igualdade e Liberdade*. Rio de Janeiro: Ediouro, 1996.

———. *Liberalismo e Democracia*. São Paulo: Brasiliense, 1995.

———. *Teoria do Ordenamento Jurídico*. 4ª ed. Brasília: Universidade de Brasília.

BONATTO, Cláudio. *Questões Controvertidas no Código de Defesa do Consumidor*. Porto Alegre: Livraria do Advogado, 1998.

———. *Cláusulas Abusivas nas Relações Contratuais de Consumo*. Porto Alegre: Livraria do Advogado, 2001.

BONAVIDES, Paulo. *Curso de Direito Constitucional*. 4ª ed. São Paulo: Malheiros, 1993.

———. *Prefácio do Livro de Ingo Sarlet, Dignidade da Pessoa Humana e Direitos Fundamentais na Constituição Federal de 1988*. Porto Alegre: Livraria do Advogado, 2002.

BOURGOIGNIE, Thierry. "Conceito Jurídico de Consumidor". In: *Revista Direito do Consumidor*, volume 2, São Paulo: RT.

———. "O Conceito de Abusividade em Relação aos Consumidores e a Necessidade de Seu Controle Através de Uma Cláusula Geral". In: *Revista Direito do Consumidor*, volume 6, São Paulo: RT.

BRANCO, Gerson Luiz Carlos. *Diretrizes Teóricas do Novo Código Civil Brasileiro*. São Paulo: Saraiva, 2002.

BRAÑES, Raul. "Cinco años despues de Rio: Algunas reflexiones sobre las tareas juridicas pendientes en America Latina". In: *Anais do Congresso Internacional de Direito Ambiental*. São Paulo: 1997.

BRUNA, Sérgio Varella. *O Poder Econômico e a Conceituação do Abuso em seu Exercício*. São Paulo: Revista dos Tribunais, 1997.

CABANA, Roberto M. López. "Ecología e Consumo". In: *Revista Direito do Consumidor*, volume 12, São Paulo: RT.

CALAIS-AULOY, Jean. "Venda Fora do Estabelecimento Comercial e Venda a Distância no Direito Francês". In: *Revista Direito do Consumidor*, volume 3, São Paulo: RT.

CAMPOS, Ronaldo Cunha. *Ação Civil Pública*. Rio de Janeiro: AIDE, 1989.

CANARIS, Claus Wilhelm. *Pensamento Sistemático e Conceito de Sistema na Ciência do Direito*. Traduzido por A. Menezes Cordeiro. Lisboa: Fundação Calouste Gulbenkian, 1989.

CAPPELLETTI, Mauro. *Revista do Ministério Público do Estado do Rio Grande do Sul*, nº 18, Porto Alegre, 1985.

CARNEIRO, Athos Gusmão. *Jurisdição e Competência*. São Paulo: Saraiva, 1982.

CARVALHO, Orlando de. *A Teoria Geral da Relação Jurídica, Seu Sentido e Limites*. 2ª ed. Coimbra: Centelha, 1981.

CARVALHO, Paulo de Barros. "Segurança Jurídica e Modulação dos Efeitos". In: *Revista Direito Tributário em Questão*, Porto Alegre: Fundação Escola Superior de Direito Tributário – FESDT. v. 1, 2008.

CAVALIERI FILHO, Sérgio. *Revista da Escola da Magistratura do Rio de Janeiro*. Rio de Janeiro: v. 6, nº 24, 2003.

CHAUÍ, Marilena. *O Que é Ideologia, editora Brasiliênse*. 42ª reimpressão. São Paulo, 1997.

CHEVALIER, Jean Jacques. *As Grandes Obras Políticas de Maquiavel a Nossos Dias*. 4ª ed. Rio de Janeiro: Agir, 1989.

CORREAS, Oscar. *Introducción a La Crítica Del Derecho Moderno (Esbozo)*. Puebla: Universidad Antonoma de Puebla, 1982.

COUTO E SILVA, Clóvis Veríssimo do. *O Direito Privado Brasileiro na Visão de Clóvis do Couto e Silva, organizadora Vera Maria Jacob Fradera*. Porto Alegre: Livraria do Advogado, 1997.

———. *Revista da AJURIS* nº 40, Porto Alegre, 1987.

CRUZ E TUCCI, José Rogério. *Lições de História do Processo Civil Romano*. São Paulo: Revista dos Tribunais, 1996.

DA SILVA, Agathe E. Schmidt. "Cláusula Geral de Boa-fé nos Contratos de Consumo". In: *Revista Direito do Consumidor*, volume 17, São Paulo: RT.

DA SILVA, José Afonso. *Curso de Direito Constitucional Positivo*. São Paulo: Revista dos Tribunais, 1990.

DA SILVA, Luis Renato Ferreira. "O Princípio da Igualdade e o Código de Defesa do Consumidor". In: *Revista Direito do Consumidor.*, volume 8, São Paulo: RT.

DA SILVA, Ovídio Araújo Baptista. *Jurisdição e Execução na Tradição Romano – Canônica*. Revista dos Tribunais.

———. "Decisões Interlocutórias e Sentenças Liminares". In: *Revista da AJURIS* nº 51, Porto Alegre.

DE FELIPE, Miguel Beltrán. *Originalismo e Interpretación, Dworkin vs. Bork: uma polêmica constitucional*. Editorial Civitas, Servicio de Publicaciones de La Facultad Complutense.

DONATO, Maria Antonieta Zanardo. *Proteção ao Consumidor, Conceito e Extensão*. São Paulo: RT, 1994.

DUTOIT, Bernard. "O Direito da Concorrência Desleal e a Relação da Concorrência: Dupla Indissociável? Uma Perspectiva Comparativa". In: *Revista Direito do Consumidor*, volume 15, São Paulo: RT.

EFING, Antonio Carlos. "Sistema Financeiro e o Código de Consumidor". In: *Revista Direito do Consumidor*, volume 17, São Paulo: RT.

ENTERRÍA, Eduardo Garcia de. Reflexiones Sobre La Ley Y Los Princípios Generales del Derecho, Cuaderno Civitas – Madrid: Civitas, 1986.

FABRÍCIO, Adroaldo Furtado. "As Novas Tendência do Processo Civil e os Poderes do Juiz". In: *Revista Direito do Consumidor*, volume 7, São Paulo: RT.

FACHIN, Luiz Edson. *Revista de Estudos Jurídicos, Limites e Possibilidades da Nova Teoria Geral do Direito Civil*. Volume II, nº 1, agosto de 1995, Editora Universitária Champagnati.

———. *Repensando Fundamentos do Direito Civil Contemporâneo*. Rio de Janeiro: Renovar, 1998.

FARINA, Modesto. *Psicodinâmica das Cores em Comunicação*. 4ª ed. Edgard Blücher,

FARJAT, Gerard. "A Noção de Direito Econômico". In: *Revista Direito do Consumidor*, volume 19, São Paulo: RT.

FEKETE, Elisabeth Kasznar. "A Proteção ao Consumidor Como Instrumento de Aperfeiçoamento da Integração Econômica no Mercosul". In: *Revista Direito do Consumidor*, volume 20, São Paulo: RT.

FERRARI, Vicenzo. *Funciones Del Derecho*. Colección Universitaria. Madrid: Editorial Debate, 1989.

FERREIRA, Aurélio Buarque de Hollanda. *Dicionário da Língua Portuguesa*. 11ª ed. Rio de Janeiro: Civilização Brasileira, 1987.

FILOMENO, José Geraldo de Brito. Manual de Direito do Consumidor. 2ª ed. São Paulo: Editora Atlas, 1991.

FONSECA, João Bosco Leopoldo da. *Lei de Proteção da Concorrência, Comentários à Lei Antitruste*. Rio de Janeiro: Forense, 1998.

FONSECA, Roberto Piragibe da. *Breviário de Principiologia Jurídica, Introdução ao Estudo do Direito*. Rio de Janeiro, 1958.

FRANCARIO, L. *Proprietá e Autonomia Contrattuale*. Milano – Dott. A. Giuffré Editore, 1990.

FREITAS, Aristóbulo de Oliveira. "Responsabilidade Civil Objetiva no Código de Defesa do Consumidor". In: *Revista Direito do Consumidor*, São Paulo: RT, volume 11.

FREITAS, Juarez. *A Interpretação Sistemática do Direito*. 2ª ed. São Paulo: Malheiros, 1998.

————. "Funcionalismo e Estruturalismo: Diálogo com o Pensamento Jurídico de Norberto Bobbio". In: *Revista da AJURIS nº 53*, Porto Alegre.

FROTA, Mário. *A Publicidade Infanto-Juvenil Perversões e Perspectivas*. 2ª ed revista e atualizada. Curitiba: Juruá, 2006.

FURLAN, Valéria C. P. "Princípio da Veracidade nas Mensagens Publicitárias". In: *Revista Direito do Consumidor*, volume 10, São Paulo: RT.

GARCIA-ROZA, Luiz Alfredo. *Freud e o Inconsciente*. 15ª ed. Rio de Janeiro: Jorge Zahar Editor, 1998.

GARDNER, Howard. *Estruturas da Mente, A Teoria das Inteligências Múltiplas*. Tradução de Sandra Costa. Porto Alegre: Artes Médicas Sul, 1994.

GHISALBERTI, Alessandro. Nome da obra Guilherme de Ockham, Tradução de Luís A. de Boni. Coleção Filosofia – 56. Porto Alegre: EDIPUCRS, 1997.

GIRARDELLO, Gilka. Site: *http://www.aurora.ufsc.br/resenha_singer.htm*, acessado em 08.07.2008.

GOMES, Orlando. *Transformações Gerais do Direito das Obrigações*. 2ª ed. São Paulo: Revista dos Tribunais, 1980.

GONZALES, Cristiane Paulsen. *Código de Defesa do Consumidor na Relação entre Logistas e Empreendedores de Shopping Centers*. Porto Alegre: Livraria do Advogado, 2003.

GRAU, Eros Roberto. "Interpretando o Código de Defesa do Consumidor – Algumas Notas". In: *Revista Direito do Consumidor*, volume 5, São Paulo: Revista dos Tribunais, 1993.

GRINOVER, Ada Pellegrini. Código Brasileiro de Defesa do Consumidor Comentado Pelos Autores do Anteprojeto. 3ª ed. Forense Universitária.

GUIMARÃES, Paulo Jorge Scartezzini. *Vícios do Produto e do Serviço por Qualidade, Quantidade e Insegurança – Cumprimento Imperfeito do Contrato*. São Paulo: Revista dos Tribunais, 2004.

————. *A Publicidade Ilícita e a Responsabilidade Civil das Celebridades que Dela Participam*. São Paulo: Revista dos Tribunais, 2001.

HEERDT, Paulo. "Os Contratos de Adesão no Código de Defesa do Consumidor". In: *Revista Direito do Consumidor*, volume 6, São Paulo: RT.

HESSE, Konrad. *Escritos de Derecho Constitucional, Centro de Estudios Constitucionales*. Madrid: Maribel Artes Gráficas, 1983.

HOWELLS, Geraint G. *Revista da AJURIS*, março de 1998, Tomo I, Edição Especial.

JORGE, Flávio Cheim. "Responsabilidade Civil por Danos Difusos e Coletivos Sob a ótica do Consumidor". In: *Revista Direito do Consumidor*, volume 17, São Paulo: RT.

KANT, Immanuel. *Fundamentação da Metafísica dos Costumes*, Traduzida por Paulo Quintela. Lisboa: Edições 70 LTDA, 1995.

KELSEN, Hans. *Teoria Pura do Direito, Tradução João Batista Machado*. São Paulo: Martins Fontes, 1995.

KOTLER, Philip. *Princípios de Marketing*. 7ª ed. Rio de Janeiro: Prentice-Hall do Brasil.

LARENZ, Karl. *Metodologia da Ciência do Direito, tradução de José Lamengo*. 5ª ed. Lisboa: Fundação Calouste Gulbenkian, 1983.

LASSALE, Ferdinand. *A Essência da Constituição*. 3ª ed. Liber Juris.

LEAL, Márcio Flávio Mafra. *Ações Coletivas: História, Teoria e Prática*. Porto Alegre: Sergio Antonio Fabris, 1998.

LEIGH, Richard. *O Santo Graal e a Linhagem Sagrada*. 3ª ed. Rio de Janeiro: Nova Fronteira, 1993.

L'HEUREUX, Nicole. "Acesso Eficaz à Justiça: Juizado de Pequenas Causas e Ações Coletivas". In: *Revista Direito do Consumidor*, volume 5, São Paulo: RT.

LINCOLN, Henry. *O Santo Graal e a Linhagem Sagrada*. 3ª ed. Nova Fronteira, 1993.

LIMA, Euzébio de Queiroz. *Princípios de Sociologia Jurídica*. 6ª ed. Rio de Janeiro: Record, 1958.

LIMA LOPES, José Reinaldo de. "Crédito ao Consumidor e Superendividamento – Uma Problemática Geral". In: *Revista Direito do Consumidor*, volume 17, São Paulo: RT.

————. *Responsabilidade Civil do Fabricante e a Defesa do Consumidor*. São Paulo: RT, 1992.

LISBOA, Roberto Senise. *Contratos Difusos e Coletivos*. 2ª ed. São Paulo: Revista dos Tribunais, 2000.

LOBO, Paulo Luiz Neto. *O Contrato – Exigências e Concepções Atuais*. São Paulo: Saraiva, 1986.

LOPES, Maria Elizabete Vilaça. "O Consumidor e a Publicidade". In: *Revista Direito do Consumidor*, volume 1, São Paulo: RT.

LORENZETTI, Ricardo Luis. *Fundamentos de Direito Privado*. São Paulo: Editora Revista dos Tribunais, 1998.

————. Comércio Eletrônico. *Tradução de Fabiano Menke com notas de Cláudia Lima Marques*. São Paulo: Revista dos Tribunais, 2004.

LUNA, Everaldo da Cunha. *Abuso de Direito*. 2ª ed. Rio de Janeiro: Forense, 1988.

MADELBAUM, Renata. *Contratos de Adesão e Contratos de Consumo*. São Paulo: Revista dos Tribunais, 1996.

MAJO, A. Di. *Proprietá e Autonomia Contrattuale*. Milano: Dott. A. Giuffré Editore, 1990.

MANCUSO, Rodolfo de Camargo. *Manual do Consumidor em Juízo*. São Paulo: Saraiva, 1994.

————. *A Ação Civil Pública*. 5ª ed. São Paulo: Revista dos Tribunais, 1997;

MANIET, Françoise. "Os apelos ecológicos, os selos ambientais e a proteção dos consumidores". In: *Revista Direito do Consumidor*, tradução de Maria Enriqueta do Amaral Fonseca Lobo, volume 4, São Paulo: RT.

MARINS, James. "Proteção Contratual do CDC a Contratos Interempresariais, Inclusive Bancários". In: *Revista Direito do Consumidor*, volume 18, São Paulo: RT.

————. *Código do Consumidor Comentado*. 2ª ed. São Paulo: RT.

————. *Responsabilidade da Empresa pelo Fato do Produto*. São Paulo: Revista dos Tribunais, 1993.

MARQUES, Cláudia Lima. "A Responsabilidade do Transportador Aéreo Pelo Fato do Serviço e o Código de Defesa do Consumidor – Antinomia entre norma do CDC e de leis especiais". In: *Revista Direito do Consumidor*, volume 3, São Paulo: RT.

————. "O Código Brasileiro de Defesa do Consumidor e o Mercosul". In: *Revista Direito do Consumidor*, volume 8, São Paulo: RT.

————. *Contratos no Código de Defesa do Consumidor*. 2ª ed. São Paulo: RT.

————. "Superação das Antinomias Pelo Diálogo das Fontes: o modelo brasileiro de coexistência entre o Código de Defesa do Consumidor e o Código Civil de 2002". In: *Revista Direito do Consumidor*. São Paulo: Revista do Tribunais, v. 51, julho-setembro de 2004.

MARQUES, J. P. Remédio. "A Promoção de Produtos e Serviços e Os Direitos dos Consumidores". In: *Revista Direito do Consumidor*, volume 7, São Paulo: RT.

MARTINS, Flávio Alves. *A Idéia de Experiência no Pensamento Jusfilosófico de Miguel Reale, a Cultura Contemporânea e o Novo Modelo Jurídico*. Rio de Janeiro: Lumen Juris, 2004.

MARTINS, Guilherme Magalhães. *Responsabilidade Civil por Acidente de Consumo na Internet*. São Paulo: Revista dos Tribunais, 2008.

MARTINS, Pedro Baptista. *O Abuso de Direito e o Ato Ilícito*. 3ª ed. Rio de Janeiro: Forense.

MARTINS-COSTA, Judith. "A 'Guerra' do Vestibular e a Distinção entre Publicidade Enganosa e Clandestina". In: *Revista Direito do Consumidor*, volume 6, São Paulo: RT.

————. *Diretrizes Teóricas do Novo Código Civil Brasileiro*. São Paulo: Editora Saraiva, 2002.

MAZZILLI, Hugo Nigro. *A Defesa dos Interesses Difusos em Juízo*. 5ª ed. São Paulo: RT, 1993.

MATOS, Cecília. "O Ônus da Prova no Código de Defesa do Consumidor". In: *Revista Direito do Consumidor*, volume 11, São Paulo: RT.

MAXIMILIANO, Carlos. *Hermenêutica e Aplicação do Direito*. 7ª ed. Rio de Janeiro: Freitas Bastos, 1961.

MEIRELLES, Hely Lopes. *Direito Administrativo Brasileiro*. 26ª ed. São Paulo: Malheiros, 2001.

MENEZES CORDEIRO, Antônio. *Cláusulas Contratuais Gerais, Anotações ao Decreto-Lei nº 446/85, de 25 de outubro*. Coimbra: Almedina, 1991.

MIAILLE, Michel. *Introdução Crítica ao Direito*. Imprensa Universitária. 2ª ed. Lisboa: Editorial Estampa, 1994.

MOMBERGER, Noemí Frike. *A Publicidade Dirigida às Crianças e Adolescentes, Regulamentações e Restrições*. Porto Alegre: Memória Jurídica, 2002.

MORAES, Maria Amália Dias de. "Do Abuso de Direito – Alguns Aspectos". In: *Revista da Procuradoria Geral do Estado do Rio Grande do Sul*, volume 15 (42).

MORAES, Paulo Valério Dal Pai. *Conteúdo Interno da Sentença*. Porto Alegre: Livraria do Advogado, 1996.

————. "Os Limites da Coisa Julgada Nas Ações Coletivas no Código de Defesa do Consumidor". In: *Livro de Teses do 12º Congresso Nacional do Ministério Público Brasileiro*, Tomo III, Fortaleza, maio de 1998.

————. *Questões Controvertidas no Código de Defesa do Consumidor*. Porto Alegre: Livraria do Advogado, 1998.

————. "O MP e a Legitimidade para a Defesa dos Interesses Coletivos Decorrentes de Questões Tributárias de Massa". In: *Revista de Estudos Tributários*. Porto Alegre: Síntese, janeiro-fevereiro de 2000.

————. "Contribuição para o Custeio da Iluminação Pública Municipal". In: *Revista de Direito do Consumidor*. v.58. São Paulo: Revista dos Tribunais, abril-junho 2006.

MOURA, Walter José Faiad de. "Impressões atuais sobre o superendividamento: sobre a 7ª Conferência Internacional de Serviços Financeiros e reflexões para a situação brasileira". In: *Revista Direito do Consumidor*. v.65. São Paulo: Revista dos Tribunais. Janeiro-março 2008.

NAERT, Françoise Domant. "As Tendências Atuais do Direito Contratual no Domínio da Regulamentação das Cláusulas Abusivas". In: *Revista Direito do Consumidor*, volume 12, São Paulo: RT.

NASCIMENTO, Tupinambá Miguel Castro do. *Comentários ao Código do Consumidor*. Rio de Janeiro: AIDE, 1991.

NERY JÚNIOR, Nelson. "Aspectos do Processo Civil No Código de Defesa do Consumidor". In: *Revista Direito do Consumidor*, volume 1, São Paulo: RT.

————. "Os Princípios Gerais do Código Brasileiro de Defesa do Consumidor". In: *Revista Direito do Consumidor*, volume 3, São Paulo: RT.

NORONHA, Fernando. *O Direito dos Contratos e seus Princípios Fundamentais, autonomia privada, boa-fé, justiça contratual*. Saraiva, 1994.

OLIVEIRA, Carlos Alberto Alvaro de. *Do Formalismo no Processo Civil*. São Paulo: Saraiva, 1997.

PASQUALINI, Alexandre. *Revista da AJURIS nº 65*, Porto Alegre.

PASQUALOTTO, Adalberto. *Os Efeitos Obrigacionais da Publicidade no Código de Defesa do Consumidor*. São Paulo: RT.

————. "Defesa do Consumidor". In: *Revista Direito do Consumidor*, volume 6, São Paulo: RT.

PERLINGIERI, Pietro. *Perfis do Direito Civil, Introdução ao Direito Civil Constitucional*. Tradução de Maria Cristina de Cicco. Renovar.

PETTER, Lafayette Josué. *Princípios Constitucionais da Ordem Econômica. O Significado e o Alcance do Art. 170 da Constituição Federal*. 7ª ed. São Paulo: Revista dos Tribunais, 2005.

PLATÃO. A República. Lisboa: Fundação Calouste Gulbenkian.

POPP, Carlyle. *Comentários à Nova Lei Antitruste*. Curitiba: Juruá, 1994.

POUND, Roscoe. *Justiça Conforme a Lei*. 2ª ed. São Paulo: IBRASA, 1976.

RAMSAY, Iain. *Revista da AJURIS*, Tomo I, ed especial de março de 1998.

RANDAZZO, Sal. *A Criação de Mitos na Publicidade, Como os Publicitários Usam o Poder do Mito e do Simbolismo para Criar Marcas de Sucesso*. Rio de Janeiro: Rocco, 1997.

REALE, Miguel. *Filosofia do Direito*, volume 2, São Paulo: Saraiva, 1962.

————. "Anais dos Seminários EMERJ Debate o Novo Código Civil". In: *Revista da Escola da Magistratura do Rio de Janeiro*, Rio de Janeiro, ed Especial, Parte I, fevereiro-junho de 2002.

REALE, Miguel. *Filosofia do Direito*, volume 1. São Paulo: Saraiva, 1962.

REHBINDER, Manfred. *Sociologia Del Derecho*. Madrid: Editora Pirámide, 1981.

RIBEIRO, Neves. "Acesso dos Consumidores à Justiça – Algumas Dificuldades do Sistema Jurídico em Vigor – Propostas de Solução". In: *Revista Direito do Consumidor*, volume 12, São Paulo: RT.

ROCHA, Sílvio Luís Ferreira da. "A Responsabilidade pelo Fato do Produto no Código de Defesa do Consumidor". In: *Revista Direito do Consumidor*, volume 5, São Paulo: RT.

RODRIGUES, Marcelo Abelha. "Análise de Alguns Princípios do Processo Civil à Luz do Título III do Código de Proteção e Defesa do Consumidor". In: *Revista Direito do Consumidor*, volume 15, São Paulo: RT.

ROPPO, Enzo. *O Contrato*. Coimbra: Almedina, 1988.

SALLES, Carlos Alberto de. "O Direito do Consumidor e Suas Influências Sobre os Mecanismos de Regulação do Mercado". In: *Revista Direito do Consumidor*, volume 17, São Paulo: RT.

SANT'ANNA, Armando. *Propaganda, Teoria, Técnica, Prática, Editora Pioneira Arte Comunicação*. 7ª ed. Atualizada e revisada. São Paulo.

Código de Defesa do Consumidor
O PRINCÍPIO DA VULNERABILIDADE

SANTOS, Eduardo Sens dos. *Revista de Direito Privado*. v. 10, Ano 3. São Paulo: Editora dos Tribunais, abril-junho de 2002.

SARLET, Ingo. *Dignidade da Pessoa Humana e Direitos Fundamentais na Constituição Federal de 1988*. Porto Alegre: Livraria do Advogado, 2002.

———. *O Novo Código Civil e a Constituição (Organizado por Ingo Sarlet)*. Porto Alegre: Livraria do Advogado, 2003.

SAYEG, Ricardo Hasson. "Práticas Comerciais Abusivas". In: *Revista Direito do Consumidor*, volume 7, São Paulo: RT.

SCHULTZ, Fritz. *Principios Del Derecho Romano*. Traducción de Manuel Abellán Velasco. Madrid: Editorial Civitas, Servicio de Publicationes de La Faculdad de Derecho Universidad Complutense, 1990.

———. *Derecho Romano Clásico*, Traducción Directa de La Edición Inglesa por José Santa Cruz Teigeiro, BOSCH, Casa Editorial – Urgel, 51 bis, Barcelona, 1960.

SERRES, Michel. *O Contrato Natural*. Rio de Janeiro: Nova Fronteira, 1991.

SETZER, Waldemar W. Site: *http://www.ime.usp.br/~vwsetzer/*, acessado em 11.07.2008.

SILVA, Luiz Renato Ferreira da. "Princípio da Igualdade e o Código de Defesa do Consumidor". In: *Revista Direito do Consumidor*. v. 8. São Paulo: Revista dos Tribunais. Outubro-dezembro de 1993.

SKOWRONSKY, Alexandre. "Paper" de palestra proferida no 3º Interaer – Congresso de Interação de Comunicação Social da Aeronáutica, ocorrido na cidade de Santa Maria, Rio Grande do Sul, em 13 de maio de 1994.

SOUZA, Miriam de Almeida. *A Política Legislativa do Consumidor no Direito Comparado*. Belo Horizonte: Nova Alvorada Edições, 1996.

STIGLITZ, Gabriel A. "El Derecho del Consumidor y la Protección del Medio Ambiente". In: *Anais do Congresso Internacional de Direito Ambiental*, São Paulo, 1997.

———. *Reglas Para La Defensa de Los Consumidores Y Usuarios*. Rosario: Editorial Juris, 1997.

TEUBNER, Gunther. *O Direito Como Sistema Autopoiético*. Lisboa: Fundação Caloutre Gulbenkian, 1989.

TOMASSETTI JUNIOR, Alcides. "A Configuração Constitucional e o Modelo Normativo do CDC". In: *Revista Direito do Consumidor*, volume 14, São Paulo: RT.

———. "O Objetivo de Transparência e o Regime Jurídico dos Deveres e Riscos de Informação Nas Declarações Negociais". In: *Revista Direito do Consumidor*, , volume 4, Editora RT, São Paulo.

TREVES, Renato. *La Sociologia Del Derecho, Orígenes, Investigaciones, Problemas*. Barcelona: Ariel, 1988.

VAL, Olga Maria do. "Política Nacional das Relações de Consumo". In: *Revista Direito do Consumidor*, volume 11, RT.

VALLE, Luiza Elena L. Ribeiro do. *Editora Científica do Livro Temas Multidisciplinares de Neuropsicologia e Aprendizagem da Sociedade Brasileira de Neuropsicologia*. São Paulo: Robe Editorial, 2004.

VIEHWEG, Theodor. *Tópica y Jurisprudencia*. Madrid: Taurus Ediciones, 1986.

ZAVASKI, Teori Albino. "O Ministério Público e a Defesa de Direitos Individuais Homogêneos". In: *Revista de Informação Legislativa*, volume 117.

WEBER, Max. *Ensaios de Sociologia*. 5ª ed. Tradução Waltensir Dutra. Guanabara Koogan.

WIEACKER, Franz. *História do Direito Privado Moderno*. 2ª ed. Tradução A.M. Botelho Hespanha. Lisboa: Fundação Calouste Gulbendian.

WILHELMSSON, Thomas. "Consumer Society, Consumer Law and the Environment". In: *Anais do Congresso Internacional de Direito Ambiental*, São Paulo: 1997.

———. "Regulação de Cláusulas Contratuais", volume 18, RT, São Paulo.